スッキリわかる

日商簿記 2級

商業簿記

滝澤ななみ

売上No.1※

本書が選ばれるワケ

本書の特徴

1

平易な表現で読みやすく

簿記初心者の方が最後までスラスラ読めるよう、やさしい、わかりやすいことばを用いています。

本書の特徴

2

ゴエモンによる場面設定

簿記の場面を身近なものに感じられるよう、ゴエモンというキャラクターを登場させ、みなさんがゴエモンといっしょに場面ごとに簿記を学んでいくというストーリーにしています。

※日商簿記検定試験2級、3級書籍
2023年1月～12月 全国チェーン売上累計第1位
（紀伊國屋PubLine ほか）

購入者特典

1 仕訳Webアプリ

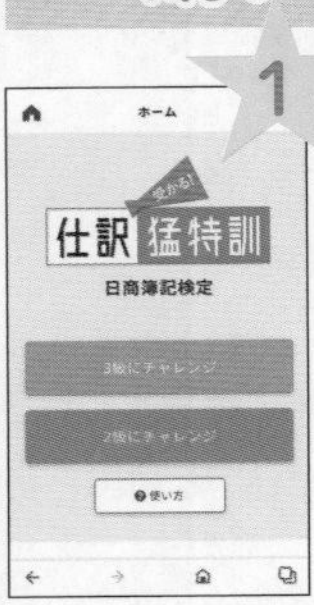

簿記において仕訳は超重要課題。すき間時間を有効活用して、仕訳Webアプリ「受かる! 仕訳猛特訓」で毎日練習しましょう!

アクセス方法はP12参照

2 模擬試験プログラム

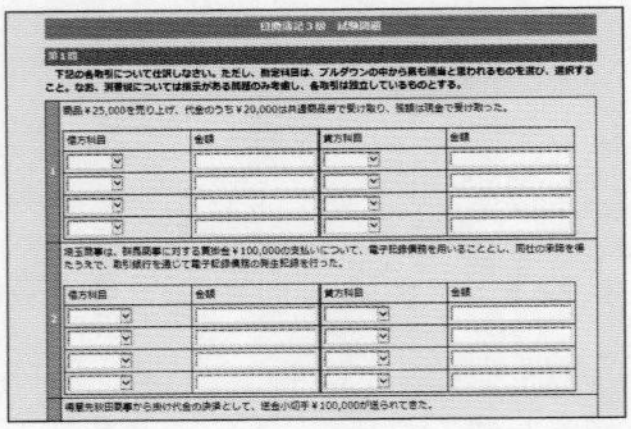

2007年に本書の初版が刊行されて以来、本当に多くの受験者のみなさんにご使用いただき、合格のお手伝いをすることができました。
もともと本書は、「簿記の初心者が最後まで読みとおせる、いちばんやさしい本」をコンセプトに編集したものです。
そして、スマートフォンの普及により、本をベースに、もっとわかりやすく、もっと手軽に学習していただける環境が整い、さらには、ネット試験の導入により、パソコンを使って問題を解く練習をする必要も生じました。
これらの環境の変化に対応するため、本書ではさまざまな購入者特典をご用意しました。

本書の特徴 5

チェックテストとフォロー動画付き

本試験の感覚を養うため、巻末に本試験タイプの問題1回分をチェックテストとして付けました。TAC講師によるフォロー動画も付いています。本試験での時間の使い方、総合問題の解き方もこの動画を見れば、スッキリわかる!

本書の特徴 4

基本・応用問題付き

問題編には、テキストの内容を定着させるための基本問題と、本試験レベルの問題を応用問題として収載していますので、基本から本試験レベルの問題まで無理なく解き進めていくことができます。

本書の特徴 3

テキスト&問題集が一体に

テキストを読んだあとすぐに問題を解けるよう、テキストと問題集(問題編)を一体化しました。

ネット試験対策用として、本試験タイプの問題1回分をWeb上で解くことができます。ネット試験を受ける方はぜひご利用ください。

アクセス方法はP12参照

3 合格力をグンと上げる

フォロー動画

学習スタートから合格まで、動画でもサポートしています。また、苦手になりやすい論点も、動画で学習できます!

詳細とアクセス方法はP13参照

簿記の知識はビジネスのあらゆる場面で活かすことができます。
本書と各種特典を活用し、簿記検定に合格され、みなさんがビジネスにおいてご活躍されることを心よりお祈りいたします。

滝澤ななみ

受験申込みから合格までの流れ

ネット試験と統一試験の受験申込みから合格までの流れをまとめました。

ネット試験

2021年度に新設された試験方法です

STEP 1 受験申込み

簿記2級・3級テストセンターの全国統一申込サイトより、受験希望日時・会場・個人情報等を入力し、クレジットカード、コンビニ払い等により受験料を支払います。最短で3日後の予約が可能です。

申込サイト:
https://cbt-s.com/examinee/examination/jcci.html

統一試験

STEP 1 受験申込み

試験の約2か月前から申込受付が開始されます。申込方法は、各商工会議所により異なりますので、受験地の商工会議所のホームページ等でご確認ください。

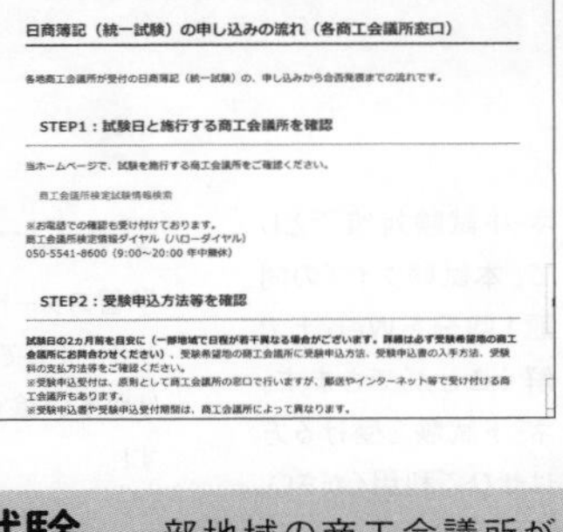

9,000万人の受験実績を誇る産業界の信頼ブランド
商工会議所の検定試験

トップ > 受験の申し込みの流れ > 日商簿記（統一試験）の申し込みの流れ（各商工会議所窓口）

日商簿記（統一試験）の申し込みの流れ（各商工会議所窓口）

各地商工会議所が受付の日商簿記（統一試験）の、申し込みから合否発表までの流れです。

STEP1：試験日と施行する商工会議所を確認

当ホームページで、試験を施行する商工会議所をご確認ください。

商工会議所検定試験情報検索

※お電話での確認も受け付けております。
商工会議所検定情報ダイヤル（ハローダイヤル）
050-5541-8600（9:00~20:00 年中無休）

STEP2：受験申込方法等を確認

試験日の2カ月前を目安に（一部地域で日程が若干異なる場合がございます。詳細は必ず受験希望地の商工会議所にお問合わせください）、受験希望地の商工会議所に受験申込方法、受験申込書の入手方法、受験料の支払方法等をご確認ください。
※受験申込受付は、原則として商工会議所の窓口で行いますが、郵送やインターネット等で受け付ける商工会議所もあります。
※受験申込書や受験申込受付期間は、商工会議所によって異なります。

団体試験 一部地域の商工会議所が

最新の情報は商工会議所の検定試験ホームページでご確認ください。

ネット試験と統一試験、どっちを選ぶ?

もしかしたらネット試験のほうがラクかも…

ネット試験も統一試験も合格の価値は同じです。問題のレベル、形式も同じとされています。入力のしやすさなどを考えると、ある程度パソコンの操作に慣れている方は、ネット試験で受けるのがよいでしょう。なお、ネット試験対策として模擬試験プログラムを用意していますので、活用してください（詳しくはP12参照）。

2024年度から変更になりました

試験日	テストセンターが定める日で随時	試験時間	3級:60分 2級:90分	合格基準点	70点以上	受験料	3級:3,300円 2級:5,500円	※別途事務手数料550円がかかります。

STEP 2 受験

申込日時に申込みをした会場で受験します。試験画面に受験者情報を入力してから試験を開始します。受験者ごとに異なる試験問題（ランダム組合せ）が受験者のパソコンに配信され、受験者はパソコン上で解答を入力します。計算用紙と筆記用具は配布されますが、試験終了後に回収されます。

STEP 3 合格発表

試験終了後、即座に自動採点され、結果が画面に表示されます。合格者にはデジタル合格証が即日交付されます。

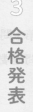

2021年度から変更になりました

2024年度から変更になりました

試験日	6月第2週、11月第3週、2月第4週の日曜日	試験時間	3級:60分 2級:90分	合格基準点	70点以上	受験料	3級:3,300円 2級:5,500円	※別途事務手数料がかかる場合があります。

STEP 2 受験票の送付

試験日の約2週間から1週間前に受験票が送付されます。

STEP 3 受験

指定された試験会場で受験します。試験方式は紙媒体（ペーパーテスト）で、試験回ごとに全員同一の問題が出題されます。試験終了後、問題用紙、答案用紙、計算用紙は回収されます。

STEP 4 合格発表

試験日の約2週間から1か月後に合否が発表されます。

不定期で実施している一般向け団体試験もあります。（詳しくは各商工会議所ホームページでご確認ください）

なにが出題される？ 2

第1問から第3問が商業簿記、第4問と第5問が工業簿記からの出題で全部で5問構成とされています。各問で出題が予想される内容は次のとおりです。

商業簿記

第1問
配点▷20点

第1問は仕訳問題が出題されます。
問題数は5問とされています。

ネット試験

勘定科目はプルダウン形式で与えられ、1つを選択。金額はテンキーで入力。

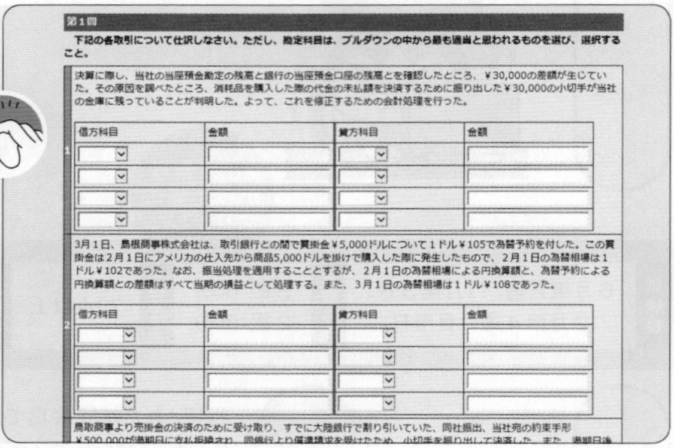
第1問

下記の各取引について仕訳しなさい。ただし、勘定科目は、プルダウンの中から最も適当と思われるものを選び、選択すること。

1 決算に際し、当社の当座預金勘定の残高と銀行の当座預金口座の残高とを確認したところ、¥30,000の差額が生じていた。その原因を調べたところ、消耗品を購入した際の代金の未払額を決済するために振り出した¥30,000の小切手が当社の金庫に残っていることが判明した。よって、これを修正するための会計処理を行った。

借方科目	金額	貸方科目	金額

2 3月1日、島根商事株式会社は、取引銀行との間で買掛金¥5,000ドルについて1ドル¥105で為替予約を付した。この買掛金は2月1日にアメリカの仕入先から商品5,000ドルを掛けで購入した際に発生したもので、2月1日の為替相場は1ドル¥102であった。なお、振当処理を適用することとするが、2月1日の為替相場による円換算額と、為替予約による円換算額との差額はすべて当期の損益として処理する。また、3月1日の為替相場は1ドル¥108であった。

借方科目	金額	貸方科目	金額

鳥取商事より売掛金の決済のために受け取り、すでに大陸銀行で割り引いていた、同社振出、当社宛の約束手形

仕訳問題（主に第1問・第4問(1)）では、同一勘定科目は借方と貸方でそれぞれ1回までしか使えない

本来、仕訳を行うにあたっては、下記の(A)、(B)のどちらでも正解ですが、試験においては(A)の形で答えなければなりません。

(A) 正解 正解となる例：各勘定科目を借方または貸方で1回しか使用していない

借方		貸方	
勘定科目	金　額	勘定科目	金　額
(ウ)現　金	1,000	(オ)売　上	3,000
(カ)売掛金	2,000		

(B) 不正解 不正解となる例：貸方で同じ勘定科目を2回使用している

借方		貸方	
勘定科目	金　額	勘定科目	金　額
(ウ)現　金	1,000	(オ)売　上	1,000
(カ)売掛金	2,000	(オ)売　上	2,000

問題に指示が記載されますが、問題編を解くときにも気にするようにしましょう。

試験時間は
90分

級編

※刊行時の日本商工会議所からの情報をもとに作成しています。出題内容は随時変更、追加されることが予想されます。

ネット試験の導入により、出題は、問題データベースからランダムに抽出されるので問題の質が均一となり、難易度のバラツキが解消されつつあります。「統一試験とネット試験では問題のレベル等に差異はない」とする以上、両者の問題の質はある程度、均一化されるはずです。標準的な問題が試験範囲全体からまんべんなく出題されるので、苦手を作らず、もれなく学習するようにしましょう。

第1問（20点）

次の取引について仕訳しなさい。ただし、勘定科目は各取引の下の勘定科目の中からもっとも適当と思われるものを選び、記号で解答すること。

1．さきに立替払いしていた発送費の精算として、取引先から郵便為替証書¥12,400を受け取った。
　ア．現金　イ．当座預金　ウ．立替金　エ．前受金　オ．発送費　カ．仮払金

2．取引先秋田株式会社に貸し付けていた¥1,350,000（貸付期間：3か月、利率：年1％）について、本日、3か月分の利息とともに同社振り出しの小切手で返済を受けた。
　ア．受取利息　イ．貸付金　ウ．借入金　エ．当座預金　オ．支払利息　カ．現金

3．週末に用度係より、次のとおり1週間分の小口現金に関する支払報告を受けた。なお、当社は定額資金前渡制（インプレスト・システム）を採用しているが、用度係に対する小口現金は、週明けに普通預金口座から引き出して補給する。また、ICカードについては、チャージの報告時に旅費交通費勘定で処理している。

ICカードチャージ　¥　10,000（全額電車・バス料金支払いのために使用している）
ハガキ・切手代　¥　3,500
事務用品・文房具代　¥　2,000
収入印紙　¥　2,500

　ア．小口現金　イ．租税公課　ウ．雑費　エ．旅費交通費　オ．通信費　カ．損益　キ．消耗品費

問題用紙

統一試験

勘定科目は与えられたものの中から1つを選択して記号を記入。金額は数字を記入。

答案用紙

第1問（20点）

	仕		訳	
	借方科目	金額	貸方科目	金額
1				
2				
3				

仕訳のスピードを意識して

本試験では、じっくり見直しができる時間はありません。問題を読んで、一度で正確に解答できるよう、スピードが大変重要です。そのためにはどれだけ仕訳を、悩むことなく、素早くできるかがポイントとなります。2級は仕訳が合計8問（商業簿記で5問、工業簿記で3問）、出題されます。サクサク解けるように、仕訳Webアプリを用意していますので、活用して練習しておきましょう（詳しくはP12参照）。

なにが出題される？ 2級編

商業簿記

第2問
配点▷20点

第2問は個別問題、勘定記入、空欄補充、株主資本等変動計算書、連結会計（連結精算表、連結財務諸表）などから1問出題されます。

ネット試験

該当する項目にチェックしたり、プルダウンによる選択群から語句等を選択。金額はテンキーで入力。

第2問

沖縄商事株式会社がリース取引によって調達している備品の状況は、以下のとおりである。

名称	リース開始日	リース期間	リース料支払日	年額リース料	見積現金購入価額
備品	×6年4月1日	6年	毎年3月末日	¥600,000	¥3,240,000
備品	×6年12月1日	4年	毎年11月末日	¥720,000	¥2,640,000
C備品	×7年2月1日	5年	毎年1月末日	¥360,000	¥1,584,000

このうちA備品とC備品にかかるリース取引は、ファイナンス・リース取引と判定された。これらの備品の減価償却は、リース期間を耐用年数とする定額法で行う。

以上から、ファイナンス・リース取引の会計処理を（A）利子込み法で行った場合と、（B）利子抜き法で行った場合とに分けて、解答欄に示す×6年度（×6年4月1日から×7年3月31日）の財務諸表上の各金額を求めなさい。ただし、利子抜き法による場合、利息の期間配分は定額法によって行うこと。

［解答欄］　（単位：円）

	（A）利子込み法	（B）利子抜き法
①リース資産（取得原価）		
②減価償却費		
③リース債務（未払利息を含む）		
④支払利息		

統一試験

該当する項目にチェックしたり、選択群から語句を選択。金額は数字を記入。

問題用紙

第2問（20点）

沖縄商事株式会社がリース取引によって調達している備品の状況は、以下のとおりである。

名称	リース開始日	リース期間	リース料支払日	年額リース料	見積現金購入価額
A備品	×6年4月1日	6年	毎年3月末日	¥600,000	¥3,240,000
B備品	×6年12月1日	4年	毎年11月末日	¥720,000	¥2,640,000
C備品	×7年2月1日	5年	毎年1月末日	¥360,000	¥1,584,000

このうちA備品とC備品にかかるリース取引は、ファイナンス・リース取引と判定された。これらの備品の減価償却は、リース期間を耐用年数とする定額法で行う。

以上から、ファイナンス・リース取引の会計処理を(1)利子込み法で行った場合と、(2)利子抜き法で行った場合とに分けて、答案用紙に示す×6年度（×6年4月1日から×7年3月31日）の財務諸表上の各金額を求めなさい。ただし、利子抜き法による場合、利息の期間配分は定額法によって行うこと。

答案用紙

第2問（20点）

（単位：円）

	(1)利子込み法	(2)利子抜き法
① リース資産（取得原価）		
② 減価償却費		
③ リース債務（未払利息を含む）		
④ 支払利息		
⑤ 支払リース料		

勘定記入は重要

第2問は勘定記入の出題が多く見受けられます。期首の記入、期中取引の記入、勘定の締め切りまで、一連の記入の仕方を理解しておくようにしましょう。

なお、試験では日付欄に配点がない場合もありますが、問題編を解くときには日付欄もしっかり記入するようにしましょう。

なにが出題される？ 2級編

商業簿記

第3問

配点▷20点

第３問は損益計算書や貸借対照表を作成する問題、本支店会計など、個別決算に関する問題が1問出題されます。

ネット試験

画面左側に資料、画面右側に解答欄が配置され、資料を見ながら解答できる構成。
金額は数字を入力。一部空欄となっている勘定科目は適切な勘定科目や語句をキーボードを使って入力。

第3問

次の［資料］にもとづいて、解答欄の損益計算書を完成させなさい。なお、会計期間は×3年4月1日から×4年3月31日までである。

〔資料Ⅰ〕決算整理前残高試算表

残高試算表
×7年3月31日 （単位：円）

借方	勘定科目	貸方
23,100	現金預金	
50,000	受取手形	
253,000	売掛金	
81,900	売買目的有価証券	
36,000	繰越商品	
100,000	仮払法人税等	
2,000,000	建物	
500,000	備品	
900,000	建設仮勘定	
48,500	満期保有目的債券	
18,000	ソフトウェア	
67,500	未決算	
600	繰延税金資産	
	支払手形	30,000
	買掛金	365,340
	貸倒引当金	8,660
	退職給付引当金	350,000
	建物減価償却累計額	780,000
	備品減価償却累計額	180,000
	資本金	1,110,000
	利益準備金	100,000
	繰越利益剰余金	626,400
	売上	2,381,800
	受取配当金	5,600
	有価証券利息	1,200
948,000	仕入	
350,000	給料	
18,000	保険料	
32,000	水道光熱費	
83,000	広告宣伝費	
9,500	租税公課	
	為替差損益	100
5,939,100		5,939,100

〔資料Ⅱ：決算整理事項等〕
1. 未決算勘定は当期に発生した火災によって焼失した建物にかかるものである。この建物には保険が掛けられているので、保険会社に請求を行ったところ、期末において保険金￥90,000を支払う旨の連絡があった（支払いは翌月）が、これが未処理であった。
2. 当座預金の帳簿残高と銀行の残高証明書残高の金額が一致していなかったため、不一致の原因を調べたところ、次の事実が判明した。
   (1) 銀行に取立依頼をしていた得意先振出の約束手形￥30,000が当座預金口座に振り込まれていたが、この通知が当社に未達であった。
   (2) 得意先から受け取った小切手￥6,000を銀行に持ち込み、取り立てを依頼していたが決算日においてまだ銀行が取り立てていなかった。
   (3) 広告宣伝費の支払いのために振り出した小切手￥8,000が未渡しであった。
3. 建設中であった店舗が完成し、2月1日に引き渡しを受けていた（同日より使用している）が、この取引が未記帳であった。残高試算表の建設仮勘定は全額、この工事にかかるもので、工事代金は全額前払いしている。
4. 受取手形と売掛金の期末残高に対して以下のように貸倒引当金を設定する（差額補充法）。
   (1) A社に対する売掛金￥50,000については、債権額から担保処分見込額￥20,000を差し引いた残額に対して50%とする。
   (2) B社に対する売掛金￥40,000については、債権額に対して5%とする。
   (3) その他の受取手形、売掛金については、債権額に対して2%とする。
5. 買掛金のうち、期中に外貨建て（ドル建て）で生じた買掛金（輸入時の為替相場は1ドル￥102であった）が￥20,400ある。決算日の為替相場は1ドル￥104である。
6. 期末商品棚卸高
   帳簿棚卸数量　100個　原価　@￥400
   実地棚卸数量　90個　うち　80個の時価　@￥450
   　　　　　　　　　　　　　10個の時価　@￥380
   なお、商品評価損は売上原価の内訳科目として表示し、棚卸減耗損は販売費及び一般管理費に表示する。
7. 有価証券の内訳は次のとおりである。なお、売買目的有価証券は分記法により記帳している。

損益計算書
自×3年4月1日　至×4年3月31日

Ⅰ 売上高
Ⅱ 売上原価
　1 期首商品棚卸高
　2 当期商品仕入高
　　合計
　3 期末商品棚卸高
　　差引
　4 商品評価損
　　科目名
Ⅲ 販売費及び一般管理費
　1 給料
　2 退職給付費用
　3 保険料
　4 水道光熱費
　5 広告宣伝費
　6 貸倒引当金繰入
　7 棚卸減耗損
　8 租税公課
　9 減価償却費
　10 科目名
　　科目名
Ⅳ 営業外収益
　1 受取配当金
　2 有価証券利息
　3 有価証券 科目名
Ⅴ 営業外費用
　1 科目名

統一試験

金額は数字を記入。一部空欄となっている勘定科目は適切な勘定科目や語句を記入。

問題用紙

第３問（20点）

次の［資料］にもとづいて、答案用紙の損益計算書を完成させなさい。なお、会計期間は×3年4月1日から×4年3月31日までである。

［資料Ⅰ：決算整理前残高試算表］

残高試算表
×4年3月31日 （単位：円）

借方	勘定科目	貸方
223,100	現金預金	
250,000	受取手形	
253,000	売掛金	
81,900	売買目的有価証券	
36,000	繰越商品	
100,000	仮払法人税等	
2,000,000	建物	
500,000	備品	
900,000	建設仮勘定	
48,500	満期保有目的債券	
18,000	ソフトウェア	

答案用紙

	(　　)	
	(　　)	
	(　　)	(　　)
売上総利益		(　　)
Ⅲ 販売費及び一般管理費		
1 給料	(　　)	
2 広告宣伝費	(　　)	
3 支払家賃	(　　)	
4 棚卸減耗損	(　　)	
5 減価償却費	(　　)	
6 ソフトウェア償却	(　　)	
7 貸倒引当金繰入	(　　)	(　　)
営業利益		(　　)
Ⅳ 営業外収益		
1 有価証券評価益		(　　)

なにが出題される？ 2級編

工業簿記

第4問

配点▷28点

第４問は（1）工業簿記の仕訳が3題と、（2）財務諸表作成、部門別原価計算、個別原価計算、総合原価計算、標準原価計算（勘定記入、損益計算書）の中から1問が出題されます。

ネット試験

第4問（1）

下記の各取引について仕訳しなさい。ただし、勘定科目は、プルダウンの中から最も適当と思われるものを選び、選択すること。

1. 当月に消費した素材Xは1,800kgであった。なお、素材Xの月初有高は900,000円（@1,800円×500kg）であり、材料費は平均法によって計算している。

借方科目	金額	貸方科目	金額

2. 当月に素材X3,000,000円（@2,000円×1,500kg）と補助材料H150,000円（@500円×300kg）を購入し、代金は掛けとした。

借方科目	金額	貸方科目	金額

3. 当月の直接工の労務費を計上する。直接工の賃金の計算には、予定消費賃率@1,000円を用いており、当月の直接工の実際直接作業時間は3,200時間、実際間接作業時間は800時間であった。

借方科目	金額	貸方科目	金額

第4問（2）

当工場は実際個別原価計算を採用している。次の［資料］にもとづいて、解答欄に示した９月の仕掛品勘定と製品勘定を完成させなさい。な
とめて行っている。

1．９月末時点の原価計算表

製造指図書番号	直接材料費	直接労務費	製造間接費	備考
901	2,800,000円	3,600,000円	7,200,000円	製造着手日：8/7 完成日：8/31 引渡日：9/2
902	1,900,000円	3,300,000円	6,600,000円	製造着手日：8/10 完成日：9/5 引渡日：9/8
903	3,800,000円	2,400,000円	4,800,000円	製造着手日：8/29 完成日：9/20 引渡日：9/23
904	2,200,000円	2,850,000円	5,700,000円	製造着手日：9/10 完成日：9/30 引渡日：10/2予定
905	1,500,000円	1,200,000円	2,400,000円	製造着手日：9/24 完成日：10/15予定 引渡日：10/17予定

2．８月末時点の原価計算表

製造指図書番号	直接材料費	直接労務費	製造間接費
901	2,800,000円	3,600,000円	7,200,000円
902	1,900,000円	1,800,000円	3,600,000円
903	3,800,000円	400,000円	800,000円

〔解答欄〕

仕掛品

9/1 月初有高		9/30	
30 直接材料費		〃	
〃 直接労務費			
〃 製造間接費			

製品

9/1 月初有高		9/30	
30 当月完成高		〃	

統一試験

工　業　簿　記

第４問（28点）

(1) 当月の次の取引について工場の仕訳を示しなさい。甲社は遠隔地に工場を持つことから、工場会計を独立させている。材料の倉庫は工場、製品の倉庫は本社に置き、材料の購入、給与および経費の支払いは本社が行っている。なお、勘定科目は、各取引の下の勘定科目の中から最も適当と思われるものを選び、記号で解答すること。

1．材料2,500個（購入価額900円/個）を掛けで購入し倉庫に搬入した。なお、購入に際して本社は引取運賃75,000円を現金で支払っている。
　ア．本社　イ．製造間接費　ウ．仕掛品　エ．材料　オ．工場　カ．買掛金　キ．現金

2．当月、工場での直接工および間接工による賃金の消費額を計上した。直接工の総就業時間の内訳は、直接作業時間1,500時間、間接作業時間130時間、手待時間20時間であった。当工場で適用する予定総平均賃率は1,800円である。また、間接工については、前月賃金未払高900,000円、当月賃金支払高4,080,000円、当月賃金未払高1,050,000円であった。
　ア．現金　イ．製造間接費　ウ．工場　エ．従業員賞与　オ．賃金　カ．本社　キ．仕掛品

3．製品製造に関わる当月分の特許権使用料は300,000円であり、小切手を振り出して支払った。
　ア．本社　イ．仕掛品　ウ．工場　エ．当座預金　オ．従業員賞与　カ．現金　キ．製造間接費

当工場は実際個別原価計算を採用している。次の［資料］にもとづいて、下記の各問に答えなさい。なお、仕訳と転記は月末にまとめて行っている。

［資　料］

1．9月末時点の原価計算表

製造指図書番号	直接材料費	直接労務費	製造間接費	備　考
901	2,800,000円	3,600,000円	7,200,000円	製造着手日：8/7 完　成　日：8/31 引　渡　日：9/2
902	1,900,000円	3,300,000円	6,600,000円	製造着手日：8/10 完　成　日：9/5 引　渡　日：9/8
903	3,800,000円	2,400,000円	4,800,000円	製造着手日：8/29 完　成　日：9/20 引　渡　日：9/23
904	2,200,000円	2,850,000円	5,700,000円	製造着手日：9/10 完　成　日：9/30 引　渡　日：10/2予定
905	1,500,000円	1,200,000円	2,400,000円	製造着手日：9/24 完　成　日：10/15予定

問題用紙

答案用紙

第４問（28点）

問１

仕　掛　品

9/1 月初有高	（　　）	9/30 当月完成高	（　　）
30 直接材料費	（　　）	〃 月末有高	（　　）
〃 直接労務費	（　　）		
〃 製造間接費	（　　）		
	（　　）		（　　）

製　　品

9/1 月初有高	（　　）	9/30 売上原価	（　　）
30 当月完成高	（　　）	〃 月末有高	（　　）
	（　　）		（　　）

なにが出題される？ 2級編

工業簿記

第5問

配点▷12点

第5問は標準原価計算（差異分析）、直接原価計算、CVP分析の中から1問が出題されます。

ネット試験

第5問

製品Uを製造・販売している新潟産業㈱は、当期の実績にもとづいて次期の利益計画を策定している。次の［資料］にもとづいて、以下の各問に答えなさい。なお、期首および期末に仕掛品および製品の在庫はないものとする。

［資　料］当期の実績データ

売上高		@5,000円×10,000個
原　価：	変動製造原価	@2,500円×10,000個
	変動販売費	@ 500円×10,000個
	固定製造原価	5,000,000円
	固定販売費・一般管理費	7,000,000円

問1

当期の実績データにもとづいて、(1)貢献利益、(2)損益分岐点における販売量および売上高、(3)安全余裕率を求めなさい。なお、安全余裕率の計算にさいして端数が生じる場合は、小数点以下を切り捨てること。

(1)貢献利益　＿＿＿ 円
(2)販売量　＿＿＿ 個　　売上高　＿＿＿ 円
(3)安全余裕率　＿＿＿ %

問2

販売単価、製品1個あたりの変動費、期間固定費は当期と変わらないものとして、(1)営業利益7,500,000円を達成する販売量および売上高、(2)売上高営業利益率25%を達成する販売量および売上高を求めなさい。

(1)販売量　＿＿＿ 個　　売上高　＿＿＿ 円

統一試験

第５問（12点）　製品Ｑを生産・販売する当社の正常操業圏は、月間生産量が2,800単位から4,300単位である。製品Ｑの販売単価は400円で、過去６カ月間の生産・販売量と総原価に関する資料は次のとおりである。

〔資　料〕

月	生産・販売量	原価発生額
1月	2,000単位	1,050,000円
2月	3,750単位	1,530,000円
3月	2,800単位	1,292,000円
4月	4,150単位	1,650,000円
5月	4,300単位	1,652,000円
6月	4,240単位	1,620,000円

問１　上記の資料にもとづいて、高低点法によって製品Ｑの総原価の原価分解を行い、製品１単位あたりの変動費と月間固定費を求めなさい。
問２　原価分解の結果を利用し、当社の月間損益分岐点売上高を計算しなさい。
問３　原価分解の結果を利用し、月間目標営業利益400,000円を達成する販売量を計算しなさい。
問４　原価分解の結果を利用し、目標営業利益率15％を達成する月間目標売上高を計算しなさい。

問題用紙

答案用紙

問１　製品１単位あたりの変動費　＿＿＿ 円/単位
　　　月間固定費　＿＿＿ 円
問２　＿＿＿ 円
問３　＿＿＿ 単位
問４　＿＿＿ 円

簿記の学習方法と

1 テキストを読む

まずは、**テキストを読みます**。テキストは自宅でも電車内でも、どこでも手軽に読んでいただけるように作成していますが、机に向かって学習する際は、鉛筆と紙を用意し、取引例や新しい用語が出てきたら、**実際に紙に書いてみましょう**。

また、本書はみなさんが考えながら読み進めることができるように構成していますので、ぜひ**答えを考えながら**読んでみてください。

動画（③a.b）も合わせて確認しよう!

2 テキストを読んだら問題を解く

簿記は**問題を解くことによって、知識が定着**します。本書はテキスト内に対応する問題番号を付していますので、それにしたがって、問題を解きましょう。まちがえた問題には付箋などを貼っておき、あとでもう一度、解きなおすようにしてください。

また、仕訳が素早く正確にできることは合格への一番の近道。仕訳Webアプリ（①）**を使って仕訳の特訓**をするのもおすすめです。

特典を使いこなして合格へ近づこう！

①仕訳Webアプリ「受かる！仕訳猛特訓」

仕訳を制する者は、本試験を制するといっても過言ではありません。スキマ時間などを使い、仕訳を徹底的にマスターして本試験にのぞんでください!

②ネット試験の演習ができる「模擬試験プログラム」

ネット試験を受ける方は、ぜひこの模擬試験プログラムを使って、ネット試験を体験してみてください。

模擬試験プログラム＆仕訳Webアプリへのアクセス方法

STEP 1 TAC出版 検索

STEP 2 書籍連動ダウンロードサービス にアクセス

STEP 3 パスワードを入力 240211002

Start!

（免責事項）
（1）本アプリの利用にあたり、当社の故意または重大な過失によるもの以外で生じた損害、及び第三者から利用者に対してなされた損害賠償請求に基づく損害については一切の責任を負いません。
（2）利用者が使用する対応端末は、利用者の費用と責任において準備するものとし、当社は、通信環境の不備等による本アプリの使用障害については、一切サポートを行いません。
（3）当社は、本アプリの正確性、健全性、適用性、有用性、動作保証、対応端末への適合性、その他一切の事項について保証しません。
（4）各種本試験の申込、試験申込期間などは、必ず利用者自身で確認するものとし、いかなる損害が発生した場合であっても当社では一切の責任を負いません。

（推奨デバイス）スマートフォン※・PC・タブレット　※仕訳Webアプリのみ
（推奨ブラウザ）Microsoft Edge 最新版／Google Chrome 最新版／Safari最新版

詳細は、下記URLにてご確認ください。
https://shiwake.tac-school.co.jp/login/2
https://program.tac-school.co.jp/login/2

※本特典の提供期間は、本書の改訂版刊行月末日までです。

合格までのプロセス

3 もう一度、すべての問題を解く

1 2 を繰り返し、テキストが全部終わったら、**テキストを見ないで問題編をもう一度最初から全部解いてみましょう**。

そのあとに、巻末の別冊に入っているチェックテストを解きましょう。解き終わったら、解き方講義動画（③d）を見て、解けなかった問題や、総合問題の解き方、タイムマネジメントなどを把握してください。また、**ネット試験を受ける方は**模擬試験プログラム（②）**にもチャレンジ**しましょう。苦手な論点が残る場合は、テキストを読み直したり、ワンポイントWeb解説（③c）**を確認**するなどして苦手な論点を克服しましょう。

4 予想問題集を解く

本書の問題編には、本試験レベルの問題も収載されていますが、本試験の出題形式に慣れ、時間内に効率的に合格点をとるために、本書のシリーズ書籍**『スッキリうかる本試験予想問題集』（別売）を解くことをおすすめします**。

なお、最低1回は、本試験タイプの問題を時間（90分）を計って解いておきましょう。

★ 合格

本書購入の読者には、3つの特典をご用意しています。

③勉強のスタートから合格まで、徹底フォロー！

「フォロー動画」

a. 日商簿記2級スタートアップ動画

日商簿記2級ってどんな試験？　どんな勉強をすればいいの？　日商簿記試験の試験概要や最近の傾向、おすすめの教材などをご紹介します。

b. 合格するための勉強法紹介

売上NO1の本書の魅力をご紹介！
本書を効果的に使うために、勉強の手順と合わせて、特典を使うタイミングも確認していきましょう。

c. ワンポイントWeb解説

苦手になりやすい論点をピックアップしてTACの講師が解説！ イメージや解き方のコツをつかんで、試験に挑みましょう！

d. 模擬試験の解き方講義動画

本書付属の「チェックテスト」の解き方を全問解説！ 試験当日に慌てないためにも、時間配分や本試験の解き方のコツもつかんでおきましょう。

CONTENTS

スッキリわかる
日商簿記
2級
商業簿記

仕訳編

CONTENTS

連結会計編

製造業会計編

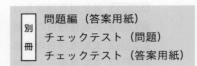

特別企画

日商簿記2級 商業簿記

スタートアップ講義

3級では小規模の株式会社を対象とした簿記を学習しましたが、
2級ではそれより大きい株式会社（中小企業）
を対象とした簿記を学習します。
ここでは、新たにどんな内容を学習するのかザックリ見ていきましょう。

特別企画

3級では小規模の株式会社を対象とした簿記を学習しましたが、2級ではそれより大きい株式会社（中小企業）を対象とした簿記を学習します。ここでは、新たにどんな内容を学習するのかザックリ見ていきましょう。

日商簿記2級（商業簿記）スタートアップ講義

日商簿記2級に合格すると

日商簿記２級は、企業が求める資格ランキングの上位にある資格の１つです。
日商簿記２級に合格すると、ビジネスパーソンが仕事で使う実務レベルの会計知識がひととおり身につき、就職・転職などにも役に立ちます。また、計数感覚も身につき、説得力のある企画書が作れたり、財務状況の判断などができるようになったりします。

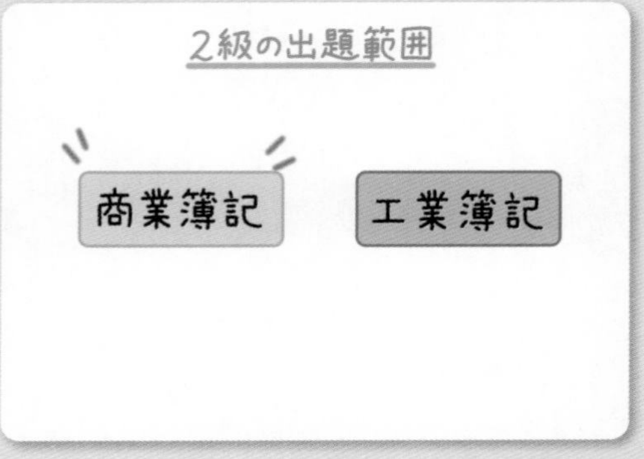

それでは、３級とは何が違うのか見ていきましょう。
２級の試験科目は３級から工業簿記という科目が増えて、商業簿記と工業簿記の２科目となります。

この本では、そのうち、商業簿記を見ていきます。

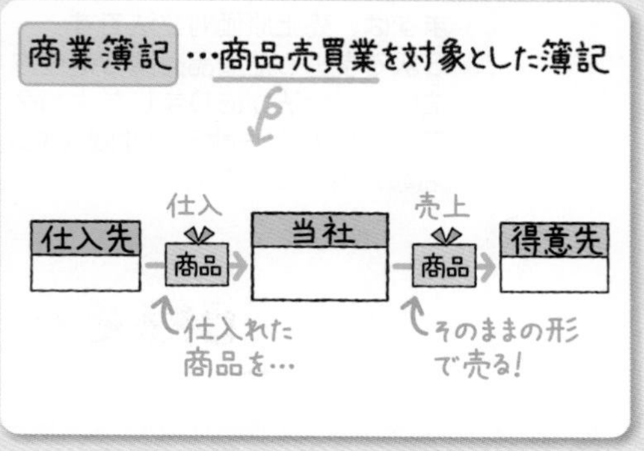

商業簿記は、3級でも学習しましたが、商品売買業を対象とした簿記です。
商品売買業とは、仕入先から仕入れた商品を、そのままの形で利益をくっつけて売る形態の業種です。

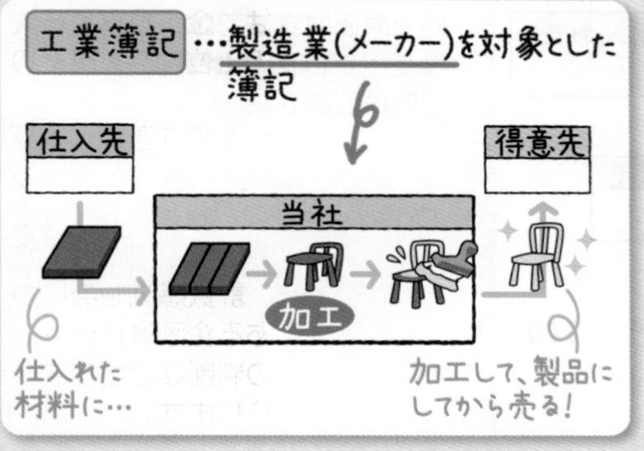

これに対して、工業簿記は、製造業（メーカー）を対象とした簿記です。製造業とは何か？　というと、たとえば、ある取引先から材料を仕入れてきて、自社工場で組み立てや塗装といった加工を施して製品を完成させ、完成した製品をお客さんに販売する業種をいいます。

2級で学習する内容(その1)

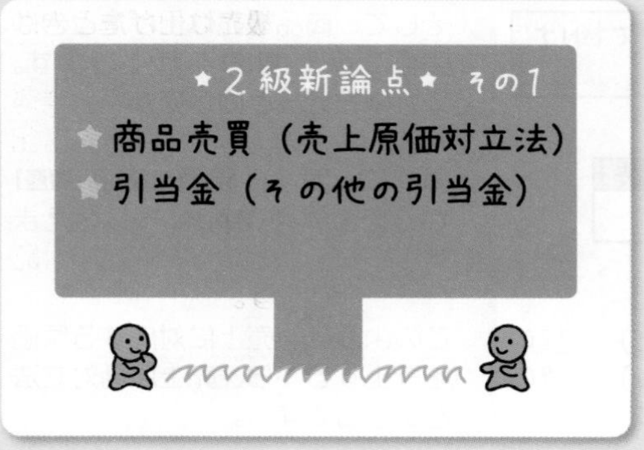

それでは、2級で新たに加わる論点を見てみましょう。
「売上原価対立法」「引当金」などは、3級で学習した論点の応用となります。

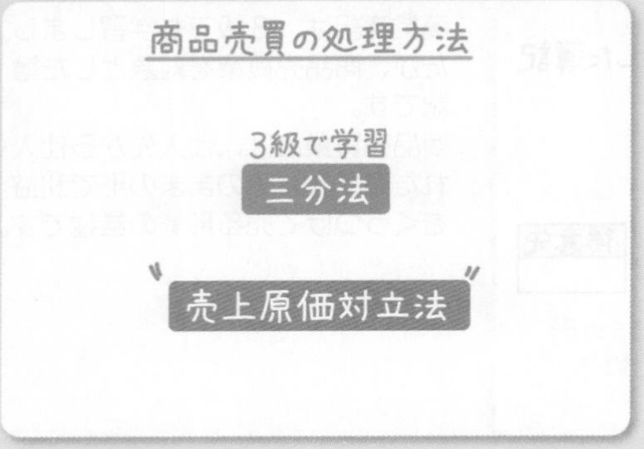

まずは、売上原価対立法です。
3級で学習した商品売買の処理方法に、三分法がありましたよね？
売上原価対立法はその仲間（商品売買の処理方法）です。

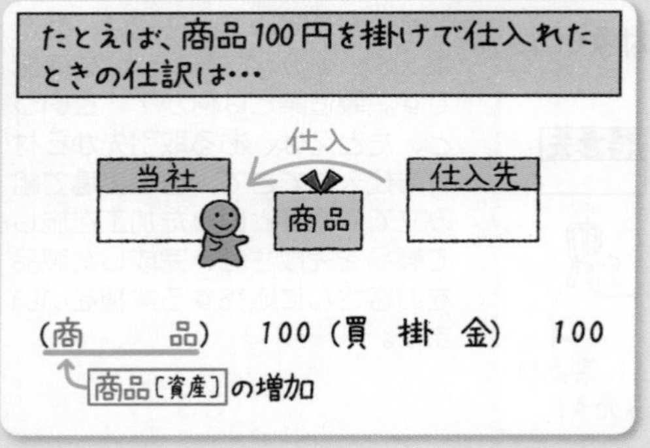

売上原価対立法では、商品を仕入れたときは**商品［資産］**の増加として処理します。

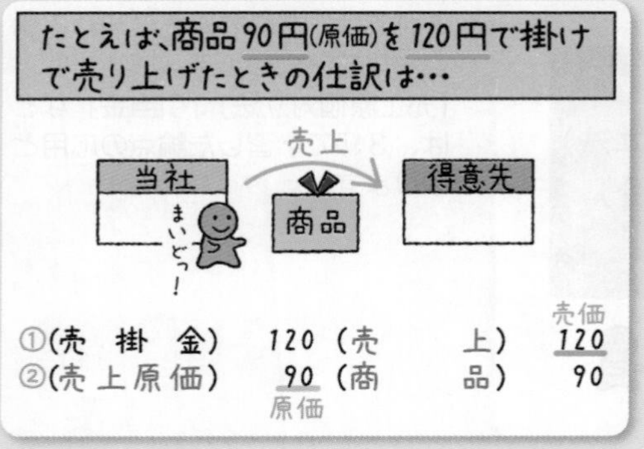

たとえば、商品90円(原価)を120円で掛けで売り上げたときの仕訳は…
売上
当社
まいどっ！
商品
得意先
売価
①（売　掛　金）　120（売　　上）　120
②（売上原価）　90（商　　品）　90
原価

そして、商品を売り上げたときは、売価で**売上［収益］**を計上します。これは三分法と同じですね。

同時に、商品の原価を**商品［資産］**から**売上原価［費用］**に振り替えます。

このように、売上に対応する原価を計上するから、売上原価対立法というんですね。

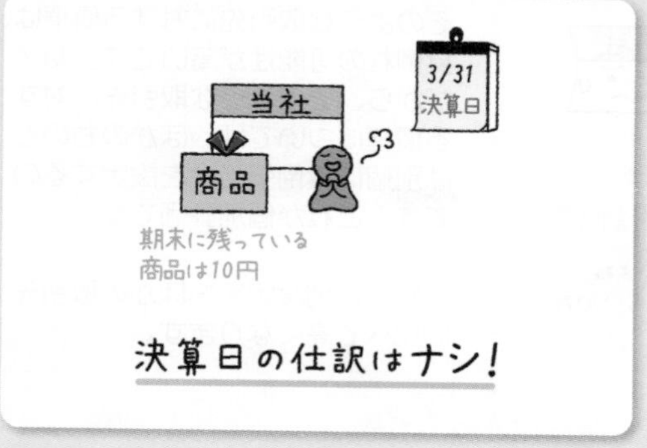

ちなみに、売上原価対立法では決算時の処理はありません。

売上時に売上原価を同時に計上していますから、決算で、あらためて売上原価を計上する仕訳をする必要がないのです。

引当金 …つづきは第11章へ

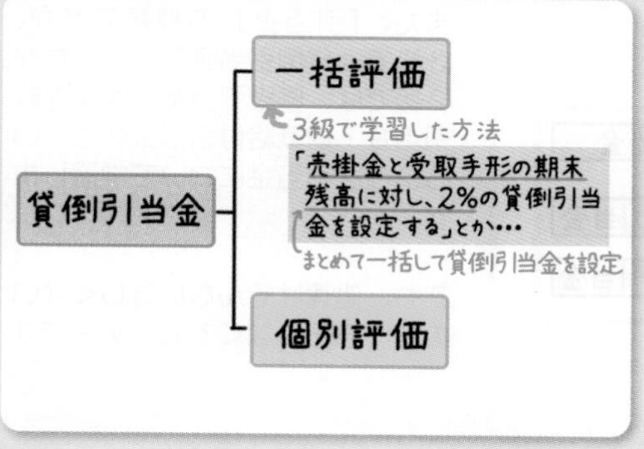

次に、引当金です。
３級では貸倒引当金の設定にあたって、「売掛金と受取手形の期末残高に対して２％」というように、一括して貸倒引当金を設定しました。

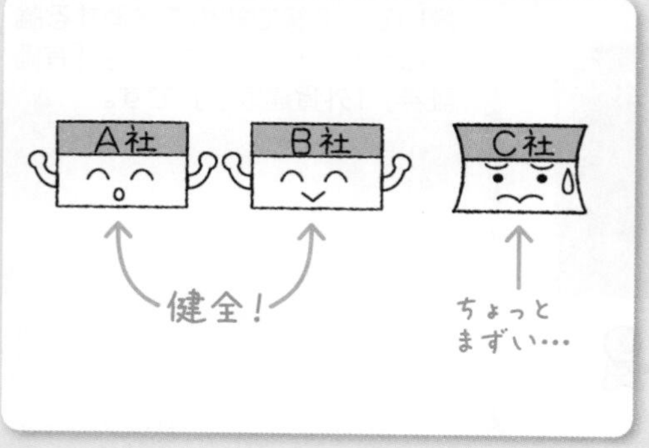

取引先（債務者）の財政状態が悪くなければ、「債権（売掛金や受取手形）は、まあ、ふつうに回収できるでしょう」として、一括して貸倒引当金を設定するのですが、なかには財政状態が非常に悪化している取引先もあるわけです。

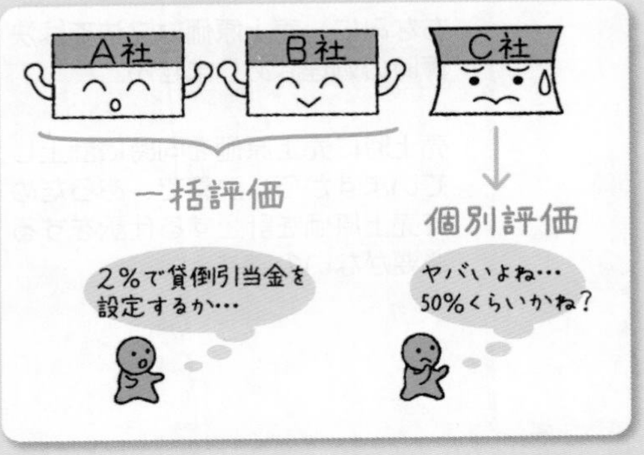

そのような取引先に対する債権は、貸倒れの可能性が高いですよね？だから、そのような取引先に対する債権については、ほかのものとは別個に貸倒引当金を設定するのです。これが個別評価です。

当然、貸倒設定率もほかの取引先に比べて高くなります。

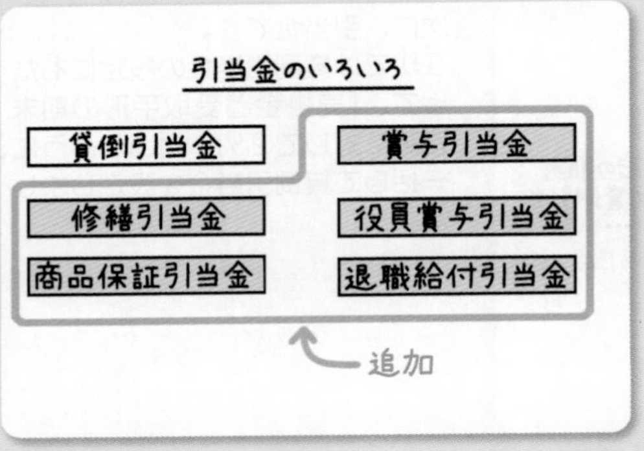

また、「引当金」の種類ですが、３級では貸倒引当金だけでしたが、２級では、修繕引当金・商品保証引当金・退職給付引当金など、いろいろな引当金について学習します。

でも、処理はそんなに難しくないので、心配しなくても大丈夫です。

2級で学習する内容（その2）

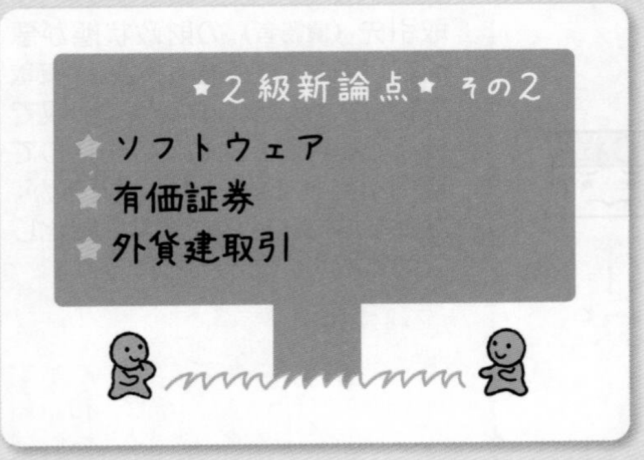

続いて、２級で初めて学習する論点のうち、「ソフトウェア」「有価証券」「外貨建取引」です。

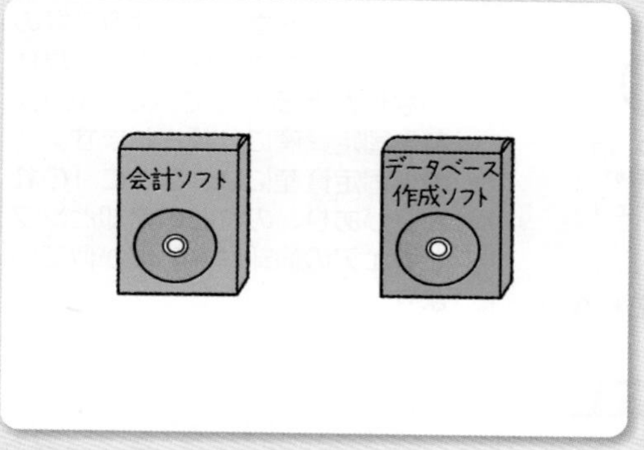

まずは、ソフトウェアです。「会計ソフト」とか「データベース作成ソフト」とかいうものですね。
ひとことで「ソフトウェア」といっても、自社で利用するために電器屋さんで買ってきたものもあれば、自社で販売するために制作しているものもあります。

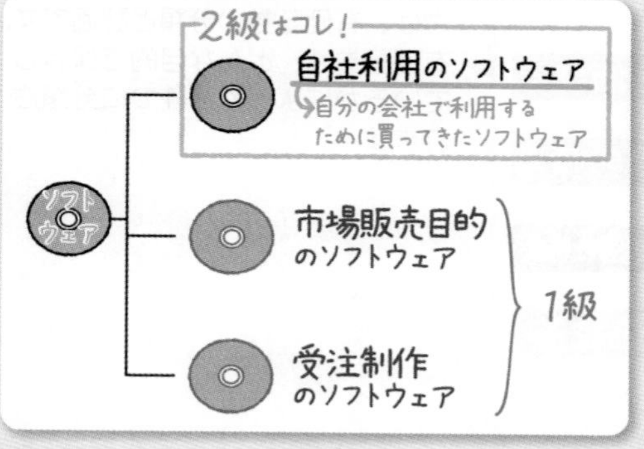

会計上、ソフトウェアは目的に応じて3つに分類されるのですが、このうち、2級では「自社で利用するために買ってきたソフトウェア（自社利用のソフトウェア）の処理」のみが範囲となっています。

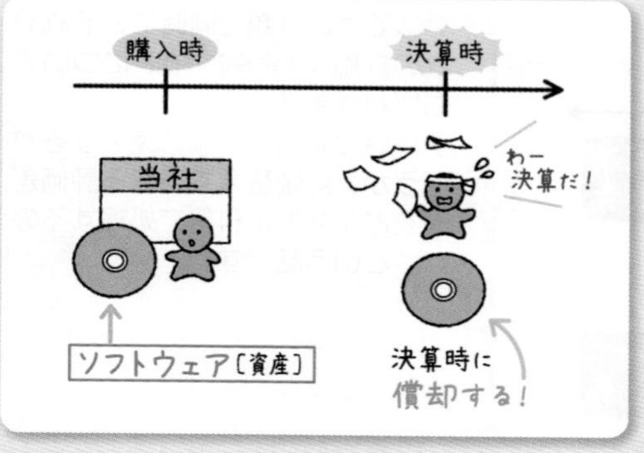

処理はいたって簡単で、ソフトウェアを買ってきたときには、「**ソフトウェア**」という資産の勘定科目で処理して、決算時に償却する…それだけです。

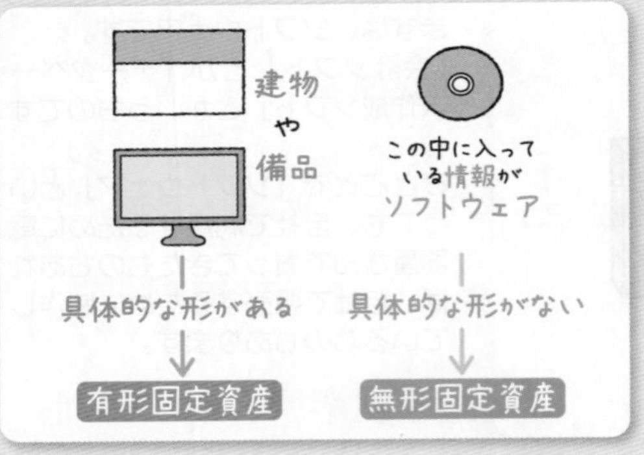

この「ソフトウェア」は資産なのですが、建物や備品のように具体的な形があるわけではないので、無形固定資産に分類されます。
無形固定資産には、ほかに「**のれん**」があり、のれんの償却とソフトウェアの償却は、処理が似ています。

有価証券の分類と評価 …つづきは第10章へ

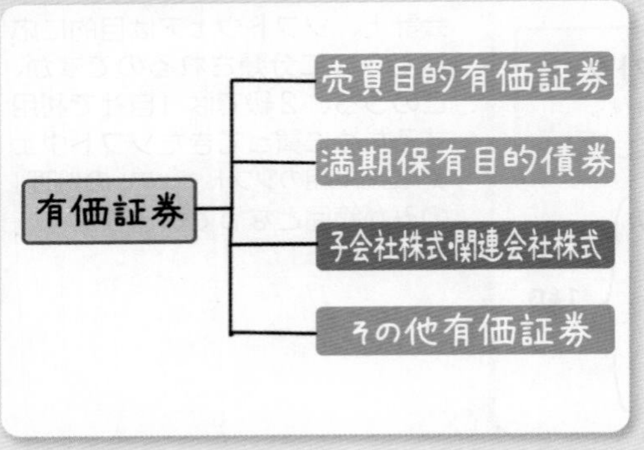

次は、有価証券の分類と評価です。
有価証券は、どんな目的で保有しているかによって、4つに分類されます。

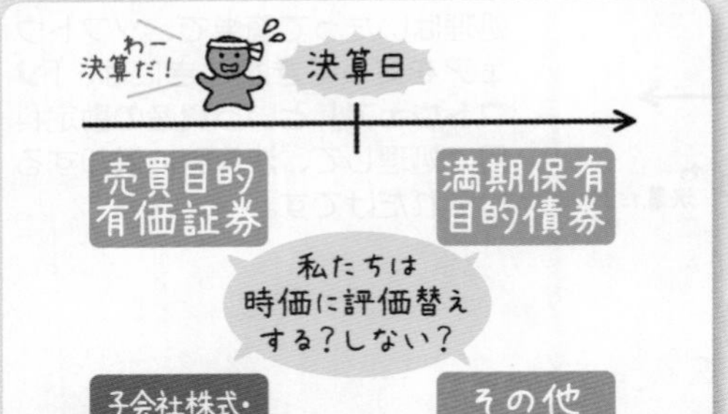

2級では、分類と同時に、それぞれの評価（決算時の評価）についても問われます。
決算時の時価に評価替えをするかどうか、評価替えするなら評価差額をどんな勘定科目で処理するのか、という話ですね。

	期末評価	差額の処理
売買目的有価証券	時価	有価証券評価損益
満期保有目的債券	原則は→原価→ 一定の場合は→償却原価法→	- 有価証券利息
子会社株式・関連会社株式	原価	-
その他有価証券	時価	その他有価証券評価差額金

詳しくは、第10章で説明しますが、評価替えについてざっとまとめると、こんな感じです。

評価替えをしたり、しなかったり…。
選択問題や○×問題といった、いわゆる理論問題で、こういうところ、狙われそうですね…。

外貨建取引 …つづきは第12章へ

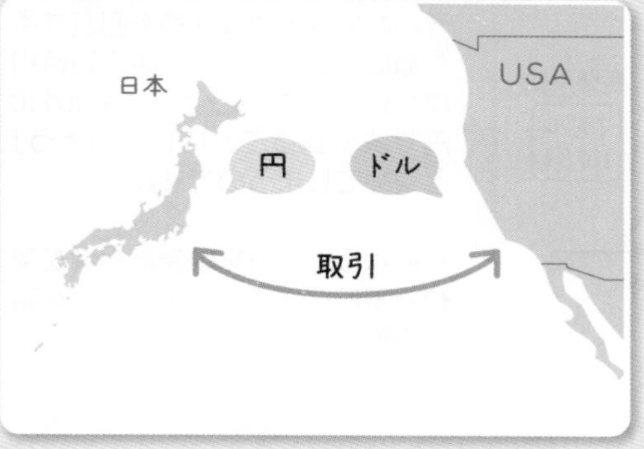

つづいて、外貨建取引です。

海外企業と取引をしているけど、どういうふうに（日本の）帳簿に記録するの？　という話です。

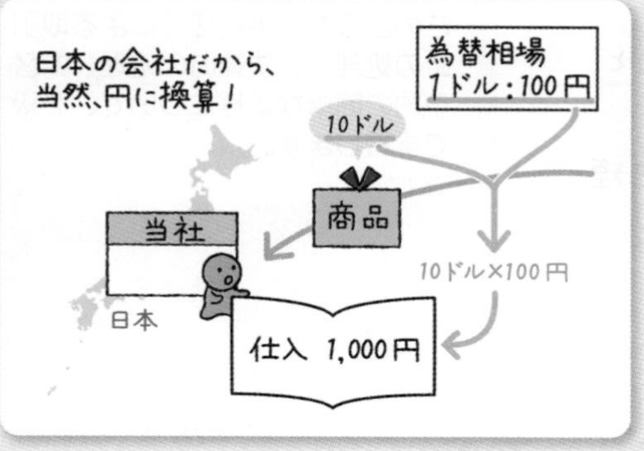

当然、取引したときの円相場で換算した金額で記録するわけですが、決算時に換算替えをしなければならないものもあります。

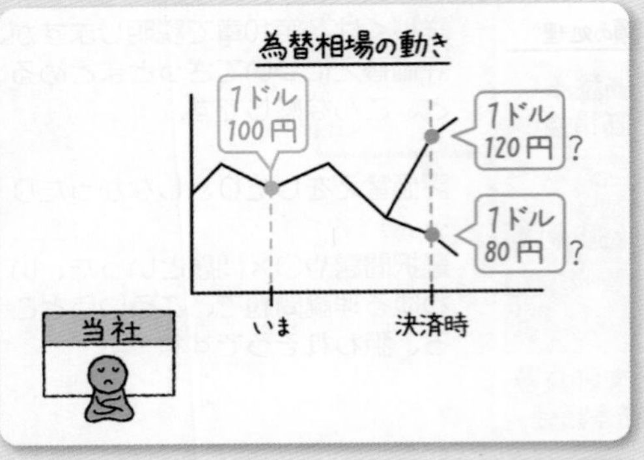

また、為替相場の変動によるリスクを回避するため、為替予約を付すこともあります。

「いまの為替相場は１ドル100円だけど、決済時（将来）の為替相場は１ドル120円になっているかもしれないし、１ドル80円かもしれない…」

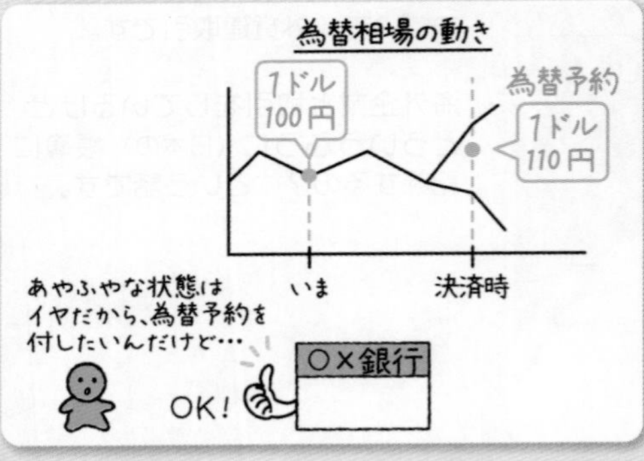

そんなあやふやな状態を回避するために、契約で「決済時の為替相場がいくらだろうと、１ドル110円で決済することにしましょう」と決めてしまうのです。

このように、将来の為替相場を契約で事前に決めてしまうことを**為替予約**といいます。

外貨建取引で学習すること

- 外貨建てによる取引の処理
- 決算時の処理（換算替え）
- 為替予約
  - ↑簡単なものだけ

このような、外貨建てによる取引時の処理や、決算時の処理、為替予約の簡単な処理について、２級で学習します。

2級で学習する内容（その3）

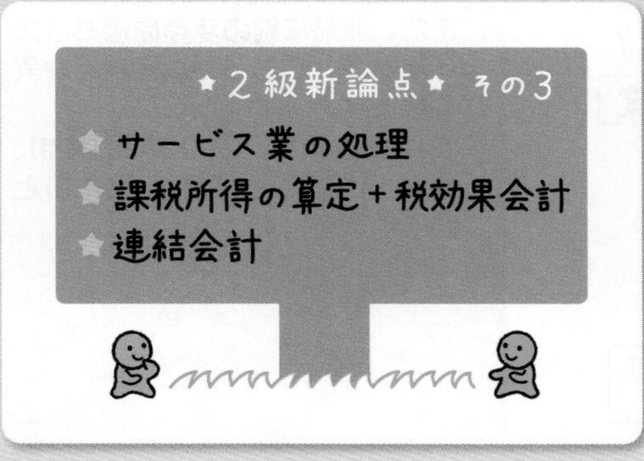

最後に、２級で初めて学習する論点のうち、大物論点である「サービス業の処理」「課税所得の算定＋税効果会計」「連結会計」を見ていきましょう。

サービス業の処理 …つづきは第4章へ

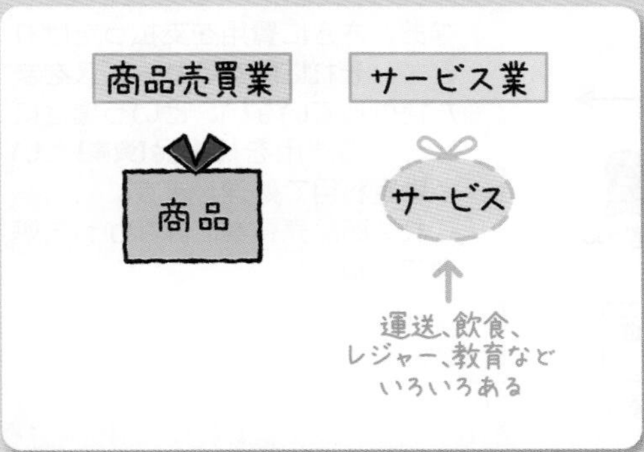

まずは、サービス業の処理です。

これまでは、商業簿記といったら「商品売買業の簿記」でしたが、２級では、運送、飲食、レジャー、教育など「サービス業の簿記」も問われます。

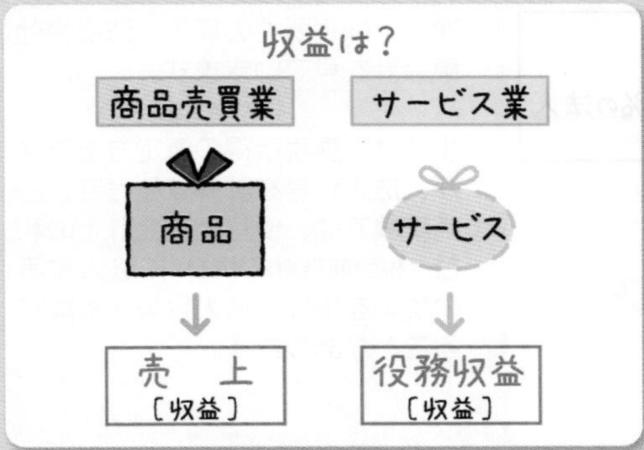

商品売買業でもサービス業でも、商品やサービスをお客さんに提供したときは収益を計上しますが、勘定科目が異なります。
商品売買業では**売上[収益]**、サービス業では**役務収益[収益]**という勘定科目で処理します。

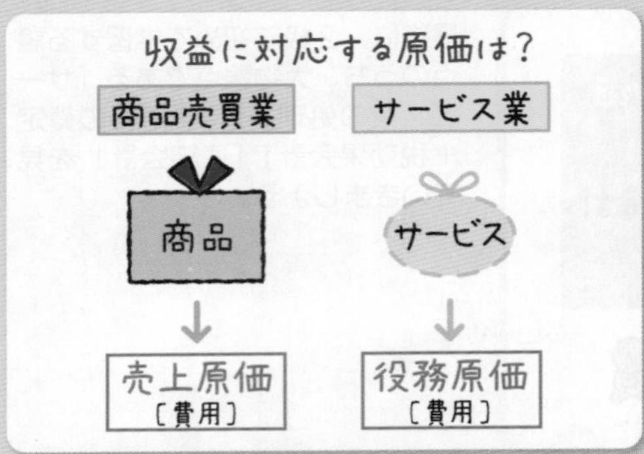

また、収益に対応する原価も計上しますが、こちらも勘定科目が異なります。
商品売買業では**売上原価〔費用〕**、サービス業では**役務原価〔費用〕**という勘定科目で処理します。

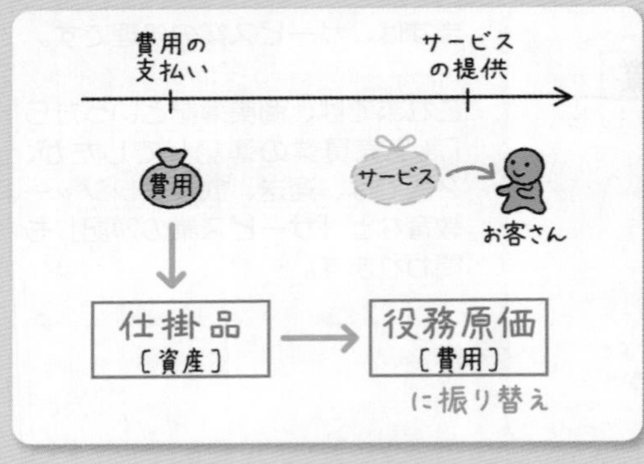

なお、さきに費用を支払ったけれども、それに関するサービスをまだ提供していない、という場合には、その費用を**仕掛品〔資産〕**という勘定科目で処理します。
これは商品売買業にはなかった処理ですね。

課税所得の算定＋税効果会計 …つづきは第3章・第13章へ

問題

⋮

(10) 税引前当期純利益に対して40%の法人税等を計上する。

損益計算書

⋮

税引前当期純利益	100
法人税等	40
当期純利益	60

×40%

次に、課税所得の算定方法と税効果会計を見ていきます。

まずは、課税所得の算定方法ですが、法人税等を計算するとき、日商試験では、便宜上、会計上の利益（税引前当期純利益）に法人税等の税率を掛けて法人税等を計算することがあります。

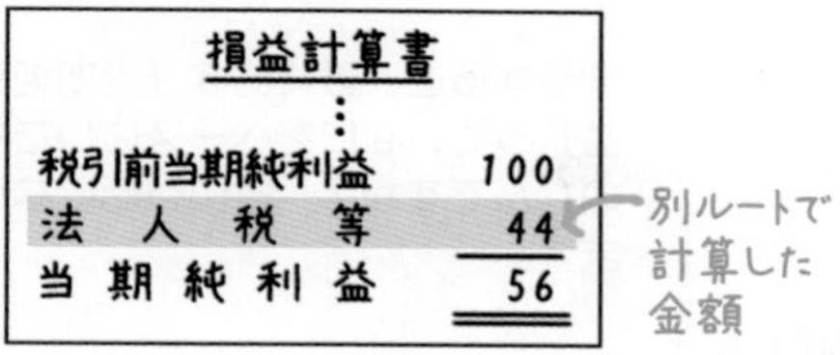

損益計算書
税引前当期純利益 100
法人税等 44
当期純利益 56
別ルートで計算した金額

でも、実は法人税等の金額って、会計上の利益（税引前当期純利益）に法人税等の税率を掛けて計算するのではなく、税法上の利益に法人税等の税率を掛けて計算するんですね。
この場合の、税法上の利益を課税所得といいます。

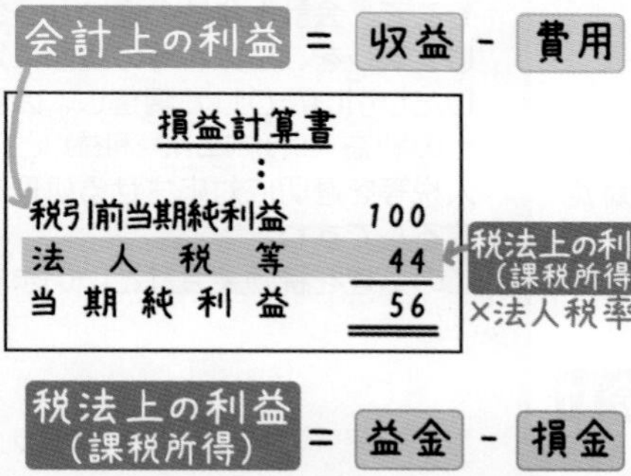

会計上の利益は収益から費用を差し引いて計算するけど、税法上の利益は益金から損金を差し引いて計算する。そして、税法上の利益（課税所得）に法人税等の税率を掛けて法人税等の金額を計算する、という話です。

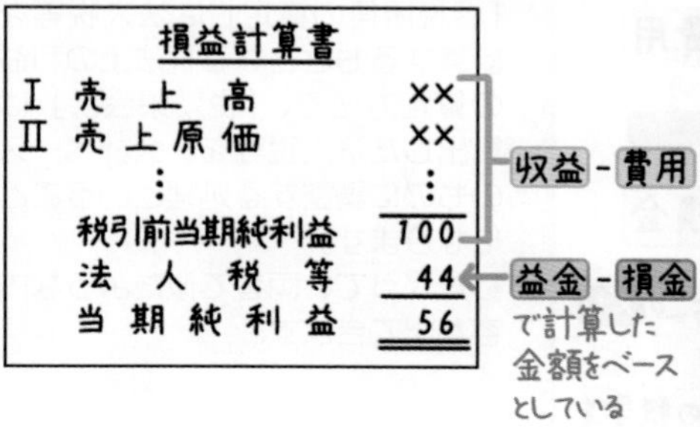

…ということは、損益計算書上、税引前当期純利益までは会計上の「収益－費用」で計算された金額で、そして法人税等は税法上の「益金－損金」で計算された金額をベースにした法人税等が計上されている、ということになります。

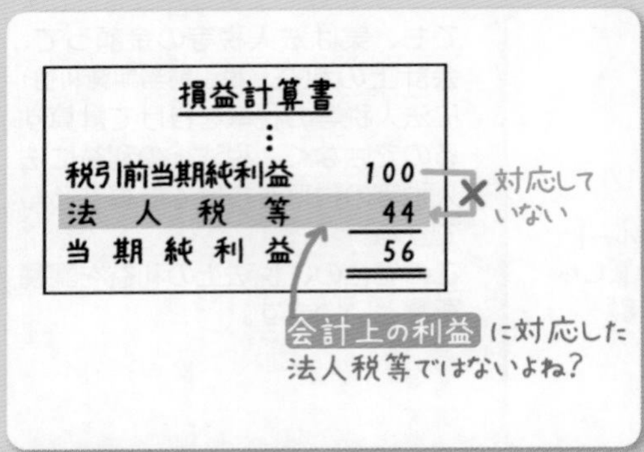

要するに、会計上の利益に対応した法人税等が計上されていないのです。
そうすると、最終的な「当期純利益」って、なにをベースにしたものなんですか？　という話になります。

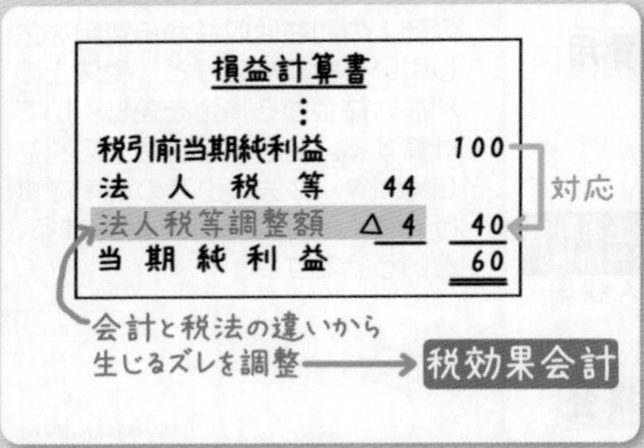

そこで、会計と税法の違いから生じるズレを、法人税等の金額に足したり引いたりして調整し、会計上の利益（税引前当期純利益）と法人税等を適切に対応させる処理をするんですね。
この処理を税効果会計といいます。

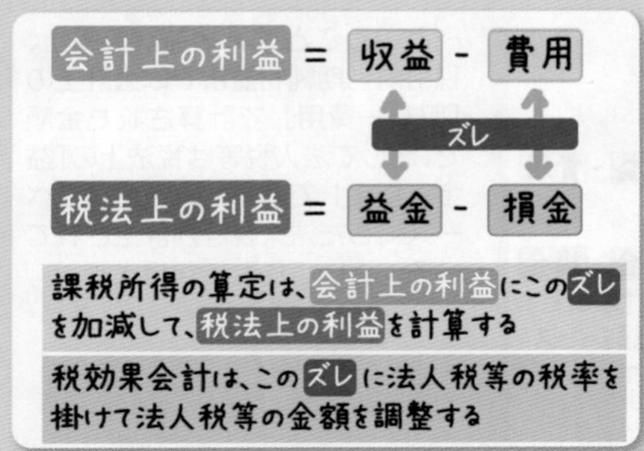

「課税所得の算定」は法人税等を計算するもととなる税法上の利益の算定方法で、「税効果会計」は算出した法人税等を、会計ベースのものに調整する処理ということになります。
したがって、両者で似たような内容が出てきます。

連結会計 …つづきは第18章・第19章へ

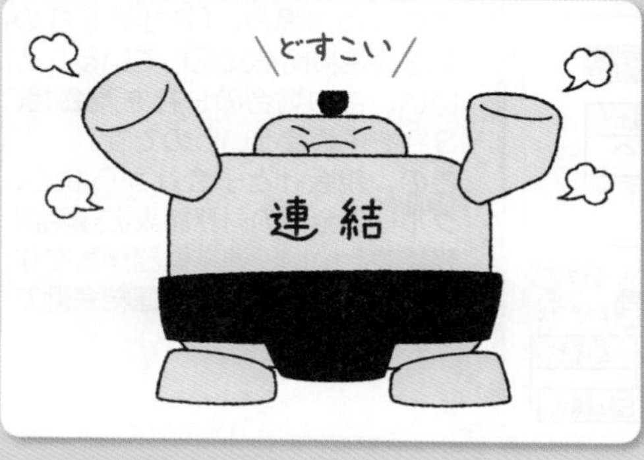

最後に連結会計。
これはちょっと横綱級の論点です。

もともと1級（のみ）の範囲でしたが、このうち応用的なものを1級に残し、それ以外が2級の範囲となりました。

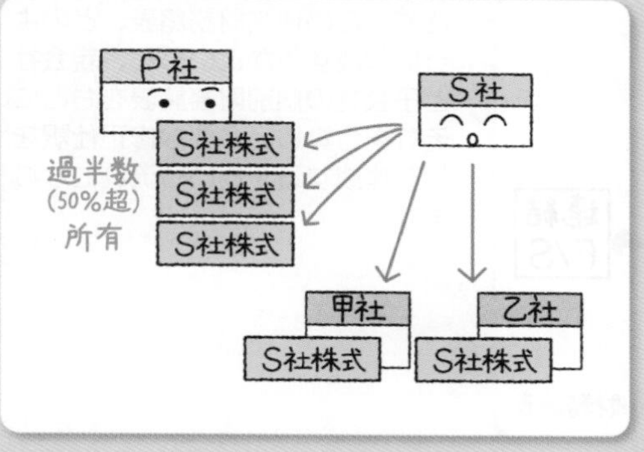

連結会計の基本的な用語に「親会社」と「子会社」があります。

たとえば、P社とS社があって、P社はS社の発行済株式の過半数を所有しているとします。
…過半数というのは、半分より多い、50%超ということです。

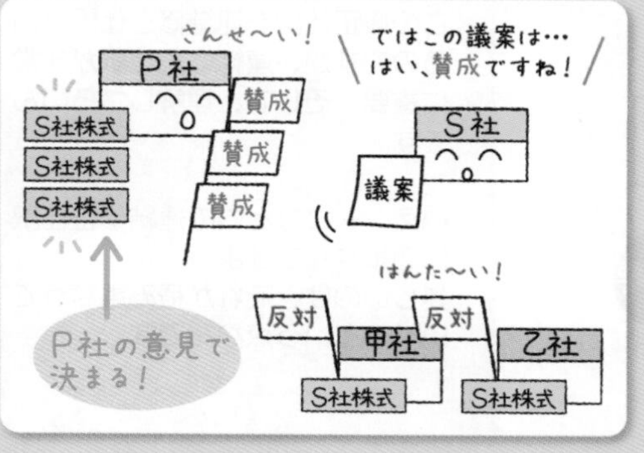

会社の基本的な事項は株主総会で決定されますが、このときの決議は「株式数に応じた多数決」で行われます。
「多数決」ということは、S社の株主総会では、S社の発行済株式の過半数を持っているP社の意見がほぼ通ってしまうということになります。

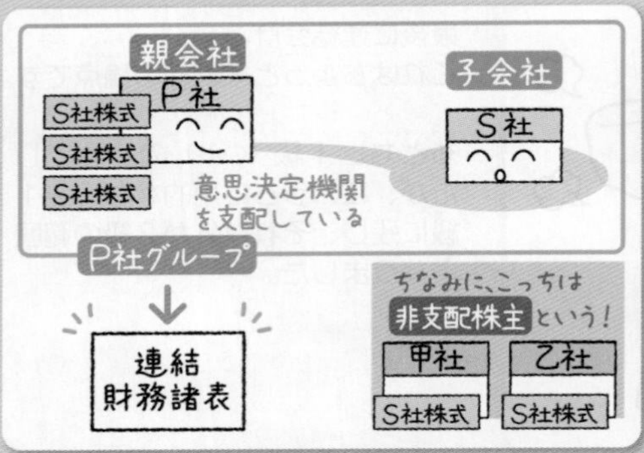

このような場合、「P社はS社の意思決定機関を支配している」といい、この場合のP社を親会社、S社を子会社というのです。
この、親会社と子会社からなる、グループ全体の財務諸表を連結財務諸表といい、連結財務諸表を作成するための手続きが連結会計です。

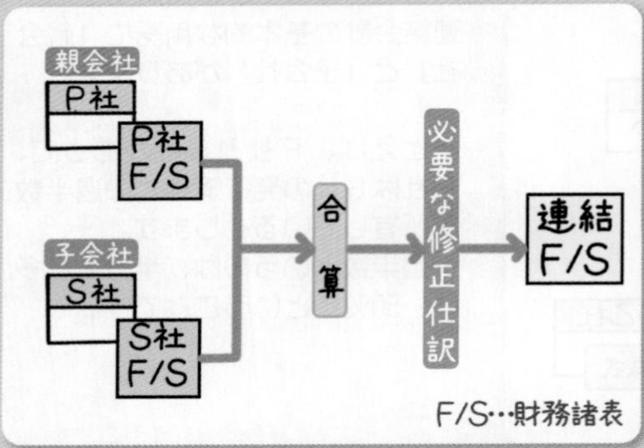

さて、この連結財務諸表、どのように作成するかというと、親会社と子会社の個別財務諸表をもとに、それを合算し、必要な修正仕訳をして作成する、という流れになります。

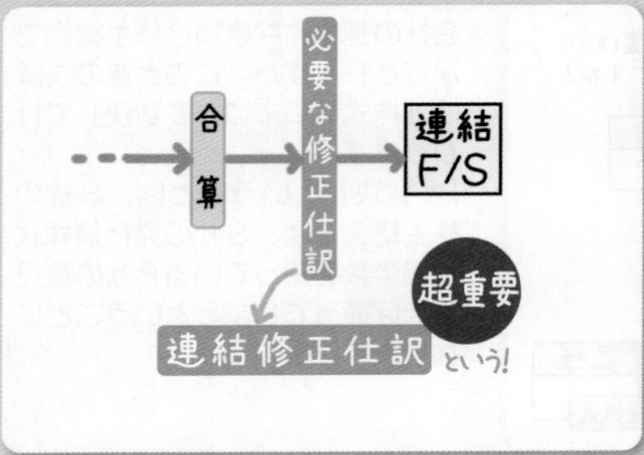

この修正仕訳を連結修正仕訳というのですが、連結修正仕訳が非常に重要…そして、理解しづらいんです。

いえ、一つひとつの連結修正仕訳は簡単なんですよ。
難しいのは、それが積み重なっていく、という点なんです。

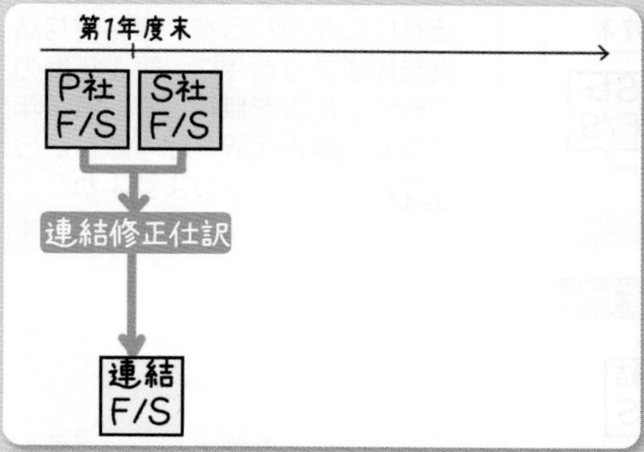

さきほど、「親会社と子会社の個別財務諸表をもとに…必要な修正仕訳をして連結財務諸表を作成する」といいました。

たとえば、連結第１年度だったら、第１年度の個別財務諸表を合算して、第１年度の連結修正仕訳をして、連結財務諸表を作成します。

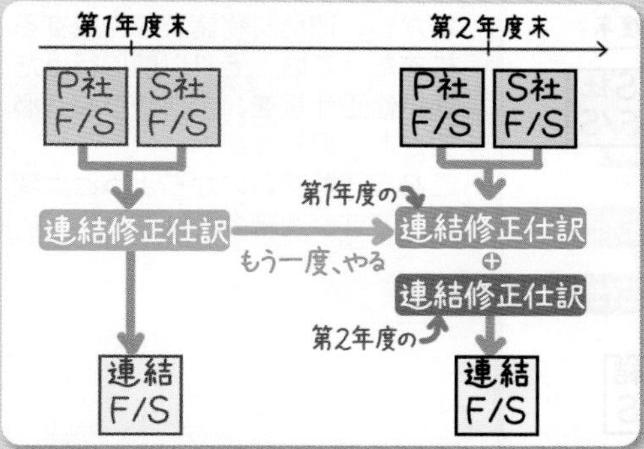

では、連結第２年度は…？

第２年度の個別財務諸表をもとにして、当然、第２年度の連結修正仕訳をするのですが、そのほかに、第１年度に行った連結修正仕訳を再度、行わなければならないのです。

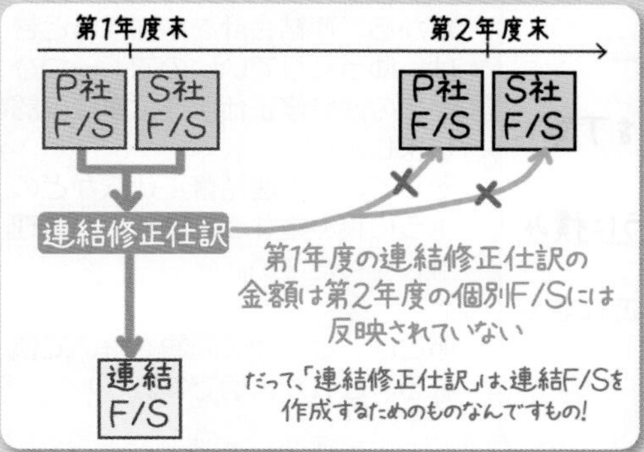

どうしてかというと、親会社と子会社が作成している個別財務諸表には、連結修正仕訳なんて反映されていません。

連結修正仕訳をするのは、あくまでも連結財務諸表を作成するときだけですからね。
…ということは、第２年度の個別財務諸表には、第１年度の連結修正仕訳なんて入っていないんです。

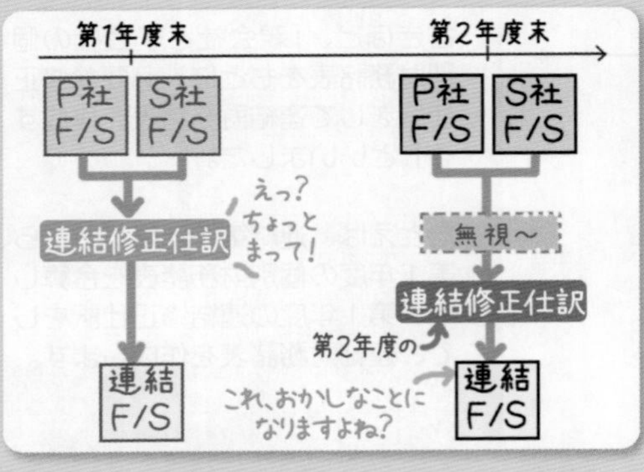

それにもかかわらず、連結財務諸表を作成するときに、第１年度の連結修正仕訳を無視して、第２年度の連結修正仕訳だけ考慮したら、おかしなことになりますよね？

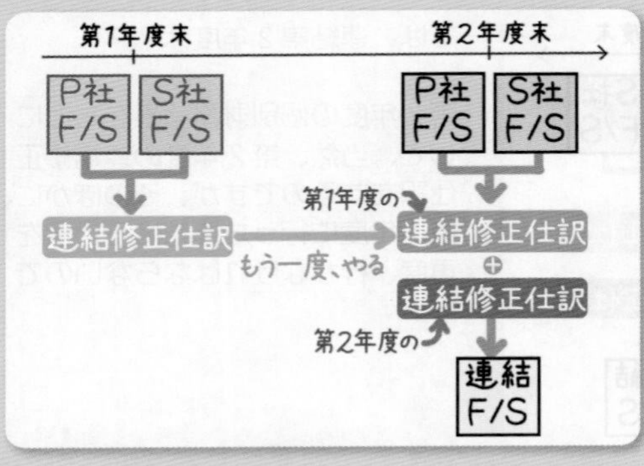

だから、連結財務諸表を作成するにあたっては、それ以前に行った連結修正仕訳を、全部やり直す必要があるのです。
これを理解するのがちょっと大変なんです、連結会計は…。

連結会計を勉強するときは…

- 一つひとつの連結修正仕訳を丁寧に確認していく
- その連結修正仕訳がどのように積み重なっていくのかを理解する
  - 前期末までの連結修正仕訳も考慮する!
- 問題を解いて慣れる!

だから、連結会計を勉強するときは、ゆっくりでいいので、一つひとつの連結修正仕訳を丁寧に確認しましょう。
そして、その連結修正仕訳がどのように積み重なっていくのかを理解してください。

あとは、とにかく問題を解いて慣れる、これが大切です。

スッキリわかる
日商簿記

2級 商業簿記

テキスト編

仕訳編

第1章

株式の発行、剰余金の配当と処分

株式会社を設立しよう！
まずは、株式を発行するところからスタートだ。

ここでは、株式の発行、
剰余金の配当と処分についてみていきましょう。

CASE 1

株式会社とは

去年まで個人商店（ゴエモン商店）を営んでいたゴエモン君。お店も大きくなってきたので、今年から株式会社にしたいと考えています。
そこで、株式会社について調べてみることにしました。

ここ CASE 1 は試験に出題されることはありませんので、さらっと読んでおいてください。

株式会社とは？

お店（個人事業）と会社の違いに、規模の大きさがあります。

事業規模が小さいお店では、元手はそれほど必要ではありません。

通常、店主個人の貯金をお店の元手（資本金）として開業します。

ところが、事業規模が大きくなると、多くの元手が必要となります。そこで、必要な資金を集めるため、**株式という証券**を発行して多数の人から少しずつ出資してもらうのです。

1株5万円の株式を2,000人に買ってもらえば1億円という大金を集めることができますよね。

このように、**株式**を発行することによって多額の資金を集めて営む企業形態を、**株式会社**といいます。

株主と取締役

株式会社では、出資してくれた人を**株主**（かぶぬし）といいます。株主からの出資があって会社がなりたつので、株主は会社の所有者（オーナー）ともいわれます。したがって、株主は会社の方向性についても口を出せますし、究極的には会社を解散させることもできます。

しかし、株主は何万人といるわけですから、株主が直接、日々の会社の経営を行うことはできません。

そこで、株主は出資した資金を経営のプロである**取締役**に任せ、日々の会社の経営は取締役が行います。

また、株主からの出資があって、会社が活動し、利益を得ることができるので、会社が得た利益は株主に分配（**配当**といいます）されます。

これを所有（株主）と経営（取締役）の分離といいます。

利益が多ければ多いほど、株主への分配も多いわけですから、出資者も、もうける力のある会社、魅力的な会社に出資するわけですね。

株主総会と取締役会

会社には何人かの取締役がいます。そして、取締役は**取締役会**（とりしまりやくかい）という会議を行い、会社の経営方針を決めていきます。

なお、会社の基本的な経営方針や利益の使い道（株主への配当など）は、株主が集まる**株主総会**で決定されます。

お店では出資者＝店主（経営者）なので、お店のもうけを店主が使うことができましたが、株式会社では出資者（株主）≠経営者（取締役）なので、経営者が会社のもうけを勝手に使うことはできません。

CASE 2 会社を設立して株式を発行したときの仕訳

株式会社を設立することを決めたゴエモン君。会社の設立にあたって、まずは株式を発行する必要があります。
そこで、1株@10円の株式を100株発行することにしました。

取　引

ゴエモン㈱は、会社の設立にあたって株式100株を1株あたり10円で発行し、全株式の払い込みを受け、払込金額は普通預金とした。

これまでの知識で仕訳をうめると…

（普　通　預　金）1,000（　　　　　　）

△ 普通預金とした → 資産の増加↑
@10円×100株=1,000円

株式を発行したときの仕訳（原則）

会社の設立にあたって、株式を発行したときは、**原則として払込金額の全額を資本金（純資産）として処理**します。

試験では、なにも指示がなかったら、原則処理してください。

原則処理の場合

CASE 2 の仕訳

（普　通　預　金）1,000（資　本　金）1,000

資本金（純資産）の増加なので、貸方に記入します。

貸借対照表

資　産	負　債
	純資産

株式を発行したときの仕訳（容認）

払込金額のうち最低２分の１を資本金として処理することも「会社法」で認められています。なお、払込金額のうち、資本金としなかった部分は**資本準備金（純資産）**として処理します。

「会社法」は会社に関する決まりを定めた法律です。

試験では、容認処理の場合「払込金額のうち『会社法』で認められている最低額を資本金とする」などの指示がつきます。

CASE 2 を容認規定で処理した場合

・資本金：@10円×100株×$\frac{1}{2}$＝500円

・資本準備金：1,000円－500円＝500円

容認処理の場合

CASE 2 の仕訳

（普通預金）	1,000	（資本金）	500
		（資本準備金）	500

資本準備金は純資産の科目なので、貸方に記入します。

貸借対照表

資産	負債
	純資産

とても重要

株式を発行したときの処理

- 原則…払込金額の全額を資本金で処理
- 容認…払込金額のうち最低2分の1を資本金とし、残額は資本準備金で処理

問題編
問題1

CASE 3 増資をしたときの仕訳 ①申込証拠金の受取時の仕訳

取締役会で新たに20株の株式を発行することが決まり、株主を募集したところ、全株式について申し込みがありました。申し込みと同時に払い込みを受けていますが、この払込金額はまだ資本金として処理できないようです。

取　引

増資のため、株式20株について1株あたり10円で株主を募集したところ、申込期日までに全株式が申し込まれ、払込金額の全額を申込証拠金として受け入れ、別段預金とした。

用語　増　　資…資本金を増やすこと
　　　申込期日…株主の募集（申込）期間の最後の日

増資の流れ

会社の設立後に新株を発行して資本金を増やすことを**増資**（ぞうし）といいます。

増資をするときには、まず一定期間（**申込期間**）を設けて株主を募集します。

そして、会社は申込者のなかからだれを株主とするかを決め、株主には株式を割り当てます。

20株の募集に対して、30株の申し込みがあったときは、10株分の申込者は株主になれません。

申込証拠金を受け取ったときの仕訳

会社は、申込期日までに株式の申込者から払込金額の全額を受け取りますが、株式を割り当てなかった申込者に対しては、その払込金額を返さなければなりません。

そこで、株式を割り当てる前に申込者から受け取った払込金額（**申込証拠金**（もうしこみしょうこきん）といいます）は、まだ資本金としないで、**株式申込証拠金**で処理しておきます。

（　　　　）		（**株式申込証拠金**）	200

@10円×20株＝200円

また、申込者から申込証拠金として払い込まれた現金や預金は、会社の資産である当座預金などとは区別し、**別段預金**（べつだんよきん）**（資産）**として処理しておきます。

CASE 3 の仕訳

（**別段預金**）	200	（**株式申込証拠金**）	200

あとで返すかもしれないお金なので、この時点ではまだ資本金や当座預金では処理できません。

CASE 4

増資をしたときの仕訳 ②払込期日の仕訳

今回の増資では、申込者全員に株式を割り当てることにしました。そして、今日は募集した株式の払込期日。このときはどんな処理をするのでしょう？

取　引

払込期日となり、申込証拠金200円を増資の払込金額に充当し、同時に別段預金を当座預金とした。なお、払込金額のうち、会社法で認められている最低額を資本金とすることとした。

払込期日になったときの仕訳

払込期日において、**株式申込証拠金を資本金とするとともに、別段預金を当座預金に預け替えます。**

なお、CASE 4 では、払込金額のうち会社法で認められている最低額を資本金とするため、100円（200円×$\frac{1}{2}$）を**資本金**、残額を**資本準備金**として処理します。

CASE 4 の仕訳

（株式申込証拠金）	200	（資　本　金）	100
		（資本準備金）	100
（当　座　預　金）	200	（別　段　預　金）	200

資産の増加↑　　資産の減少↓

このテキストでは、資産を☀、負債を☁、収益を✿、費用を🚿で表しています。

問題編
問題2

CASE 5

株式の発行にかかる費用を支出したときの仕訳

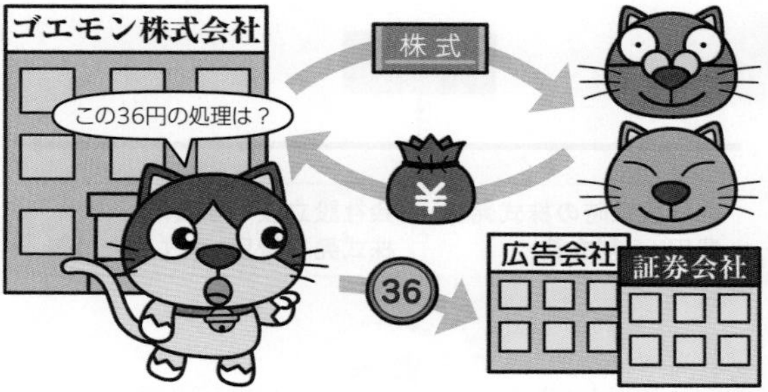

ゴエモン㈱では、事業資金を集めるために、新たに株式100株を@10円で発行しました。
このとき、株主募集の広告費や証券会社に対する発行手数料などの費用36円を支払いましたが、この費用はどのように処理するのでしょう？

取　引

ゴエモン㈱は増資にあたり、株式100株を1株あたり10円で発行し、全株式について払い込みを受け、当座預金とした。なお、株式発行のための費用36円は現金で支払った。

これまでの知識で仕訳をうめると…

原則 → 全額資本金
@10円×100株=1,000円

（当座預金）	1,000	（資本金）	1,000
（　　　　）		（現金）	36

株式交付費を支出したときの仕訳

株式を発行するときには、株主募集の広告費や証券会社への手数料などの費用がかかります。

このような株式の発行（増資時）にかかった費用は**株式交付費**（かぶしきこうふひ）**（原則：費用）**として処理します。

CASE 5 の仕訳

（当座預金）	1,000	（資本金）	1,000
（株式交付費）	36	（現金）	36

なお、会社設立時の株式の発行にかかった費用は、会社設立にかかったほかの費用とともに**創立費（原則：費用）**として処理します。

とても**重要**

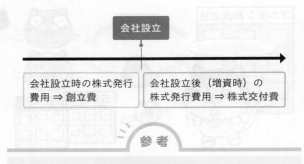

会社設立

会社設立時の株式発行費用 ⇒ **創立費**

会社設立後（増資時）の株式発行費用 ⇒ **株式交付費**

参考

開業費の処理

会社の設立後、営業を開始するまでに要した費用を**開業費**といいます。

開業費は、支出したときに**開業費（原則：費用）**として処理します。

「会社は設立したけど、まだ営業を開始していない」という段階で生じる、建物の賃借料（支払家賃）などが開業費です。

問題編

問題3

CASE 6

当期純利益を計上したときの仕訳

株式会社を設立して1年、おかげさまで当期は利益1,000円を計上することができました。
この利益、最終的にはどの勘定に振り替えるのでしょうか。

取 引

×2年3月31日 ゴエモン㈱は第１期の決算において当期純利益1,000円を計上した。

当期純利益を計上したときの処理

当期純利益は純資産（元手）の増加として、損益勘定から**繰越利益剰余金（純資産）**という利益（**剰余金**ともいいます）を集計しておくための勘定の貸方に振り替えます。

配当や処分（CASE 7で学習）が決まるまで、利益はいったん繰越利益剰余金に集計されます。

このテキストでは右側（貸方）を──●、左側（借方）を●──で表しています。

CASE 6 の仕訳

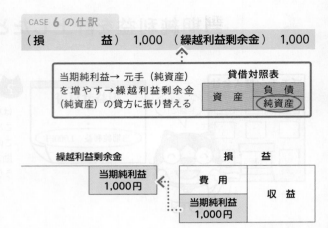

（損　　　　益）	1,000	（繰越利益剰余金）	1,000

当期純利益→ 元手（純資産）を増やす→繰越利益剰余金（純資産）の貸方に振り替える

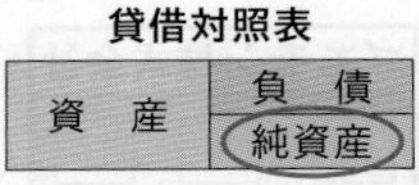

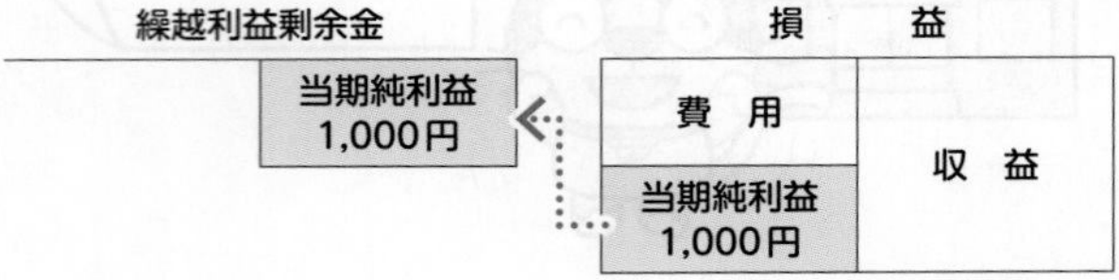

当期純損失を計上したときの処理

一方、当期純損失を計上したときは、純資産（元手）の減少として、損益勘定から繰越利益剰余金勘定の借方に振り替えます。

したがって、仮にゴエモン㈱が当期純損失500円を計上したとするならば、次のような仕訳になります。

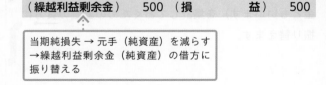

（繰越利益剰余金）	500	（損　　　　益）	500

当期純損失 → 元手（純資産）を減らす→繰越利益剰余金（純資産）の借方に振り替える

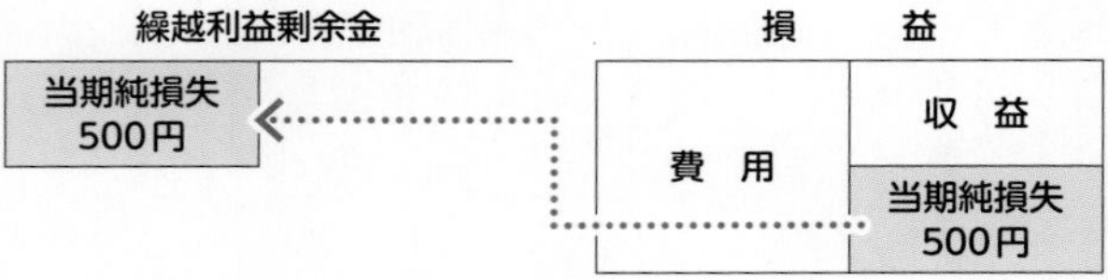

問題編

問題4

CASE 7

剰余金を配当、処分したときの仕訳

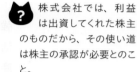

株式会社では、利益は出資してくれた株主のものだから、その使い道は株主の承認が必要とのこと。

そこで、ゴエモン㈱も株主総会を開いて、利益の使い道について株主から承認を得ました。

取　引

×2年6月20日　ゴエモン㈱の第1期株主総会において、繰越利益剰余金1,000円を次のように配当、処分することが承認された。

株主配当金 500円　利益準備金50円　別途積立金 200円

用語　**株主総会**…株主が会社の基本的な経営方針や利益の使い道（配当、処分）などを決定する場

剰余金の配当と処分とは

株式会社では、会社の利益（剰余金）は出資者である株主のものです。ですから、会社の利益は株主に配当として分配する必要があります。

しかし、すべての利益を配当として分配してしまうと、会社に利益が残らず、会社が成長することができません。そこで、利益のうち一部を社内に残しておくことができます。また、会社法の規定により、積み立てが強制されるものもあります。

このように利益の使い道を決めることを**剰余金の配当と処分**といいます。

剰余金の配当や処分は経営者が勝手に決めることはできず、株主総会の承認が必要です。

剰余金の配当と処分の項目には何がある？

剰余金の配当とは、株主に対する配当をいい、**剰余金の処分**とは、配当以外の利益の使い道をいいます。

なお、剰余金の処分項目には、会社法で積み立てが強制されている**利益準備金（純資産）**や会社が将来の活動のために独自に積み立てておく**任意積立金（純資産）**があります。

剰余金の配当	株主配当金	株主に対する利益の分配
剰余金の処分	利益準備金（純資産）	会社法で積み立てが強制されている準備金
	任意積立金（純資産）	会社が将来の活動のために独自に積み立てる積立金 **新築積立金**（建物を新築するときのための積立金）、 **別途積立金**（特定の使用目的のない積立金）など

剰余金の配当と処分の仕訳

株主総会で剰余金の配当や処分が決まったときには、繰越利益剰余金からそれぞれの勘定科目に振り替えます。ただし、株主配当金は株主総会の場では金額が決定するだけで、支払いは後日となるので、**未払配当金（負債）**で処理します。

以上より、CASE 7 の仕訳は次のようになります。

貸方合計

CASE 7 の仕訳

（繰越利益剰余金）	750	（未払配当金）	500
		（利益準備金）	50
		（別途積立金）	200

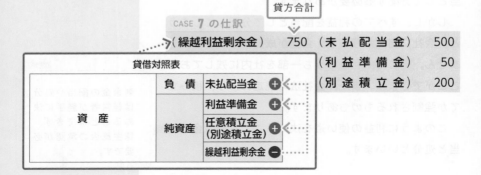

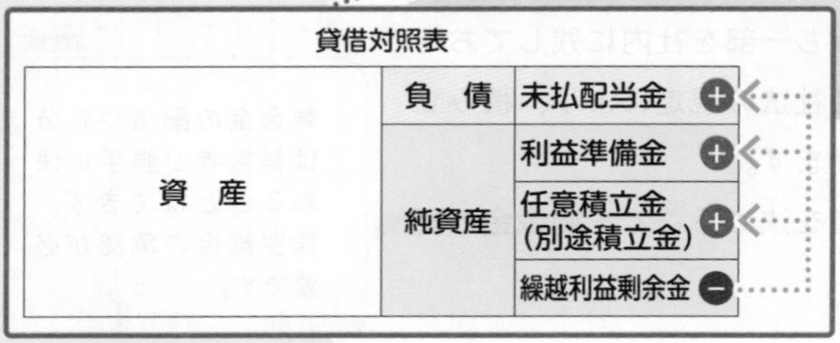

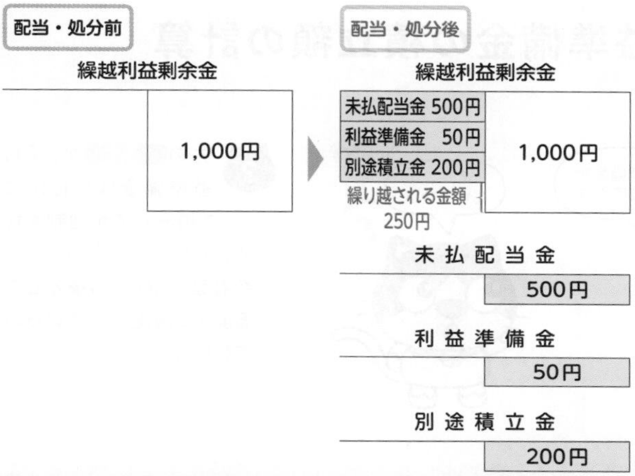

配当金を支払ったときの仕訳

株主総会後、株主に配当金を支払ったときは、未払配当金（負債）が減るとともに、現金や当座預金（資産）が減ります。

（未払配当金）	500	（現金など）	500

負債の減少↓

参考

繰越利益剰余金が借方残高（マイナス）のとき

繰越利益剰余金が借方残高（マイナス）のときは、株主総会において利益準備金や任意積立金などを取り崩して、補てんすることができます。

例

×2年6月20日 株主総会において、繰越利益剰余金の借方残高（マイナス）500円を別途積立金200円を取り崩して補てんすることが決定した。なお、残額は次期に繰り越すこととした。

（別途積立金）	200	（繰越利益剰余金）	200

△ 別途積立金（純資産）の減少↓　△ 繰越利益剰余金（純資産）の増加↑

問題編
問題5

CASE 8

利益準備金の積立額の計算

会社法
利益準備金を積み立ててね。
って…。いくらを？

先の CASE 7 で、「利益準備金は会社法によって積み立てが強制されている」と学習しましたが、会社法ではいくら積み立てるように規定されているのでしょう？

取　引

×3年6月21日　ゴエモン㈱の第2期株主総会において、繰越利益剰余金2,000円を次のように配当、処分することが承認された。

株主配当金 1,000円　利益準備金 ?円　別途積立金 200円

なお、ゴエモン㈱の資本金は4,000円、資本準備金は250円、利益準備金は50円であった。

これまでの知識で仕訳をうめると…

（繰越利益剰余金）		（未払配当金）	1,000
		（利益準備金）	
		（別途積立金）	200

会社法で規定する利益準備金の積立額はいくら？

会社の利益（剰余金）は株主のものですが、配当を多くしすぎると現金などが会社から多くでていってしまい、会社の財務基盤が弱くなってしまいます。

そこで、会社法では「（繰越利益剰余金を配当する場合、）**資本準備金と利益準備金の合計額が資本金の4分の1に達するまで、配当金の10分の1を利益準備金として積み立てなければならない**」という規定を設

> 会社から現金などがでていくことを社外流出といいます。利益準備金や任意積立金の積み立ては、会社から現金などがでていかないので、社内留保といいます。

> 資本準備金とは、株主からの出資額のうち、資本金以外の金額（株式払込剰余金など）をいいます。

けて、利益準備金を強制的に積み立てるようにしています。

なお、この規定をもっと簡単な式で表すと、次のようになります。

利益準備金積立額：

①資本金 × $\frac{1}{4}$ －（資本準備金＋利益準備金）

②株主配当金 × $\frac{1}{10}$

いずれか小さいほうの金額

とても重要

CASE 8 の利益準備金積立額

① 4,000円 × $\frac{1}{4}$ －（250円 ＋ 50円）＝ 700円

（4,000円：資本金、250円：資本準備金、50円：利益準備金）

② 1,000円 × $\frac{1}{10}$ ＝ 100円

（1,000円：株主配当金）

いずれか小さいほうの金額

CASE 8 の仕訳

（繰越利益剰余金）	1,300	（未払配当金）	1,000
		（利益準備金）	100
		（別途積立金）	200

貸方合計

問題編

問題6

その他資本剰余金については CASE 9 で学習します。

準備金の積立額自体は、利益準備金の場合（配当財源が繰越利益剰余金の場合）も、資本準備金の場合（配当財源がその他資本剰余金の場合）も同じです。なにを積み立てるのか（利益準備金か資本準備金か）が違うだけです。

参考

配当財源がその他資本剰余金の場合

配当財源が繰越利益剰余金の場合には、利益準備金を積み立てますが、配当財源がその他資本剰余金の場合には、資本準備金を積み立てます。

この場合の資本準備金積立額は、**資本準備金と利益準備金の合計額が資本金の4分の1に達するまで、配当金の10分の1**です。

例

ゴエモン㈱の株主総会において、その他資本剰余金を財源とした剰余金の配当等が次のように決定した。
株主配当金1,000円、資本準備金?円（各自計算）
なお、資本金、資本準備金、利益準備金の残高は、それぞれ4,000円、250円、50円であった。

（その他資本剰余金）	1,100	（未払配当金）	1,000
		（資本準備金）	100

資本準備金積立額

①$4{,}000\text{円} \times \frac{1}{4} - (250\text{円} + 50\text{円}) = 700\text{円}$
（4,000円：資本金、250円：資本準備金、50円：利益準備金）

②$1{,}000\text{円} \times \frac{1}{10} = 100\text{円}$
（1,000円：株主配当金）

③①＞②より②100円

CASE 9

純資産のまとめ

資本金や資本準備金、利益準備金など、いろいろな純資産の科目がでてきたので、少し混乱してきたゴエモン君。
そこで、純資産の科目について、まとめてみることにしました。

純資産の分類

純資産は、資産と負債の差で、株主資本（純資産のうち株主に帰属する部分）と評価・換算差額等（資産や負債を時価評価したさいに生じる評価差額等）に区分されます。

評価・換算差額等には、その他有価証券評価差額金（CASE 84で学習）があります。

また、株主資本は株主からの出資である元手（**資本金**と**資本剰余金**）と会社のもうけ（**利益剰余金**）で構成されています。

なお、資本剰余金と利益剰余金はさらに次のように区分されます。

まずは、これらの科目が純資産の科目であることをおさえましょう。

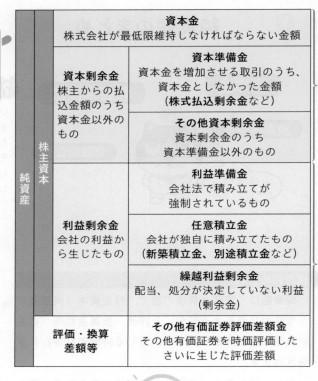

<table>
<tr><td rowspan="7">純資産</td><td rowspan="6">株主資本</td><td colspan="2">資本金
株式会社が最低限維持しなければならない金額</td><td rowspan="3">元手</td></tr>
<tr><td rowspan="2">資本剰余金
株主からの払込金額のうち資本金以外のもの</td><td>資本準備金
資本金を増加させる取引のうち、資本金としなかった金額
(株式払込剰余金など)</td></tr>
<tr><td>その他資本剰余金
資本剰余金のうち資本準備金以外のもの</td></tr>
<tr><td rowspan="3">利益剰余金
会社の利益から生じたもの</td><td>利益準備金
会社法で積み立てが強制されているもの</td><td rowspan="4">もうけ</td></tr>
<tr><td>任意積立金
会社が独自に積み立てたもの
(新築積立金、別途積立金など)</td></tr>
<tr><td>繰越利益剰余金
配当、処分が決定していない利益(剰余金)</td></tr>
<tr><td colspan="2">評価・換算差額等</td><td>その他有価証券評価差額金
その他有価証券を時価評価したさいに生じた評価差額</td></tr>
</table>

参考

株主資本の計数変動

資本準備金を資本金に振り替えるなど、純資産項目(株主資本)内の金額の変動を**株主資本の計数変動**といいます。

株主資本の計数変動には、次のものがあります。

①資本取引に関する項目内での振り替え

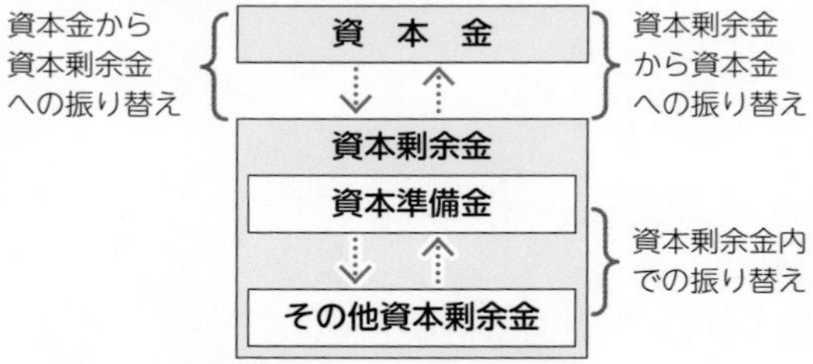

②損益取引に関する項目内での振り替え

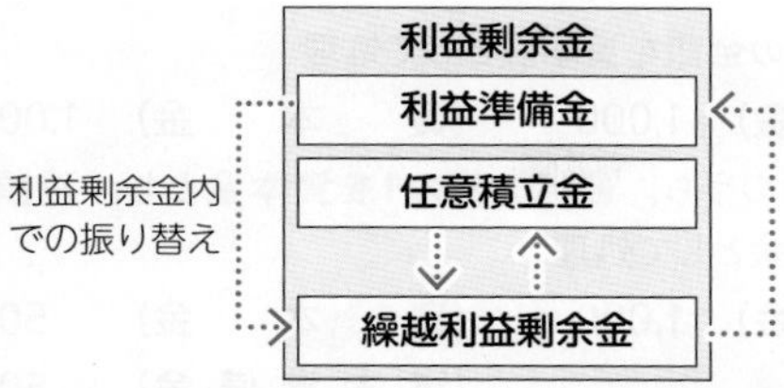

③利益剰余金から資本金への振り替え

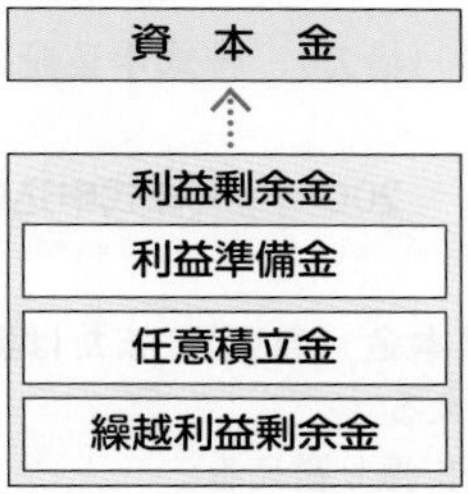

④資本金や資本剰余金から繰越利益剰余金への振り替え（欠損をてん補する場合のみ）

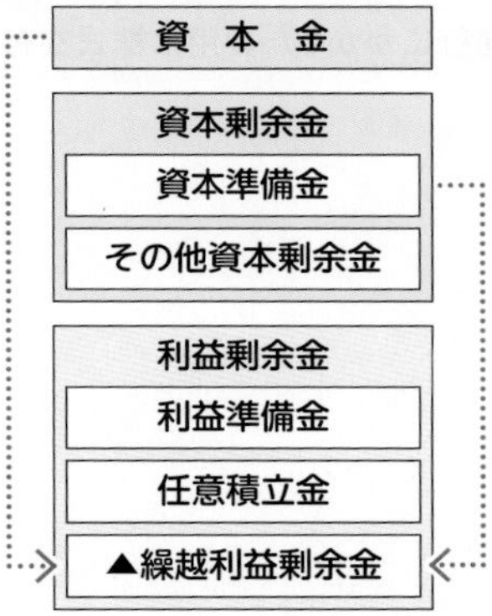

欠損とは繰越利益剰余金がマイナスの状態をいいます。

株式の発行のまとめ《一連の流れ》

CASE 2,5
設立時

・原則：払込金額の**全額を資本金**として処理

(普通預金)	1,000	(資本金)	1,000

・容認：払込金額のうち、**最低2分の1を資本金**とし、残額は**資本準備金**として処理

(普通預金)	1,000	(資本金)	500
		(資本準備金)	500

・会社設立時の株式の発行にかかった費用は**創立費**として処理

CASE 3
増資時（申込証拠金の受取時）

・払込金額を**別段預金**（借方）、**株式申込証拠金**（貸方）として処理

(別段預金)	200	(株式申込証拠金)	200

CASE 4,5
増資時（払込期日）

・株式申込証拠金を**資本金**（原則）、または**資本金**と**資本準備金**（容認）に振り替える
・別段預金を当座預金に振り替える

(株式申込証拠金)	200	(資本金)	100
		(資本準備金)	100
(当座預金)	200	(別段預金)	200

・増資時の株式の発行にかかった費用は**株式交付費**として処理

剰余金の配当と処分のまとめ《一連の流れ》

CASE 6
決算時

・損益勘定から**繰越利益剰余金勘定**に振り替える

(損　　　益)	1,000	(繰越利益剰余金)	1,000

CASE 7,8
剰余金の配当、処分時

・繰越利益剰余金勘定から各勘定へ振り替える

(繰越利益剰余金)	750	(未払配当金)	500
		(利益準備金)	50
		(別途積立金)	200

・利益準備金積立額

①資本金×$\frac{1}{4}$－（資本準備金+利益準備金）
②株主配当金×$\frac{1}{10}$

} **いずれか小さいほうの金額**

この章で新たにでてきた勘定科目

資産	負債
別段預金	未払配当金
	純資産
	資本金 株式申込証拠金 資本準備金 利益準備金 新築積立金 別途積立金 繰越利益剰余金

費用	収益
創立費 株式交付費 開業費	－

その他
－

仕訳編

第2章

合併と無形固定資産

会社を合併したり、特許権を取得したときはどんな処理をするんだろう？

ここでは、会社の合併、無形固定資産の処理について
みていきましょう。

CASE 10

合併したときの仕訳

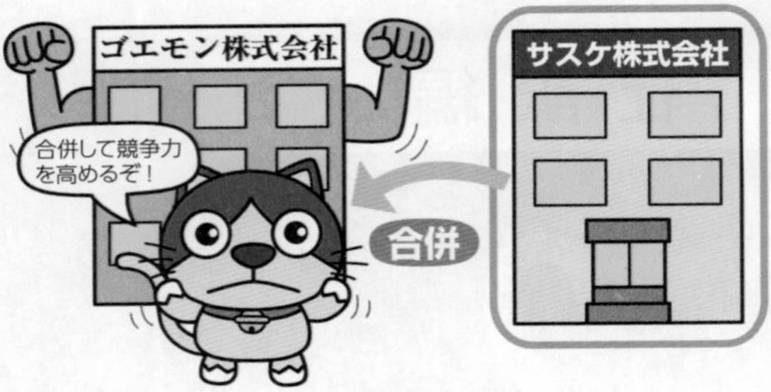

ゴエモン㈱は、市場での競争力を高めるため、これまでパートナーとして付き合ってきたサスケ㈱を吸収合併することにしました。

取　引

ゴエモン㈱はサスケ㈱を吸収合併し、サスケ㈱の株主に対して新株を10株（発行時の時価は@80円）で発行し、全額を資本金として処理した。なお、合併直前のサスケ㈱の資産・負債の公正な価値（時価）は諸資産2,000円、諸負債1,400円であった。

用語　合　併…2つ以上の会社が合体して1つの会社になること

合併ってなんだろう

このテキストでは吸収合併についてみていきます。

商品の市場占有率を高めたり、会社の競争力を強化するため、複数の会社が合体して1つの会社になることがあります。これを**合併**（がっぺい）といいます。

合併の形態には、ある会社がほかの会社を吸収する形態（**吸収合併**（きゅうしゅうがっぺい）といいます）と、複数の会社がすべて解散して新しい会社を設立する形態（**新設合併**（しんせつがっぺい）といいます）があります。

なお、吸収合併によりなくなってしまう（消滅する）会社を**被合併会社**（ひがっぺいがいしゃ）、残る（存続する）会社を**合併会社**（がっぺいがいしゃ）といいます。

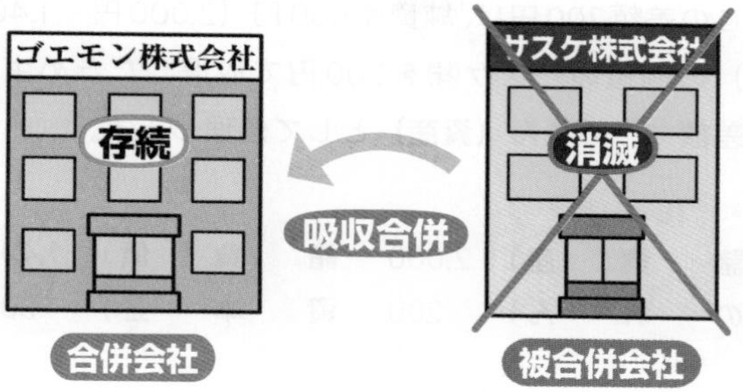

吸収合併したときの仕訳

吸収合併をしたときは、合併会社（ゴエモン㈱）が**時価**で被合併会社（サスケ㈱）を買ったと考えます。

したがって、ゴエモン㈱では、サスケ㈱の**資産、負債を時価で受け入れます。**

とても重要

（諸　資　産）	2,000	（諸　負　債）	1,400
	時価		時価

また、対価としてゴエモン㈱の株式を渡している（新株を発行している）ので、**資本金（純資産）の増加**として処理します。

CASE 10 で増加する資本金

・@80円×10株＝ 800円

（諸　資　産）	2,000	（諸　負　債）	1,400
		（資　本　金）	800

800円を払ってでも、600円の会社が欲しいわけです。この差額の200円はサスケ㈱の経営ノウハウがすばらしいとか、ブランド力があるなど、目に見えない価値なんですね。

ここで、仕訳を見ると借方が2,000円、貸方が2,200円（1,400円＋800円）なので、貸借差額が生じています。

この差額200円は、純資産600円（2,000円－1,400円）の価値のサスケ㈱を800円で取得したため生じた差額で、**のれん（資産）**として処理します。

CASE **10** の仕訳

（諸資産）	2,000	（諸負債）	1,400
（のれん）	200	（資本金）	800

貸借差額（のれん200）

◆問題編◆
問題7

CASE 11 無形固定資産を取得したときの仕訳

ゴエモン㈱では、特許権を取得しました。
特許権は建物などと異なり、形のないものですが、このような形のないものを取得したときはどのような処理をするのでしょうか？

取引

特許権を800円で取得し、代金は現金で支払った。

用語 **特許権**…新規の発明を独占的に利用できる権利

無形固定資産を取得したときの仕訳

特許権（とっきょけん）や**商標権**（しょうひょうけん）など、モノとしての形はないが長期的にわたってプラスの効果をもたらす資産を**無形固定資産**（むけいこていしさん）といいます。

無形固定資産

特許権	新規の発明を独占的に利用できる権利
商標権	文字や記号などの商標を独占的に利用できる権利
のれん	合併や買収で取得したブランド力やノウハウなど、ほかの会社に対して優位になるもの

> CASE 10 で学習したのれんも無形固定資産です。
>
> 貸借対照表
>
> | 資産 | 負債 |
> |---|---|
> | | 純資産 |
>
> そのほか、第9章で学習するソフトウェアも無形固定資産です。

無形固定資産を取得したときは取得にかかった支出額を無形固定資産の名称（**特許権**など）で処理します。

> 商標権を取得したなら「商標権」で処理します。

CASE 11 の仕訳

（特許権）	800	（現金）	800

CASE 12

無形固定資産の決算時の仕訳

特許権

今日は決算日。
ゴエモン㈱は、当期首に特許権800円を取得しています。
この特許権（無形固定資産）は、決算において「償却」する必要があるのですが、建物や備品の減価償却と同じ処理なのでしょうか？

取　引

決算につき、当期首に取得した特許権800円を8年で償却する。

用語 **償　却**…無形固定資産の価値の減少分を費用として計上すること

決算整理

無形固定資産の償却

無形固定資産の場合は単に「償却」といいます。

決算時に建物などの有形固定資産を減価償却したように、無形固定資産も時間の経過にともなって価値が減るので、償却する必要があります。

無形固定資産の償却は、**残存価額をゼロ**とした**定額法**で、記帳方法は**直接法**（無形固定資産の帳簿価額を直接減らす方法）によって行います。

とても重要

無形固定資産の償却と減価償却の違い

	無形固定資産の償却	減価償却
残存価額	**ゼロ**	残存価額あり
償却方法	**定額法**	定額法以外もあり
記帳方法	**直接法**	直接法または間接法

CASE 12 では、特許権800円を8年で償却するので、当期の償却額は100円（800円÷8年）となります。

なお、無形固定資産の償却額は、**特許権償却（費用）**のように「○○償却」で処理します。

CASE 12 の仕訳

（特許権償却）	100	（特　許　権）	100

費用の発生⬆

△ 直接法で記帳
→特許権の減少⬇

のれんの償却

のれんも無形固定資産なので、決算において、償却します。なお、のれんは取得後**20年以内**に定額法により償却します。

したがって、たとえば当期首に取得したのれん200円を、償却期間20年で償却する場合の仕訳は次のようになります。

（のれん償却）	10	（の　れ　ん）	10

費用の発生⬆

200円÷20年=10円

第2章 合併と無形固定資産

問題編
問題8

合併のまとめ 《一連の流れ》

CASE 10 合併時

・資産、負債を**時価**で受け入れ、発行した株式の時価を資本金などで処理。貸借差額はのれん（資産）として処理

（諸資産）	2,000	（諸負債）	1,400
（のれん）	200	（資本金）	800

CASE 12 決算時

・のれんは残存価額をゼロとして**20年以内**に定額法により償却

（のれん償却）	10	（のれん）	10

無形固定資産のまとめ 《一連の流れ》

CASE 11 取得時

（特許権）	800	（現金など）	800

CASE 12 決算時

・残存価額をゼロとした定額法により償却

（特許権償却）	100	（特許権）	100

この章で新たにでてきた勘定科目

資産	負債	純資産
のれん 特許権	—	—

費用	収益	その他
のれん償却 特許権償却	—	—

仕訳編

第3章

法人税等と消費税

個人が所得税や住民税を納めるように、
会社だって法人税や住民税、
それに事業税も納めなければならないし、
モノを買ったり売ったりしたら消費税も発生する…。

ここでは、法人税等と消費税の処理についてみていきましょう。

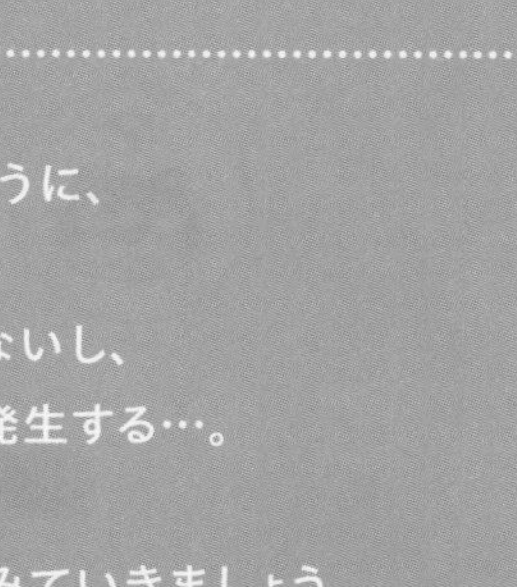

CASE 13

法人税等を中間申告、納付したときの仕訳

株式会社（法人）は、そのもうけに応じて法人税を納付しなければなりません。また、ゴエモン㈱のように会計期間が1年の会社では、期中において中間納付が必要とのこと。そこで、今日、法人税を中間納付しました。

取　引

ゴエモン㈱（決算年1回、3月31日）は、法人税の中間納付を行い、税額100円を小切手を振り出して納付した。

用語　**法 人 税**…株式会社などの法人のもうけにかかる税金
中間納付…決算日が年１回の会社において、会計期間の途中で半年分の法人税等を仮払いすること

これまでの知識で仕訳をうめると…

( )		(当 座 預 金)	100

△ 小切手を振り出した⬇

法人税・住民税・事業税の処理

株式会社などの法人には、利益に対して**法人税**が課されます。また、法人が支払うべき**住民税**や**事業税**も法人税と同じように課されます。

そこで、法人税・住民税・事業税は**法人税、住民税及び事業税**として処理します。

「法人税等」で処理することもあります。

法人税等を中間申告、納付したときの仕訳

法人税は会社（法人）の利益に対して何%という形で課されるため、その金額は決算にならないと確定できません。

しかし、年１回の決算の会社では、会計期間の中途で半年分の概算額を申告（**中間申告**といいます）し、納付しなければならないことになっています。

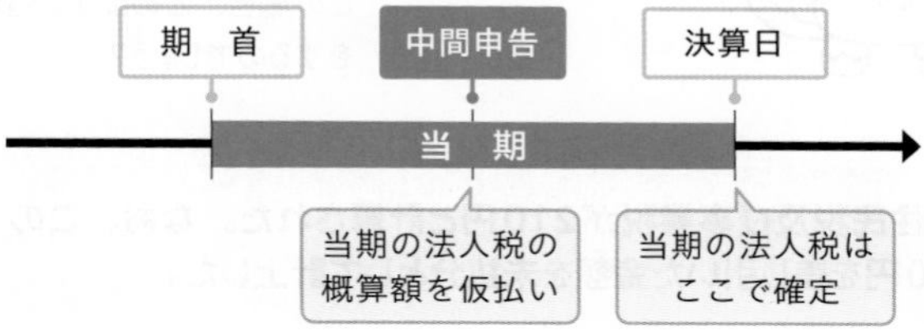

なお、法人税等の中間申告・納付額はあくまでも概算額である（確定したものではない）ため、**仮払法人税等（資産）**として処理します。

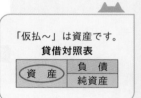

「仮払～」は資産です。

貸借対照表

資　産	負　債
	純資産

CASE 13 の仕訳

（仮払法人税等）	100	（当　座　預　金）	100

資産の増加↑

CASE 14 法人税等が確定したとき（決算時）の仕訳

210円のうち100円は納めた…。
差額110円はあとで払わなきゃね…。

ゴエモン㈱では、決算によって、当期の法人税等が210円と確定しました。
しかし、当期中に中間納付した法人税等が100円あります。
この場合、どのような処理をするのでしょう?

取引

決算の結果、法人税、住民税及び事業税が210円と計算された。なお、この金額から中間納付額100円を差し引いた金額を未払分として計上した。

法人税等が確定したとき（決算時）の仕訳

決算によって、当期の法人税等の金額が確定したときは、借方に**法人税、住民税及び事業税**を計上します。

（法人税、住民税及び事業税）	210	（	）

なお、法人税等の金額が確定したわけですから、中間申告・納付時に借方に計上した**仮払法人税等（資産）**を減らします（貸方に記入します）。

（法人税、住民税及び事業税）	210	（仮払法人税等）	100

資産の減少⬇

また、確定した金額と仮払法人税等の金額の差額は、これから納付しなければならない金額なので、**未払法人税等（負債）**として処理します。

「未払～」は負債です。
貸借対照表

資 産	負 債
	純資産

CASE 14 の仕訳

(法人税、住民税及び事業税)	210	(仮払法人税等)	100
		(未払法人税等)	110

負債の増加↑　貸借差額

未払法人税等を納付したとき(確定申告時)の仕訳

決算において確定した法人税等は、原則として決算日後2か月以内に申告(**確定申告**といいます)し、納付します。

なお、未払法人税等を納付したときは、**未払法人税等(負債)**を減らします。

したがって、仮に CASE 14 で生じた未払法人税等110円を現金で納付したとすると、このときの仕訳は次のようになります。

(未払法人税等)	110	(現　　　金)	110

負債の減少↓

第3章 法人税等と消費税

問題編
問題9

CASE 15

課税所得の算定方法①

損益計算書

⋮	
税引前当期純利益	××
法人税、住民税及び事業税	××
当期純利益	××

決算日を迎え、財務諸表を作成しているゴエモン君。

法人税等の金額は、会計上の利益に税率を掛けて計算すればいいと思っていたようですが、どうやら違うようです…。

課税所得とは

法人税等（法人税、住民税及び事業税）は、税法上の利益に税率を掛けて計算します。このときの、「税法上の利益」を**課税所得**(かぜいしょとく)といいます。

法人税等＝課税所得×税率

会計上の利益は収益から費用を差し引いて計算しますが、課税所得は**益金**(えききん)から**損金**(そんきん)を差し引いて計算します。

> 益金は「税法上の収益」、損金は「税法上の費用」だと思ってください。

会計上の利益＝収益－費用

課税所得（税法上の利益）＝益金－損金

課税所得の計算プロセス

会計上の収益・費用と（法人）税法上の益金・損金の範囲はほとんど同じですが、なかには、会計上は費用であっても税法上は損金として認められないものなどがあります。

したがって、会計上の利益と課税所得（税法上の利益）は必ずしも一致するわけではありません。そこで、会計上の利益とは別に、課税所得を計算する必要があります。

ただし、「収益－費用」で会計上の利益を計算して、さらに「益金－損金」で課税所得（税法上の利益）を計算する、というわけではありません。これだと二度手間になるので、いったん算出した会計上の利益（税引前当期純利益）をもとに、これに調整を加えて、課税所得（税法上の利益）を計算します。

会計上の利益から課税所得（税法上の利益）を計算するには、会計上の収益・費用と税法上の益金・損金との違いを調整していきます。

詳しい調整の仕方については、次ページ以降で説明します。

法人税等は、「会計上の利益」ではなく、「課税所得（税法上の利益）」をもとに計算するからです。

たとえば、「会計上は費用を100円として計上した」けど、「税法上は損金は90円しか認められない」という場合だったら、その差額10円を会計上の利益に調整して、税法上の利益を求めるのです。

CASE 16

課税所得の算定方法②

税引前当期純利益 600円
（会計上の利益）

＋？
－？

課 税 所 得 ？円
（税法上の利益）

会計上の利益は600円でしたが、損金不算入額などがありました。
会計上の利益に、どのような調整を加えて課税所得を計算するのでしょうか？

取　引

税引前当期純利益（会計上の利益）は600円であった。次の資料にもとづいて、課税所得を計算しなさい。

［資　料］

（1）損金不算入額：40円　（2）損金算入額：10円

（3）益金不算入額：30円　（4）益金算入額：20円

損金（益金）不算入と損金（益金）算入

会計上は費用として計上したが、税法上は損金にならないことを**損金不算入**（そんきんふさんにゅう）といいます。反対に、会計上は費用として計上していないが、税法上は損金になることを**損金算入**（そんきんさんにゅう）といいます。

また、会計上は収益として計上したが、税法上は益金にならないことを**益金不算入**（えききんふさんにゅう）といいます。反対に、会計上は収益として計上していないが、税法上は益金になることを**益金算入**（えききんさんにゅう）といいます。

損金(益金)不算入と損金(益金)算入

損金不算入	●会計上：費用として計上 ●税法上：損金とならない
損金算入	●会計上：費用として計上していない ●税法上：損金となる
益金不算入	●会計上：収益として計上 ●税法上：益金とならない
益金算入	●会計上：収益として計上していない ●税法上：益金となる

主な損金（益金）不算入項目と損金（益金）算入項目

主な損金不算入項目、損金算入項目、益金不算入項目、益金算入項目には次のようなものがあります。

損金(益金)不算入項目と損金(益金)算入項目

損金不算入	●減価償却費の償却限度超過額 ●引当金の繰入限度超過額　など
損金算入	●貸倒損失認定損　など
益金不算入	●受取配当等の益金不算入額　など
益金算入	●売上計上漏れ　など

課税所得の計算

課税所得（税法上の利益）は、会計上の利益（税引前当期純利益）に、前記の４つのパターンの金額を調整して計算します。

調整の仕方は次のとおりです。

(1) 損金不算入額

損金不算入額は、会計上は費用に計上されているが、税法上は損金とならない額です。

> (1)損金不算入額は…
> →会計上の利益に**加算**

CASE 16 では**(1)**損金不算入額が40円とありますが、

第3章 法人税等と消費税

この40円は税引前当期純利益600円を計算する過程で、収益からマイナスされています。しかし、損金不算入であるため、収益からのマイナスを取り消す必要があります。したがって、損金不算入額は税引前当期純利益に**加算**します。

(2) 損金算入額は…
→会計上の利益から**減算**

(2) 損金算入額

損金算入額は、会計上は費用に計上していないが、税法上は損金となる額です。したがって、課税所得の計算にあたって、損金算入額は税引前当期純利益から**減算**します。

(3) 益金不算入額は…
→会計上の利益から**減算**

(3) 益金不算入額

益金不算入額は、会計上は収益に計上しているが、税法上は益金とならない額です。

CASE 16 では(3)益金不算入額が30円とありますが、この30円は税引前当期純利益600円を計算する過程で、収益としてプラスされています。しかし、益金不算入であるため、収益のプラスを取り消す必要があります。したがって、益金不算入額は税引前当期純利益から**減算**します。

(4) 益金算入額は…
→会計上の利益に**加算**

(4) 益金算入額

益金算入額は、会計上は収益に計上していないが、税法上は益金となる額です。したがって、課税所得の計算にあたって、益金算入額は税引前当期純利益に**加算**します。

以上より、CASE 16 の課税所得は次のようになります。

CASE 16 の課税所得

・600円 + 40円 − 10円 − 30円 + 20円 = 620円

税引前当期純利益	(1)損金不算入額	(2)損金算入額	(3)益金不算入額	(4)益金算入額
600円	40円	10円	30円	20円

法人税等の計算

前記のようにして計算した課税所得に、法人税等の税率（**実効税率**（じっこうぜいりつ））を掛けて、法人税、住民税及び事業税の額を計算します。

したがって、たとえば課税所得が620円で法人税等の税率（実効税率）が40%の場合には、法人税等の額は次のようになります。

実効税率とは、法人の課税所得に対する実質的な税率（法人税、住民税、事業税の課税所得に対する税率）をいいます。

法人税等の額

・620円 × 40% = 248円

第3章 法人税等と消費税

問題編 問題10

CASE 17

消費税を支払ったときの仕訳

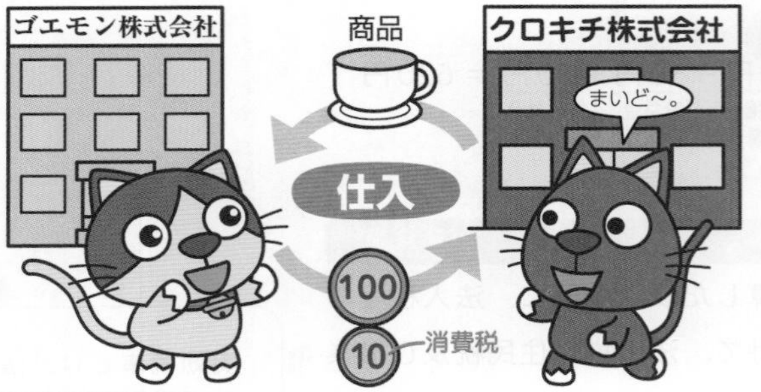

100円のカップを買ったときに税込価額110円を支払うように、モノを買ったときには、消費税も支払っています。
今日、ゴエモン㈱は税込価額110円の商品を仕入れ、代金は現金で支払いました。このときの仕訳について考えてみましょう。

取　引

ゴエモン㈱はクロキチ㈱より商品110円（税込価額）を仕入れ、代金は現金で支払った。なお、消費税率は10%である。

これまでの知識で仕訳をうめると…

（仕　　入）		（現　　金）	110
商品を仕入れた		現金で支払った	

消費税とは

消費税はモノやサービスに対して課される税金で、モノを買った人やサービスを受けた人が負担する（支払う）税金です。

消費税のしくみ

たとえば、ゴエモン㈱がクロキチ㈱から商品を仕入れ、税込価額110円（うち消費税10円）を支払い、この商品をシロミ㈱に売り上げ、税込価額330円（うち消費税30円）を受け取ったとします。この場合、ゴエモン㈱は、受け取った消費税30円と支払った消費税10円の差額20円を税務署に納付することになります。

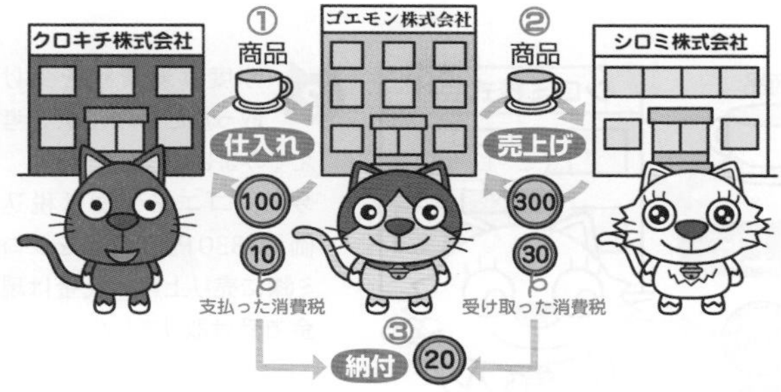

この流れをイメージしながら、実際の処理をみていきましょう。

消費税を支払ったときの仕訳

商品を仕入れたときは、税抜きの仕入価額で**仕入（費用）**を計上するとともに、支払った消費税額を**仮払消費税（資産）**として処理します。

この処理方法を税抜方式といいます。

CASE 17 の消費税額と仕入価額

①支払った消費税額：110円 × $\frac{10\%}{100\%+10\%}$ = 10円

②仕入価額（税抜）：110円 − 10円 = 100円

CASE 17 の仕訳

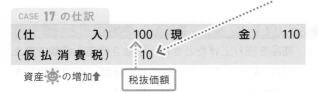

（仕　　入）	100	（現　　金）	110
（仮払消費税）	10		

資産の増加↑

税抜価額

CASE 18 消費税を受け取ったときの仕訳

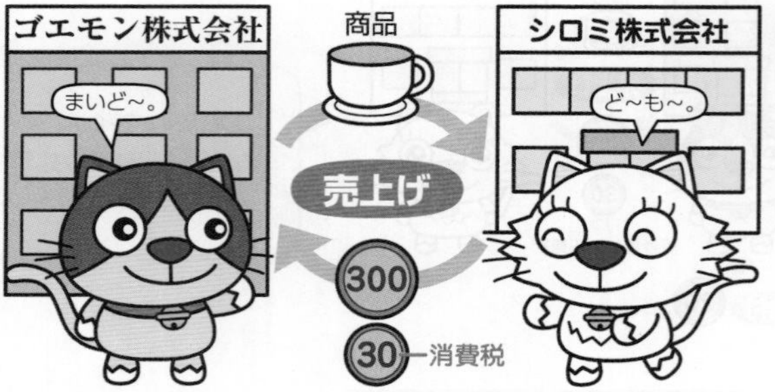

今度は消費税を受け取ったときの仕訳を考えてみましょう。

今日、ゴエモン㈱は税込価額330円の商品をシロミ㈱に売り上げ、代金は現金で受け取りました。

取引

商品330円（税込価額）を売り上げ、代金は現金で受け取った。なお、消費税率は10%である。

これまでの知識で仕訳をうめると…

（現　金）	330	（売　上）	

現金で受け取った↑　商品を売り上げた

消費税を受け取ったときの仕訳

商品を売り上げたときは、税抜きの売上価額で**売上（収益）**を計上するとともに、受け取った消費税額を**仮受消費税（負債）**として処理します。

CASE **18** の消費税額と売上価額

①受け取った消費税額：330円×$\frac{10\%}{100\%+10\%}$＝30円

②売上価額（税抜）　：330円－30円＝300円

税抜価額

CASE 18 の仕訳

（現　　　金）	330	（売　　　上）	300
		（仮受消費税）	30

負債の増加

CASE 19 消費税の決算時の仕訳

今日は決算日。どうやら決算において、仮払消費税と仮受消費税は相殺するようです。そこで、ゴエモン㈱は仮払消費税10円と仮受消費税30円を相殺することにしました。

取引

決算につき、仮払消費税10円と仮受消費税30円を相殺し、納付額を確定する。

支払った消費税のほうが多かったら還付（税金が戻ること）されます。

仕訳をうめていって、貸借どちらに差額が生じるかで判断しましょう。

消費税の決算時の仕訳

会社は支払った消費税（仮払消費税）と受け取った消費税（仮受消費税）の差額を税務署に納付します。そこで、決算において仮払消費税（資産）と仮受消費税（負債）を相殺します。なお、貸借差額は**未払消費税（負債）**または**未収還付消費税（資産）**として処理します。

CASE 19 の仕訳

（仮受消費税）	30	（仮払消費税）	10
		（未払消費税）	20

負債の増加⬆

貸借差額

貸借差額が貸方に生じます。したがって、負債の勘定科目（未払消費税）を記入します。

消費税を納付したときの仕訳

消費税の確定申告をして、納付したとき（未払消費税を支払ったとき）は、**未払消費税（負債）の減少**として処理します。

したがって、CASE 19 の未払消費税20円を現金で納付したときの仕訳は次のようになります。

（未払消費税）	20	（現　　　金）	20

負債の減少⬇

第3章 法人税等と消費税

問題編
問題11

法人税等のまとめ 《一連の流れ》

CASE 13 中間申告・納付時	(仮払法人税等)	100	(当座預金など)	100
CASE 14 決算時	(法人税、住民税及び事業税)	210	(仮払法人税等)	100
			(未払法人税等)	110
CASE 14 確定申告・納付時	(未払法人税等)	110	(現金など)	110

課税所得の算定方法のまとめ

CASE 16

- 損金不算入額→税引前当期純利益に**加算**する
- 損金算入額→税引前当期純利益から**減算**する
- 益金不算入額→税引前当期純利益から**減算**する
- 益金算入額→税引前当期純利益に**加算**する

消費税のまとめ 《一連の流れ》

CASE 17 支払時

・支払った消費税額は**仮払消費税（資産）**で処理

(仕　　　入)	100	(現 金 な ど)	110
(仮 払 消 費 税)	10		

CASE 18 受取時

・受け取った消費税額は**仮受消費税（負債）**で処理

(現 金 な ど)	330	(売　　　上)	300
		(仮 受 消 費 税)	30

CASE 19 決算時

・仮払消費税と仮受消費税を相殺し、差額は**未払消費税（負債）**または**未収還付消費税（資産）**で処理

(仮 受 消 費 税)	30	(仮 払 消 費 税)	10
		(未 払 消 費 税)	20

CASE 19 納付時（還付時）

・未払消費税（負債）または未収還付消費税（資産）の減少として処理

(未 払 消 費 税)	20	(現 金 な ど)	20

この章で新たにでてきた勘定科目

資　産	負　債
仮払法人税等 仮払消費税 未収還付消費税	未払法人税等 仮受消費税 未払消費税
	純資産
	—

費　用	収　益
法人税、住民税及び事業税 （法人税等）	—

その他
—

仕訳編

第4章

商品売買等

商品売買の処理方法について
3級で三分法を学習したけど、
売上原価対立法という方法もあるらしい。
また、決算で商品の帳簿上の個数と
実際の個数が違っていた!なんてこともある。
こんなときはどんな処理をすればいいんだろう?
それから、商品(モノ)じゃなくて
サービスを売っている会社(サービス業)では
どんな処理をするんだろう?

ここでは、商品売買とサービス業の
処理についてみていきましょう。

CASE 20

三分法

商品売買の処理方法には、3級で学習した三分法のほかに、売上原価対立法という方法があるらしい…。

…ということで、復習がてら、まずは三分法の処理をみてみましょう。

取　引

次の取引について、三分法によって仕訳しなさい。
①商品110円を仕入れ、代金は掛けとした。
②商品（原価100円、売価150円）を売り上げ、代金は掛けとした。
③決算日を迎えた。期首商品棚卸高は10円、期末商品棚卸高は20円であった。

三分法とは

三分法とは、商品の売買について**仕入（費用）**、**売上（収益）**、**繰越商品（資産）**の3つの勘定で処理する方法をいいます。

商品を仕入れたときの仕訳…①

三分法では、商品を仕入れたときに、原価で**仕入（費用）**で処理します。

CASE 20 の仕訳　①商品を仕入れたとき

（仕　　入）	110	（買　掛　金）	110

商品を売り上げたときの仕訳…②

三分法では、商品を売り上げたとき、売価で**売上（収益）**で処理します。

CASE 20 の仕訳　②商品を売り上げたとき

（売　掛　金）	150	（売　　上）	150

決算時の仕訳…③

三分法では、決算時において、期首商品棚卸高を**繰越商品（資産）**から**仕入（費用）**に振り替えるとともに、期末商品棚卸高を**仕入（費用）**から**繰越商品（資産）**に振り替えます。

CASE 20 の仕訳　③決算時

（仕　　入）	10	（繰 越 商 品）	10
（繰 越 商 品）	20	（仕　　入）	20

第4章

商品売買等

CASE 21

売上原価対立法

売上と原価を
対立させるの…？
三分法
売上原価対立法

商品を売り上げたときに売上原価まで計上してしまう方法です。

取　引

次の取引について、売上原価対立法によって仕訳しなさい。
①商品110円を仕入れ、代金は掛けとした。
②商品（原価100円、売価150円）を売り上げ、代金は掛けとした。
③決算日を迎えた。期首商品棚卸高は10円、期末商品棚卸高は20円であった。

売上原価対立法とは

売上原価対立法とは、商品を仕入れたときに、原価で**商品（資産）の増加**として処理し、商品を売り上げたときに、売価で**売上（収益）**を計上するとともに、その商品の原価を**商品（資産）**から**売上原価（費用）**に振り替える方法をいいます。

商品を仕入れたときの仕訳…①

売上原価対立法では、商品を仕入れたときに、原価で**商品（資産）**の増加として処理します。

CASE 21 の仕訳　①商品を仕入れたとき

（商　　　品）	110	（買　掛　金）	110

商品を売り上げたときの仕訳…②

売上原価対立法では、商品を売り上げたとき、売価で**売上（収益）**を計上するとともに、その商品の原価を**商品（資産）**から**売上原価（費用）**に振り替えます。

CASE 21 の仕訳　②商品を売り上げたとき

（売　掛　金）	150	（売　　　上）	150
（売 上 原 価）	100	（商　　　品）	100

上の仕訳は三分法と同じですね。

三分法では、決算時に仕入勘定で売上原価が計算されますが、売上原価対立法では、商品の売上時に売上原価が計算されます。

決算時の仕訳…③

売上原価対立法では、決算時における処理はありません。

CASE 21 の仕訳　③決算時

仕　訳　な　し

売上のつど、売上原価が計上されるので、決算時において売上原価を算定するための仕訳はありません。

以上のように、商品売買の処理方法には、三分法と売上原価対立法がありますが、本書では三分法をもとに説明を進めていきます。

特に指示がない場合には、三分法で処理していると考えてください。

問題編
問題12

CASE
22 割戻しを受けたときの仕訳

ゴエモン㈱は、クロキチ㈱から一定額以上の商品を仕入れた場合、リベート（割戻し）を受け取ることになっています。そして、先日の仕入金額が一定額を超えたため、10円の割戻しを受け、買掛金と相殺しました。

取 引

仕入先クロキチ㈱から10円の割戻しを受け、買掛金と相殺した。

用語 **割戻し**…一定期間に大量の商品を仕入れてくれた取引先に対して、代金の一部を返すこと

割戻しとは

一定の期間に大量の商品を仕入れてくれた取引先に対して、リベートとして代金の一部を返すことがあります。これを**割戻し**（わりもど）といい、仕入側（ゴエモン㈱）からすると**仕入割戻し**（しいれわりもど）、売上側（クロキチ㈱）からすると**売上割戻し**（うりあげわりもど）となります。

売上割戻しの処理については、第14章の「収益認識の基準」で学習します。

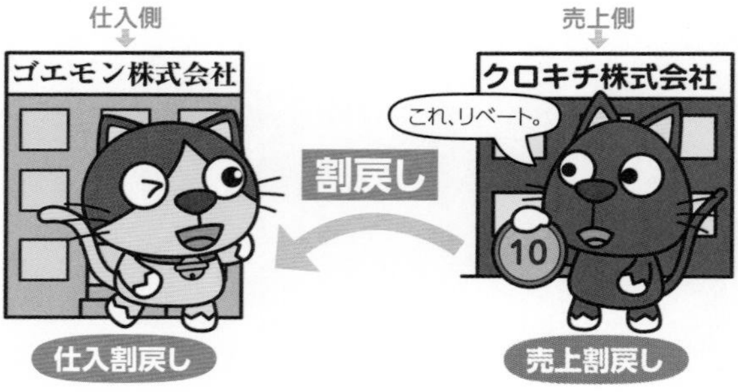

仕入割戻しを受けたときの処理

仕入割戻しを受けたときは、仕入戻しのときと同様に**仕入を取り消す処理**をします。

したがって、CASE 22 の仕訳は次のようになります。

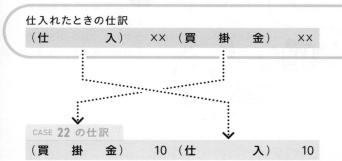

仕入れたときの仕訳

(仕　　　入)	××	(買　掛　金)	××

CASE 22 の仕訳

(買　掛　金)	10	(仕　　　入)	10

問題編
問題13

CASE 23

クレジット払いで商品を売り上げたときの仕訳

ゴエモン㈱では、一般のお客さんに商品を販売するさい、現金払いだけでなく、クレジット払いにも対応できるようにしました。
クレジット払いで商品を売り上げたとき、ふつうに売掛金（資産）で処理してよいのでしょうか？

取引

商品100円をクレジット払いの条件で販売した。なお、信販会社への手数料（販売代金の2%）は販売時に計上する。

これまでの知識で仕訳をうめると…

（　　　　）	（売　　上）	100

▲ 商品を売り上げた

クレジット売掛金とは

商品を売り上げ、代金の支払いがクレジット・カードで行われたときは、（クレジットによる）あとで代金を受け取れる権利が発生します。この（クレジットによる）あとで代金を受け取れる権利を**クレジット売掛金（資産）**といいます。

クレジット払いで商品を売り上げたときの仕訳

商品を売り上げ、代金の支払いがクレジット・カードで行われたときは、（クレジットによる）あとで代金を受け取れる権利を**クレジット売掛金（資産）**で処理します。

（クレジット売掛金）	（売　　上）	100

資産の増加⬆

> 売掛金の仲間なので、資産です。
>
> **貸借対照表**
>
> | | |
> |---|---|
> | 資　産 | 負　債 |
> | | 純資産 |

なお、代金の支払いがクレジット・カードで行われる場合、会社は信販会社に決済手数料を支払います。この決済手数料は**支払手数料（費用）**で処理します。

CASE 23 で計上する支払手数料

・100円 × 2% = 2円

CASE 23 の仕訳

（クレジット売掛金）	98	（売　　上）	100
（支 払 手 数 料）	2		

> 手数料が差し引かれた残額をあとで受け取ることができるので、クレジット売掛金の金額は販売代金から手数料を差し引いた金額となります。

代金が入金されたときの仕訳

後日、信販会社から商品代金が入金されたときには、**クレジット売掛金（資産）**を減少させます。

仮に、CASE 23 について商品代金が入金されたとした場合の仕訳は次のようになります。

（現　金　な　ど）	98	（クレジット売掛金）	98

問題編
問題14

第4章 商品売買等

CASE 24

決算時における売上原価の算定

今日は決算日。
そこで売上原価を算定しようとしているのですが、帳簿上の数量と実際の数量が一致していません。また、買ったときの価格（原価）より、いまの価格（時価）が低くなっています。
この場合、どのような処理をするのでしょう？

取　引

期首繰越商品は50円（当期商品仕入高は500円）であった。なお、期末繰越商品は次のとおりである。決算整理仕訳を示しなさい。

帳簿棚卸数量　10個　　実地棚卸数量　8個
単価：原価 @10円　時価（正味売却価額）@9円

用語 **帳簿棚卸数量**…帳簿上の商品の数量
実地棚卸数量…実際にある商品の数量

決算整理

売上原価の算定

当期の売上高に対応する商品の原価を**売上原価**といいます。また、三分法で処理している場合、売上原価は期首繰越商品に当期商品仕入高を足して、期末繰越商品を差し引くことにより計算します。

これは3級の復習ですね。

売上原価 ＝ 期首繰越商品（期首商品棚卸高） ＋ 当期商品仕入高 － 期末繰越商品（期末商品棚卸高）

なお、ここまでの決算整理仕訳を示すと次のとおりです。

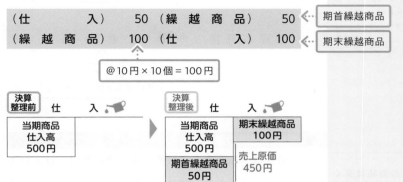

（仕　　　入）	50	（繰越商品）	50
（繰越商品）	100	（仕　　　入）	100

期首繰越商品（1行目）

期末繰越商品（2行目）

@10円×10個＝100円

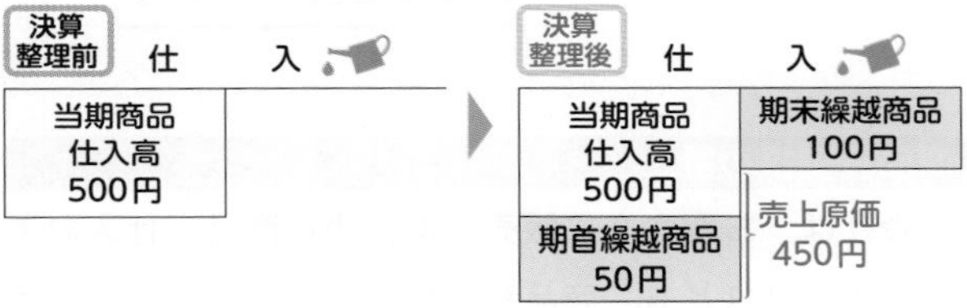

棚卸減耗損の計上

会社は、決算において商品の実際の数量を数えます。これを**棚卸し**といい、棚卸しによって把握される商品の数量を**実地棚卸数量**といいます。

また、商品有高帳上の在庫量を**帳簿棚卸数量**といいますが、商品の紛失や盗難が原因で、実地棚卸数量が帳簿棚卸数量よりも少ないことがあります。

この棚卸数量の減少を**棚卸減耗**といい、棚卸減耗が生じたときは、減耗した商品の金額を**棚卸減耗損（費用）**として処理するとともに、**繰越商品（資産）を減らします。**

書店やスーパーで「本日は棚卸しのため、○時に閉店します」という張り紙を見たことありませんか？　この日、従業員が店内の商品の数を数えているんですね。

棚卸減耗損＝@原価×（帳簿棚卸数量－実地棚卸数量）

（帳簿棚卸数量－実地棚卸数量）＝棚卸減耗数量

@10円の商品が２個（10個－８個）減耗しています。

CASE **24** の棚卸減耗損

・@10円×（10個－８個）＝ 20円

（棚卸減耗損）	20	（繰越商品）	20

商品が減っているので、繰越商品を減らします。

商品評価損の計上

新発売の商品は高く売れますが、時間がたつと安くなりますよね。

時価が原価よりも高い場合は、なんの処理もしません。

会社は、お客さんに販売するために商品を仕入れてきます。けれども、商品が売れないまま時間がたつうちに、その商品の価値が下がってしまうことがあります。

このとき、商品の時価（正味売却価額）が原価よりも下がってしまっていたら、**時価（正味売却価額）まで減額**しなければなりません。

このときの原価と時価（正味売却価額）の差額は、**商品評価損（費用）**で処理するとともに、その分の**繰越商品（資産）を減らします。**

商品評価損＝（@原価－@時価）×実地棚卸数量

（@時価：正味売却価額）

CASE **24** の商品評価損

・（@10円－@９円）×８個＝ 8円

（商品評価損）	8	（繰越商品）	8

期末商品の価値が減っているので、繰越商品を減らします。

なお、棚卸減耗損については、売上原価に含める場合と含めない場合があります。詳しくは第15章　精算表と財務諸表で説明します。

また、**商品評価損は売上原価に含める**ため、さらに仕入勘定に振り替えます。

（仕　　　入）	8	（商品評価損）	8

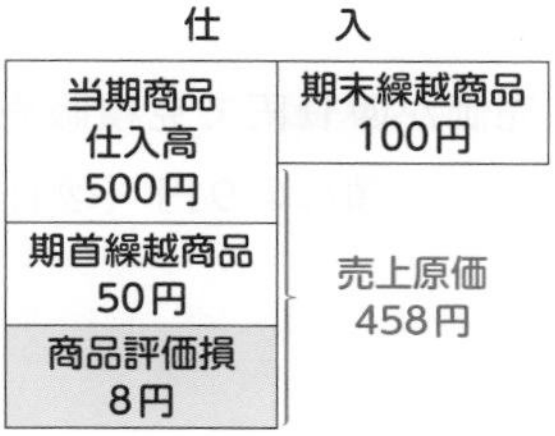

以上より、CASE 24 の決算整理仕訳をまとめると次のようになります。

CASE 24 の仕訳

（仕　　　入）	50	（繰越商品）	50
（繰越商品）	100	（仕　　　入）	100
（棚卸減耗損）	20	（繰越商品）	20
（商品評価損）	8	（繰越商品）	8
（仕　　　入）	8	（商品評価損）	8

精算表を作成するさいには、商品評価損を仕入に振り替えないこともあります。この場合の仕訳は CASE 109 で説明します。

なお、実際に問題を解くときは、次のような図を作ってそれぞれの面積を計算して求めることができます。

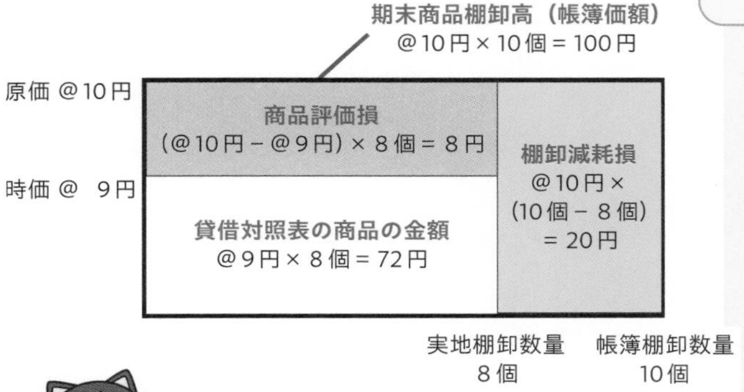

タテは金額、
ヨコは数量だニャ

ここでいう**時価**とは、**売価**から**見積販売直接経費**（商品の販売にかかる費用）を差し引いた**正味売却価額**のことをいいます。

たとえば、売価が＠11円で見積販売直接経費が＠2円なら、正味売却価額は＠9円（＠11円－＠2円）となります。

問題編

問題15

CASE 25

商品の払出単価の決定

ゴエモン株式会社
@15円
@10円
商品
シロミ株式会社
いくらの商品を
払い出したこと
になるんだろう？

ゴエモン㈱では商品の入庫、出庫について、商品有高帳に記録し、管理しています。
今日、シロミ㈱に仕入単価の異なる商品を売り上げたのですが、この場合、売り上げた商品の仕入単価はどのように決定したらよいのでしょう？

取　引

4月20日　ゴエモン㈱は商品22個をシロミ㈱に売り上げた。なお、4月20日における出庫直前の商品在庫は30個で、内訳は次のとおりである。

12個…4月2日に@10円で仕入れ
18個…4月10日に@15円で仕入れ

払出単価の決定

商品の仕入れ（受け入れ）、売上げ（払い出し）について商品有高帳を用いて管理している場合、商品有高帳への記入は仕入原価で行われますが、同じ種類の商品でも仕入れた時期や仕入先の違いによって、仕入単価が異なることがあります。

この場合、商品を売り上げた（払い出した）ときに、どの仕入単価の商品を払い出したか（**払出単価**（はらいだしたんか）といいます）を決定しなければなりません。

なお、払出単価の決定方法には、**先入先出法**、**移動平均法**、**総平均法**（そうへいきんほう）があります。

先入先出法による場合の払出単価の決定

先入先出法は3級でも学習しましたね。

先入先出法とは、**先に仕入れた（受け入れた）ものから先に売り上げた（払い出した）**と仮定して商品の払出単価を決定する方法をいいます。

したがって、CASE 25 について先入先出法で記録する場合、①12個については4月2日の仕入分（@10円）を払い出し、②残りの10個（22個－12個）は、4月10日の仕入分（@15円）から払い出したとして記録することになります。

なお、商品有高帳を用いる場合、払出単価と払出数量を掛けた金額が**売上原価**となります。

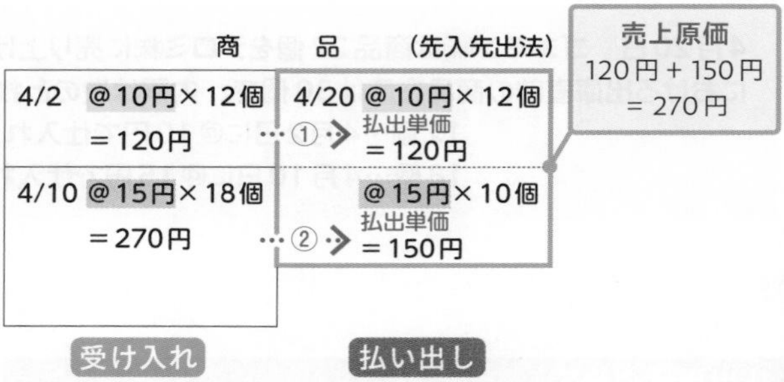

移動平均法による場合の払出単価の決定

移動平均法も3級で学習しました。

移動平均法とは、**商品を仕入れた（受け入れた）つど、平均単価を求めて**、この平均単価を商品の払出単価とする方法をいいます。

したがって、CASE 25 について移動平均法で記録した場合の払出単価と売上原価は次のようになります。

CASE 25 の移動平均法の場合の払出単価と売上原価

①払出単価：$\dfrac{@10円\times12個+@15円\times18個}{12個+18個}$＝@13円

②売上原価：@13円×22個＝286円

総平均法による場合の払出単価の決定

総平均法とは、**一定期間における平均単価を求めて**、この平均単価を商品の払出単価とする方法をいいます。

受け入れのつどか、一定期間かの違いはありますが、平均単価の計算の仕方は移動平均法と同様です。

CASE 26

代金を前受けしたときの仕訳

キャット㈱は、資格試験の受験指導という「サービス」を提供しています。来月から開講予定の講座（受講期間1年）について、今日、受講生から受講料300円を現金で受け取りました。

取　引

来月から開講する講座（受講期間1年）の受講料300円を現金で受け取った。

これまでの知識で仕訳をうめると…

（現　　　金）	300	（　　　　）	

現金で受け取った↑

教育や宅配、理容、修理など、サービスを提供する業種をサービス業といいます。

サービス業とは

商品売買業では、商品という形のあるモノを介して取引が行われますが、サービス業ではサービスという形のないモノを介して取引が行われます。

このようなサービスのことを**役務**（えきむ）といいます。

「契約負債」は、CASE 105 で学習します。
ここでは「前受金」で説明しますが、試験では問題文の指示にしたがって解答してください。

代金を前受けしたときの仕訳

サービスの提供に先立って代金を前受けしたときには、**前受金（負債）**または**契約負債（負債）**で処理します。

CASE 26 の仕訳

（現　　　金）	300	（前　受　金）	300

負債の増加↑

CASE 27

費用を支払ったときの仕訳

キャット㈱は、講座の教材費や人件費など、講座に関する費用を支払いました。この場合、費用として計上してよいのでしょうか?

取　引

講座の教材作成費等100円を現金で支払った。なお、教材作成費等はサービスの提供に直接費やされたものであることが明らかな費用である。

これまでの知識で仕訳をうめると…

(　　　　　)		(現　　金)	100

△ 現金で支払った↓

費用を支払ったときの仕訳

サービス業においては、サービスを提供したときに収益を計上するとともに、そのサービスの提供分にかかる費用を計上します。

そのため、まだ提供していないサービスにかかる費用については、**仕掛品**（しかかりひん）**（資産）**という勘定科目で処理しておきます。

仕掛品（資産）は「作りかけのもの」の原価（費用）をプールしておく勘定科目です。
工業簿記でよくでてくるので、イメージがわかない人は工業簿記を学習したあと、再度、ここを学習してみてください。

CASE 27 の仕訳

(仕　掛　品)	100	(現　　金)	100

資産の増加↑

参考

費用の勘定科目で処理後に仕掛品に振り替える場合

CASE 27 では、「教材作成費等はサービスの提供に直接費やされたことが明らか」であるため、費用の支払時に**仕掛品（資産）**で処理していますが、費用の支払時にいったん費用の勘定科目で処理し、そのうち当該サービスに直接費やされた分を**仕掛品（資産）**に振り替える場合もあります。

例1

講師の給料100円を現金で支払った。

（給　　料）	100	（現　　金）	100

例2

例1 の給料のうち80円が来月開講予定の講座のために直接費やされたものであることが明らかとなったので、これを仕掛品勘定に振り替える。

（仕　掛　品）	80	（給　　料）	80

CASE 28

決算時の仕訳

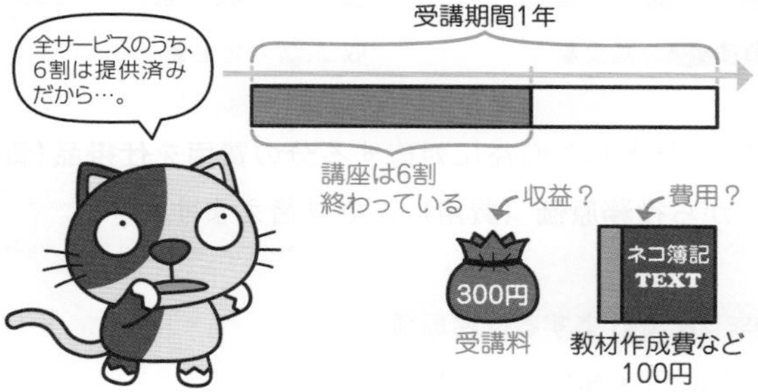
全サービスのうち、6割は提供済みだから…。
受講期間1年
講座は6割終わっている
収益？
費用？
300円
受講料
ネコ簿記 TEXT
教材作成費など 100円

キャット㈱は決算日を迎えました。
講座は全体の6割が終了しているのですが、決算日にはどのような処理をするのでしょうか？

取　引

決算日現在、講座の6割が終了している。なお、受講料300円はさきに受け取っており、前受金で処理している（CASE 26）。また、講座にかかる費用100円は仕掛品勘定で処理している（CASE 27）。

役務収益の計上

サービス業においては、サービスを提供したときに収益を計上します。

キャット㈱のような資格試験の受験指導サービスを行っている会社では、カリキュラムの進度に応じて収益を計上する場合と、サービスを提供したときに一括して収益を計上する場合がありますが、ここでは前者（カリキュラムの進度に応じて収益を計上する場合）の処理を説明します。

決算時の仕訳

CASE 28では、全体の6割についてサービスの提供が終了しているので、さきに受け取った受講料300円のうち、6割分を**前受金（負債）**から**役務収益（収益）**に振り替えます。

商品売買業の場合には、売上（収益）で処理しますが、サービス業の場合には、役務収益（収益）で処理します。

CASE 28 で計上する役務収益

・300円 × 60% = 180円

(前　受　金)	180	(役 務 収 益)	180

負債の減少⬇　　収益の発生⬆

また、計上した収益に対応する分の費用を**仕掛品（資産）**から**役務原価（費用）**に振り替えます。

要するに、サービスを提供した分だけ収益と費用を計上する、ということです。

CASE 28 で計上する役務原価

・100円 × 60% = 60円

(役 務 原 価)	60	(仕　掛　品)	60

費用の発生⬆　　資産の減少⬇

以上より、CASE 28 の仕訳は次のようになります。

CASE 28 の仕訳

(前　受　金)	180	(役 務 収 益)	180
(役 務 原 価)	60	(仕　掛　品)	60

全講座の終了時の仕訳

CASE 28 で、全講座が終了したときには、残りの4割分について、**役務収益（収益）**および**役務原価（費用）**を計上します。

全講座が終了したときに計上する役務収益と役務原価

・役務収益：300円 × 40% = 120円

・役務原価：100円 × 40% = 40円

全講座が終了したときの仕訳

(前　受　金)	120	(役 務 収 益)	120
(役 務 原 価)	40	(仕　掛　品)	40

参考

サービスを提供したときに一括して収益を計上する場合

サービスを提供したときに一括して収益を計上する場合で処理すると、次のようになります。

(1) 決算時の仕訳

サービスを提供したときに一括して収益を計上する場合では、決算時にはなんの処理もしません。

例1

決算日現在、模擬試験の受検料300円はさきに受け取っており、前受金で処理している。また、模擬試験にかかる費用100円は仕掛品勘定で処理している。

仕　訳　な　し

(2) サービスを提供したときの仕訳

サービスを提供したときに一括して、**前受金（負債）**から**役務収益（収益）**に振り替えるとともに、**仕掛品（資産）**から**役務原価（費用）**に振り替えます。

例2

本日、模擬試験を実施し、サービスを提供した。

（前　受　金）	300	（役　務　収　益）	300
（役　務　原　価）	100	（仕　掛　品）	100

第4章 商品売買等

問題編
問題16

参考

仕掛品を経由しない場合

役務費用（サービスにかかる費用）の発生が、役務収益の発生とほぼ同時である場合には、**仕掛品（資産）**を経由することなく、**役務原価（費用）**に計上することができます。

例1

旅行業を営むABCトラベル㈱が企画したパッケージツアーについて、顧客からの申し込みがあり、旅行代金800円を現金で受け取った。

（現　　　金）	800	（前　受　金）	800

例2

ABCトラベル㈱は、例1のツアーを催行した。なお、移動のための交通費など500円を現金で支払った。

（前　受　金）	800	（役 務 収 益）	800
（役 務 原 価）	500	（現　　　金）	500

役務費用の発生が、役務収益の発生と同時なので、費用発生額をそのまま役務原価（費用）として計上します。

三分法、売上原価対立法のまとめ《一連の流れ》

CASE 20,21 商品の仕入時

[三分法]

(仕　　　入)	110	(買　掛　金)	110

[売上原価対立法]

(商　　　品)	110	(買　掛　金)	110

CASE 20,21 商品の売上時

[三分法]

(売　掛　金)	150	(売　　　上)	150

[売上原価対立法]

(売　掛　金)	150	(売　　　上)	150
(売 上 原 価)	100	(商　　　品)	100

CASE 20,21 決算時

[三分法]

(仕　　　入)	10	(繰 越 商 品)	10
(繰 越 商 品)	20	(仕　　　入)	20

[売上原価対立法]

仕 訳 な し

仕入割戻しのまとめ

CASE 22

●仕入割戻しの処理…仕入を取り消す処理

(買　掛　金)	10	(仕　　　入)	10

クレジット売掛金のまとめ《一連の流れ》※ 販売時に支払手数料を計上する方法

CASE 23 商品の売上時

・**クレジット売掛金（資産）**で処理
・信販会社に支払う手数料は**支払手数料（費用）**で処理

(クレジット売掛金)	98	(売　　　上)	100
(支 払 手 数 料)	2		

CASE 23 代金の入金時

・**クレジット売掛金（資産）**の減少

(現 金 な ど)	98	(クレジット売掛金)	98

第4章 商品売買等

売上原価の算定のまとめ

CASE 24

(仕入)	50	(繰越商品)	50
(繰越商品)	100	(仕入)	100
(棚卸減耗損)	20	(繰越商品)	20
(商品評価損)	8	(繰越商品)	8
(仕入)	8	(商品評価損)	8

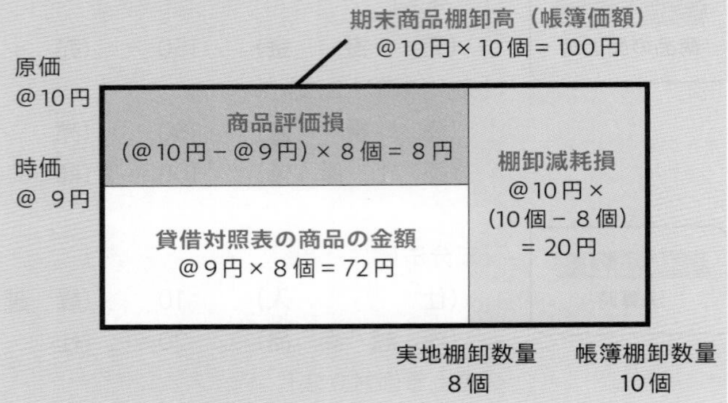

サービス業の処理のまとめ《一連の流れ》 ※ カリキュラムの進度に応じて収益を計上する場合

CASE 26 代金の前受時

・前受金（負債）で処理

(現金など)	300	(前受金)*	300

CASE 27 費用の支払時

・仕掛品（資産）で処理

(仕掛品)	100	(現金など)	100

CASE 28 決算時

・サービスの提供が終了した分だけ、役務収益（収益）を計上するとともに、それに対応する費用を仕掛品（資産）から役務原価（費用）に振り替え

(前受金)*	180	(役務収益)	180
(役務原価)	60	(仕掛品)	60

CASE 28 全サービスの提供の終了時

・残っている分の役務収益（収益）と役務原価（費用）を計上

(前受金)*	120	(役務収益)	120
(役務原価)	40	(仕掛品)	40

＊または「契約負債」

この章で新たにでてきた勘定科目

資　産	負　債
クレジット売掛金 仕　掛　品	―
	純資産
	―

費　用	収　益
売上原価 棚卸減耗損 商品評価損 役務原価	役務収益

その他
―

仕訳編

第5章

手形と電子記録債権（債務）、その他の債権譲渡

手形や電子記録債権（債務）の基本的な処理については、
3級でも学習したけど、
ちょいと変わった使い方をする場合も
あるらしい…。
それから、売掛金などの債権は、
譲渡することもできるんだって！

ここでは、2級で学習する手形の処理、
電子記録債権（債務）の処理、
その他の債権譲渡の処理について
みていきましょう。

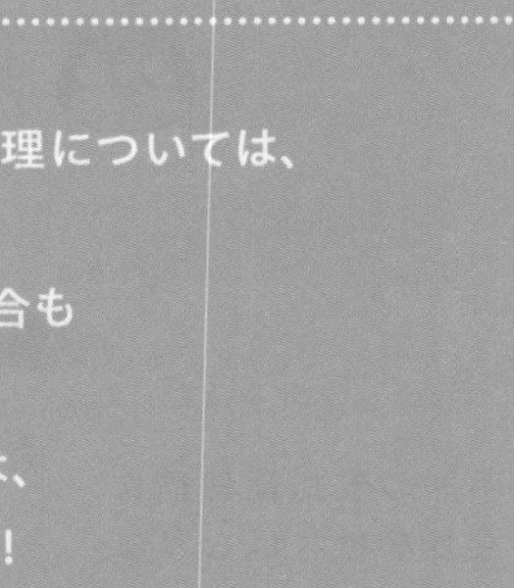

CASE 29

約束手形を裏書きして渡したときの仕訳

クロキチ㈱から商品を仕入れたとき、前にシロミ㈱から受け取っていた約束手形がちょうど目に入りました。

「仕入代金の支払いにこれが使えないかな?」と思って調べたら、裏書きというワザを使えば、それができることがわかりました。

取　引

ゴエモン㈱は、クロキチ㈱から商品100円を仕入れ、代金は先にシロミ㈱から受け取っていた約束手形を裏書譲渡した。

用語 **裏書譲渡**…持っている手形の裏側に記名等をして、ほかの人に渡すこと

ここまでの知識で仕訳をうめると…

(仕　　　入)	100	(	)

▲ 商品を仕入れた

手形の裏側に書いて渡すから裏書譲渡！

約束手形を持っている人は、その手形をほかの人に渡すことによって、仕入代金や買掛金を支払うことができます。

手形の支払期日前に渡さなければなりません。

持っている手形をほかの人に渡すときに、手形の裏面に名前や日付を記入するため、これを手形の**裏書譲渡**（うらがきじょうと）といいます。

単に「裏書き」ということもあります。

約束手形を裏書きして渡したときの仕訳

ゴエモン㈱は、先にシロミ㈱から受け取っていた約束手形をクロキチ㈱に渡すため、**受取手形（資産）の減少**として処理します。

CASE 29 の仕訳

（仕　　入）	100	（受 取 手 形）	100

資産の減少⬇

裏書きした約束手形を受け取ったときの仕訳

なお、裏書きした約束手形を受け取った側（クロキチ㈱）は、**受取手形（資産）の増加**として処理します。

手形を受け取ったら「受取手形」！

したがって、CASE 29 をクロキチ㈱の立場から仕訳すると次のようになります。

クロキチ㈱の立場からは「クロキチ㈱は、ゴエモン㈱に商品100円を売り上げ、代金はシロミ㈱振出の約束手形を裏書譲渡された」となります。

（受 取 手 形）	100	（売　　上）	100

資産の増加⬆

問題編
問題17

CASE 30

約束手形を割り引いたときの仕訳

「支払期日が3か月後の約束手形の代金を、いま受け取るなんてこと、できないよな～」と思って調べてみたら、なんと、銀行に持っていって割り引けば、すぐに現金を受け取ることができるとのこと…。さっそく約束手形を割り引くことにしました。

取引

ゴエモン㈱は先にシロミ㈱から受け取っていた約束手形100円を割り引き、割引料10円を差し引いた残額を当座預金に預け入れた。

用語 割引き…持っている手形を支払期日前に銀行に持ち込んで、現金に換えてもらうこと

ここまでの知識で仕訳をうめると…

(当 座 預 金) ( )

当座預金に預け入れた

割引きは手形を銀行に買ってもらったのと同じ！

約束手形を持っている人は、支払期日前にその手形を銀行に買い取ってもらうことができます。これを**手形の割引き**(わりびき)といいます。

なお、手形を割り引くことによって、手形の支払期日よりも前に現金などを受け取ることができますが、利息や手数料がかかるため、受け取る金額は手形に記載された金額よりも少なくなります。

割引きにかかる費用なので、割引料といいます。

約束手形を割り引いたときの仕訳

ゴエモン㈱は、先に受け取っていた約束手形を銀行で割り引く（銀行に売る）ため、**受取手形（資産）の減少**として処理します。

（当座預金）		（受取手形）	100

資産の減少⬇

また、手形を割り引く際にかかった手数料は、**手形売却損**（てがたばいきゃくそん）という費用の勘定科目で処理します。

（当座預金）		（受取手形）	100
（手形売却損）	10		

費用の発生⬆

「〜損」は費用の勘定科目です。

費用	収益
利益	

なお、受け取る金額は約束手形の金額から手数料を差し引いた 90円 （100円－10円）となります。

CASE 30 の仕訳

（当座預金）	90	（受取手形）	100
（手形売却損）	10		

100円の約束手形を90円で銀行に売った（割り引いた）ということになるので、10円だけ損をしたことになります。ですから、差し引かれた手数料（割引料）10円は「手形売却損」で処理するのです。

第5章 手形と電子記録債権（債務）、その他の債権譲渡

問題編
問題18

CASE 31

所有する手形が不渡りとなったときの仕訳

今日は、所有する太助㈱振出の約束手形の満期日。さっそく、取引銀行で取り立てを依頼しましたが、なんと、支払いが拒絶されてしまいました! この場合、どのような処理をしたらよいのでしょうか?

取引

ゴエモン㈱は太助㈱振出の約束手形100円について、満期日に取引銀行を通じて代金の取り立てを依頼したところ、支払いが拒絶された。そのため、太助㈱に対して償還請求をした。なお、そのさいに償還請求費用10円を現金で支払った。

用語 **償還請求費用**…拒絶証書（手形が決済されなかったことを証明する文書）の作成費用など、償還請求にかかる費用

これまでの知識で仕訳をうめると…

(　　　　)	(現　　金)	10

△ 現金で支払った↓

不渡りとは

手形の満期日に手形代金が決済されないことを**手形の不渡り**といいます。

手形が不渡りとなったときの仕訳

所有する手形が不渡りとなった場合、手形を振り出した人（または裏書きした人など）に対して、改めて代金を支払うように請求できます。

ですから、手形が不渡りになったからといって必ずしも手形代金が回収できないというわけではありませんが、通常の受取手形と区別するために、**受取手形（資産）**から**不渡手形（資産）**に振り替えます。

（不 渡 手 形）		（受 取 手 形）	100
		（現 金）	10

「不渡」とつきますが代金の請求権なので、資産です。

貸借対照表

資 産	負 債
	純資産

このとき、不渡りに関する諸費用についても、手形を振り出した人（または裏書きした人など）に請求できるので、不渡手形の金額には、手形代金のほか不渡りに関する諸費用も含めます。

CASE 31 の不渡手形の金額

・100円 + 10円 = 110円
手形代金　償還請求費用

以上より、CASE 31 の仕訳は次のようになります。

CASE 31 の仕訳

（不 渡 手 形）	110	（受 取 手 形）	100
		（現 金）	10

第5章 手形と電子記録債権（債務）、その他の債権譲渡

不渡手形の代金を回収できたときの仕訳

不渡手形の代金を回収できたときは、**不渡手形（資産）**を減らします。

したがって、仮に CASE 31 の不渡手形の代金（110円）を、現金で回収できたとした場合の仕訳は次のようになります。

（現　　　金）	110	（不　渡　手　形）	110

問題編

問題19

CASE 32

手形の更改をしたときの仕訳

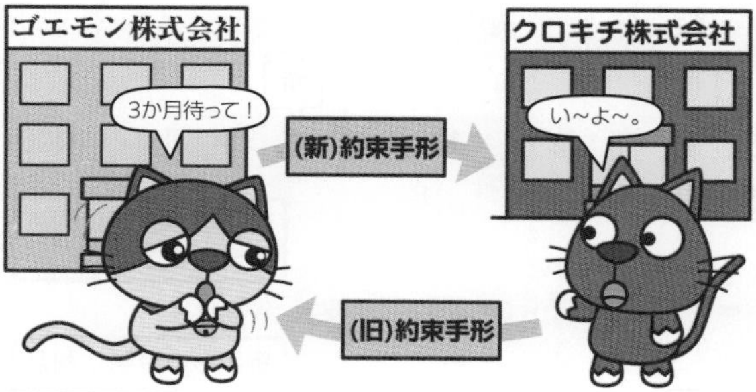

以前クロキチ㈱に振り出した約束手形100円の満期日となりましたが、資金が足りないため、支払期間を3か月延長してもらいました。期間延長にともなう利息も発生したのですが、この場合、どのような処理をするのでしょうか？

取引

ゴエモン㈱は、以前クロキチ㈱に振り出した約束手形100円について、3か月の期間延長を求め、同意を得た。なお、期間延長にともなう利息は8円である。

手形の更改とは

以前振り出した手形の満期日に、資金の都合がつかないなどの理由で、手形を持っている人（クロキチ㈱）の同意を得て、支払期日を延ばしてもらうことがあります。このとき、新しい手形を振り出し、古い手形と交換しますが、これを**手形の更改**といいます。

したがって、新手形が増え、旧手形が減る処理をします。

手形の更改を求めたときの仕訳

手形を更改するときは、新しい手形と古い手形を交換するため、新手形（支払手形）が増えるとともに旧手形（支払手形）が減ります。

旧		新
（支払手形）	100	（支払手形）
旧手形の減少↓		新手形の増加↑

なお、支払期日の延長にともなって支払った利息については、**①新手形の金額に含めて処理する場合**と**②現金などで支払う場合**があります。

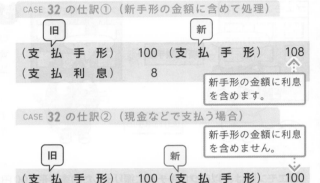

CASE 32 の仕訳①（新手形の金額に含めて処理）

旧		新	
（支払手形）	100	（支払手形）	108
（支払利息）	8		

新手形の金額に利息を含めます。

CASE 32 の仕訳②（現金などで支払う場合）

新手形の金額に利息を含めません。

旧		新	
（支払手形）	100	（支払手形）	100
（支払利息）	8	（現金）	8

手形の更改を求められたときの仕訳

CASE 32 の取引をクロキチ㈱の立場からみると、以前受け取った手形の更改を求められたことになります。ですから、クロキチ㈱では、新手形（受取手形）と旧手形（受取手形）を交換する処理をします。

なお、支払期日の延長にともなって受け取った利息については、**①新手形の金額に含めて処理する場合**と**②現金などで受け取る場合**があります。

CASE 32 をクロキチ㈱の立場で仕訳するとこのようになります。

①新手形の金額に含めて処理する場合

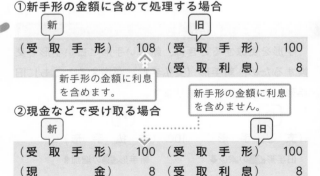

新		旧	
（受取手形）	108	（受取手形）	100
		（受取利息）	8

新手形の金額に利息を含めます。

②現金などで受け取る場合

新手形の金額に利息を含めません。

新		旧	
（受取手形）	100	（受取手形）	100
（現金）	8	（受取利息）	8

問題編
問題20

CASE 33 商品以外のものを手形で買ったときの仕訳

ゴエモン㈱は、クロキチ㈱から倉庫（建物）を買い、代金は手形で支払いました。
当然、帳簿に支払手形として仕訳をしようとしましたが、どうやら「支払手形」で処理するのではないようです。

取　引

ゴエモン㈱は、クロキチ㈱から倉庫（建物）を100円で購入し、代金は約束手形で支払った。

商品以外のものを手形で買ったときの仕訳

CASE 33 では建物（資産）を買っているので、**建物（資産）**が増えます。

（建　　物）	100	（　　　）	

資産の増加↑

また、建物や土地など商品以外のものを手形で買ったときは、商品の売買と区別するため**営業外支払手形（負債）**で処理します。

CASE 33 の仕訳

（建　　物）	100	（営業外支払手形）	100

負債の増加↑

営業外支払手形は負債なので、増えたら貸方！

資　産	負　債
	純資産

つまり、商品を買ったときの手形代金は**支払手形**で、商品以外のものを買ったときの手形代金は**営業外支払手形**で処理するのです。

とても重要

支払手形と営業外支払手形の違い

何を買った？	勘定科目
商　　品	支払手形（負債）
商品以外のもの（建物など）	営業外支払手形（負債）

手形代金を支払ったときの仕訳

なお、後日手形代金を支払ったときは、**営業外支払手形（負債）の減少**として処理します。

したがって、仮に、CASE 33 の営業外支払手形を現金で支払ったとした場合の仕訳は次のようになります。

（営業外支払手形）	100	（現　　　金）	100

負債の減少⬇

CASE 34 商品以外のものを売って代金は手形で受け取るときの仕訳

CASE 33の取引（建物の売買）をクロキチ㈱の立場からみてみましょう。クロキチ㈱はゴエモン㈱に対して倉庫（建物）を100円で売り、代金は手形で受け取ることにしました。

取　引

クロキチ㈱は、ゴエモン㈱に倉庫（建物）を100円で売却し、代金は約束手形で受け取った。

商品以外のものを売ったときの仕訳

CASE 34では、建物（資産）を売っているので、**建物（資産）**が減ります。

（　　　　）		（建　　物）	100

資産の減少⬇

また、建物や土地など商品以外のものを売って、代金は手形で受け取ったときは**営業外受取手形（資産）**で処理します。

「営業外支払手形の逆だから、営業外受取手形かな？」って想像できましたか？

資　産	負　債
	純資産

CASE 34の仕訳

（営業外受取手形）	100	（建　　物）	100

資産の増加⬆

つまり、商品を売ったときの手形代金は**受取手形**で、商品以外のものを売ったときの手形代金は**営業外受取手形**で処理するのです。

とても重要

受取手形と営業外受取手形の違い

何を売った？	勘定科目
商　　品	受取手形（資産）
商品以外のもの（建物など）	営業外受取手形（資産）

手形代金を回収したときの仕訳

なお、後日手形代金を回収したときは、営業外受取手形（資産）の減少として処理します。

したがって、CASE 34 の手形代金を現金で回収した場合の仕訳は、次のようになります。

（現　　金）	100	（営業外受取手形）	100

資産の減少

問題編
問題21

CASE **35**

電子記録債権とは

おっ？
あれはなんだろう？
でんさい
電子記録債権
がいいかもよ
手形

これまで手形を用いてきたゴエモン㈱ですが、手形だと紛失のリスクがあり、心配です。なにかいい方法がないかと調べてみたところ、電子記録債権というものを見つけました。

電子記録債権とは

電子記録債権は、手形（や売掛金）の問題点を克服した新しい金銭債権です。

電子記録債権は、電子債権記録機関が管理する記録原簿（登記簿のようなもの）に必要事項を登録することによって権利が発生します。

手形の問題点とは…

・紛失等のリスクがある
・手形振出しの事務処理の手間がかかる
・印紙を添付しなければならないので、印紙代がかかる　など

電子記録債権は、ペーパーレスなので紛失等のリスクはありませんし、事務処理の手間も大幅に省けます。また、印紙の添付も不要です。そのため、近年は手形に代わり電子記録債権が普及しています。

電子記録債権の発生方式

電子記録債権の発生方式には、**(1)債務者請求方式**と**(2)債権者請求方式**の２つがありますが、本書では**(1)債務者請求方式**にもとづいて説明していきます。

(1)債務者請求方式…債務者側（買掛金等がある側）が発生記録の請求を行うことによって電子記録債権が発生する方式

(2)債権者請求方式…債権者側（売掛金等がある側）が発生記録の請求を行うことによって電子記録債権が発生する方式。この場合には、一定期間内に債務者の承諾が必要

CASE 36

電子記録債権（債務）が発生したときの仕訳

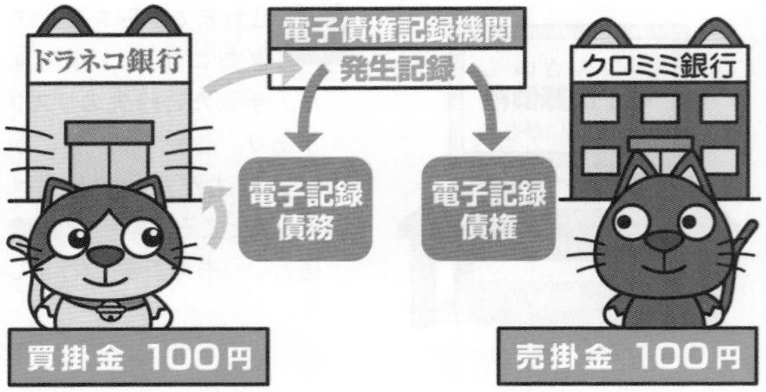

ゴエモン㈱はクロキチ㈱から商品を仕入れており、クロキチ㈱に対する買掛金100円があります。この買掛金の支払いに電子記録債務を用いてみることにしました。

取　引

ゴエモン㈱はクロキチ㈱に対する買掛金100円の支払いを電子債権記録機関で行うため、取引銀行を通じて債務の発生記録を行った。

電子記録債権（債務）が発生したときの仕訳

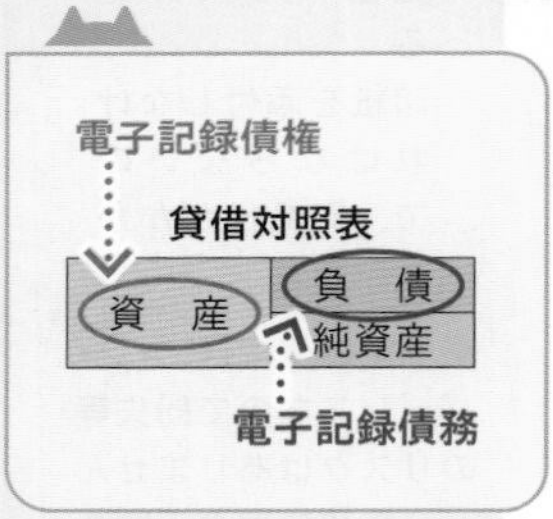

発生記録を行うことにより、債権者（クロキチ㈱）には**電子記録債権（資産）**が、債務者（ゴエモン㈱）には**電子記録債務（負債）**が発生します。

したがって、CASE 36 のクロキチ㈱（債権者）とゴエモン㈱（債務者）の仕訳は次のようになります。

CASE 36 の仕訳（債権者：クロキチ㈱）の仕訳

（電子記録債権）	100	（売　　掛　　金）	100

資産の増加↑　　資産の減少↓

CASE 36 の仕訳（債務者：ゴエモン㈱）の仕訳

（買　　掛　　金）	100	（電子記録債務）	100

負債の減少↓　　負債の増加↑

CASE 37 電子記録債権（債務）が消滅したときの仕訳

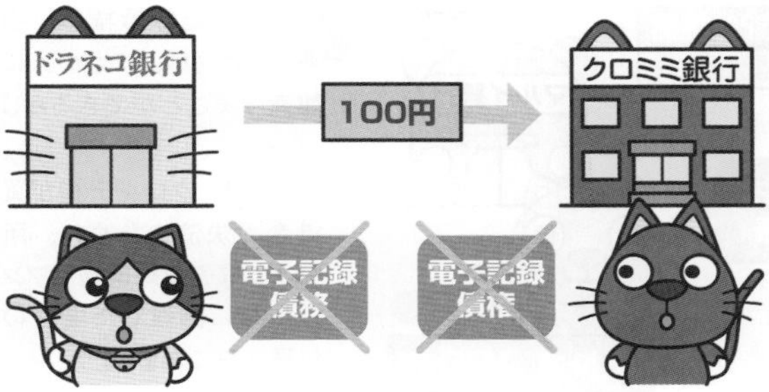

CASE 36 の電子記録債務について、ゴエモン㈱の口座からクロキチ㈱の口座に払い込みがされました。

取引

ゴエモン㈱は CASE 36 の電子記録債務100円について、取引銀行の当座預金口座からクロキチ㈱の取引銀行の当座預金口座に払い込みを行った。

電子記録債権（債務）が消滅したときの仕訳

債務者（ゴエモン㈱）の口座から債権者（クロキチ㈱）の口座に払い込み（支払い）が行われると、債権者の**電子記録債権（資産）**および債務者の**電子記録債務（負債）**が消滅します。

したがって、CASE 37 のクロキチ㈱（債権者）とゴエモン㈱（債務者）の仕訳は次のようになります。

CASE 37 の仕訳（債権者：クロキチ㈱）の仕訳

（当　座　預　金）	100	（電子記録債権）	100

資産の減少⬇

CASE 37 の仕訳（債務者：ゴエモン㈱）の仕訳

（電子記録債務）	100	（当　座　預　金）	100

負債の減少⬇

CASE 38 電子記録債権を譲渡したときの仕訳①

電子記録債権は、手形と同様、ほかの人に譲渡することができるらしい…。

ここでは、クロキチ㈱が買掛金の決済のために、所有する電子記録債権をマンマル㈱に譲渡した場合の処理をみてみましょう。

取　引

クロキチ㈱はマンマル㈱に対する買掛金100円の決済のため、所有する電子記録債権100円を譲渡することとし、取引銀行を通じて譲渡記録を行った。

電子記録債権を譲渡したときの仕訳①

手形の裏書譲渡と同様、電子記録債権も他人に譲渡することができます。

電子記録債権を譲渡したとき（譲渡人：クロキチ㈱）は、**電子記録債権（資産）**を減少させます。

また、電子記録債権の譲渡を受けたとき（譲受人：マンマル㈱）は、**電子記録債権（資産）**で処理します。

CASE **38** の仕訳（譲渡人：クロキチ㈱）の仕訳

（買　掛　金）	100	（電子記録債権）	100

資産の減少⬇（電子記録債権）

CASE **38** の仕訳（譲受人：マンマル㈱）の仕訳

（電子記録債権）	100	（売　掛　金）	100

資産の増加⬆（電子記録債権）

CASE 39　電子記録債権を譲渡したときの仕訳②

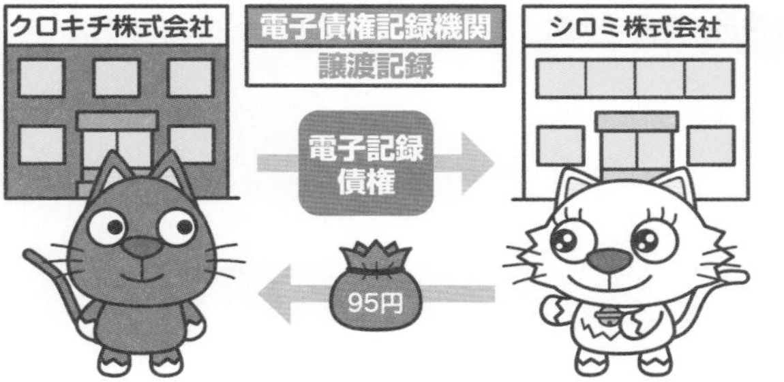

こんどはクロキチ㈱が電子記録債権を譲渡して、現金等を受け取った場合の処理をみてみましょう。

取　引

クロキチ㈱は所有する電子記録債権100円をシロミ㈱に95円で売却（譲渡）し、譲渡記録を行った。なお、譲渡代金は現金で受け取った。

これまでの知識で仕訳をうめると…

（現　　　金）	95	（　　　　）	

△ 現金で受け取った↑

電子記録債権を譲渡したときの仕訳②

電子記録債権を売却（譲渡）したときは、**電子記録債権（資産）**を減少させます。

（現　　　金）	95	（電子記録債権）	100

資産の減少↓

また、電子記録債権の債権金額（100円）と譲渡金額（95円）に差額が生じるときは、その差額（100円－95円＝5円）を、**電子記録債権売却損（費用）**で処理します。

電子記録債権を取引銀行で割り引いたときの割引料も電子記録債権売却損（費用）で処理します。

以上より、CASE 39の仕訳は次のようになります。

CASE 39 の仕訳

（現　　　　金）	95	（電子記録債権）	100
（電子記録債権売却損）	5		

費用の発生⬆

問題編

問題22、23

CASE 40

売掛金を譲渡したときの仕訳

クロキチ㈱に対する買掛金を支払おうとしたとき、ちょうどシロミ㈱に対する売掛金があったので、シロミ㈱の承諾を得て、シロミ㈱に対する売掛金をクロキチ㈱に譲渡しました。この場合、どのような処理をしたらよいのでしょうか？

取　引

ゴエモン㈱はクロキチ㈱に対する買掛金100円を支払うため、シロミ㈱に対する売掛金100円をシロミ㈱の承諾を得てクロキチ㈱に譲渡した。

これまでの知識で仕訳をうめると…

(買　掛　金)	100	(　　　)	

△ 買掛金を支払うため…↓

債権譲渡とは

手形債権（受取手形）や電子記録債権だけでなく、売掛金などその他の債権も他人に譲渡することができます。

債権を譲渡するときは、債権の譲渡人から債務者へ、債権を譲渡する旨の通知、または債権を譲渡することについての債務者の承諾が必要です。

売掛金を譲渡したときの仕訳

売掛金を譲渡したときは、売掛金（資産）がなくなるので、**売掛金（資産）**を減らします。

CASE 40 の仕訳

(買　掛　金)	100	(売　掛　金)	100

CASE 41

売掛金の譲渡金額が帳簿価額よりも低い場合の仕訳

ゴエモン株式会社
差額の5円はどういう処理するんだ？
ゴロー株式会社
95円で買うよ。
95円
売掛金
100円

所有する売掛金の帳簿価額は100円だけど、95円で譲渡した場合には、どのような処理をしたらいいでしょうか？

取　引

ゴエモン㈱はシロミ㈱に対する売掛金100円をシロミ㈱の承諾を得て、ゴロー㈱に95円で譲渡し、代金は現金で受け取った。

これまでの知識で仕訳をうめると…

（現　　　金）	95	（売　　掛　　金）	100

現金で受け取った↑　売掛金を譲渡した↓

帳簿価額よりも低い価額で譲渡したときの仕訳

売掛金の譲渡金額（売却価額）が、帳簿価額よりも低いときは、その差額を**債権売却損（費用）**で処理します。

CASE 41 の仕訳

（現　　　金）	95	（売　　掛　　金）	100
（債権売却損）	5		

問題編
問題24

約束手形のまとめ 《一連の流れ》

3級
約束手形の振出時(受取時)

振り出した人(振出人)の仕訳				受け取った人(名宛人)の仕訳			
(仕入など)	100			(受取手形)	100		
		(支払手形)	100			(売上など)	100

3級
手形代金の支払時(受取時)

振り出した人(振出人)の仕訳				受け取った人(名宛人)の仕訳			
(支払手形)	100			(当座預金など)	100		
		(当座預金など)	100			(受取手形)	100

手形の裏書きと割引きのまとめ

CASE 29
手形の裏書時

手形を裏書きして渡した人の仕訳				裏書きされた手形を受け取った人の仕訳			
(仕入など)	100			(受取手形)	100		
		(受取手形)	100			(売上など)	100

CASE 30
手形の割引時

(当座預金など)	90	(受取手形)	100
(手形売却損)	10		

手形の不渡りのまとめ 《一連の流れ》

3級 手形の受取時

(受取手形)	100	(売掛金など)	100

CASE 31 手形の不渡時

・受取手形（資産）から不渡手形（資産）に振り替える
・不渡りにかかる費用は不渡手形（資産）に含める

(不渡手形)	110	(受取手形)	100
		(現金など)	10

CASE 31 不渡手形の代金回収時

・不渡手形（資産）の減少

(現金など)	110	(不渡手形)	110

手形の更改の処理

CASE 32

①利息を新手形に含める方法

手形の振出人の仕訳				手形の受取人の仕訳			
(支払手形)	100			(受取手形)	108		
(支払利息)	8					(受取手形)	100
		(支払手形)	108			(受取利息)	8

②利息を現金などで決済する方法

手形の振出人の仕訳				手形の受取人の仕訳			
(支払手形)	100			(受取手形)	100		
		(支払手形)	100			(受取手形)	100
(支払利息)	8			(現金など)	8		
		(現金など)	8			(受取利息)	8

営業外手形の処理

CASE 33, 34

●商品以外のものを手形で買ったとき

購入時		決済時	
(建　　　物)	100	(営業外支払手形)	100
(営業外支払手形)	100	(現 金 な ど)	100

●商品以外のものを売って代金は手形で受け取ったとき

売却時		決済時	
(営業外受取手形)	100	(現 金 な ど)	100
(建　　　物)	100	(営業外受取手形)	100

電子記録債権(債務)のまとめ ①発生と消滅 《一連の流れ》

CASE 36
発生時

債権者の仕訳		債務者の仕訳	
(電子記録債権)	100	(買　掛　金)	100
(売　掛　金)	100	(電子記録債務)	100

CASE 37
消滅時

債権者の仕訳		債務者の仕訳	
(当座預金など)	100	(電子記録債務)	100
(電子記録債権)	100	(当座預金など)	100

電子記録債権(債務)のまとめ ②譲渡の場合

CASE 38, 39

●掛け代金と相殺する場合

譲渡人の仕訳		譲受人の仕訳	
(買　掛　金)	100	(電子記録債権)	100
(電子記録債権)	100	(売　掛　金)	100

●譲渡代金を現金等で受け取る場合

・電子記録債権の債権金額と譲渡代金の差額は、**電子記録債権売却損(費用)**で処理

(現 金 な ど)	95	(電子記録債権)	100
(電子記録債権売却損)	5		

その他の債権譲渡のまとめ

CASE 40, 41

●売掛金を（帳簿価額で）譲渡したとき

（買掛金など）	100	（売　掛　金）	100

●売掛金を帳簿価額よりも低い価額で譲渡したとき

（現金など）	95	（売　掛　金）	100
（債権売却損）	5		

この章で新たにでてきた勘定科目

資　産	負　債
不渡手形 営業外受取手形 電子記録債権	営業外支払手形 電子記録債務
	純資産
	—

費　用	収　益
手形売却損 債権売却損 電子記録債権売却損	—

その他
—

仕訳編

第6章

銀行勘定調整表

当社で当座預金の処理をしたにもかかわらず、
銀行側で処理がされていない場合や、
反対に銀行側で当座預金の処理をしたにもかかわらず、
当社で処理をしていない場合は、
当然、当社の帳簿上の当座預金残高と
銀行の当座預金残高は異なってしまう。
そこで、差異を調整するわけだけど、
必ずしも当社で修正仕訳が必要ではないらしい…。

ここでは、銀行勘定調整表についてみていきましょう。

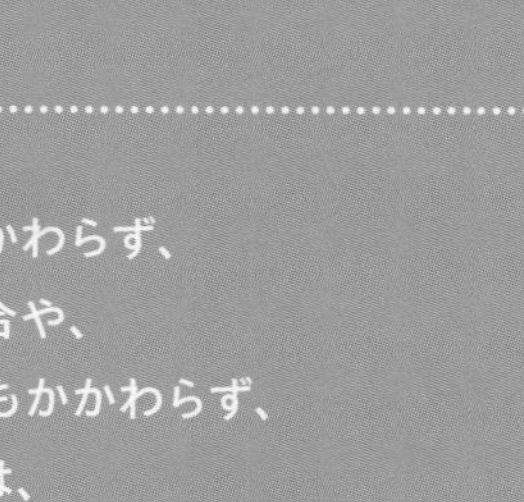

CASE 42

預金残高が一致しないときの処理①

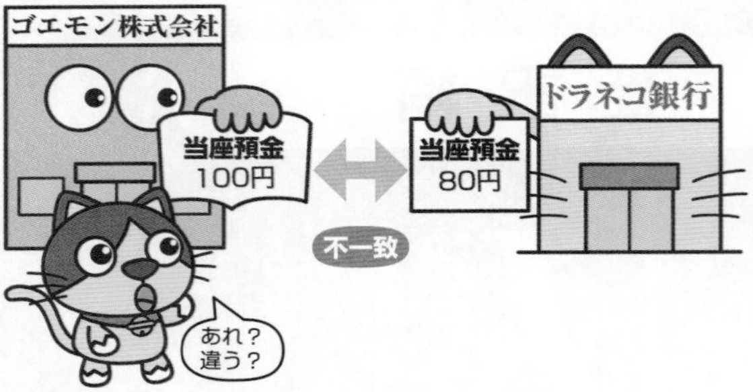

毎月末、ゴエモン㈱では、銀行から取り寄せた当座預金の残高証明書と帳簿残高に差異がないかをチェックしていますが、当月末の残高は一致していませんでした。この場合、どんな処理をしたらよいでしょう？

取　引

ゴエモン㈱の当座預金の帳簿残高は100円であったが、ドラネコ銀行の残高証明書の残高は80円であった。なお、この差異は月末に現金20円を預け入れたさい、銀行で翌日付けの入金として処理されていたために生じたものである。

用語　**(銀行) 残高証明書**…銀行が発行する、ある時点での企業の預金残高を証明する書類

銀行勘定調整表とは

企業は月末や決算日など一定の時期に、銀行から当座預金の残高証明書（ある時点での企業の預金残高を銀行が証明する書類）を発行してもらい、これと帳簿残高を比べます。もし一致していないときには、その原因を調べて、正しい残高となるように調整します。

このような不一致の原因を特定して、正しい残高となるように調整するときに作成する表を**銀行勘定調整表**（ぎんこうかんじょうちょうせいひょう）といいます。

銀行勘定調整表の作成方法

銀行勘定調整表の作成方法には、**両者区分調整法、**

企業残高基準法、**銀行残高基準法**の３つがあります。このうち、両者区分調整法は企業側の当座預金残高と銀行の残高証明書残高を基準として、これに不一致原因を加減し、両者の金額を一致させる方法です。

ベースとなるのは両者区分調整法なので、このテキストでは両者区分調整法によって説明します（企業残高基準法と銀行残高基準法については、あとの参考で説明します）。

銀行勘定調整表の記入（時間外預入）

CASE 42 では、現金20円についてゴエモン㈱がすでに入金処理しているにもかかわらず、銀行ではまだ入金処理されていないために不一致が生じています。そこで、この20円を**時間外入金**として、**銀行残高に加算します**。

企業：処理済（＋）
銀行：未処理
…だから銀行残高に＋

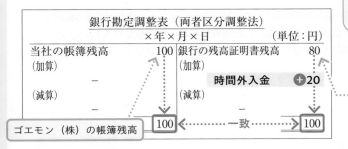

銀行勘定調整表（両者区分調整法）
×年×月×日　（単位：円）

当社の帳簿残高	100	銀行の残高証明書残高	80
（加算）		（加算）	
－		時間外入金	＋20
（減算）		（減算）	
－		－	
	100		100

ゴエモン（株）の帳簿残高
銀行の残高証明書残高
一致

時間外預入は修正仕訳不要！

企業の当座預金残高と銀行の残高証明書残高が一致しない原因はいくつかあり、その原因によって修正仕訳が必要なものと修正仕訳が不要なものがあります。

CASE 42～47 で順番にみていきます。

CASE 42 のように、銀行の営業時間後に入金されたことにより、企業の当座預金残高と銀行の残高証明書残高に不一致が生じた場合（**時間外預入**といいます）には、翌日になれば差異が解消するため、**修正仕訳は必要ありません**。

ゴエモン㈱は待っていれば差異が解消するので、なんの仕訳もしません。

CASE 42 の仕訳

仕　訳　な　し

CASE 43

預金残高が一致しないときの処理②

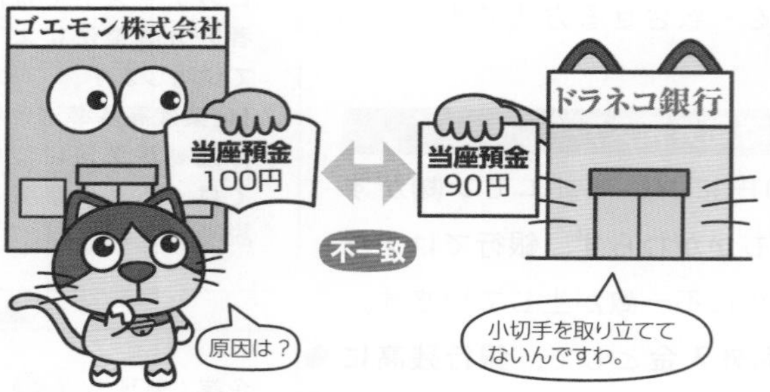

当座預金の帳簿残高100円と銀行残高証明書の残高90円との差異の原因を調べたら、以前シロミ㈱が振り出した小切手について、代金の取り立てをお願いしたのに、銀行がまだ取り立てていないことがわかりました。

取引

ゴエモン㈱の当座預金の帳簿残高は100円であったが、ドラネコ銀行の残高証明書の残高は90円であった。なお、この差異はシロミ㈱から受け入れた小切手10円の取り立てを銀行に依頼していたが、まだ銀行が取り立てていないために生じたものである。

未取立小切手とは

他人（シロミ㈱）が振り出した小切手を銀行に預け入れ、その代金の取り立てを依頼したにもかかわらず、銀行がまだ取り立てていない小切手を**未取立小切手**（みとりたてこぎって）といいます。

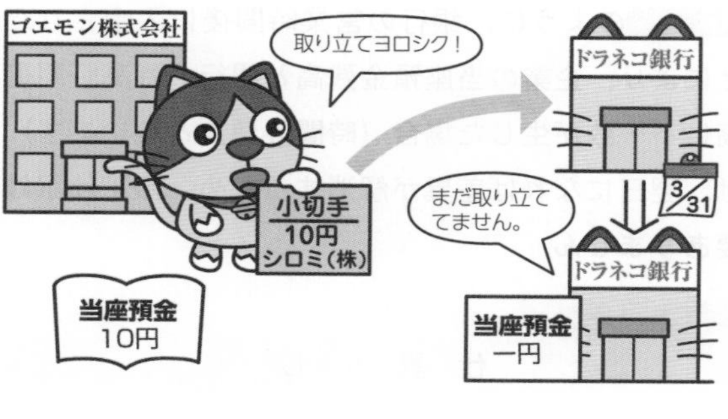

銀行勘定調整表の記入（未取立小切手）

CASE 43（未取立小切手）では、ゴエモン㈱は小切手10円を銀行に預け入れたときに当座預金の増加として処理していますが、銀行ではまだ取り立てていないため(未処理)、両者の残高に不一致が生じています。

したがって、この10円を**未取立小切手**として**銀行残高に加算**し、両者の差異を調整します。

企業：処理済（＋）
銀行：未処理
…だから銀行残高に＋

銀行勘定調整表（両者区分調整法）
×年×月×日　（単位：円）

当社の帳簿残高	100	銀行の残高証明書残高	90
(加算)		(加算)	
－		未取立小切手	＋10
(減算)		(減算)	
－		－	
	100		100

100 ←……一致……→ 100

未取立小切手は修正仕訳不要！

未取立小切手は、銀行が取り立てれば（時間がたてば）両者の差異が解消します。

したがって、**修正仕訳は必要ありません。**

ゴエモン㈱は待っていれば差異が解消するので、なんの仕訳もしません。

CASE 43 の仕訳

仕　訳　な　し

CASE 44

預金残高が一致しないときの処理③

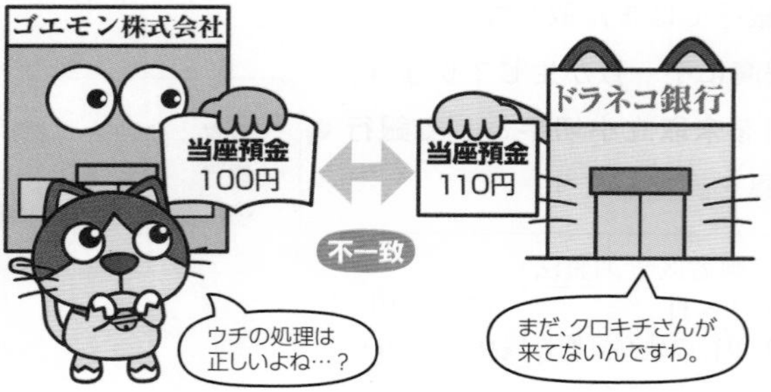

当座預金の帳簿残高100円と銀行残高証明書の残高110円の差異の原因を調べたら、以前クロキチ㈱に対して振り出した小切手をクロキチ㈱がまだ銀行に持ち込んでいない（銀行残高が減っていない）ことがわかりました。

取　引

ゴエモン㈱の当座預金の帳簿残高は100円であったが、ドラネコ銀行の残高証明書の残高は110円であった。なお、この差異はクロキチ㈱に対する買掛金を支払うために振り出した小切手10円が、まだ銀行に呈示されていないために生じたものである。

用語　**呈示（＝取付け）**…（クロキチ㈱が銀行に）差し出し、現金等を受け取ること

未取付小切手とは

取引先（クロキチ㈱）に振り出した小切手のうち、取引先が銀行に持ち込んでいない（**未取付け**といいます）ものを**未取付小切手**（みとりつけこぎって）といいます。

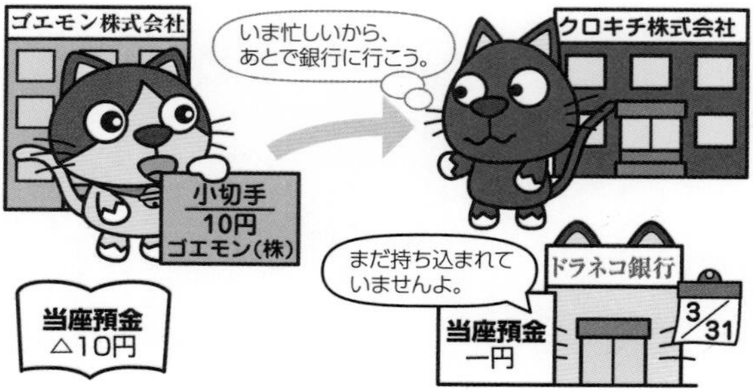

銀行勘定調整表の記入（未取付小切手）

CASE 44（未取付小切手）では、ゴエモン㈱は小切手10円を振り出したときに当座預金の減少として処理していますが、銀行では小切手が持ち込まれたときに支払いの処理をする（まだ持ち込まれていないので当座預金の減少として処理していない）ので、両者の残高に不一致が生じています。

したがって、この10円を**未取付小切手**として**銀行残高より減算**して、両者の差異を調整します。

企業：処理済（－）
銀行：未処理
…だから銀行残高を－

銀行勘定調整表（両者区分調整法）
×年×月×日　（単位：円）

当社の帳簿残高	100	銀行の残高証明書残高	110
（加算）		（加算）	
	–		
（減算）		（減算）	
	–	未取付小切手	－10
	100		100

100 ←……一致……→ 100

未取付小切手は修正仕訳不要！

未取付小切手は、取引先が小切手を銀行に持ち込めば（時間がたてば）両者の差異が解消します。

したがって、**修正仕訳は必要ありません。**

ゴエモン㈱は待っていれば差異が解消するので、なんの仕訳もしません。

CASE 44 の仕訳

仕 訳 な し

CASE 45 預金残高が一致しないときの処理④

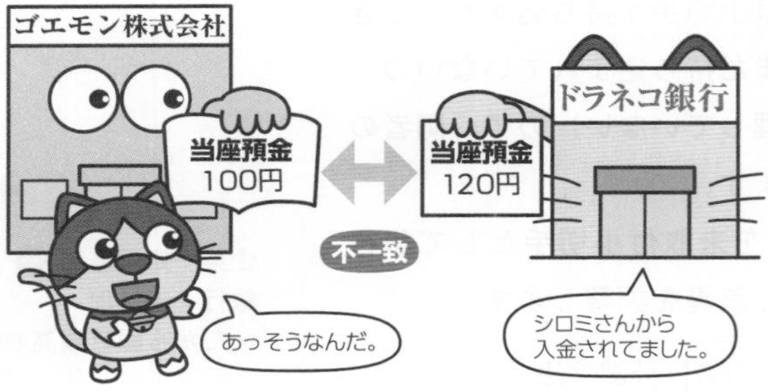

当座預金の帳簿残高100円と銀行残高証明書の残高120円との差異の原因を調べたら、シロミ㈱に対する売掛金が回収されて入金されているにもかかわらず、銀行から連絡がないため、ゴエモン㈱では入金処理をしていないことがわかりました。

取引

ゴエモン㈱の当座預金の帳簿残高は100円であったが、ドラネコ銀行の残高証明書の残高は120円であった。なお、この差異20円はシロミ㈱に対する売掛金が当座預金口座に振り込まれたにもかかわらず、ゴエモン㈱に連絡が未達のため生じたものである。

連絡未通知とは

当座振込みや当座引落しがあったにもかかわらず、企業にその連絡がないことを**連絡未通知**といいます。

銀行勘定調整表の記入（連絡未通知）

CASE 45（連絡未通知）では、売掛金20円が回収されたときに銀行で入金処理をしていますが、連絡が未達のため、ゴエモン㈱では当座預金の増加の処理をしていないことにより、両者の残高に不一致が生じています。

したがって、この20円を**入金連絡未通知**として**企業残高に加算**して、両者の差異を調整します。

企業：未処理
銀行：処理済（＋）
…だから企業残高に＋

銀行勘定調整表（両者区分調整法）

×年×月×日　（単位：円）

当社の帳簿残高	100	銀行の残高証明書残高	120
（加算）		（加算）	
入金連絡未通知	⊕20		−
（減算）		（減算）	
−			−
	120	←一致→	120

「売掛金回収」でもOK！

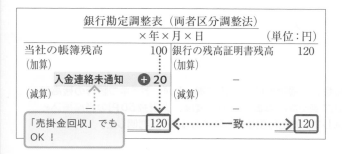

連絡未通知は修正仕訳が必要！

連絡未通知は、企業が処理しなければ、いつまでたっても差異が解消しません。

したがって、**修正仕訳が必要となります。**

待っていても差異が解消しないので、修正仕訳（売掛金の回収の仕訳）が必要です。

CASE 45 の仕訳

（当座預金）	20	（売掛金）	20

CASE 46

預金残高が一致しないときの処理⑤

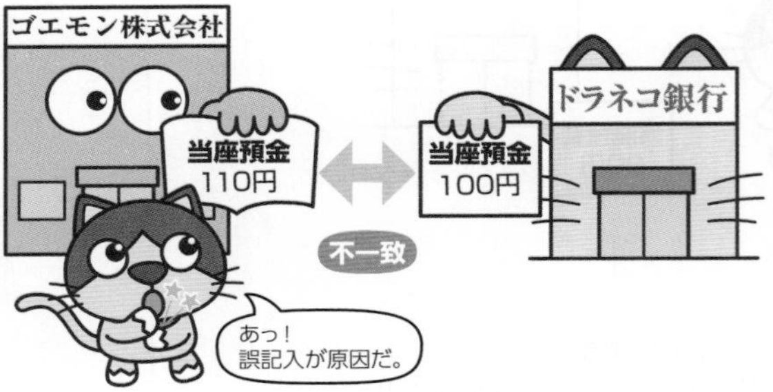

当座預金の帳簿残高110円と銀行残高証明書の残高100円との差異の原因を調べたら、売掛金50円が当座預金口座に振り込まれたときに、60円として処理していたことがわかりました。

取　引

ゴエモン㈱の当座預金の帳簿残高は110円であったが、ドラネコ銀行の残高証明書の残高は100円であった。なお、この差異は、売掛金50円の当座振込みを60円と誤って記入していたため生じたものであることが判明した。

銀行勘定調整表の記入（誤記入）

CASE 46 では、ゴエモン㈱が売掛金の当座振込額50円を、60円として10円多く入金処理しているため、両者の残高に不一致が生じています。

したがって、この10円を**売掛金誤記入**として**企業残高より減算**し、両者の差異を調整します。

なお、ゴエモン㈱が売掛金の当座振込額50円を45円として、5円少なく入金処理している場合は、この5円を企業残高に加算することになります。

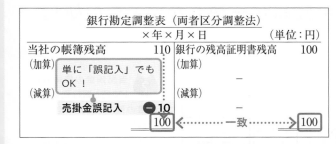

銀行勘定調整表（両者区分調整法）			
×年×月×日			（単位：円）
当社の帳簿残高	110	銀行の残高証明書残高	100
（加算）		（加算）	
			–
（減算）		（減算）	
売掛金誤記入	−10		–
	100	←一致→	100

単に「誤記入」でもOK！

誤記入は修正仕訳が必要！

誤記入は、企業が正しい処理をしなければ、いつまでたっても差異が解消しません。

したがって、**修正仕訳が必要となります。**

なお、誤記入の修正仕訳は、誤った仕訳を取り消す仕訳（誤った仕訳の逆仕訳）と正しい仕訳を合計した仕訳となります。

待っていても差異が解消しないので、修正仕訳が必要です。

①誤った仕訳

（当座預金）	60	（売掛金）	60

②誤った仕訳の逆仕訳

（売掛金）	60	（当座預金）	60

＋

③正しい仕訳

（当座預金）	50	（売掛金）	50

これで誤った仕訳を取り消すことになります。

②＋③

CASE 46の仕訳

（売掛金）	10	（当座預金）	10

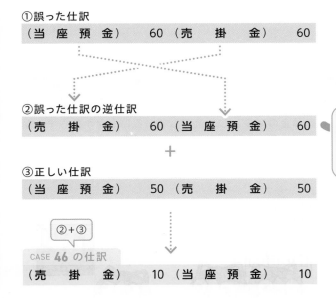

CASE 47

預金残高が一致しないときの処理⑥

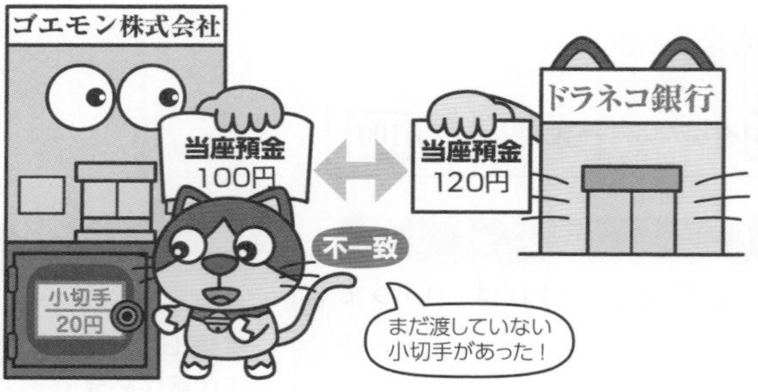

当座預金の帳簿残高100円と銀行残高証明書の残高120円の差異の原因を調べたら、買掛金20円の支払いのために小切手を振り出し、当座預金の減少として処理していたにもかかわらず、その小切手を相手に渡していないことがわかりました。

取　引

ゴエモン㈱の当座預金の帳簿残高は100円であったが、ドラネコ銀行の残高証明書の残高は120円であった。なお、この差異は買掛金20円の支払いのために振り出した小切手が、金庫に保管されたままであるために生じたものであることが判明した。

未渡小切手とは

取引先に渡すつもりで、すでに小切手を作成し、当座預金の減少として処理しているにもかかわらず、なんらかの原因で取引先にまだ渡していない小切手を、**未渡小切手**（みわたしこぎって）といいます。

銀行勘定調整表の記入（未渡小切手）

CASE 47（未渡小切手）では、ゴエモン㈱は小切手20円を作成したときに当座預金の減少として処理したにもかかわらず、この小切手をまだ取引先に渡していませんでした。そのため銀行では当然なんの処理もしていませんので、両者に差異が生じます。

したがって、この20円を**未渡小切手**として**企業残高に加算**し、両者の差異を調整します。

企業：処理済（－）
銀行：未処理
…まだ企業の手許に小切手があるので企業残高に＋

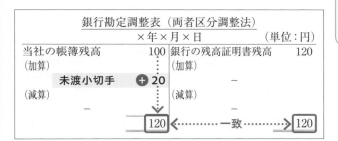

銀行勘定調整表（両者区分調整法）
×年×月×日　（単位：円）

当社の帳簿残高	100	銀行の残高証明書残高	120
（加算）		（加算）	
未渡小切手	＋20	－	
（減算）		（減算）	
－		－	
	120	←一致→	120

未渡小切手は修正仕訳が必要！

未渡小切手は、企業の手許に小切手がある（当座預金が減っていない）ので、以前行った当座預金の減少の仕訳を取り消すための**修正仕訳が必要となります。**

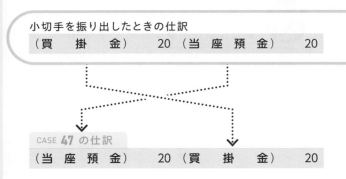

小切手を振り出したときの仕訳

（買掛金）	20	（当座預金）	20

CASE 47の仕訳

（当座預金）	20	（買掛金）	20

とても重要

なお、広告費などの**費用を支払うために作成した小切手が未渡しのとき**は、費用を減少させるのではなく、**未払金（負債）で処理します。**

したがって、仮に CASE 47 の未渡小切手が**広告費の支払い**のために作成されたものであった場合の修正仕訳は次のようになります。

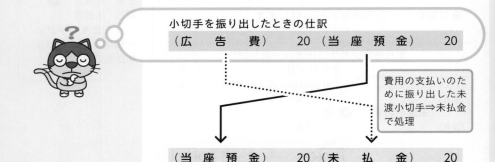

小切手を振り出したときの仕訳

（広　告　費）	20	（当　座　預　金）	20

費用の支払いのために振り出した未渡小切手⇒未払金で処理

（当　座　預　金）	20	（未　払　金）	20

修正仕訳が不要なもの、必要なもの（まとめ）

以上より、修正仕訳が不要なものと必要なものをまとめると次のとおりです。

銀行勘定調整表を作成させる問題はあまり出題されていませんが、修正仕訳については第3問の決算整理事項のひとつとしてよく出題されるので、修正仕訳が必要なものはしっかりと頭に入れておきましょう。

とても重要

修正仕訳が不要なもの、必要なもの

修正仕訳が不要	時間外預入、未取立小切手、未取付小切手
修正仕訳が必要	連絡未通知、誤記入、未渡小切手

問題編

問題25、26

参考

その他の銀行勘定調整表の作成方法

両者区分調整法以外の銀行勘定調整表の作成方法について、以下の例を使って簡単にみていきましょう。

例

当社の当座預金の帳簿残高は100円、銀行の残高証明書の残高は110円だったので、不一致の原因を調べたところ、次のことが判明した。

a. 銀行の時間外預入が20円あった（時間外入金20円）。
b. 得意先から受け入れた小切手10円が未取立てであった（未取立小切手10円）。
c. 買掛金の支払いのために振り出した小切手25円が未呈示であった（未取付小切手25円）。
d. 売掛金10円の振り込みがあったが、当社に未達であった（入金連絡未通知10円）。
e. 売掛金の振込額15円を誤って20円と記入していた（売掛金誤記入5円）。
f. 買掛金の支払いのために振り出した小切手10円が未渡しであった（未渡小切手10円）。

(1) 企業残高基準法

企業残高基準法は、企業の帳簿残高を基準として、これを調整することにより、銀行の残高に一致させる方法です。

企業残高基準法による銀行勘定調整表は、両者区分調整法による銀行勘定調整表から次のように作成します。

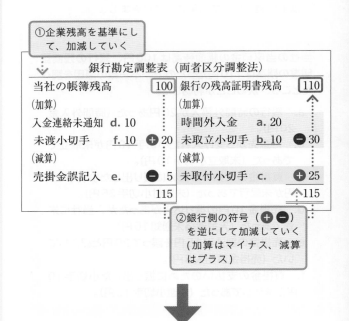

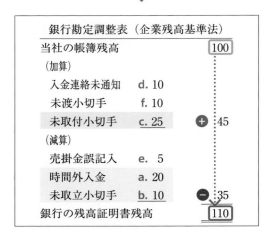

①企業残高を基準にして、加減していく

銀行勘定調整表（両者区分調整法）

当社の帳簿残高		100	銀行の残高証明書残高		110
(加算)			(加算)		
入金連絡未通知	d. 10		時間外入金	a. 20	
未渡小切手	f. 10	＋ 20	未取立小切手	b. 10	－ 30
(減算)			(減算)		
売掛金誤記入	e.	－ 5	未取付小切手	c.	＋ 25
		115			115

②銀行側の符号（＋－）を逆にして加減していく(加算はマイナス、減算はプラス)

銀行勘定調整表（企業残高基準法）

当社の帳簿残高			100
(加算)			
入金連絡未通知	d. 10		
未渡小切手	f. 10		
未取付小切手	c. 25	＋	45
(減算)			
売掛金誤記入	e. 5		
時間外入金	a. 20		
未取立小切手	b. 10	－	35
銀行の残高証明書残高			110

(2) 銀行残高基準法

銀行残高基準法は、銀行の残高を基準として、これを調整することにより、企業の残高に一致させる方法です。

銀行残高基準法による銀行勘定調整表は、両者区分調整法による銀行勘定調整表から次のように作成します。

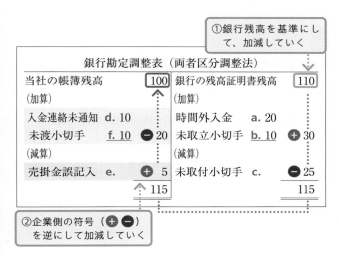

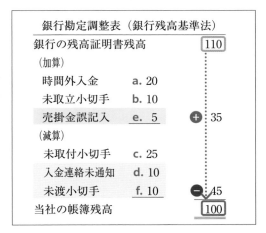

①銀行残高を基準にして、加減していく

銀行勘定調整表（両者区分調整法）

当社の帳簿残高		100	銀行の残高証明書残高		110
（加算）			（加算）		
入金連絡未通知	d. 10		時間外入金	a. 20	
未渡小切手	f. 10	⊖ 20	未取立小切手	b. 10	⊕ 30
（減算）			（減算）		
売掛金誤記入	e.	⊕ 5	未取付小切手	c.	⊖ 25
		115			115

②企業側の符号（⊕⊖）を逆にして加減していく

銀行勘定調整表（銀行残高基準法）

銀行の残高証明書残高			110
（加算）			
時間外入金	a. 20		
未取立小切手	b. 10		
売掛金誤記入	e. 5	⊕	35
（減算）			
未取付小切手	c. 25		
入金連絡未通知	d. 10		
未渡小切手	f. 10	⊖	45
当社の帳簿残高			100

銀行勘定調整表のまとめ

CASE 42〜47

・修正仕訳が不要なもの、必要なもの

修正仕訳が不要	時間外預入、未取立小切手、 未取付小切手
修正仕訳が必要	連絡未通知、誤記入、 未渡小切手

・銀行勘定調整表（両者区分調整法）

銀行勘定調整表（両者区分調整法）

×年×月×日　（単位：円）

当社の帳簿残高		100	銀行の残高証明書残高		110
(加算)			(加算)		
入金連絡未通知	10		時間外入金	20	
未渡小切手	10	20	未取立小切手	10	30
(減算)			(減算)		
売掛金誤記入		5	未取付小切手		25
		115			115

仕訳編

第7章

固定資産

固定資産は決算において減価償却をしなければならないけど、
減価償却の方法には定額法以外の方法もあるらしい。
また、営業用車を買い換えたときや
火災で倉庫が燃えてしまったときなどは
どんな処理をするんだろう？

ここでは、２級で学習する固定資産の処理についてみていきましょう。

CASE 48

固定資産を割賦で購入したときの仕訳

分割にすると、利息分だけ支払いが増えるね…。

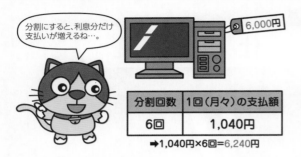

分割回数	1回（月々）の支払額
6回	1,040円

➡1,040円×6回=6,240円

これまで、固定資産の購入時には現金などで一括払いをしていたゴエモン㈱ですが、手元資金も乏しいので、今回は割賦（分割）で支払いたいと思っています。
固定資産を割賦で購入したときは、どのような処理になるのでしょうか？

取　引

ゴエモン㈱は、当期首において、備品6,000円を6か月（6回）の分割払い（毎回の支払額は1,040円）の契約で購入した。なお、利息分については前払利息で処理する。

これまでの知識で仕訳をうめると…

（備　　品）		（	）

△ 備品を購入した⬆

固定資産を割賦で購入したときの仕訳

固定資産を割賦（分割払い）で購入する場合、取得原価（購入代価＋付随費用）のほか、割賦購入に関する利息がかかってきます。

割賦購入の場合の利息分については、原則として固定資産の取得原価に含めません。

したがって固定資産の取得原価は購入代価（＋付随費用）で計上します。

（備　　品）	6,000	（	）

また、利息分については**支払利息（費用）**で処理しますが、購入時にはまだ利息が発生していないため、**前払利息（資産）**などの勘定科目で処理します。

なお、利息分（利息総額）は、支払総額から固定資産の購入原価を差し引いて計算します。

CASE 48 では、「利息分については前払利息で処理する」とあるので、240円については前払利息（資産）で処理します。

CASE 48 の支払総額と利息総額

①支払総額：1,040円 × 6回 = 6,240円
（1,040円：月々の支払額）

②利息総額：6,240円 − 6,000円 = 240円
（6,240円：支払総額　6,000円：備品の価額）

（備　　　品）	6,000	（　　　　）	
（前 払 利 息）	240		

割賦購入時には、まだ支払いは生じていない（代金の支払いは後日となる）ので、貸方は**未払金（負債）**で処理します。

以上より、CASE 48 の仕訳は次のようになります。

CASE 48 の仕訳

（備　　　品）	6,000	（未　払　金）	6,240
（前 払 利 息）	240		

CASE 49

割賦金を支払ったときの仕訳

CASE 48 で購入した固定資産について、第1回目の割賦金の支払日が到来したので、当座預金口座から支払いました。

取　引

先日、割賦購入した備品（取得原価6,000円、6か月（6回）の分割払いで毎月の支払額は1,040円、利息総額240円については前払利息として処理している）について、第1回目の割賦金の支払日が到来したので、当座預金口座から1,040円を支払った。なお、利息の処理は、支払日に定額法で費用計上する方法とする。

これまでの知識で仕訳をうめると…

（　　　　　）　　（当　座　預　金）1,040

当座預金口座から支払った⬇ 🔺

割賦金を支払ったときの仕訳

割賦金を支払ったときは、支払った分の**未払金（負債）**を減らします。

（未　払　金）1,040（当　座　預　金）1,040

また、支払った分に対応する利息を**前払利息（資産）**から**支払利息（費用）**に振り替えます。

> この振り替えは決算時に行うこともあります。

このときの利息の計算方法には、定額法や利息法などがありますが、２級では**定額法**（利息総額を支払期間で均分する方法）で処理します。

CASE 49 の場合、利息総額が240円で６回の分割払いなので、月々の支払いに対応する利息分は40円となります。

CASE 49 で計上する支払利息

・240円÷６回＝40円

以上より、CASE 49 の仕訳は次のようになります。

CASE 49 の仕訳

（未　払　金）	1,040	（当 座 預 金）	1,040
（支 払 利 息）	40	（前 払 利 息）	40

第7章 固定資産

問題編
問題27

参考

割賦金の支払日と決算日が異なる場合

割賦金の支払日と決算日が異なる場合には、決算日において、当期の最終の支払日から決算日までの期間に対応する利息を**前払利息（資産）**から**支払利息（費用）**に振り替えます。

例

ゴエモン㈱は×2年3月1日に備品6,000円を購入し、1回あたり1,040円を6回に分割して、2か月に1回の後払い（1回目の支払日は×2年4月30日、利息総額は240円）とした。なお、当期の決算日は×2年3月31日である。(1) 購入日（×2年3月1日）と(2)決算日（×2年3月31日）の仕訳をしなさい。

(1) 購入日の仕訳

（備　　　　品）	6,000	（未　払　金）	6,240
（前　払　利　息）	240		

購入日の仕訳は CASE 48 と同様になります。

(2) 決算日の仕訳

購入日（×2年3月1日）から決算日（×2年3月31日）までの1か月分の利息を計算し、**前払利息（資産）**から**支払利息（費用）**に振り替えます。

購入日から決算日までの利息

①240円÷6回＝40円（2か月分の利息）

②40円÷2か月＝20円

（支　払　利　息）	20	（前　払　利　息）	20

購入時に利息分を支払利息(費用)で処理した場合

CASE 48 では、購入時において利息分を**前払利息（資産）**で処理しましたが、購入時において利息分を**支払利息（費用）**で処理することもあります。

購入時において利息分を**支払利息（費用）**で処理した場合には、決算において、次期以降の利息（未経過分の利息）を**支払利息（費用）**から**前払利息（資産）**に振り替えます。

この場合の処理について、具体例を使ってみてみましょう。

例

ゴエモン㈱は備品6,000円を6か月（6回）の分割払い（毎回の支払額は1,040円）で購入した。なお、利息分については、購入時に支払利息で処理し、決算において未経過分の利息を支払利息から前払利息に振り替える。(1) 購入日、(2) 第1回目の割賦金の支払日（支払いは当座預金により行う）、(3) 決算日の仕訳（第2回目から第6回目までの割賦金の支払日は到来していない）をしなさい。

(1) 購入日の仕訳

問題文の指示にしたがい、利息分を**支払利息（費用）**で処理します。

支払総額と利息総額

①支払総額：1,040円 × 6回 = 6,240円

②利息総額：6,240円 − 6,000円 = 240円

（備品）	6,000	（未払金）	6,240
（支払利息）	240		

利息総額の計算は、CASE 48と同じです。

(2) 第1回目の割賦金の支払日の仕訳

（未払金）	1,040	（当座預金）	1,040

(3) 決算日の仕訳

決算において、利息の未経過分（第2回目から第6回目まで）について、**支払利息（費用）**から**前払利息（資産）**に振り替えます。

前払利息への振替額

・$240円 \times \frac{5回}{6回} = 200円$

（前払利息）	200	（支払利息）	200

第7章 固定資産

CASE 50 固定資産の減価償却（定額法）の仕訳

今日は決算日。固定資産をもっていると、決算日に減価償却を行わないといけません。そこでゴエモン㈱は当期首に買った建物について減価償却を行うことにしました。

取　引

×2年3月31日　決算につき、当期首（×1年4月1日）に購入した建物（取得原価2,000円）について減価償却を行う。なお、減価償却方法は定額法（耐用年数30年、残存価額は取得原価の10%）、記帳方法は間接法による。

決算整理

減価償却とは

固定資産は長期的に企業で使われることによって、売上（収益）を生み出すのに貢献しています。また、固定資産を使用するとその価値は年々減っていきます。そこで、固定資産の価値の減少を見積って、毎年、費用として計上していきます。この手続きを**減価償却**といい、減価償却によって費用として計上される金額を**減価償却費**といいます。

なお、減価償却の方法には**定額法**、**定率法**、**生産高比例法**などがあります。

定額法は3級で学習しましたね。

定額法による減価償却費の計算

定額法は、固定資産の価値の減少分は毎年同額であると仮定して計算する方法で、**取得原価**から**残存価額**を差し引いた金額を**耐用年数**で割って計算します。

$$減価償却費（定額法）= \frac{取得原価 - 残存価額}{耐用年数}$$

取得原価…固定資産の購入にかかった金額。
残存価額…最後まで使ったときに残っている価値。
耐用年数…固定資産の利用可能年数。

CASE 50 の建物の減価償却費

200円

$$\frac{2,000円 - 2,000円 \times 10\%}{30年} = \boxed{60円}$$

もし残存価額がゼロなら、取得原価(2,000円)を耐用年数（30年）で割るだけですね！

CASE 50 の仕訳

（減価償却費）	60	（減価償却累計額）	60

間接法なので、貸方は「減価償却累計額」で処理します。直接法については CASE 51 で説明します。

期中に取得した固定資産の減価償却費の計算

とても重要

期首に取得した固定資産については、1年分の減価償却費を計上しますが、**期中に取得した固定資産の減価償却費は、使った期間だけ月割りで計算**します。

たとえば、CASE 50 の建物をゴエモン㈱が×1年7月1日に購入した場合は、取得日（×1年7月1日）から決算日（×2年3月31日）までの9か月分の減価償却費を計上します。

9か月分の減価償却費

①1年分の減価償却費：60円

②9か月分の減価償却費：$60円 \times \frac{9か月}{12か月} = \boxed{45円}$

（減価償却費）	45	（減価償却累計額）	45

CASE 51

減価償却費の記帳方法

間接法

(減価償却費) ××	
	(減価償却累計額) ××

直接法

(減価償却費) ××	
	(　？　) ××

3級では、減価償却費を計上するとき、貸方を「減価償却累計額」という勘定科目で処理する方法（間接法）を学習したけど、直接法という方法もあるらしい…。
直接法とは、どんな記帳方法なのでしょうか？

取引

×2年3月31日　決算につき、5年前に購入した建物（取得原価3,000円）について、減価償却を行う。なお、減価償却方法は定額法（耐用年数30年、残存価額は0円）である。記帳方法が①間接法による場合と、②直接法による場合の仕訳をしなさい。

定額法による減価償却費の計算

CASE 51 の減価償却費は次のようになります。

CASE 51 の建物の減価償却費

・$\frac{3,000円-0円}{30年}=$ 100円

(減価償却費)	100	(　　)	

減価償却費の記帳方法

減価償却費の記帳方法（帳簿への記入方法）には、**間接法**と**直接法**があります。

間接法は、３級で学習した方法で、減価償却費の分だけ**減価償却累計額**という**資産のマイナスを表す勘定科目**で処理する方法です。したがって、仕訳の貸方には**減価償却累計額**を記入します。

アタマに固定資産名をつけて「建物減価償却累計額」や「備品減価償却累計額」とします。

CASE 51 ①の仕訳（間接法）

（減価償却費）	100	（建物減価償却累計額）	100

資産のマイナスを表す勘定科目

一方、直接法は、減価償却費と同じ金額だけ直接、固定資産の金額を減らす方法です。したがって、仕訳の貸方には固定資産の勘定科目を記入します。

CASE 51 ②の仕訳（直接法）

（減価償却費）	100	（建物）	100

固定資産の金額を直接減らす

問題編
問題28

第7章 固定資産

CASE 52 固定資産の減価償却（定率法）の仕訳

ゴエモン㈱では、備品については定率法という方法で減価償却を行っています。
定額法は毎期一定額ずつ減価償却費を計上しましたが、定率法はどんな減価償却方法なのでしょう？

取引

×2年3月31日　決算につき、当期首（×1年4月1日）に購入した備品（取得原価1,000円）について減価償却を行う。なお、減価償却方法は定率法（償却率20%）、記帳方法は間接法による。 決算整理

用語 **定率法**…期首時点の帳簿価額に償却率を掛けて減価償却費を計算する方法

定率法による減価償却費の計算

定率法（ていりつほう）は、期首時点の帳簿価額（**未償却残高**（みしょうきゃくざんだか）といいます）に一定の償却率を掛けて減価償却費を計算する方法です。

なお、定率法の場合も、期中に取得した場合は月割りで計算します。

減価償却費（定率法）＝（取得原価－期首減価償却累計額）×償却率
（取得原価－期首減価償却累計額）＝期首帳簿価額（未償却残高）

したがって、CASE 52 の減価償却費は次のように求めます。

CASE 52 の備品の減価償却費

・（1,000円 − 0円）× 20% = 200円

CASE 52 の仕訳

（減価償却費）	200	（減価償却累計額）	200

期首に購入しているので、期首減価償却累計額はゼロです。

なお、購入後2年目（×3年3月31日）と3年目（×4年3月31日）の減価償却費は次のようになります。

購入後2年目の備品の減価償却費

・（1,000円 − 200円）× 20% = 160円

200円：期首減価償却累計額（1年目の減価償却費）

（減価償却費）	160	（減価償却累計額）	160

購入後3年目の備品の減価償却費

・（1,000円 − 360円）× 20% = 128円

360円：期首減価償却累計額（200円 + 160円）

（減価償却費）	128	（減価償却累計額）	128

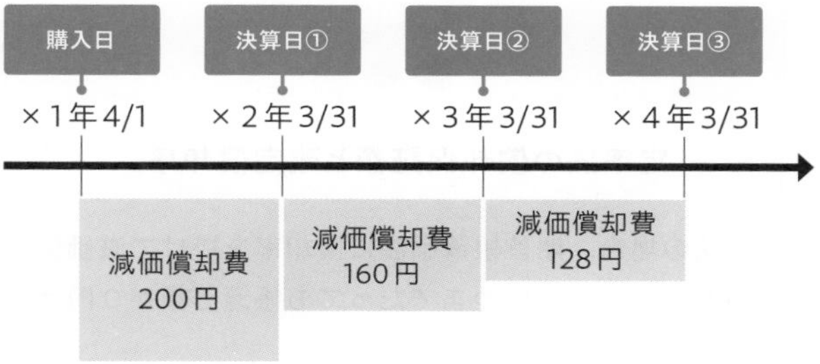

以上のように、定率法によると、初めは減価償却費が多く計上されますが、年々少なくなっていきます。

したがって、定率法はパソコンなど、すぐに価値が下がる固定資産に対して適用されます。

問題編
問題29

参考

定額法の償却率と200%定率法

定額法の償却率とは、「1 ÷ 耐用年数」で求めた率をいいます。

$$定額法の償却率 = \frac{1}{耐用年数}$$

また、平成24年4月1日以降に取得する固定資産について適用する定率法の償却率は、定額法の償却率を2倍した率です（200%定率法）。

定率法の償却率＝定額法の償却率×200%

たとえば、耐用年数が10年の場合、定額法の償却率と定率法の償却率は次のようになります。

①定額法の償却率：$\frac{1}{10年} = 0.1$

②定率法の償却率：0.1 × 200% = 0.2

試験では定率法の償却率が問題文に与えられることが多いですが、もし、「200%定率法による」という指示のみであった場合には、このようにして償却率を求めてください。

参考

定率法の償却保証額と改定償却率

定率法の場合、期首帳簿価額に償却率を掛けて減価償却費を計算するため、いつまでたっても帳簿価額が0円となりません。

そこで、あるタイミングで期首帳簿価額を残存耐用年数で割るといった均等償却（**改定償却率**を用いた償却）に切り替え、耐用年数到来時の帳簿価額が0円となるように減価償却費を計算します。

この場合の切り替えのタイミングは、通常の償却率で計算した減価償却費が**償却保証額**（取得原価×保証率）を下回ったときとなります。

> **定率法の償却率の判定：**
> **①通常の償却率で計算した減価償却費＝期首帳簿価額×償却率**
> **②償却保証額＝取得原価×保証率**
> **③①≧②の場合→減価償却費＝①の金額**
> **①＜②の場合**
> **→減価償却費＝改定取得価額×改定償却率**
> 最初に①＜②となった会計期間の期首帳簿価額

この例は、耐用年数が5年の備品を4年前（当期首から3年前）に取得しています。
このように、耐用年数の間際まで固定資産を使用している場合には、償却保証額（②）が通常の償却率で計算した減価償却費（①）を上回ることがあります。
購入後数年でしたら、償却保証額（②）が通常の償却率で計算した減価償却費（①）を上回ることはないので、通常の場合には、このような判定を行わずに、ふつうの定率法の減価償却を行ってしまってかまいません。

例

決算において、当期首より3年前に取得した備品（取得原価3,000円、減価償却累計額2,352円）について200%定率法（耐用年数5年、残存価額はゼロ、償却率は0.4、保証率は0.10800、改定償却率は0.500）によって減価償却を行う。なお、記帳方法は間接法による。

（減価償却費）	324	（備品減価償却累計額）	324

減価償却費

①通常の償却率で計算した減価償却費：
(3,000円－2,352円)×0.4≒259円
②償却保証額：3,000円×0.10800＝324円
③①＜②より
減価償却費：(3,000円－2,352円)×0.500＝324円

CASE 53

固定資産の減価償却（生産高比例法）の仕訳

車は乗れば乗るほど
価値は下がるから…。
×2年
3/31
決算日
ゴエモン株式会社

ゴエモン㈱の営業用車の総可能走行距離は10,000km、当期の走行距離は1,000kmでした。「車は乗れば乗っただけ価値が減るんだから、走行距離に応じて減価償却費を計上すべきでは?」そう思って調べてみると生産高比例法という方法がありました。

取引

×2年3月31日　決算につき、車両運搬具（取得原価2,000円）について生産高比例法により減価償却を行う（記帳方法は間接法）。なお、この車両運搬具の総可能走行距離は10,000km、当期の走行距離は1,000km、残存価額は取得原価の10％である。

決算整理

用語　生産高比例法…固定資産の耐用年数にわたって、利用度合いに応じて減価償却費を計算する方法

これまでの知識で仕訳をうめると…

（減 価 償 却 費）　　　　（減価償却累計額）

記帳方法は間接法

生産高比例法による減価償却費の計算

自動車や航空機は、総可能走行距離や総可能飛行距離が明らかです。このように総利用可能量が確定できる固定資産には**生産高比例法**（せいさんだかひれいほう）を適用することができます。

生産高比例法は、当期に利用した分（当期の走行距離など）だけ減価償却費を計上する方法で、次の式によって減価償却費を計算します。

$$\text{減価償却費（生産高比例法）} = (\text{取得原価} - \text{残存価額}) \times \frac{\text{当期利用量}}{\text{総利用可能量}}$$

残存価額を差し引くことを忘れずに！

CASE 53 の車両の減価償却費

200円（残存価額）

$$\cdot (2{,}000\text{円} - 2{,}000\text{円} \times 10\%) \times \frac{1{,}000\text{km}}{10{,}000\text{km}} = \boxed{180\text{円}}$$

CASE 53 の仕訳

（減価償却費）	180	（減価償却累計額）	180

以上より、減価償却方法（計算式）をまとめると次のとおりです。

とても重要

減価償却方法（計算式）

定額法	$\frac{\text{取得原価} - \text{残存価額}}{\text{耐用年数}}$
定率法	（取得原価－期首減価償却累計額）×償却率
生産高比例法	$(\text{取得原価} - \text{残存価額}) \times \frac{\text{当期利用量}}{\text{総利用可能量}}$

第7章 固定資産

問題編
問題30

CASE 54 期中に固定資産を売却したときの仕訳

ゴエモン㈱は期中（12月31日）に備品を売りました。ゴエモン㈱の決算日は3月31日なので、当期に使った期間は9か月。したがって、9か月分の減価償却費も計上しなければなりません。

取　引

×2年12月31日　ゴエモン㈱（決算年1回、3月31日）は、備品（取得原価1,000円、期首減価償却累計額360円）を600円で売却し、代金は月末に受け取ることとした。なお、減価償却方法は定率法（償却率20%）、間接法で記帳している。

期中に売却したときは減価償却費を計上！

期中（または期末）に固定資産を売却したときは、当期首から売却日までの減価償却費を計上します。

したがって、CASE 54 では期首（×2年4月1日）から売却日（×2年12月31日）までの9か月分の減価償却費を計上します。

期首に売却したときは、減価償却費は計上しません。また、期末に売却したときは1年分の減価償却費を計上します。これは3級でも学習しましたね。

CASE 54 の当期分の減価償却費

・$(1{,}000円 - 360円) \times 20\% \times \dfrac{9か月}{12か月} = \boxed{96円}$

CASE 54 の仕訳

（減価償却累計額）	360	（備　　　品）	1,000
（減 価 償 却 費）	96	（固定資産売却益）	56
（未 収 入 金）	600		

貸借差額が貸方に生じるので固定資産売却益（収益）です。

貸借差額

問題編
問題31

CASE 55

固定資産を買い換えたときの仕訳

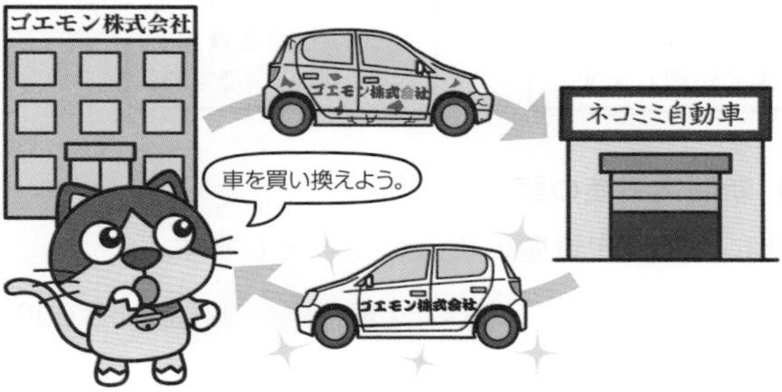

ゴエモン㈱は、いままで使っていた営業用車を下取り（下取価格900円）に出し、新しい車（3,000円）を買いました。このときはどんな処理をするのでしょう？

取　引

ゴエモン㈱は車両（取得原価2,000円、減価償却累計額1,200円、間接法で記帳）を下取りに出し、新車両3,000円を購入した。なお、旧車両の下取価格は900円であり、新車両の購入価額との差額は現金で支払った。

固定資産の買換えとは

いままで使っていた旧固定資産を下取りに出し、新しい固定資産を買うことを**固定資産の買換え**といいます。

固定資産を買い換えたときの仕訳

固定資産の買換えでは、旧固定資産を売却したお金を新固定資産の購入にあてるので、**(1) 旧固定資産の売却**と**(2) 新固定資産の購入**の処理に分けて考えます。

(1) 旧固定資産の売却の仕訳

旧固定資産の売却価額は**下取価格**となります。したがって、CASE 55 では旧車両を売却し、下取価格900円を現金で受け取ったと考えて仕訳します。

「車両（取得原価2,000円、減価償却累計額1,200円、間接法で記帳）を下取価格900円で売却した」という取引ですね。

（減価償却累計額）	1,200	（車両運搬具）	2,000
（現　　　　金）	900	（固定資産売却益）	100

下取価格で売却し、現金を受け取ったと考えて処理します。

貸借差額が貸方に生じるので固定資産売却益（収益）ですね。

貸借差額

(2) 新固定資産の購入の仕訳

次に、新固定資産の購入の仕訳をします。

「新車両3,000円を購入した」という取引ですね。

（車両運搬具）	3,000	（現　　　　金）	3,000

「現金で支払った」とあるので、現金で処理します。

(3) 固定資産の買換えの仕訳

上記(1)旧固定資産の売却と(2)新固定資産の購入の仕訳をあわせた仕訳が固定資産の買換えの仕訳となります。

したがって、CASE 55 の仕訳は次のようになります。

CASE 55 の仕訳

（減価償却累計額）	1,200	（車両運搬具）旧	2,000
（車両運搬具）新	3,000	（固定資産売却益）	100
		（現　　　　金）	2,100

3,000円－900円＝2,100円
売却したお金（下取価格）900円は新車両の購入代金にあてられています。

問題編
問題32

CASE 56

固定資産を除却したときの仕訳

ゴエモン㈱では、4年前に購入したパソコン（備品）が古くなったので、業務用として使うのをやめることにしました。
しかし、まだ使えるかもしれないので、捨てずにしばらく倉庫に保管しておくことにしました。

取　引

ゴエモン㈱は、備品（取得原価1,000円、減価償却累計額800円、間接法で記帳）を除却した。なお、この備品の処分価値は100円と見積られた。

用語 除　却…固定資産を業務の用からはずすこと

これまでの知識で仕訳をうめると…

（減価償却累計額）	800	（備　　　品）	1,000
間接法で記帳		備品の除却	

固定資産の除却とは

固定資産を業務用として使うのをやめることを**除却**（じょきゃく）といいます。そして、除却した固定資産はしばらく倉庫などに保管され、スクラップとしての価値で売却されるか、そのまま捨てられます。

固定資産を除却したときの仕訳

固定資産を除却したときは、スクラップとしての価値（処分価値）を見積り、この固定資産が売却されるまでは、**貯蔵品（資産）**として処理します。

CASE 56 では、除却する備品の処分価値は100円と見積られているので、**貯蔵品（資産）**100円 を計上します。

（減価償却累計額）	800	（備　　　品）	1,000
（貯　蔵　品）	100		

処分価値と除却時の帳簿価額の差です。

なお、貸借差額は**固定資産除却損（費用）**として処理します。

以上より、CASE 56 の仕訳は次のようになります。

CASE 56 の仕訳

（減価償却累計額）	800	（備　　　品）	1,000
（貯　蔵　品）	100		
（固定資産除却損）	100		

貸借差額

CASE 57

固定資産を廃棄したときの仕訳

ゴエモン株式会社
これは、使えないから捨てよう。
廃棄場

ゴエモン㈱では、5年前に購入したパソコン（備品）がもはや使い物にならなくなったので、捨てることにしました。このとき、廃棄費用がかかったのですが、この廃棄費用はどのように処理したらよいのでしょうか。

取引

ゴエモン㈱は、備品（取得原価1,000円、減価償却累計額850円、間接法で記帳）を廃棄した。なお、廃棄費用20円は現金で支払った。

用語 廃　棄…固定資産を捨てること

これまでの知識で仕訳をうめると…

（減価償却累計額）	850	（備　　品）	1,000
		（現　　金）	20

現金で支払った

固定資産を廃棄したときの仕訳

固定資産を廃棄（はいき）したときは、スクラップとしての価値（処分価値）はありませんので、固定資産の帳簿価額を全額、**固定資産廃棄損（費用）**として処理します。なお、**廃棄費用は固定資産廃棄損に含めて処理**します。

要するに貸借差額を固定資産廃棄損（費用）で処理すればよいということです。

CASE 57の仕訳

（減価償却累計額）	850	（備　　品）	1,000
（固定資産廃棄損）	170	（現　　金）	20

貸借差額

問題編
問題33、34

CASE 58

建設中の固定資産について代金を支払ったときの仕訳

ゴエモン㈱は商品用倉庫（建物）を新築することにし、契約代金の一部について手付金を支払いました。
このようにまだ完成していない建物に対する支払いは、どのように処理したらよいのでしょう？

取 引

ゴエモン㈱は、倉庫の新築のため建設会社と請負契約（請負金額800円）を結び、手付金100円を小切手を振り出して支払った。

これまでの知識で仕訳をうめると…

（　　　　）		（当 座 預 金）	100

小切手を振り出して支払った↓

建設中の固定資産の代金を支払ったときの仕訳

倉庫やビルなどの建設は、契約してから引き渡しを受けるまでの期間が長いため、建設中に代金の一部を手付金として支払うことがあります。

このようにまだ完成していない固定資産について、代金を支払ったときは、その支払額を**建設仮勘定**（けんせつかりかんじょう）という資産の仮勘定で処理しておきます。

建設仮勘定は建設中の固定資産を表す勘定科目です。

貸借対照表

資 産	負 債
	純資産

CASE 58 の仕訳

（建 設 仮 勘 定）	100	（当 座 預 金）	100

CASE 59

固定資産が完成し、引き渡しを受けたときの仕訳

ゴエモン㈱の商品用倉庫（建物）が完成し、今日、引き渡しを受けたので、請負金額800円から手付金100円を差し引いた700円を、小切手を振り出して支払いました。

取　引

ゴエモン㈱の倉庫が完成し、引き渡しを受けたので、請負金額800円のうち未払分700円を小切手を振り出して支払った。なお、建設仮勘定の残高は100円である。

これまでの知識で仕訳をうめると…

（　　　　）		（当座預金）	700

小切手を振り出して支払った↓ △

固定資産が完成し、引き渡しを受けたときの仕訳

固定資産が完成して引き渡しを受けたときは、請負金額で、建物や構築物などの固定資産の勘定科目で処理します。また、固定資産が完成することにより、建設中の固定資産はなくなります。したがって、**建設仮勘定（資産）の減少**として処理します。

建設仮勘定の金額を建物勘定に振り替えるわけですね。

CASE 59 の仕訳

（建　　物）	800	（建設仮勘定）	100
		（当座預金）	700

問題編
問題35、36

CASE 60 固定資産を改良、修繕したときの仕訳

雨漏り修理に200円。カベの防火加工に100円かかった。

ゴエモン㈱は、商品用倉庫の一部が雨漏りしていたのでこれを直し、また、一部のカベについて防火加工を施しました。
そして、雨漏りの修繕費200円とカベの防火加工費100円の合計300円を小切手を振り出して支払いました。

取　引

ゴエモン㈱は、建物の改良と修繕を行い、その代金300円を小切手を振り出して支払った。なお、このうち100円は改良とみなされた。

用語 修　繕…壊れたり悪くなったところを繕い直すこと
改　良…固定資産の価値を高めるよう、不備な点を改めること

改良と修繕の違いと処理

非常階段を増設したり、建物の構造を防火・防音加工にするなど、固定資産の**価値を高める**ための支出を**資本的支出（改良）**といい、資本的支出は**固定資産の取得原価に加算**します。

また、雨漏りを直したり、汚れを落とすなど単に**現状を維持する**ための支出を**収益的支出（修繕）**といい、収益的支出は**修繕費（費用）**で処理します。

CASE 60 の仕訳

資本的支出 → （建物）

（建　　　　物）	100	（当 座 預 金）	300
（修　繕　費）	200		

収益的支出 → （修繕費）

問題編
問題37

CASE 61　固定資産が火災で滅失したときの仕訳

昨夜、ゴエモン㈱で火災が発生し、建物（倉庫）が燃えてしまいました。
この建物には幸い火災保険を掛けていたので、すぐに保険会社に連絡し、必要な書類を取り寄せました。

取　引

ゴエモン㈱の建物（取得原価1,000円、減価償却累計額600円、間接法で処理）が火災により焼失した。なお、この建物には500円の火災保険が掛けられている。

これまでの知識で仕訳をうめると…

（減価償却累計額）	600	（建　　　　物）	1,000

建物が焼失

固定資産が火災で滅失したときの仕訳①

固定資産が火災や水害などで損害を受けたときは、その固定資産に保険を掛けているかどうかによって処理が異なります。

CASE 61では、火災保険を掛けているので、保険会社から保険金支払額の連絡があるまでは、火災による損失額は確定しません。

したがって、固定資産の帳簿価額（取得原価－減価償却累計額）を**火災未決算**（かさいみけっさん）（または**未決算**）という資産の勘定科目で処理しておきます。

損害を受けて固定資産の価値が減ることを滅失（めっしつ）といいます。

CASE 61 の仕訳

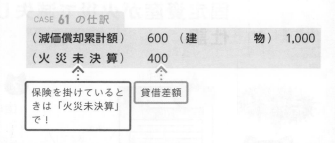

（減価償却累計額）	600	（建　　　物）	1,000
（火 災 未 決 算）	400		

保険を掛けているときは「火災未決算」で！

貸借差額

固定資産が火災で滅失したときの仕訳②

一方、固定資産に保険を掛けていないときは、火災が発生した時点で損失額が確定します。

したがって、固定資産の帳簿価額（取得原価－減価償却累計額）を全額、火災損失（費用）で処理します。

たとえば、CASE 61 で焼失した建物に保険が掛けられていなかった場合の仕訳は、次のようになります。

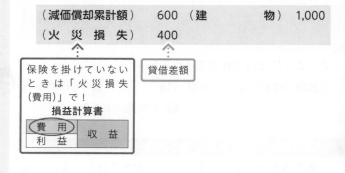

（減価償却累計額）	600	（建　　　物）	1,000
（火　災　損　失）	400		

保険を掛けていないときは「火災損失（費用）」で！

損益計算書

費　用	収　益
利　益	

貸借差額

CASE 62

保険金額が確定したときの仕訳

火災未決算
400円
不一致
保険金500円を
お支払いします。
ヒマラヤン保険
とりあえず ほっ。

今日、保険会社から、CASE 61 の火災（火災未決算400円）について、保険金500円を支払うという連絡がありました。このように火災未決算の金額と支払われる金額が異なる場合、どのような処理をするのでしょう？

取 引

先の火災（火災未決算400円）について、保険金500円を支払う旨の連絡が保険会社からあった。

保険金額が確定したときの仕訳

保険会社からの連絡で、支払われる保険金額が確定したら、確定した金額を**未収入金（資産）**で処理するとともに、計上している**火災未決算**を減らします。

連絡があっただけで支払いはまだなので、未収入金（資産）で処理します。

固定資産が火災で滅失したときの仕訳

（減価償却累計額）	600	（建　　物）	1,000
（火災未決算）	400		

（未収入金）	500	（火災未決算）	400

また、貸借差額は**保険差益（収益）**または**火災損失（費用）**で処理します。

CASE 62では、火災未決算400円より受け取る保険金500円のほうが多いので、仕訳の貸方に貸借差額が生じます。

したがって、**保険差益（収益）**として処理します。

貸借差額が貸方に生じたら保険差益（収益）です。

損益計算書

費用	収益
利益	

CASE 62の仕訳

（未収入金）	500	（火災未決算）	400
		（保険差益）	100

収益の発生↑　貸借差額

なお、仮にCASE 62で確定した保険金額が350円だったとした場合は、火災未決算400円より受け取る保険金350円のほうが少ないので、仕訳の借方に貸借差額が生じます。

したがって、この場合は**火災損失（費用）**として処理します。

貸借差額が借方に生じたら火災損失（費用）です。

損益計算書

費用	収益
利益	

（未収入金）	350	（火災未決算）	400
（火災損失）	50		

費用の発生↑　貸借差額

問題編

問題38、39

CASE 63 国庫補助金を受け取ったときの仕訳

ゴエモン㈱では、廃棄物を処理するための工場（建物）を取得しようとしています。この建物を取得するために、国から補助金を受け取りました。この場合、どのような処理をするのでしょう？

取引

×2年4月1日　ゴエモン㈱は国から国庫補助金600円を現金で受け入れた。

用語　**国庫補助金**…国や地方公共団体が企業に交付する補助金

これまでの知識で仕訳をうめると…

（現　　　金）	600	（　　　　　）	

△ 現金で受け取った↑

国庫補助金を受け取ったときの仕訳

ゴミの削減や地球温暖化の防止など、ある政策のために資産を取得するさい、国や地方公共団体から補助金（**国庫補助金**といいます）を受け取ることがあります。また、電力やガスなどの公共事業を営む企業が、その利用者から施設や設備等の建設資金（**工事負担金**といいます）を受け取ることがあります。

国庫補助金や工事負担金を受け取ったときは、受け取った現金等を計上するとともに、相手科目は**国庫補助金受贈益（収益）**または**工事負担金受贈益（収益）**として処理します。

国庫補助金受贈益や工事負担金受贈益は収益の勘定科目です。

損益計算書

費　用	収　益
利　益	

CASE **63** の仕訳

（現　　　金）	600	（国庫補助金受贈益）	600

収益の発生↑

CASE 64

固定資産を取得したときの仕訳

ゴエモン㈱では、CASE 63で受け取った国庫補助金600円と自己資金600円で、廃棄物を処理するための工場（建物）を取得しました。

取　引

×2年8月1日　ゴエモン㈱は国庫補助金600円に自己資金600円を加えて建物1,200円を購入し、代金は現金で支払った。なお、この建物については補助金に相当する額の圧縮記帳（直接減額方式）を行った。

固定資産を取得したときの仕訳

CASE 64では、建物を1,200円で購入しているので、まずは建物を取得したときの処理をします。

（建　　物）	1,200	（現　　金）	1,200

国庫補助金を受け取っているかどうかにかかわらず、支払った金額は1,200円なので、1,200円で取得原価を計上します。

このとき、上記の処理のままでは、CASE 63で計上した国庫補助金受贈益600円に対して法人税等の税金がかかってしまいます。

せっかく補助金をもらっても、その補助金に税金がかかってしまったら、国が企業活動を補助する意味がなくなってしまいます。

法人税等は利益に対して課されるので、収益が増えれば法人税等も増えるのです。

そこで、一時的に税金を回避するため、固定資産を取得したときには、国庫補助金の額だけ**固定資産圧縮損（費用）**を計上します。

（固定資産圧縮損）	600	（　　　　　）	

費用の発生↑

損益計算書

費　用	収　益
利　益	

いったん、国庫補助金受贈益（収益）を計上して、そのあと固定資産圧縮損（費用）を計上するので、利益が打ち消されることになります。

このときの相手科目（貸方科目）は、建物など固定資産の科目になります。

（固定資産圧縮損）	600	（建　　　物）	600

この仕訳は決算時に行うこともあります。試験では問題文の指示にしたがって解答してください。

以上より、CASE 64 の仕訳は次のようになります。

CASE 64 の仕訳

（建　　　物）	1,200	（現　　　金）	1,200
（固定資産圧縮損）	600	（建　　　物）	600

上記の仕訳からわかるとおり、結局、建物の帳簿価額は600円（1,200円－600円）となります。このように、固定資産の帳簿価額を減額（圧縮）することになるため、この処理を**圧縮記帳**といいます。

CASE 65 圧縮記帳をした場合の決算時の仕訳

今日は決算日（3月31日）。ゴエモン㈱では、CASE 64で取得した建物について減価償却費を計上しようとしていますが、圧縮記帳をした固定資産の減価償却費はどのように計算するのでしょうか？

取　引

×3年3月31日　決算において、×2年8月1日に取得した建物（圧縮記帳後の帳簿価額600円）について定額法（耐用年数20年、残存価額はゼロ、間接法で記帳）により減価償却を行う。

決算整理

決算時の仕訳

圧縮記帳を行った場合の固定資産の減価償却費は、圧縮記帳後の帳簿価額を取得原価とみなして計算します。

なお、CASE 65では建物を期中（×２年８月１日）に取得しているので、取得日（×２年８月１日）から決算日（×３年３月31日）までの８か月間の減価償却費を計上します。

CASE 65 の減価償却費

①１年分の減価償却費：600円÷20年＝30円

②８か月分の減価償却費：30円×$\frac{8か月}{12か月}$＝20円

CASE 65 の仕訳

（減価償却費）	20	（減価償却累計額）	20

問題編
問題40

参考

固定資産台帳

固定資産台帳は、所有する固定資産の状況を管理するために作成する補助簿です。

固定資産台帳には、次のような内容が記載されます。

取得日 (A)	名称 (A)	期末数量 (A)	償却方法 (A)	耐用年数 (A)	取得原価 (B)	期首減価償却累計額 (C)	差引期首帳簿価額 (D)	当期減価償却費 (E)	期末帳簿価額 (F)
01年4月1日	備品A	2	定率法	5年	400,000	160,000	240,000	96,000	144,000
02年10月1日	備品B	4	定率法	8年	1,200,000	150,000	1,050,000	262,500	787,500

A 取得日、名称など

固定資産の取得日、名称、期末数量、償却方法、耐用年数など、固定資産の基本データを記入します。

B 取得原価

固定資産の取得原価を記入します。

C 期首減価償却累計額

期首における減価償却累計額を記入します。

D 差引期首帳簿価額

期首における帳簿価額（B－C）を記入します。

E 当期減価償却費

当期の減価償却費を記入します。

F 期末帳簿価額

期末における帳簿価額（D－E）を記入します。

固定資産の割賦購入《一連の流れ》

CASE 48 割賦購入時

・割賦購入に関する利息分については**前払利息（資産）**で処理

(備品)	6,000	(未払金)	6,240
(前払利息)	240		

CASE 49 割賦金の支払時

・支払分に対応する**前払利息（資産）**を**支払利息（費用）**に振り替える

(未払金)	1,040	(当座預金など)	1,040
(支払利息)	40	(前払利息)	40

固定資産の購入、減価償却、売却のまとめ《一連の流れ》

3級 購入時

・付随費用は固定資産の取得原価に含めて処理

(建物)	2,000	(未払金)	1,800
		(現金など)	200

CASE 50〜53 決算時

・減価償却を行う。期中に購入した固定資産については**月割計算**

（間接法）

(減価償却費)	60	(減価償却累計額)	60

（直接法）

(減価償却費)	60	(建物など)	60

●減価償却費の計算

・定額法：$\dfrac{\text{取得原価}-\text{残存価額}}{\text{耐用年数}}$

・定率法：(取得原価−期首減価償却累計額)×償却率

・生産高比例法：$(\text{取得原価}-\text{残存価額}) \times \dfrac{\text{当期利用量}}{\text{総利用可能量}}$

CASE 54 売却時

・期中に売却したときは減価償却費を**月割り**で**計算**して計上
・帳簿価額と売却価額との差額は**固定資産売却益（収益）**または**固定資産売却損（費用）**で処理

(減価償却累計額)	360	(備品)	1,000
(減価償却費)	96	(固定資産売却益)	56
(未収入金)	600		

固定資産の買換えのまとめ

CASE 55

①旧固定資産の売却の仕訳

(減価償却累計額)	1,200	(車両運搬具)	2,000
(現　金)	900	(固定資産売却益)	100

②新固定資産の購入の仕訳

(車両運搬具)	3,000	(現　金)	3,000

③固定資産の買換えの仕訳（①+②）

(減価償却累計額)	1,200	(車両運搬具)	2,000
(車両運搬具)	3,000	(固定資産売却益)	100
		(現　金)	2,100

固定資産の除却と廃棄のまとめ

CASE 56, 57

・除却…固定資産を業務の用からはずすこと
　→処分価値は**貯蔵品（資産）**で処理

(減価償却累計額)	800	(備　品)	1,000
(貯蔵品)	100		
(固定資産除却損)	100		

・廃棄…固定資産を捨てること
　→廃棄費用は**固定資産廃棄損（費用）**に含めて処理

(減価償却累計額)	850	(備　品)	1,000
(固定資産廃棄損)	170	(現金など)	20

建設仮勘定のまとめ《一連の流れ》

CASE 58
手付金等の支払時

・建設中の固定資産にかかる支払額は**建設仮勘定（資産）**で処理

(建設仮勘定)	100	(当座預金など)	100

CASE 59
固定資産の完成・引渡時

・建設仮勘定（資産）を建物（資産）に振り替える

(建　物)	800	(建設仮勘定)	100
		(当座預金など)	700

固定資産の改良、修繕のまとめ

CASE 60

・資本的支出（改良）…固定資産の価値を高めるための支出
→固定資産の**取得原価に加算**

（建　　物）	100	（当座預金など）	100

・収益的支出（修繕）…固定資産の現状を維持するための支出
→**修繕費（費用）**として処理

（修　繕　費）	200	（当座預金など）	200

固定資産の滅失のまとめ《一連の流れ》

CASE 61
固定資産の滅失時

●保険を掛けている場合
・焼失した固定資産の帳簿価額は**火災未決算（資産）**で処理

（減価償却累計額）	600	（建　　物）	1,000
（火災未決算）	400		

●保険を掛けていない場合
・焼失した固定資産の帳簿価額は**火災損失（費用）**で処理

（減価償却累計額）	600	（建　　物）	1,000
（火　災　損　失）	400		

CASE 62
保険金額の確定時

●保険を掛けている場合
・**火災未決算（資産）**を減らす
・火災未決算と保険金額との差額（貸借差額）は**保険差益（収益）**または**火災損失（費用）**で処理

火災未決算<保険金額

（未　収　入　金）	500	（火災未決算）	400
		（保　険　差　益）	100

火災未決算>保険金額

（未　収　入　金）	350	（火災未決算）	400
（火　災　損　失）	50		

圧縮記帳のまとめ《一連の流れ》

CASE 63 国庫補助金の受取時

・国庫補助金受贈益（収益）で処理

（現　金　な　ど）	600	（国庫補助金受贈益）	600

CASE 64 固定資産の取得時

・国庫補助金の額だけ固定資産圧縮損（費用）を計上するとともに、固定資産の帳簿価額を減額する

（建　　　　物）	1,200	（現　金　な　ど）	1,200
（固定資産圧縮損）	600	（建　　　　物）	600

CASE 65 決算時

・圧縮記帳後の帳簿価額を取得原価とみなして減価償却費を計上

（減 価 償 却 費）	20	（減価償却累計額）	20

この章で新たにでてきた勘定科目

資　産	負　債
建設仮勘定 貯蔵品 火災未決算	―
	純資産
	―

費　用	収　益
固定資産除却損 固定資産廃棄損 修繕費 火災損失 固定資産圧縮損	保険差益 国庫補助金受贈益 工事負担金受贈益

その他
―

仕訳編

第8章

リース取引

備品をリース会社からリースすることにした！
リース（借りた）といっても、備品を購入したのと
ほとんど同じ経済的実態なら、購入したときと同じような
処理をするんだって。

ここでは、リース取引についてみていきましょう。

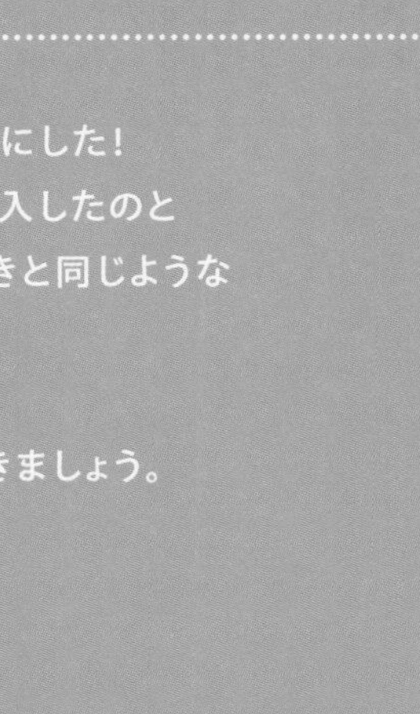

CASE 66

リース取引とは

ゴエモン㈱では新しいコピー機の購入を検討しています。
「でもなぁ、すぐに機能性の高い新しいコピー機が出てくるんだよなぁ…」と悩んでいたところ、クロジリース㈱の営業マンが来たのでリースについて話を聞いてみました。

リース取引とは？

コピー機やファックス、パソコンなど、事業を行うのに必要な固定資産（リース物件）を、あらかじめ決められた期間（リース期間）にわたって借りる契約を結び、借手（ゴエモン㈱）が貸手（クロジリース㈱）に使用料を支払う取引を**リース取引**といいます。

借手のことをレッシー、貸手のことをレッサーともいいます。

固定資産を購入すると、通常、法定耐用年数によって減価償却をしますが、技術革新が著しい近年では、法定耐用年数どおりに固定資産を使っていたのでは、固定資産の陳腐化に対応できません。

しかし、リース取引ならば、リース期間は借手と貸手の合意によって決められるので、固定資産の陳腐化を予測してリース期間を設定すれば、いつでも最新の固定資産を使えるというメリットがあります。

リース取引の分類と会計処理

リース取引は、**ファイナンス・リース取引**と**オペレーティング・リース取引**に分類されます。

また、リース取引の会計処理については、**ファイナンス・リース取引**では通常の売買取引と同様に処理（**売買処理**）し、**オペレーティング・リース取引**では通常の賃貸借取引と同様に処理（**賃貸借処理**）します。

(1) ファイナンス・リース取引

ファイナンス・リース取引とは、リース取引のうち**①解約不能（ノンキャンセラブル）**、**②フルペイアウト**の２つの要件をともに満たす取引をいいます。

①解約不能（ノンキャンセラブル）

１つ目の要件は、**解約することができないリース取引**であるということです。また、法的に解約が可能でも、解約時に多額の違約金を支払わなければならないなど、実質的に解約することができないリース取引も含まれます。

②フルペイアウト

２つ目の要件は、**借手がリース物件から生じる経済的利益をほとんどすべて受けることができ**、また、**借手がリース物件の使用にかかる費用を実質的に負担する**ことです。

ファイナンス・リース取引の要件

①**解約不能（ノンキャンセラブル）**…解約することができないリース取引（または実質的に解約することができないリース取引）

②**フルペイアウト**…借手がリース物件から生じる経済的利益・費用をすべて享受・負担する取引

(2) オペレーティング・リース取引

オペレーティング・リース取引とは、ファイナンス・リース取引以外のリース取引をいいます。

CASE 67

ファイナンス・リース取引の処理

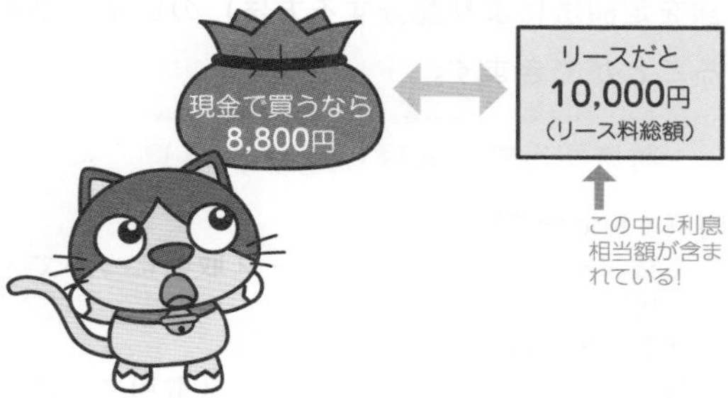
現金で買うなら
8,800円
リースだと
10,000円
（リース料総額）
この中に利息相当額が含まれている！

ファイナンス・リース取引では、通常の売買取引と同様の処理を行うというけれど、リース料の中には利息相当額が含まれています。
この利息相当額はどのように取り扱うのでしょうか？

ファイナンス・リース取引の処理

ファイナンス・リース取引では、通常の売買取引（固定資産の購入）と同様の処理を行います。

ここでは、ファイナンス・リース取引の処理のうち、２級の試験範囲のもののみを学習します。
２級では借手側の処理だけ学習します。

利息相当額の処理（原則と例外）

借手が貸手に支払うリース料(リース物件の使用料)の中には、利息相当額が含まれますが、この利息相当額の処理については、原則（１級で学習）と例外（２級で学習）があります。

(1) 原則（１級で学習）

所有権移転ファイナンス・リース取引については、必ず**利息法**によって処理しなければなりません。

なお、所有権移転外ファイナンス・リース取引も原則的には利息法によって処理しますが、下記の例外があります。

所有権移転ファイナンス・リース取引とは、リース期間が終了したあと、リース物件の所有権が自動的に借手に移転する取引をいいます。

所有権移転外ファイナンス・リース取引とは、リース期間が終了したあと、リース物件の所有権が借手に移転しない取引をいいます。

(2)例外（2級で学習）

所有権移転外ファイナンス・リース取引で、重要性が乏しい場合は、**①利子込み法**または**②利子抜き法（利息相当額を定額法により配分する方法）**のいずれかを選択することができます。

利息相当額の処理（原則と例外）

●**原則（1級で学習）**
所有権移転ファイナンス・リース取引については必ず利息法

●**例外（2級で学習）**
所有権移転外ファイナンス・リース取引で、重要性が乏しい場合には、下記の①または②のいずれかを選択できる

①利子込み法
②利子抜き法
（利息相当額を定額法により配分する方法）

2級では、例外の処理についてのみみていきます。

CASE 68

ファイナンス・リース取引を開始したときの仕訳

ゴエモン㈱は、コピー機（備品）をクロジリース㈱から5年間の約束でリースすることにし、今日、リース契約を結びました。
このとき、どんな処理をするのでしょう?

取　引

×1年4月1日　ゴエモン㈱は下記の条件によってクロジリース㈱と備品のリース契約を結んだ。

[条　件]
1．リース期間：５年
2．見積現金購入価額：8,800円
3．年間リース料：2,000円（毎年３月31日に後払い）

リース取引を開始したときの仕訳①（利子込み法）

利子込み法において、リース取引を開始したときは、**利息相当額を含んだリース料総額**で、**リース資産（資産）**を計上するとともに、**リース債務（負債）**を計上します。

> まずは利子込み法の処理からみていきましょう。

（リース資産）	××	（リース債務）	××

資産の増加　　負債の増加

> 「リース資産」は「備品」や「車両」などの勘定科目で処理することもあります。

CASE 68 では、年間リース料が2,000円で、リース期間が５年なので、リース料総額は10,000円となります。

CASE 68 のリース料総額

・2,000円×5年＝10,000円

したがって、利子込み法の場合の仕訳は次のようになります。

CASE 68 の仕訳①（利子込み法）

（リース資産）	10,000	（リース債務）	10,000

リース料総額 10,000円 ｛ 利息相当額 1,200円 ／ 見積現金購入価額 8,800円 ｝ リース資産・リース債務の計上価額 10,000円

つづいて、利子抜き法の処理です。

リース取引を開始したときの仕訳②（利子抜き法）

利子抜き法において、リース取引を開始したときは、**リース料総額から利息相当額を控除した金額（見積現金購入価額）**で、**リース資産（資産）**を計上するとともに、**リース債務（負債）**を計上します。

（リース資産）	××	（リース債務）	××
資産の増加⬆		負債の増加⬆	

本書では、利子抜き法のリース資産の価額は、見積現金購入価額を前提として説明しています。なお、見積現金購入価額が貸手の購入価額と問題文に与えられる場合などもありますが、試験では、リース資産の価額（利息相当額を含まない価額）が明示されると考えられますので、その場合は問題文の指示にしたがってください。

CASE 68 の見積現金購入価額は8,800円なので、利子抜き法の場合の仕訳は次のようになります。

CASE 68 の仕訳②（利子抜き法）

（リース資産）	8,800	（リース債務）	8,800

リース料総額 10,000円 ｛ 利息相当額 1,200円 ／ 見積現金購入価額 8,800円 ｝ リース資産・リース債務の計上価額 8,800円

CASE 69

リース料を支払ったときの仕訳

×2年3月31日。ゴエモン㈱はクロジリース㈱に1年分のリース料2,000円を現金で支払いました。このとき、どんな処理をするのでしょう?

取　引

×2年3月31日　ゴエモン㈱はクロジリース㈱に当期分のリース料2,000円を現金で支払った。

[条　件]
1．リース期間：５年
2．見積現金購入価額：8,800円
3．年間リース料：2,000円（毎年３月31日に後払い）

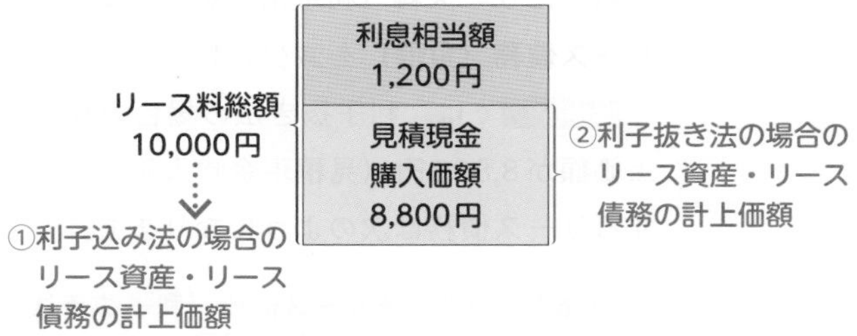

これまでの知識で仕訳をうめると…

(	)	(現　　金)	2,000

現金で支払った

リース料を支払ったときの仕訳①（利子込み法）

まずは利子込み法の処理からみていきましょう。

利子込み法において、リース料を支払ったときは、支払ったリース料（利息相当額を含む）の分だけ**リース債務（負債）**を減少させます。

CASE **69** の仕訳①（利子込み法）

（リース債務）	2,000	（現　　　金）	2,000

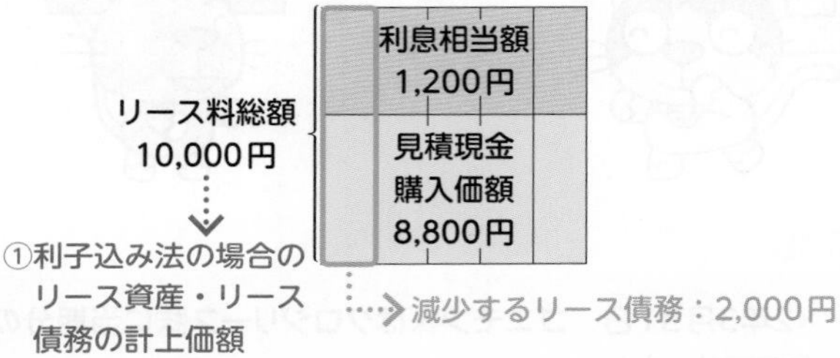

リース料を支払ったときの仕訳②（利子抜き法）

つづいて、利子抜き法の処理です。

利子抜き法において、リース料を支払ったときは、支払ったリース料（利息相当額を含まない）の分だけ**リース債務（負債）**を減少させます。

CASE 69 では、利子抜き法の場合のリース債務の計上価額が8,800円（見積現金購入価額）なので、減少するリース債務は次のようになります。

CASE **69** の減少するリース債務（利子抜き法）

・8,800円÷5年＝1,760円

（リース債務）	1,760	（現　　　金）	2,000

また、リース料に含まれる利息相当額については、**支払利息（費用）**で処理します。

CASE 69 では、利息相当額（5年分）が1,200円なので、リース料支払時に計上する**支払利息（費用）**は次のようになります。

CASE 69 の支払利息（利子抜き法）

・1,200円 ÷ 5年 = 240円

CASE 69 の仕訳②（利子抜き法）

（リース債務）	1,760	（現　　金）	2,000
（支払利息）	240		

貸借差額で支払利息240円（2,000円 − 1,760円）を計算してもOK！

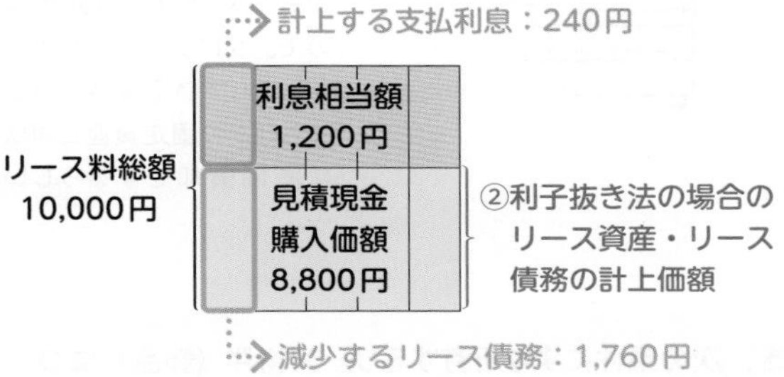

第8章 リース取引

CASE 70

決算時の仕訳

買ったのと同じだから、
減価償却しよう！

×2年3月31日。今日は決算日。
ファイナンス・リース取引の会計処理は売買処理なので、クロジリース㈱からリースしている備品についてもほかの固定資産と同様に減価償却をするらしい…。

取　引

×2年3月31日　決算につき、次の条件により所有するリース物件（備品）について減価償却を行う。

［条　件］
1．リース期間：５年（リース契約日は当期首）
2．見積現金購入価額：8,800円
3．年間リース料：2,000円（毎年３月31日に後払い）
4．リース物件の減価償却は定額法（記帳方法は間接法）によって行う。なお、耐用年数はリース期間とする。
5．利子込み法の場合のリース資産の計上価額は10,000円、利子抜き法の場合のリース資産の計上価額は8,800円である。

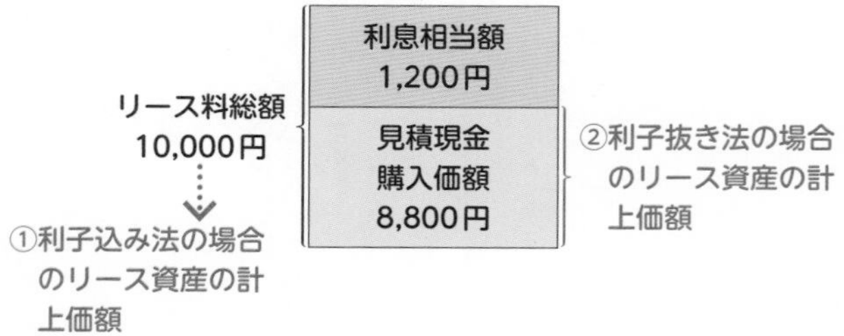

決算整理

これまでの知識で仕訳をうめると…

（減価償却費）	（減価償却累計額）

記帳方法は間接法

決算時の仕訳①（利子込み法）

決算時には、リース資産の計上価額をもとに、**耐用年数をリース期間、残存価額をゼロ**として減価償却を行います。

まずは利子込み法の処理からみていきましょう。

耐用年数については、問題文の指示にしたがって解答してください。

CASE 70 では、利子込み法の場合のリース資産の計上価額が10,000円なので、利子込み法の場合の減価償却費は次のようになります。

CASE 70 の減価償却費（利子込み法）

・10,000円 ÷ 5年 = 2,000円

CASE 70 の仕訳①（利子込み法）

（減価償却費）	2,000	（減価償却累計額）	2,000

貸方は「リース資産減価償却累計額」とすることもあります。

決算時の仕訳②（利子抜き法）

つづいて、利子抜き法の処理です。

利子抜き法の場合も、決算時には、リース資産の計上価額をもとに、**耐用年数をリース期間、残存価額をゼロ**として減価償却を行います。

CASE 70 では、利子抜き法の場合のリース資産の計上価額が8,800円なので、利子抜き法の場合の減価償却費は次のようになります。

CASE 70 の減価償却費（利子抜き法）

・8,800円 ÷ 5年 = 1,760円

CASE 70 の仕訳②（利子抜き法）

（減価償却費）	1,760	（減価償却累計額）	1,760

参考

リース料支払日と決算日が異なる場合

利子抜き法の場合で、リース料支払日と決算日が異なるときは、決算日において利息の未払計上（または前払計上）を行います。

（支払利息）	××	（未払利息）	××

未払利息を計上した（前払利息を計上した）ときには、翌期首において再振替仕訳をすることを忘れずに！

問題編
問題41

CASE 71

オペレーティング・リース取引の処理

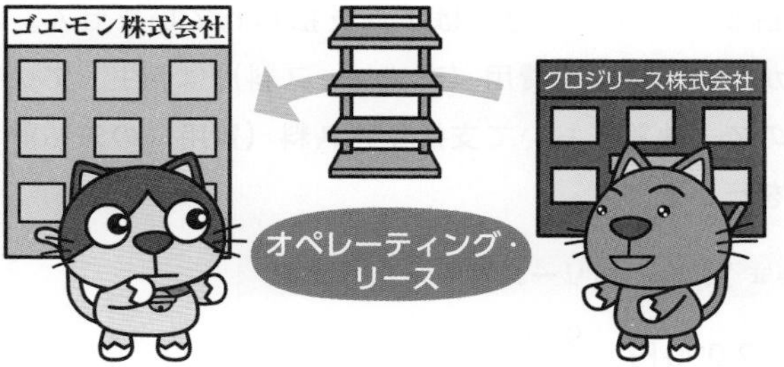

ゴエモン㈱は、クロジリース㈱とオペレーティング・リース契約によって、商品陳列棚（備品）を取得しています。オペレーティング・リースの場合、期中や決算日においてどんな処理をするのでしょう？

取　引

次の一連の取引について仕訳しなさい。

×1年7月1日　クロジリース㈱とリース契約（オペレーティング・リース取引に該当）を締結し、リース期間5年、年間リース料2,000円（支払日は毎年6月末日）で備品を取得した。

×2年3月31日　決算日を迎えた。

×2年4月1日　再振替仕訳を行う。

×2年6月30日　第1回目のリース料2,000円を現金で支払った。

オペレーティング・リース取引の処理

オペレーティング・リース取引は、通常の賃貸借取引に準じて処理します。

取引開始時の処理

取引を開始したときにはなんの処理もしません。

CASE 71 の仕訳（×1年7月1日　取引開始時）

仕　訳　な　し

決算時の処理

CASE 71 では、リース料は毎年6月末日に支払うため、当期のリース料（×1年7月1日から×2年3月31日までの9か月分）はまだ支払われていません。しかし、当期分の費用（支払リース料）は発生しているので、決算において**支払リース料（費用）**の未払計上を行います。

フツウに費用の未払計上をします。

CASE 71 の支払リース料の未払計上額

・$2,000円 \times \frac{9か月}{12か月} = 1,500円$

CASE 71 の仕訳（×2年3月31日　決算時）

（支払リース料）	1,500	（未払リース料）	1,500

翌期首の処理

翌期首には再振替仕訳をします。

CASE 71 の仕訳（×2年4月1日　翌期首）

（未払リース料）	1,500	（支払リース料）	1,500

リース料の支払時の処理

リース料の支払時には**支払リース料（費用）**を計上します。

CASE 71 の仕訳（×2年6月30日　リース料支払時）

（支払リース料）	2,000	（現　　　金）	2,000

問題編

問題42

ファイナンス・リース取引のまとめ《一連の流れ》

CASE 68
取引開始時

・利子込み法…利息相当額を含んだリース料総額で**リース資産（資産）**を計上するとともに、**リース債務（負債）**を計上
・利子抜き法…リース料総額から利息相当額を控除した金額（見積現金購入価額）で**リース資産（資産）**を計上するとともに、**リース債務（負債）**を計上

利子込み法		利子抜き法	
(リース資産) 10,000		(リース資産) 8,800	
	(リース債務) 10,000		(リース債務) 8,800

CASE 69
リース料の支払時

・利子込み法…支払ったリース料（利息相当額を含む）の分だけ**リース債務（負債）**を減少させる
・利子抜き法…支払ったリース料（利息相当額を含まない）の分だけ**リース債務（負債）**を減少させる&支払ったリース料に含まれる利息相当額について**支払利息（費用）**で処理する

利子込み法		利子抜き法	
(リース債務) 2,000		(リース債務) 1,760	
	(現金など) 2,000	(支払利息) 240	
			(現金など) 2,000

CASE 70
決算時

・利子込み法&利子抜き法…リース資産の計上価額をもとに、残存価額をゼロとして減価償却を行う
・利子抜き法の場合で、リース料支払日と決算日が異なるときは、利息の未払計上（または前払計上）を行う

利子込み法		利子抜き法	
(減価償却費) 2,000		(減価償却費) 1,760	
	(減価償却累計額) 2,000		(減価償却累計額) 1,760

CASE 70
翌期首

・利子抜き法の場合で、決算日において利息の未払計上（または前払計上）を行ったときは、再振替仕訳を行う

第8章 リース取引

オペレーティング・リース取引のまとめ 《一連の流れ》

CASE 71 取引開始時	仕 訳 な し
CASE 71 決算時	・リース料支払日と決算日が異なるときは、リース料の未払計上（または前払計上）を行う **（支払リース料）** 1,500 **（未払リース料）** 1,500
CASE 71 翌期首	・再振替仕訳を行う **（未払リース料）** 1,500 **（支払リース料）** 1,500
CASE 71 リース料の支払時	・支払リース料（費用）を計上 **（支払リース料）** 2,000 **（現 金 な ど）** 2,000

この章で新たにでてきた勘定科目

資　産	負　債
リース資産	リース債務 未払リース料
	純資産
	—

費　用	収　益
支払リース料	—

その他
—

仕訳編

第9章

研究開発費とソフトウェア

新製品を開発するため、日夜、研究・開発に励んでいる…。
ところで、研究・開発のために支出した費用は
どのように処理するんだろう?
それと、自社で利用するためのソフトウェアを買ってきたのだけど、
これはどんな処理をするんだろう?

ここでは、研究開発費とソフトウェアについて学習します。

CASE **72**

研究開発費を支出したときの仕訳

ゴエモン㈱では、「ネコ簿記会計ソフト」の開発に向けて、研究・開発費用として2,800円を支出しました。この場合、どんな処理をすればよいのでしょう？

取　引

ゴエモン㈱は新製品の開発のため、研究・開発の人件費2,000円とその他開発費用として800円を現金で支払った。

研究開発費とは？

研究…新しい知識の発見を目的とした計画的な調査、探究。
開発…研究を具体化させるため、新製品の計画や設計、または現製品を著しく改良するための計画や設計をすること。

企業は新製品を開発するため、日々研究し、製品の開発を行っています。新製品の開発のためには費用がかかりますが、費用をかけたからといって、収益に結びつくかどうかは不明です。

そこで、研究や開発にかかる費用は、発生したときに**研究開発費（製造原価または一般管理費）**として処理します。

CASE 72 の研究開発費

・2,000円＋800円＝2,800円

CASE 72 の仕訳

（研究開発費）	2,800	（現　　　金）	2,800

なお、研究・開発用に仕様変更した備品や機械で、ほかの目的には転用できない資産の購入原価も研究開発費として処理します。

CASE 73 ソフトウェアを購入したときの仕訳

ゴエモン㈱は自分の会社で使用するために、「データベース作成ソフト」を買ってきました。このソフトの購入費はどのように処理するのでしょうか？

取　引

×1年4月1日（×1年度期首）において、自社で利用するためのソフトウェア1,000円を購入し、代金は現金で支払った。

用語 **ソフトウェア**…コンピュータを動かすプログラム

ソフトウェアとは？

ソフトウェアとは、コンピュータを機能させるためのプログラムをいいます。

ソフトウェア制作費の処理

ソフトウェアの制作費は、そのソフトウェアがどんな目的のために作られたものであるかによって処理が異なります。

なお、２級では**自社利用のソフトウェア**の処理について学習します。

自社利用のソフトウェアの処理

CASE 73 のソフトウェアは自社で利用するために購入したものです。このような自分の会社で利用するために購入したソフトウェアの購入費や、自分の会社で利用するために制作したソフトウェアの制作費は、それを利用することによって将来の収益獲得が確実な場合、または費用の削減が確実な場合には、**ソフトウェア（無形固定資産）**で処理します。

要するに、会社の役に立つなら資産計上する、ということです。

CASE 73 の仕訳

（ソフトウェア）	1,000	（現　　　　金）	1,000

なお、制作途中のソフトウェアの制作費は**ソフトウェア仮勘定**という無形固定資産の仮勘定で処理します。

（ソフトウェア仮勘定）	××	（現　　　　金）	××

また、ソフトウェア制作費のうち、研究開発に該当する費用は**研究開発費**として処理します。

CASE 74 ソフトウェアの決算時の仕訳

3/31
決算日
ソフトウェアも無形固定資産だから、償却するよね？
データベース作成ソフト

今日は決算日。
第2章で学習したように、無形固定資産は決算において償却しますが、ソフトウェアの場合はどのように償却額を計算するのでしょうか？

取　引

次の資料にもとづき、当期末（×1年度末）における仕訳をしなさい。

[資　料]

1．当期首において、ソフトウェア（無形固定資産）として計上した金額は1,000円である。

2．このソフトウェアは自社利用のために取得したもので、利用可能期間は5年である。

決算整理

ソフトウェアの決算時の仕訳

自社利用のソフトウェアの取得原価は利用可能期間（原則として5年以内）にわたり、定額法によって償却します。

CASE 74 の償却額

・1,000円÷5年＝200円

CASE 74 の仕訳

（ソフトウェア償却）	200	（ソフトウェア）	200

問題編
問題43

研究開発費のまとめ

CASE 72

・研究開発費：発生時にすべて研究開発費として処理する

(研究開発費)	2,800	(現　　金)	2,800

ソフトウェア（自社利用）のまとめ《一連の流れ》

CASE 73
ソフトウェアの購入時

・ソフトウェア（資産）で処理

(ソフトウェア)	1,000	(現　　金)	1,000

CASE 73
制作途中のソフトウェア制作費の支出時

・ソフトウェア仮勘定（資産）で処理

(ソフトウェア仮勘定)	××	(現　　金)	××

CASE 74
決算時

・利用可能期間（原則として5年以内）にわたり、定額法により償却

(ソフトウェア償却)	200	(ソフトウェア)	200

この章で新たにでてきた勘定科目

資　産	負　債	純資産	費　用	収　益	その他
ソフトウェア ソフトウェア仮勘定	—	—	研究開発費 ソフトウェア償却	—	—

仕訳編

第10章

有価証券

株式や社債などを「有価証券」というけど、
有価証券を保有する目的はさまざま。
どうやら有価証券は保有目的によって
処理が異なるようだ…。
まずは有価証券の保有目的と分類を
みておこう！

ここでは、有価証券の処理についてみていきましょう。

CASE **75**

有価証券の分類

有価証券を保有する目的？
儲けるためだけじゃないの？

有価証券は保有目的によって4つに分類され、それぞれの保有目的によって処理や表示が異なります。ここでは、有価証券の保有目的と分類についてみておきましょう。

有価証券とは

> いわゆる「株」ですね。

株式を買うと株主となり、配当を受けたり、会社（○×㈱）の経営に参加することができます。また、株式は自由に売買することができるので、株価が安いときに買って、高いときに売ればもうけることができます。

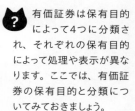

○×株式会社の株価のチャート

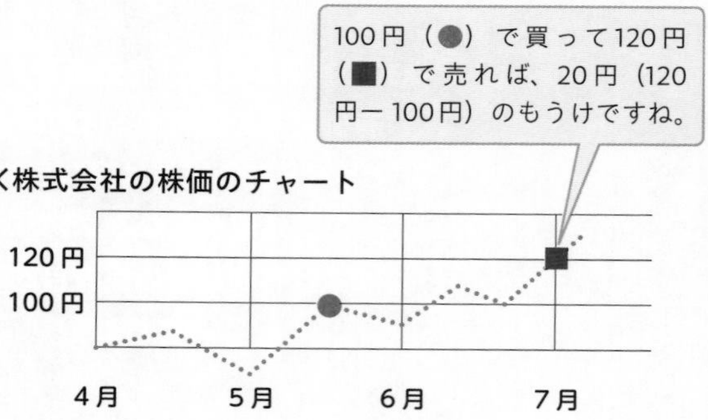

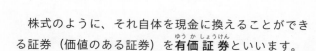

株式のように、それ自体を現金に換えることができる証券（価値のある証券）を**有価証券**（ゆうかしょうけん）といいます。

なお、有価証券には、株式のほか会社が発行する**社債**（しゃさい）や国が発行する**国債**（こくさい）などがあり、社債や国債などをまとめて**公社債**（こうしゃさい）といいます。また、公社債の券面に記載されている金額を**額面金額**（がくめんきんがく）といいます。

単に「額面」ともいいます。

有価証券の分類

有価証券は保有目的によって、**売買目的有価証券**、**満期保有目的債券**、**子会社株式・関連会社株式**、**その他有価証券**に分類されます。

売買目的有価証券

売買目的有価証券とは、時価の変動を利用して、短期的に売買することによって利益を得るために保有する株式や社債のことをいいます。

満期保有目的債券

満期まで保有するつもりの社債等を満期保有目的債券といいます。

子会社株式・関連会社株式

子会社や関連会社が発行した株式を、それぞれ子会社株式、関連会社株式といいます。

子会社株式と関連会社株式をあわせて、関係会社株式といいます。

たとえばゴエモン㈱が、サブロー㈱の発行する株式のうち、過半数（50%超）を所有しているとします。

会社の基本的な経営方針は、株主総会で持ち株数に応じた多数決によって決定しますので、過半数の株式を持っているゴエモン㈱が、ある議案について「賛成」といったら、たとえほかの人が反対でも「賛成」に決まります。

このように、ある企業（ゴエモン㈱）が他の企業（サブロー㈱）の意思決定機関を支配している場合の、ある企業（ゴエモン㈱）を**親会社**、支配されている企業（サブロー㈱）を**子会社**といいます。

意思決定機関とは、会社の経営方針等を決定する機関、つまり株主総会や取締役会のことをいいます。

また、意思決定機関を支配しているとまではいえないけれども、人事や取引などを通じて他の企業の意思決定に重要な影響を与えることができる場合の、他の企業を**関連会社**といいます。

その他有価証券

上記のどの分類にもあてはまらない有価証券を**その他有価証券**といい、これには、業務提携のための相互持合株式などがあります。

相互持合株式とは、お互いの会社の株式を持ち合っている場合の、その株式をいいます。

CASE 76

有価証券を購入したときの仕訳

- A社株式 ・・・・・ 売買して儲けを得るため
- B社社債 ・・・・・ 満期まで持ちつづけ、利息を受け取るため
- C社株式 ・・・・・ C社の経営を支配するため
- D社株式 ・・・・・ D社と友好な関係を築くため

ゴエモン㈱では、いくつかの株式や社債を買いました。それぞれ保有目的が異なるのですが、購入時にはどのような処理をするのでしょうか？

取　引

ゴエモン㈱では、下記の有価証券を購入した。
(1) 売買目的で、A社株式10株を1株100円で購入し、代金は売買手数料100円とともに現金で支払った。
(2) 満期保有目的で、B社社債2,000円（額面総額）を額面100円につき95円で購入し、代金は現金で支払った。
(3) 支配目的で、C社株式50株を1株100円で購入し、代金は現金で支払った。
(4) 業務提携のため、D社株式20株を1株100円で購入し、代金は現金で支払った。

有価証券を購入したときの仕訳

有価証券は、それ自体を現金に換えることができる証券なので、あるとうれしいもの（＝資産）です。したがって、有価証券を買ったときは、**有価証券（資産）の増加**として、それぞれの保有目的に応じた勘定科目（**売買目的有価証券、満期保有目的債券、子会社株式、関連会社株式、その他有価証券**）で処理します。

なお、有価証券の取得原価は、有価証券本体の価額である**購入代価**に、証券会社に支払う売買手数料などの**付随費用**を足した金額となります。

有価証券は資産なので、増えたら借方！

資　産	負　債
	純資産

すべて資産です。

貸借対照表

資　産	負　債
	純資産

これはどの有価証券でも同じです。

(1) 株式の取得原価

株式の取得原価は１株あたりの単価に購入株式数を掛け、それに売買手数料（付随費用）を含めて計算します。

とても重要

有価証券（株式）の取得原価 ＝@株価×株式数（購入代価）＋売買手数料（付随費用）

(2) 公社債の取得原価

取得原価は1口あたりの単価に購入口数を掛け、それに売買手数料（付随費用）を含めて計算します。

公社債は1口、2口と数えます。

とても重要

有価証券（公社債）の取得原価 ＝@単価×購入口数（購入代価）＋売買手数料（付随費用）

なお、購入口数は額面総額を1口あたりの額面金額で割って計算します。

CASE 76 の有価証券の取得原価

(1) A社株式（売買目的有価証券）

@100円×10株＋100円＝1,100円

A社株式の１株あたりの取得原価は@110円（1,100円÷10株）となります。

(2) B社社債（満期保有目的債券）

@95円×20口*＝1,900円

＊購入口数：$\frac{2,000円}{@100円}$＝20口

(3) C社株式（子会社株式）

@100円×50株＝5,000円

支配目的で保有する有価証券（C社株式）は子会社株式に分類されます。

(4) D社株式（その他有価証券）

@100円×20株＝2,000円

業務提携のためなど、上記(1)～(3)のどの分類にもあてはまらない有価証券（D社株式）はその他有価証券に分類されます。

以上より、CASE 76 の仕訳は次のようになります。

CASE 76 の仕訳

(1) A社株式

(売買目的有価証券)	1,100	(現　　金)	1,100

(2) B社社債

(満期保有目的債券)	1,900	(現　　金)	1,900

(3) C社株式

(子 会 社 株 式)	5,000	(現　　金)	5,000

(4) D社株式

(その他有価証券)	2,000	(現　　金)	2,000

CASE 77 配当金や利息を受け取ったときの仕訳

先日購入したA社株式について配当金領収証を受け取りました。
また、今日はB社社債の利払日です。
そこで、配当金と利息について処理しました。

取　引

所有しているA社株式について、配当金領収証30円を受け取った。また、所有しているB社社債について社債利札50円の期限が到来した。

配当金や利息を受け取ったときの仕訳

株主は株式を持っている人のことです。

配当金領収証や期限到来後の公社債利札は通貨代用証券。だから現金で処理します。
現金の範囲
・紙幣・硬貨
・他人振出小切手
・送金小切手
・**配当金領収証**
・**期限到来後の公社債利札**　など

株式会社は、会社のもうけの一部を株主に**配当**（はいとう）として分配します。株主には**配当金領収証**（はいとうきんりょうしゅうしょう）が送られてくるので、この配当金領収証を銀行に持っていけば現金に換えることができます。

また、社債についている利札（期限が到来したもの）を銀行などに持っていくと、現金に換えてもらうことができます。

そこで、配当金領収証を受け取ったときや社債の利払日に、**現金（資産）の増加**として処理するとともに、**受取配当金（収益）**や**有価証券利息（収益）**を計上します。

CASE 77 の仕訳

（現　　　　金）	80	（受取配当金）	30
		（有価証券利息）	50

30円＋50円＝80円　収益の発生↑

CASE 78 有価証券（株式）を売却したときの仕訳

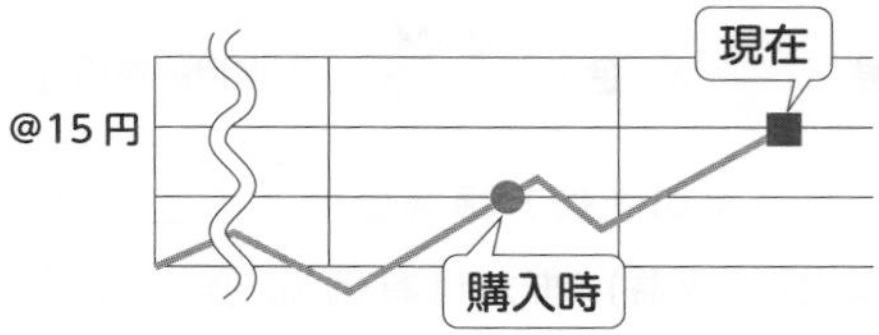

先日買ったE株式会社株式（1株あたりの取得原価は@11円）の株価が@15円になったので、10株のうち5株を売ってしまいました。

よし、売り時だ！

取引

当期中に売買目的で1株あたり@11円で購入したE株式会社の株式を、1株あたり@15円で5株売却し、代金は現金で受け取った。

これまででの知識で仕訳をうめると…

（現　　　金）　（　　　　）

△ 現金で受け取った↑

株式を売却したときの仕訳（売却益の場合）

株式を売ったときは、持っている株式を売るので株式が減ります。したがって、**売買目的有価証券（資産）**の減少として処理します。

CASE 78 では、1株あたり@11円で買った株式を5株売っているので、帳簿から減らす有価証券の金額**（帳簿価額（ちょうぼかがく））**は、55円（@11円×5株）となります。

帳簿に記載されている金額を帳簿価額、または略して簿価（ぼか）といいます。

（現　　　金）　（売買目的有価証券）55

資産の減少↓

また、1株あたり@15円で売っているので、受け取った現金の金額（売却価額）は 75円 （@15円×5株）となります。

（現　　　金）	75	（売買目的有価証券）	55

もうけたら売却益（収益）、損をしたら売却損（費用）ですね。

費　用	収　益
利　益	

なお、売却価額と帳簿価額との差額は、**有価証券売却益（収益）**または**有価証券売却損（費用）**で処理します。

CASE 78では、安く（55円で）買って、高く（75円で）売っているので、**もうけている状態**です。

したがって、売却価額と帳簿価額との差額20円（75円－55円）は**有価証券売却益（収益）**で処理します。

CASE 78の仕訳

（現　　　金）	75	（売買目的有価証券）	55
		（有価証券売却益）	20

収益の発生

帳簿価額と売却価額を順番に記入していくと、貸方に差額が生じます。貸方に生じるので、収益の勘定科目（有価証券売却益）を記入すると判断することもできますね。

株式を売却したときの仕訳（売却損の場合）

たとえば、55円で買った株式を50円で売ったときのように、高く買って、安く売ってしまった場合には、**損をしている状態**です。

したがって、売却価額と帳簿価額との差額は**有価証券売却損（費用）**で処理します。

（現　　　金）	50	（売買目的有価証券）	55
（有価証券売却損）	5		

費用の発生

問題編
問題44

CASE 79

有価証券（公社債）を売却したときの仕訳

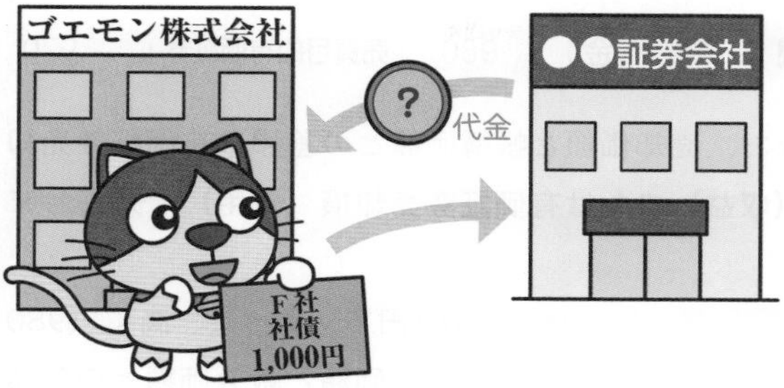

ゴエモン㈱は、先日買ったF社の社債（1口あたりの取得原価@97円、10口）を@98円で売りました。

取　引

先に売買目的で1口あたり@97円で購入したF社の社債10口（額面総額1,000円）を1口あたり@98円で売却し、代金は現金で受け取った。

これまでの知識で仕訳をうめると…

（現　　　金）	（　　　　）

△ 現金で受け取った↑

公社債を売却したときの仕訳（売却益の場合）

公社債を売ったときは、持っている公社債がなくなるので、**売買目的有価証券（資産）の減少**として処理します。

考え方は株式の売却と同じです。

CASE 79 では、@97円で買った公社債10口を売っているので、減少する有価証券の金額（帳簿価額）は、970円（@97円×10口）となります。

（現　　　金）	（売買目的有価証券）	970

資産の減少↓

また、@98円で売っているので、受け取った現金の金額（売却価額）は 980円（@98円×10口）となります。

（現　　　金）	980	（売買目的有価証券）	970

なお、売却価額と帳簿価額との差額は**有価証券売却益（収益）**または**有価証券売却損（費用）**で処理します。

CASE 79 では、安く（970円で）買って、高く（980円で）売っているので、売却価額と帳簿価額との差額10円（980円－970円）は**有価証券売却益（収益）**で処理します。

CASE 79 の仕訳

（現　　　金）	980	（売買目的有価証券）	970
		（有価証券売却益）	10

収益の発生↑

帳簿価額と売却価額を順番に記入していくと貸方に差額が生じます。貸方に生じるので、収益の勘定科目（有価証券売却益）を記入すると判断することもできますね。

公社債を売却したときの仕訳（売却損の場合）

たとえば、970円で買った社債を950円で売ったときのように、高く買って、安く売ってしまった場合は、売却価額と帳簿価額との差額は**有価証券売却損（費用）**で処理します。

（現　　　金）	950	（売買目的有価証券）	970
（有価証券売却損）	20		

費用の発生↑　　貸借差額

問題編
問題45

CASE 80 複数回に分けて購入した株式を売却したときの仕訳

G社株式
@10円
G社株式
@12円
1回目と2回目で単価が違うんだよね。
さて、どうしたものか…。

ゴエモン㈱は当期中に2回に分けて購入したG社株式の一部を売却しました。
売却分の帳簿価額を計算したいのですが、1回目に購入したときと2回目に購入したときの単価が違う場合、どのように計算したらよいのでしょう？

取　引

当期中に2回にわたって売買目的で購入したG社株式20株のうち、15株を1株あたり13円で売却し、代金は月末に受け取ることとした。なお、G社株式の購入状況は次のとおりであり、平均原価法によって記帳している。

	1株あたり購入単価	購入株式数
第1回目	@10円	10株
第2回目	@12円	10株

用語 **平均原価法**…複数回に分けて同じ銘柄の株式を購入したときに、取得原価の合計を購入株式数の合計で割った平均単価で、株式の単価を記帳・処理する方法

これまでの知識で仕訳をうめると…

（未　収　入　金）	195	（売買目的有価証券）

▲ 代金は月末に受け取る
→@13円×15株＝195円

▲ 有価証券の売却⬇

複数回にわたって購入した株式を売却したときの仕訳

公社債の場合も同様です。

同じ会社の株式を複数回に分けて購入し、これを売却したときは、株式の平均単価（取得原価の合計額÷取得株式数の合計）を求め、平均単価に売却株式数を掛けて売却株式の帳簿価額を計算します。

$$平均単価 = \frac{1回目の取得原価 + 2回目の取得原価 + \cdots}{1回目の取得株式数 + 2回目の取得株式数 + \cdots}$$

売却株式の帳簿価額＝@平均単価×売却株式数

CASE 80 の売却株式の帳簿価額

$$①平均単価：\frac{@10円 \times 10株 + @12円 \times 10株}{10株 + 10株} = @11円$$

②売却株式の帳簿価額：@11円×15株＝165円

（未　収　入　金）	195	（売買目的有価証券）	165

また、売却価額と帳簿価額との差額（貸借差額）は、**有価証券売却益（収益）**または**有価証券売却損（費用）**で処理します。

CASE 80 の仕訳

（未　収　入　金）	195	（売買目的有価証券）	165
		（有価証券売却益）	30

貸借差額が貸方に生じるので有価証券売却益（収益）です。

貸借差額

上記のように、平均単価で株式や社債の帳簿価額を計算する方法を**平均原価法**（へいきんげんかほう）といいます。

CASE 81

有価証券の決算時の仕訳 ①売買目的有価証券

今日は決算日。
決算日において、ゴエモン㈱はA社株式（売買目的）をもっています。
A社株式の帳簿価額は1,100円ですが、決算日の時価は1,200円です。1,100円のまま帳簿に計上していてよいのでしょうか？

取　引

×2年3月31日　決算において、A社株式（売買目的有価証券）の帳簿価額1,100円を時価1,200円に評価替えする。

用語　**時　　価**…そのとき（ここでは決算日）の価値
評価替え…有価証券の帳簿価額を時価に替えること

決算整理

売買目的有価証券の決算時の仕訳（評価益の場合）

売買目的有価証券の帳簿価額は、決算において時価に修正します。これを**有価証券の評価替え**（ひょうかがえ）といいます。

CASE 81 では、売買目的有価証券の帳簿価額は1,100円ですが、時価は1,200円です。

つまり、売買目的有価証券の価値が100円（1,200円－1,100円）増えていることになるので、**売買目的有価証券（資産）**を 100円 だけ増やします。

（売買目的有価証券）	100	（　　　　）

資産の増加↑

時価と帳簿価額との差額は、**有価証券評価益（収益）**または**有価証券評価損（費用）**で処理します。

CASE 81 では、帳簿価額（1,100円）よりも時価（1,200円）が高いので、価値が高くなっている状態です。したがって、時価と帳簿価額との差額100円は**有価証券評価益（収益）**で処理します。

時価が上がっていたら評価益（収益）、下がっていたら評価損（費用）です。

損益計算書

費　用	収　益
利　益	

CASE 81 の仕訳

（売買目的有価証券）	100	（有価証券評価益）	100

収益の発生↑

売買目的有価証券の価値を増やしたときに、貸方があくので、収益の勘定科目（有価証券評価益）を記入することがわかります。

売買目的有価証券の決算時の仕訳（評価損の場合）

たとえば、決算日において時価が1,050円に下がっていた場合には、時価（1,050円）と帳簿価額（1,100円）の差額50円（1,100円－1,050円）だけ**売買目的有価証券を減らし、借方は有価証券評価損（費用）**で処理します。

（有価証券評価損）	50	（売買目的有価証券）	50

問題編
問題46

CASE 82

有価証券の決算時の仕訳 ②満期保有目的債券

今日は決算日。

決算日において、ゴエモン㈱はB社社債（満期保有目的）をもっています。満期保有目的債券については、決算においてなにか必要な処理があるのでしょうか？

取　引

×2年3月31日　決算日を迎えた。B社社債（満期保有目的債券。満期日は×6年3月31日）は×1年4月1日に2,000円（額面総額）を1,900円で購入したものである。当該債券に対して償却原価法（定額法）を適用する。

決算整理

満期保有目的債券の決算時の仕訳

満期保有目的債券は満期まで保有するため、決算時に評価替えをしてもあまり意味がありません。そのため**満期保有目的債券については評価替えをしません。**

ただし、額面金額（債券金額）よりも低い価額、または高い価額で社債などを購入したときに生じる額面金額と取得原価との差額が、金利を調整するための差額（**金利調整差額**（きんりちょうせいさがく）といいます）であるときは、**償却原価法**（しょうきゃくげんかほう）で処理します。

売買目的有価証券はすぐに売るつもりのものなので、「いまいくらか」が重要ですが、満期保有目的債券は売る予定がないので、時価で評価する意味が乏しいのです。

試験では「償却原価法で処理する」というような指示がつきます。

償却原価法とは、金利調整差額を社債の取得日から満期日までの間、一定の方法で有価証券の帳簿価額に加算または減算する方法をいいます。

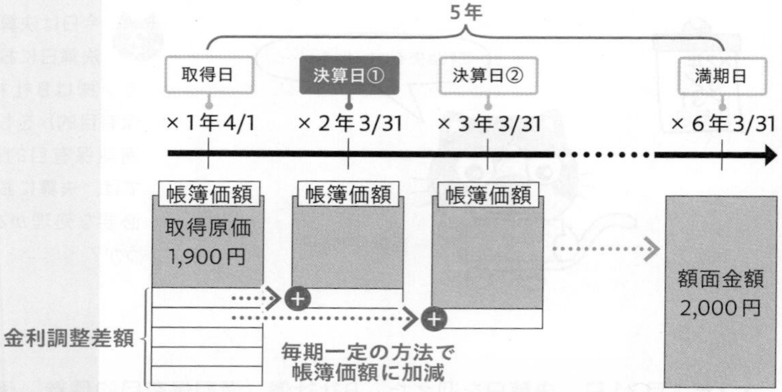

なお、当期に加算または減算する金利調整差額は次の計算式によって求めます。

$$\text{金利調整差額の当期加減額} = \underset{\text{額面金額}-\text{取得原価}}{\text{金利調整差額}} \times \frac{\text{当期の所有月数}}{\text{取得日から満期日までの月数}}$$

償却原価法には定額法と利息法がありますが、利息法は1級の範囲なので、このテキストでは定額法の処理を前提とします。

CASE 82 の社債は、取得日（×1年4月1日）から満期日（×6年3月31日）までが5年（60か月）なので、金利調整差額を5年（60か月）で調整します。

CASE 82 の金利調整差額の当期加減額

①金利調整差額：2,000円（額面金額）－1,900円（取得原価）＝100円

②当期加減額：$100円 \times \frac{12か月(1年)}{60か月(5年)} = \boxed{20円}$

（満期保有目的債券）	20	（　　　　）	

▲ 額面金額＞取得原価なので、帳簿価額に加算

なお、相手科目は**有価証券利息（収益）**で処理します。

金利調整差額なので、有価証券利息で処理するんですね。

（満期保有目的債券）	20	（有価証券利息）	20

以上より、CASE 82 の仕訳は次のとおりです。

CASE 82 の仕訳

（満期保有目的債券）	20	（有価証券利息）	20

問題編
問題47

CASE 83

有価証券の決算時の仕訳 ③子会社株式・関連会社株式

今日は決算日。

決算日において、ゴエモン㈱はC社株式（子会社株式）をもっています。

C社株式の帳簿価額は5,000円ですが、決算日の時価は5,200円です。5,000円のまま帳簿に計上しておいてよいのでしょうか？

取引

×2年3月31日　決算日を迎えた。C社株式（子会社株式）の帳簿価額は5,000円であるが、時価は5,200円である。

決算整理

子会社株式・関連会社株式の決算時の仕訳

子会社株式や関連会社株式は支配目的で長期的に保有するものなので、決算において評価替えはしません。

CASE 83 の仕訳

仕訳なし

問題編　問題48

CASE 84 有価証券の決算時の仕訳 ④その他有価証券

今日は決算日。
決算日において、ゴエモン㈱はD社株式（その他有価証券）をもっています。
決算において、その他有価証券はどのように処理すればよいのでしょうか？

取引

×2年3月31日　決算日を迎えた。D社株式の帳簿価額（取得原価）は2,000円であるが、時価は1,800円であった。なお、全部純資産直入法を採用している。

決算整理

その他有価証券の決算時の仕訳

その他有価証券は「いつかは売却するもの」と考え、時価で評価します。しかし、売買目的有価証券とは異なり、すぐに売却するわけではないので、評価差額（帳簿価額と時価との差額）は原則として損益計算書には計上しません。

なお、評価差額の処理方法には**全部純資産直入法**と**部分純資産直入法**という２つの方法がありますが、このうち、２級では全部純資産直入法を学習します。

部分純資産直入法は１級の範囲です。

全部純資産直入法

全部純資産直入法では、評価差額を**その他有価証券評価差額金（純資産）**で処理します。

その他有価証券評価差額金は純資産の勘定科目です。

貸借対照表

資　産	負　債
	純資産

CASE 84 では、その他有価証券の取得原価（帳簿価額）は2,000円ですが、時価は1,800円です。

つまり、その他有価証券の価値が200円（2,000円－1,800円）減っていることになるので、**その他有価証券（資産）**を 200円 だけ減らします。

（　　　　）		（その他有価証券）	200

資産の減少⬇

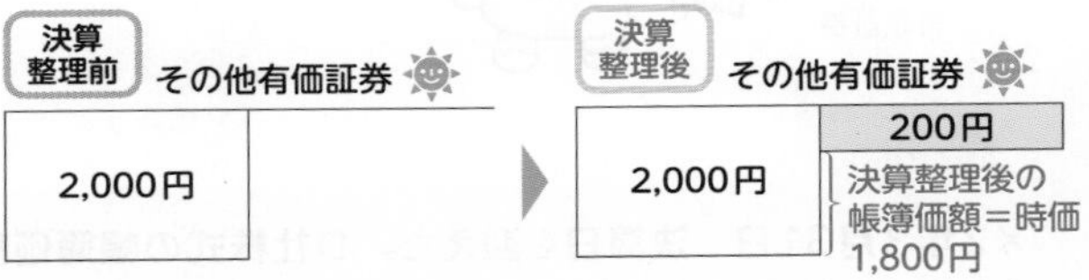

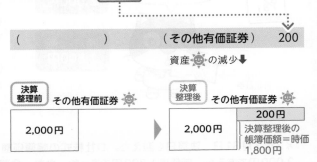

そして、相手科目は**その他有価証券評価差額金（純資産）**で処理します。

CASE 84 の仕訳

（その他有価証券評価差額金）	200	（その他有価証券）	200

純資産の減少⬇

なお、仮に決算日において時価が2,100円に上がっていた場合には、時価（2,100円）と取得原価（2,000円）の差額100円（2,100円－2,000円）だけ**その他有価証券を増やし、相手科目はその他有価証券評価差額金（純資産）**で処理します。

（その他有価証券）	100	（その他有価証券評価差額金）	100

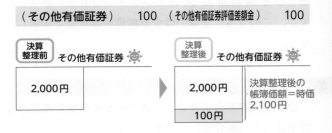

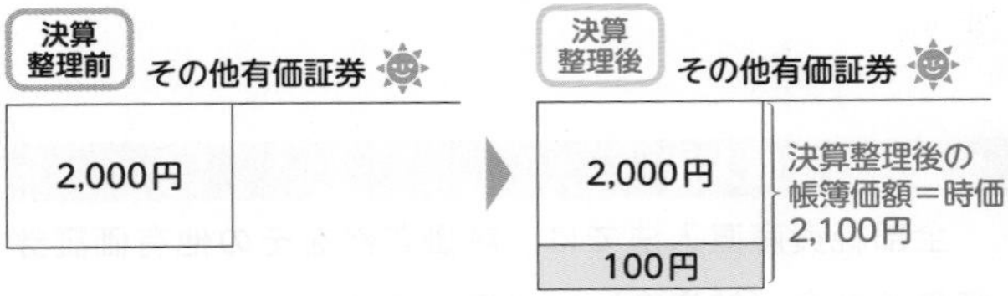

翌期首の処理

その他有価証券は洗替法(あらいがえほう)によって処理します。

洗替法とは、翌期首において、決算時に行った評価差額の処理の逆仕訳をして、帳簿価額を取得原価に振り戻すことをいいます。

問題編
問題49

CASE 85

利払日以外の日に公社債を売却したときの仕訳

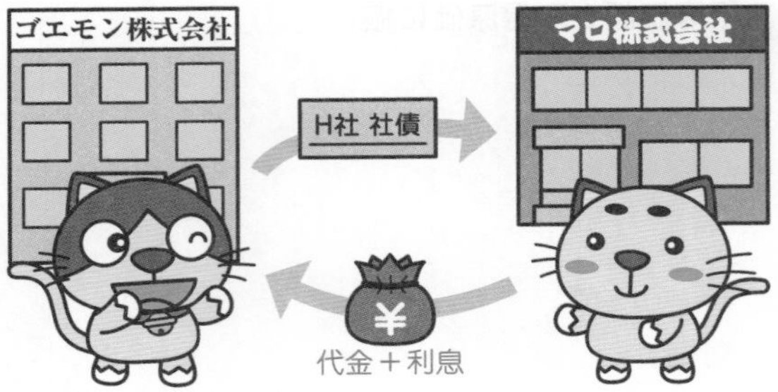

×2年9月10日。ゴエモン㈱は利払日が6月末と12月末のH社社債をマロ㈱に売りました。
また、7月1日から9月10日までの利息をマロ㈱から受け取りました。

取　引

×2年9月10日　ゴエモン㈱は、売買目的で額面100円につき97円で購入した額面総額10,000円（100口）のH社社債を、額面100円につき98円でマロ㈱に売却し、代金は直前の利払日の翌日から売却日までの利息とともに現金で受け取った。なお、この社債は年利率7.3%、利払日は6月末と12月末の年2回である。

これまでの知識で仕訳をうめると…

（現　　　金）		（売買目的有価証券）	9,700

現金で受け取った↑　　有価証券の売却↓
→@97円×100口＝9,700円

利払日以外の日に公社債を売却したときの仕訳

公社債の利息は利払日に発行会社（H社）から受け取ります。そして、CASE 85のように、所有する公社債を利払日以外の日に売却したときは、前回の利払日（6月末）の翌日（7月1日）から売却日（9月10日）までの利息（**端数利息**（はすうりそく）といいます）を買主（マロ㈱）から受け取ります。

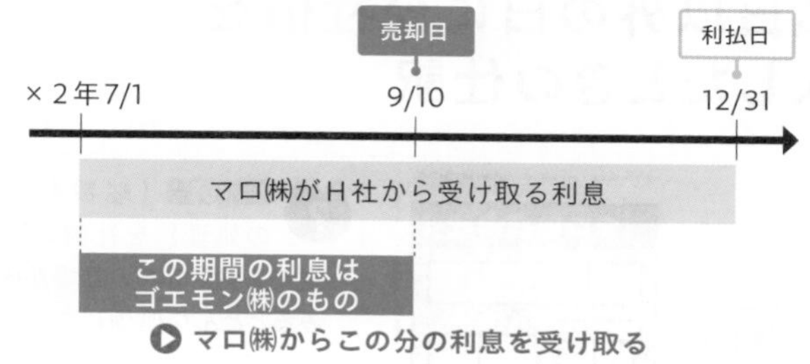

なお、端数利息の計算式は次のとおりです。

$$端数利息＝1年分の利息 \times \frac{前回の利払日の翌日から売却日までの日数}{365日}$$

CASE **85** の端数利息の金額

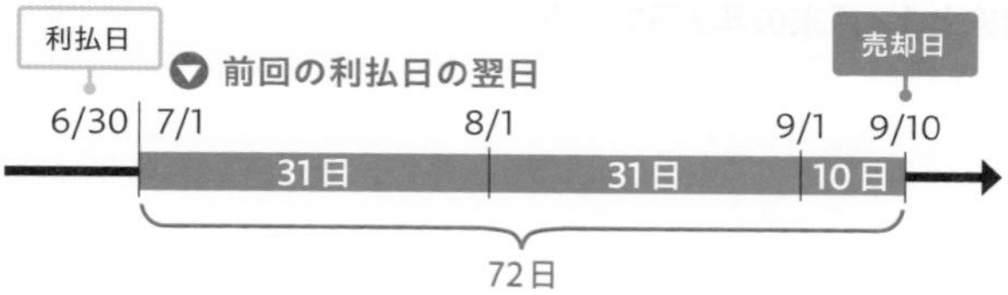

①１年分の利息：10,000円 × 7.3% = 730円

②端　数　利　息：$730円 \times \frac{72日}{365日}$ = **144円**

CASE **85** の仕訳

（現　　　　金）	9,944	（売買目的有価証券）	9,700
		（有価証券利息）	144
		（有価証券売却益）	100

売却代金：@98円 × 100口 = 9,800円
端数利息：144円
合　　計：9,944円

貸借差額

CASE **86**

利払日以外の日に公社債を購入したときの仕訳

CASE 85（端数利息の処理）を社債の買主であるマロ㈱の立場からみるとどんな処理になるでしょう？

取　引

×2年9月10日　マロ㈱は、ゴエモン㈱より売買目的で額面総額10,000円（100口）のH社社債を、額面100円につき98円で購入し、代金は直前の利払日の翌日から購入日までの利息とともに現金で支払った。なお、この社債は年利率7.3%、利払日は6月末と12月末の年2回である。

これまでの知識で仕訳をうめると…

▼ 現金で支払った⬇

（売買目的有価証券）	9,800	（現　　　　金）	

▲ 有価証券の購入⬆
→@98円×100口＝9,800円

利払日以外の日に公社債を購入したときの仕訳

公社債の買主であるマロ㈱は、利払日（12月末）にH社から7月1日から12月31日までの半年分の利息を受け取ります。

しかし、このうち7月1日から9月10日までの分は、前の所有者であるゴエモン㈱のものです。

そこで、利払日以外の日に公社債を購入したときは、前回の利払日（6月30日）の翌日（7月1日）から購入日（9月10日）までの利息（**端数利息**）を売主（ゴエモン㈱）に支払います。

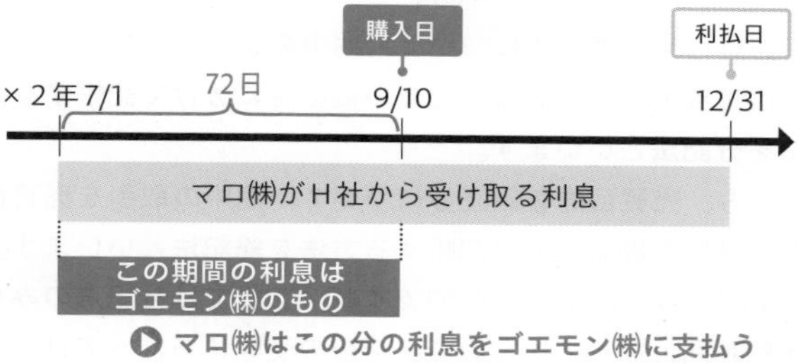

このとき、マロ㈱は有価証券利息を立替払いしたとして、**有価証券利息（収益）の減少**として処理します。

端数利息の計算式は先ほどのCASE 85と同じです。

CASE 86 の端数利息の金額

①1年分の利息：10,000円×7.3%＝730円

②端数利息：$730円 \times \frac{72日}{365日} = 144円$

CASE 86 の仕訳

（売買目的有価証券）	9,800	（現　　　金）	9,944
（有価証券利息）	144		

借方合計

第10章 有価証券

問題編
問題50

参考

売買目的有価証券の記帳方法

本書で説明した方法です。

総記法は1級の出題範囲です。

売買目的有価証券について、期中の売買取引を売買目的有価証券勘定と有価証券売却損益勘定に分けて記帳する方法を**分記法**といいます。

一方、売買目的有価証券について、期中の取引を売買目的有価証券勘定のみで記帳する方法を**総記法**といいます。

実務では総記法が一般的ですが、2級では分記法のみが出題範囲となっているので、2級の受験にあたっては、本書で学習した方法をしっかり確認しておいてください。

有価証券の分類のまとめ

CASE 75

売買目的有価証券	時価の変動を利用して、短期的に売買することによって利益を得るために保有する株式や社債
満期保有目的債券	満期まで保有するつもりの社債等
子会社株式・関連会社株式	子会社や関連会社が発行した株式
その他有価証券	上記のどの分類にもあてはまらない有価証券

有価証券のまとめ 《一連の流れ》

CASE 76 購入時

・付随費用は有価証券の取得原価に含めて処理

取得原価=購入代価+付随費用

→公社債の場合：@購入単価×購入口数

(売買目的有価証券)	1,100	(現金など)	1,100
(満期保有目的債券)	1,900	(現金など)	1,900
(子会社株式)	5,000	(現金など)	5,000
(その他有価証券)	2,000	(現金など)	2,000

CASE 77 配当金、利息の受取時

・配当金の受け取り…**受取配当金（収益）**で処理

(現金)	30	(受取配当金)	30

・利息の受け取り…**有価証券利息（収益）**で処理

(現金)	50	(有価証券利息)	50

CASE 78〜80 売却時

・複数回に分けて購入した有価証券を売却したときは、平均原価法により処理

$$平均単価 = \frac{1回目の取得原価+2回目の取得原価+\cdots}{1回目の取得株式数+2回目の取得株式数+\cdots}$$

・帳簿価額と売却価額との差額は**有価証券売却益（収益）**または**有価証券売却損（費用）**で処理

(未収入金など)	195	(売買目的有価証券)	165
		(有価証券売却益)	30

第10章 有価証券

有価証券のまとめ《一連の流れ》(つづき)

CASE 81〜84
決算時

売買目的有価証券

・時価に評価替え。帳簿価額と時価との差額は**有価証券評価益**(収益)または**有価証券評価損**(費用)で処理

(売買目的有価証券)	100	(有価証券評価益)	100

満期保有目的債券

・原則として評価替えをしない。ただし、額面金額と取得原価との差額が金利調整差額と認められるときは**償却原価法**で処理

$$\text{金利調整差額の当期償却分} = \text{金利調整差額} \times \frac{\text{当期の所有月数}}{\text{取得日から満期日までの月数}}$$

(満期保有目的債券)	20	(有価証券利息)	20

子会社株式・関連会社株式

・評価替えをしない

仕訳なし

その他有価証券(全部純資産直入法)

・取得原価と時価との差額は**その他有価証券評価差額金**(純資産)で処理

(その他有価証券評価差額金)	200	(その他有価証券)	200

端数利息のまとめ 《一連の流れ》

CASE 85
利払時
(6/30)

売主（前の所有者）の処理		買主（次の所有者）の処理
(現　　　金)	365	—
(有価証券利息)	365	

△ 1/1 ～ 6/30 までの6か月分の利息

CASE 85, 86
売却時(購入時)
(9/10)

・前回の利払日の翌日（7/ 1）から売買日（9/10）までの端数利息を受け取る（支払う）

$$端数利息 = 1年分の利息 \times \frac{前回の利払日の翌日から売買日までの日数}{365日}$$

売主（前の所有者）の処理		買主（次の所有者）の処理	
(現 金 な ど)	9,944	(売買目的有価証券)	9,800
(売買目的有価証券)	9,700	(有価証券利息)	144
(有価証券利息)	144	(現 金 な ど)	9,944
(有価証券売却益)	100		

CASE 86
利払時
(12/31)

売主（前の所有者）の処理	買主（次の所有者）の処理	
—	(現　　　金)	365
	(有価証券利息)	365

7/1 ～ 12/31 までの6か月分の利息 △

この章で新たにでてきた勘定科目

資　産	負　債
売買目的有価証券 満期保有目的債券 子会社株式 関連会社株式 その他有価証券	— **純資産** その他有価証券評価差額金

費　用	収　益
有価証券売却損 有価証券評価損	受取配当金 有価証券利息 有価証券売却益 有価証券評価益

そ の 他
—

仕訳編

第11章

引当金

当期に行うはずの建物の修繕を次期に行うことにした場合や、
将来、従業員に退職金を支払う場合などは、
お金は支払っていなくても、当期分の費用を計上して、
引当金というものを設定する必要があるんだって！

ここでは、引当金についてみていきましょう。

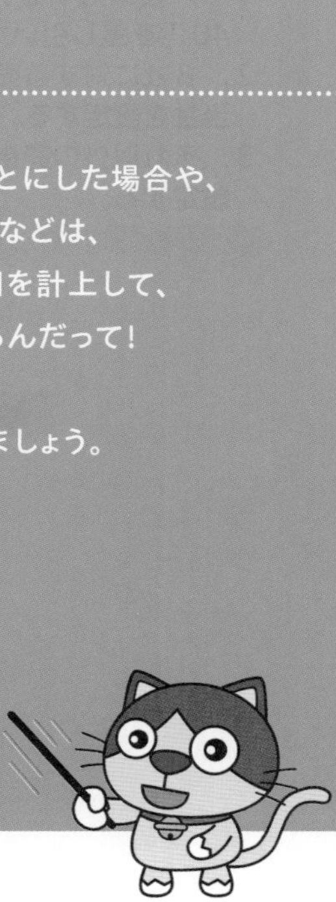

CASE 87

決算時に貸倒引当金を設定したときの仕訳（個別評価と一括評価）

今日は決算日。
貸倒引当金を設定しようとしているのですが、A社とB社は財政状態がイマイチあやしく、売掛金の回収に不安があります。
このような債権に対する貸倒引当金の処理はどのようにするのでしょうか？

取　引

×2年3月31日　決算日において、売掛金の期末残高1,000円について次の資料にもとづき、貸倒引当金を設定する。なお、貸倒引当金の期末残高は10円である。

[資　料]
1．A社に対する売掛金100円については債権金額から担保処分見込額40円を差し引いた残高に対して50%の貸倒引当金を設定する。
2．B社に対する売掛金200円については債権金額に対して５%の貸倒引当金を設定する。
3．それ以外の売掛金については貸倒実績率２%として貸倒引当金を設定する。

決算整理

貸倒引当金の設定

貸倒引当金は、決算日における債権（売掛金、受取手形など）について、次期以降に貸倒れが生じると予想される金額を見積って設定する引当金です。

貸倒引当金の設定額 ＝ 債権の期末残高 × 貸倒設定率（貸倒見積率）

なお、一般的な債権については、一括して貸倒引当金を設定します（一括評価）。

一方、回収可能性に問題がある債権については、個別に貸倒引当金を設定します（個別評価）。

なお、CASE 87 **[資料] 1** のように、相手方（A社）から担保を受け入れているときには、債権金額から担保処分見込額を差し引いた残高に貸倒設定率を掛けて計算します。

> 一般的な債権というのは、経営状態に重大な問題が生じていないため、ふつうに回収できるであろう債権をいいます。

貸倒引当金の設定額 ＝（債権の期末残高 − 担保処分見込額）× 貸倒設定率

CASE 87 では、A社とB社に対する売掛金について個別に貸倒引当金を設定します。

CASE 87 の貸倒引当金の設定額

①A社の売掛金について設定する貸倒引当金
（100円 − 40円）× 50％ = 30円

②B社の売掛金について設定する貸倒引当金
200円 × 5％ = 10円

③その他の売掛金について設定する貸倒引当金
（1,000円 − 100円 − 200円）× 2％ = 14円

④合計：30円 + 10円 + 14円 = 54円

貸倒引当金を設定したときの仕訳

貸倒引当金を設定するさい、期末に貸倒引当金の残高があるときは、当期の設定額と期末残高との差額だけ追加で貸倒引当金を繰り入れます。

> 差額補充法といいます。なお、差額補充法は3級でも学習しているので、処理を忘れてしまった人は3級に戻って確認してください。

CASE 87 の貸倒引当金繰入額

①当期の貸倒引当金の設定額：54円

②貸倒引当金の期末残高：10円

③貸倒引当金繰入額：54円 − 10円 = 44円

CASE 87の仕訳

(貸倒引当金繰入)	44	(貸倒引当金)	44

売上債権と営業外債権

債権には、売掛金、受取手形、貸付金などがありますが、売掛金や受取手形のように通常の営業(商品売買など)から生じた債権を**売上債権**(または**営業債権**)といいます。

一方、貸付金などのように、通常の営業から生じた債権以外のものを**営業外債権**といいます。

売上債権にかかる貸倒引当金繰入(費用)と、営業外債権にかかる貸倒引当金繰入(費用)は、計算や処理は同じですが、損益計算書上の表示位置が異なります。これについては第15章で学習します。

問題編
問題51

CASE 88

決算時に修繕引当金を設定したときの仕訳

今日は決算日。
ゴエモン㈱では毎年、2月に建物の修繕を行っています。でも、当期は都合がつかなかったので、次期に延期することにしました。この場合、決算で処理が必要なようですが、どんな処理をするのでしょうか？

取　引

決算につき、修繕引当金の当期繰入額100円を計上する。

用語 **修繕引当金**…当期に行うはずの修繕について、当期の費用として計上するさいの相手科目（貸方科目）

決算整理

修繕引当金を設定したときの仕訳

建物や機械、備品などの固定資産は毎年定期的に修繕が行われ、その機能を維持しています。したがって、毎年行う修繕を当期に行わなかったときでも、当期分の費用を**修繕引当金繰入（費用）**として計上します。

（修繕引当金繰入）　100　（　　　　　）

費用の発生↑

なお、このときの相手科目（貸方）は**修繕引当金（負債）**で処理します。

CASE 88 の仕訳

（修繕引当金繰入）　100　（修 繕 引 当 金）　100

負債の増加↑

CASE 89

修繕費を支払ったときの仕訳

翌期になり、前期に行うべき建物の修繕を行い、修繕費150円を小切手を振り出して支払いました。前期末に設定した修繕引当金は100円。
この場合、どのような処理をするのでしょう？

取　引

建物の定期修繕を行い、修繕費150円を小切手を振り出して支払った。なお、修繕引当金100円がある。

修繕費を支払ったときの仕訳

修繕を行い、修繕費を支払ったときは、計上してある**修繕引当金（負債）**を取り崩します。また、修繕引当金を超える金額は、**修繕費（費用）**で処理します。

貸方に計上している修繕引当金を取り崩すので、借方に記入することになります。

CASE 89 の仕訳

（修繕引当金）	100	（当座預金）	150
（修繕費）	50		

費用の発生⬆

150円－100円=50円

問題編

問題52

CASE 90

決算時に退職給付引当金を設定したときの仕訳

3/31
決算日
退職金を支払ったときに処理すればいい？
お世話になりました。

ゴエモン㈱では、従業員が退職したときには、退職金を支払うことになっています。
「退職金を支払ったときに処理をすればいい…」と思っていたのですが、そうではないようです。

取　引

決算につき、退職給付引当金の当期繰入額100円を計上する。

用語 **退職給付引当金**…従業員の退職時に支払う退職金に備えて設定する引当金

決算整理

退職給付引当金を設定したときの仕訳

従業員が会社を退職すると、退職時に会社から退職金が支払われます。この退職金は従業員が会社で働いてくれたことに対する支払いなので、退職時に一括して費用計上するのではなく、従業員が働いた分だけ毎期の費用として計上すべきです。

退職金の支払規定がある会社に限られます。

そこで、決算において将来支払う退職金のうち、当期の費用分を見積って、**退職給付費用（費用）**として計上します。なお、このときの相手科目（貸方）は**退職給付引当金（負債）**で処理します。

CASE 90 の仕訳

（退職給付費用）	100	（退職給付引当金）	100

費用の発生↑　　負債の増加↑

CASE 91

退職金を支払ったときの仕訳

ゴエモン株式会社
お元気で！
お世話になりました。
退職金

今月、ゴエモン㈱では従業員が1人退職しました。
そのため、退職金60円を現金で支払いました。
この場合、どのような処理をするのでしょう？

取 引

従業員が退職したので、退職金60円を現金で支払った。なお、退職給付引当金の残高は100円である。

これまでの知識で仕訳をうめると…

（　　　　）		（現　　金）	60

△ 現金☀で支払った⬇

退職金を支払ったときの仕訳

従業員が退職し、退職金を支払ったときは、計上してある**退職給付引当金（負債）**を取り崩します。

貸方に計上している退職給付引当金を取り崩すので、借方に記入することになります。

CASE 91 の仕訳

（退職給付引当金）	60	（現　　金）	60

問題編
問題53

CASE 92

決算時に賞与引当金を設定したときの仕訳

今日は決算日（3月31日）。ゴエモン㈱では毎年、6月10日と12月10日に賞与を支給しています。賞与の計算期間は12月1日から5月31日まで（6月支給分）と6月1日から11月30日まで（12月支給分）です。この場合、決算時にはどのような処理をするのでしょう?

取　引

次の資料にもとづき、決算における賞与引当金の設定の仕訳をしなさい。

［資　料］

1．当期は×1年4月1日から×2年3月31日までである。
2．賞与の支給日は毎年6月10日と12月10日である。
3．賞与の計算期間は、6月10日支給分は12月1日から5月31日までであり、12月10日支給分は6月1日から11月30日までである。
4．×2年6月10日（計算期間：×1年12月1日から×2年5月31日）に支給予定の賞与は120円である。

用語　**賞与引当金**…賞与規定等にもとづいて従業員に対して次期に支給する賞与のうち、当期分の見積額について設定する引当金

決算整理

賞与引当金を設定したときの仕訳

CASE 92 で×２年６月10日に支給される賞与のうち、×１年12月１日から×２年３月31日までの賞与は当期分の費用ですが、支給日は次期です。このように次期に支給される賞与のうち、当期に発生した分については**賞与引当金繰入（費用）**として処理します。

CASE 92 では、×２年６月10日に支給予定の賞与が120円（計算期間は×１年12月１日から×２年５月31日の６か月）なので、このうち当期分（×１年12

月１日から×２年３月31日までの４か月分）を**賞与引当金繰入（費用）**として処理します。

CASE 92 の賞与引当金繰入額

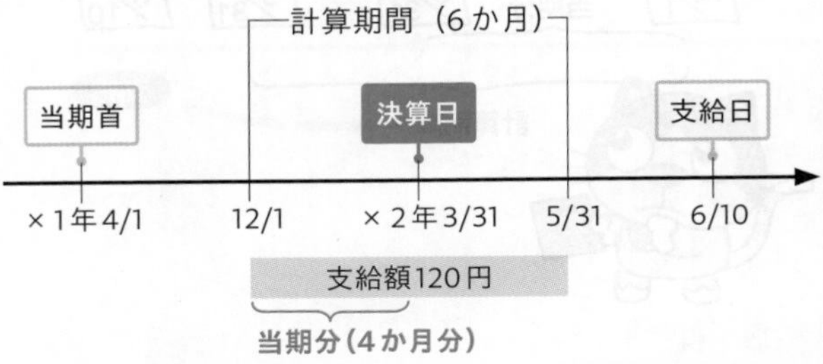

$$・120円 \times \frac{4か月}{6か月} = 80円$$

なお、このときの相手科目（貸方）は、**賞与引当金（負債）**で処理します。

CASE 92 の仕訳

（賞与引当金繰入）	80	（賞 与 引 当 金）	80

費用の発生⬆　　負債の増加⬆

CASE
93 賞与を支払ったときの仕訳

今日は賞与支給日(6/10)。
賞与120円を支払いましたが、決算日において賞与引当金が設定されています。
この場合、どのような処理をするのでしょうか？

取　引

×2年6月10日　賞与120円を現金で支払った。なお、この賞与の計算期間は×1年12月1日から×2年5月31日までであり、前期の決算において賞与引当金80円が設定されている。

これまでの知識で仕訳をうめると…

(　　　　　)		(現　　　金)	120

現金で支払った⬇

賞与を支払ったときの仕訳

賞与引当金の設定後、賞与を支払ったときは、計上してある**賞与引当金（負債）**を取り崩します。

(賞与引当金)	80	(現　　　金)	120

負債の減少⬇

貸方に計上している賞与引当金を取り崩すので借方に記入することになります。

また、賞与支払額と**賞与引当金（負債）**の差額（×2年4月1日から5月31日までの賞与）については、**賞与（費用）**で処理します。

CASE **93** の賞与の金額

・120円－80円＝40円

問題編
問題54

CASE 93 の仕訳

(賞与引当金)	80	(現　　　金)	120
(賞　　　与)	40		

参考

役員賞与引当金

役員賞与引当金とは、当期の役員の功労に対して支払われる賞与で、その支払いが次期以降に行われるものについて、当期の費用として計上する場合の貸方科目をいいます。

(1) 決算時の処理

決算において、役員賞与引当金を設定するときは、**役員賞与引当金繰入(費用)**を計上するとともに、貸方科目は**役員賞与引当金(負債)**で処理します。

例1

決算において、役員賞与引当金を設定する。当期の繰入額は100円である。

(役員賞与引当金繰入)	100	(役員賞与引当金)	100
費用の発生↑		負債の増加↑	

(2) 役員賞与を支払ったときの処理

次期において、役員賞与を支払ったときは、設定している**役員賞与引当金(負債)**を取り崩します。

例2

役員に対して賞与100円を当座預金口座から支払った。なお、役員賞与引当金の残高は100円である。

(役員賞与引当金)	100	(当座預金)	100
負債の減少↓			

商品保証引当金

商品の販売後、一定期間内であれば商品の不具合につき無料で修理を行うという保証をつけることがあります。この場合、当期に販売した商品の修理を、次期以降に行うということもあります。

当期に販売した商品にかかる費用は当期の費用とすべきです。そこで、決算において、当期に販売した商品に対して次期以降に発生するであろう修理費用を見積り、**商品保証引当金繰入（費用）**として処理します。このときの貸方科目が**商品保証引当金（負債）**です。

(1) 決算時の処理

決算において、商品保証引当金を設定するときは、**商品保証引当金繰入（費用）**を計上するとともに、貸方科目は**商品保証引当金（負債）**で処理します。

会社が一定期間にわたって行う保証には、❶販売時の欠陥の保証（商品が仕様にしたがっているという保証。基本保証）と、❷長期保証（追加分の保証サービス）がありますが、ここでは❶販売時の欠陥の保証の処理（基本保証）について説明します。
❷については、第14章の「収益認識の基準」にしたがって処理します。

例1

決算において、商品保証引当金を設定する。当期の繰入額は100円である。

（商品保証引当金繰入）	100	（商品保証引当金）	100
費用の発生⬆		負債の増加⬆	

(2) 修理を行ったときの処理

保証内容にもとづいて修理を行い、修理にかかった費用を支払ったときは、設定している**商品保証引当金（負債）**を取り崩します。

例2

前期に販売した商品について、修理の申し出があったため、無料修理に応じた。この修理にかかった費用80円は現金で支払った。なお、商品保証引当金の残高は100円ある。

（商品保証引当金）	80	（現　　　　　金）	80
負債の減少⬇			

貸倒引当金のまとめ《一連の流れ》

CASE 87 決算時

・回収可能性に問題がある債権については、個別に貸倒引当金を設定する（個別評価）

（貸倒引当金繰入）	44	（貸 倒 引 当 金）	44

3級 貸倒時

・設定してある**貸倒引当金**を取り崩す
・貸倒引当金を超過する貸倒額については**貸倒損失（費用）**で処理

（貸 倒 引 当 金）	44	（売 掛 金 な ど）	50
（貸 倒 損 失）	6		

修繕引当金のまとめ《一連の流れ》

CASE 88 決算時

（修繕引当金繰入）	100	（修 繕 引 当 金）	100

CASE 89 修繕費の支払時

（修 繕 引 当 金）	100	（当座預金など）	150
（修 繕 費）	50		

退職給付引当金のまとめ《一連の流れ》

CASE 90 決算時

（退職給付費用）	100	（退職給付引当金）	100

CASE 91 退職金の支払時

（退職給付引当金）	60	（現 金 な ど）	60

賞与引当金のまとめ《一連の流れ》

CASE 92
決算時

(賞与引当金繰入)	80	(賞与引当金)	80

CASE 93
賞与支払時

・設定してある**賞与引当金（負債）**を取り崩す
・当期分の賞与については**賞与（費用）**で処理

(賞与引当金)	80	(現金)	120
(賞与)	40		

この章で新たにでてきた勘定科目

資産	負債	純資産	費用	収益	その他
—	修繕引当金 退職給付引当金 賞与引当金	—	修繕引当金繰入 退職給付費用 賞与引当金繰入 賞与	—	—

仕訳編

第12章

外貨換算会計

これまでは国内だけで取引をしていたけど、
今年からは外国企業とも取引を始めた！
この場合、取引額は外貨（ドル）建てなんだけど、
帳簿に記録するときは円貨建てになおすんだよね？

ここでは、外貨換算会計についてみていきましょう。

CASE 94

前払金を支払ったとき（前受金を受け取ったとき）の仕訳

ゴエモン㈱では、アメリカのロッキー㈱から雑貨（商品）を仕入れることにしました。そこで、前払金として10ドルを支払ったのですが、このとき、どんな処理をするのでしょう？

取　引

×2年4月10日　ゴエモン㈱はアメリカのロッキー㈱から商品100ドルを輸入する契約をし、前払金10ドルを現金で支払った。なお、×2年4月10日の為替相場は1ドル100円である。

用語　**為替相場**…外貨建取引を換算するさいのレート（為替レート）

前払金を支払ったときの仕訳

CASE 94 のように、日本企業が外国企業と外貨によって取引を行う場合、日本企業（ゴエモン㈱）は、その取引を日本円に換算して処理します。

なお、取引が発生したときは、原則としてその**取引発生時の為替相場**によって換算します。

したがって、CASE 94 でゴエモン㈱が支払った前払金10ドルは、４月10日の為替相場（100円）で換算した金額で処理します。

CASE 94 の前払金の換算額

・10ドル×100円＝1,000円

CASE 94 の仕訳

（前　払　金）1,000（現　　金）1,000

前受金を受け取ったときの仕訳

仮に CASE 94 でゴエモン㈱がロッキー㈱に商品100ドルを輸出する立場で、ロッキー㈱から前受金10ドルを受け取った場合の仕訳は下記のようになります。

（現　　　金）	1,000	（前　受　金）	1,000

「前受金」は、「契約負債」で処理することもあります。
試験では問題文の指示にしたがって解答してください。
なお、「契約負債」は、CASE 105 で学習します。

CASE 95

商品を輸入したとき（輸出したとき）の仕訳

ゴエモン㈱では、アメリカのロッキー㈱から雑貨（商品）100ドルを輸入し、先に支払った前払金10ドルとの差額は翌月末日に支払うことにしました。このとき、どんな処理をするのでしょう？

取　引

×2年4月20日　ゴエモン㈱はアメリカのロッキー㈱から商品100ドルを輸入し、×2年4月10日に支払った前払金10ドルとの差額90ドルは翌月末日に支払うこととした。

［為替相場］×2年4月10日：1ドル100円
×2年4月20日：1ドル110円

商品を輸入したときの仕訳

商品を輸入したときは、商品を仕入れたときの処理をしますが、輸入前に前払金を支払っている場合は、まずは前払金（4月10日の為替相場100円で換算した金額）を減らします。

CASE 95 の前払金の換算額

・10ドル×100円＝1,000円

（　　　　）		（前　払　金）	1,000

また、差額の90ドルについては翌月末日に支払うため、**買掛金**で処理します。なお、買掛金が発生したのは4月20日なので、買掛金は4月20日の為替相場(110円)で換算します。

CASE 95 の買掛金の計上額

・90ドル×110円＝9,900円

( )		(前払金)	1,000
		(買掛金)	9,900

そして、**仕入**を計上します。

なお、前払金がある場合は、前払金と買掛金の合計額(貸方合計額)を仕入の金額として計上します。

輸入金額(100ドル)に取引発生日の為替相場(110円)を掛けた金額(11,000円)ではないので注意!

以上より、CASE 95 の仕訳は次のようになります。

CASE 95 の仕訳

(仕入)	10,900	(前払金)	1,000
		(買掛金)	9,900

商品を輸出したときの仕訳

仮に CASE 95 で、ゴエモン㈱がロッキー㈱に商品100ドルを輸出する立場で、前受金10ドルを受け取っている場合の仕訳は次のようになります。

(前受金)	1,000	(売上)	10,900
(売掛金)	9,900		

前受金：10ドル×100円＝1,000円
売掛金：90ドル×110円＝9,900円

CASE 96 買掛金（売掛金）を決済したときの仕訳

アメリカのロッキー㈱から輸入した商品の掛代金90ドルを、今日、現金で支払いました。
輸入時と決済時の為替相場が異なるのですが、この場合、どのように処理するのでしょう？

取　引

×2年5月31日　ゴエモン㈱は×2年4月20日に発生した買掛金90ドルを現金で支払った。

［為替相場］　×２年４月20日：１ドル110円
　　　　　　　×２年５月31日：１ドル105円

買掛金を決済したときの仕訳

買掛金を支払ったときには、発生時（４月20日）の為替相場（110円）で換算した買掛金を減らします。

CASE 96 の買掛金の減少額

・90ドル×110円＝9,900円

（買　　掛　　金）　9,900　（　　　　　　　）

また、現金については決済時（５月31日）の為替相場（105円）で換算します。

CASE 96 の現金の換算額

・90ドル×105円＝9,450円

（買　　掛　　金）　9,900　（現　　　　　金）　9,450

ここまでの仕訳をみてもわかるように、買掛金の発生時と決済時の為替相場が異なるときは、貸借差額が生じます。

この為替相場の変動から生じた差額は、**為替差損益**（**営業外費用**または**営業外収益**）で処理します。

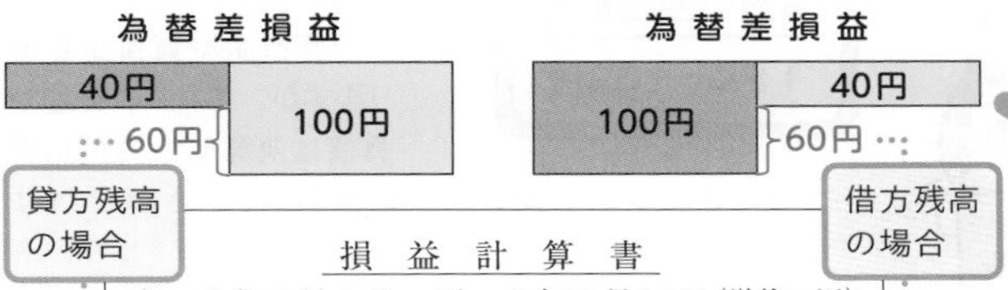

損益計算書
自×2年4月1日　至×3年3月31日（単位：円）
⋮
Ⅳ　営業外収益
　　為替差益　60
Ⅴ　営業外費用
　　為替差損　60
⋮

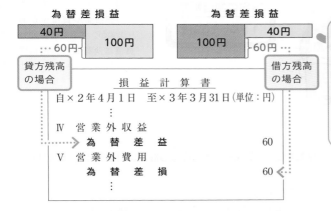

為替差損益が最終的に借方残高となる場合は**為替差損（営業外費用）**、貸方残高となる場合は**為替差益（営業外収益）**となります。

以上より、CASE 96 の仕訳は次のようになります。

CASE 96 の仕訳

（買　掛　金）	9,900	（現　　　金）	9,450
		（為替差損益）	450 ← 貸借差額

売掛金を決済したときの仕訳

仮に CASE 96 で、ゴエモン㈱がロッキー㈱に商品を輸出する立場で、売掛金90ドルが決済されたときの仕訳は次のようになります。

90ドル×105円＝9,450円　　90ドル×110円＝9,900円

（現　　　金）	9,450	（売　掛　金）	9,900
（為替差損益）	450		

↑ 貸借差額

問題編
問題55、56

CASE 97

決算時の換算

×3年3月31日（決算日）。

決算日において、外貨建ての売掛金や買掛金がありますが、これらの資産や負債は決算時の為替相場で換算しなおさなくてもよいのでしょうか？

例

次の資料にもとづき、決算整理後残高試算表を作成しなさい（当期：×2年4月1日～×3年3月31日）。

［資料1］決算整理前残高試算表

決算整理前残高試算表　（単位：円）

現金	5,000	買掛金	15,600
売掛金	16,000		

［資料2］決算整理事項

決算整理前残高試算表の資産・負債のうち、外貨建てのものは次のとおりである。なお、決算時の為替相場は1ドル108円である。

資産・負債	帳簿価額	取引発生時の為替相場
現金	3,000円（30ドル）	1ドル100円
売掛金	11,000円（100ドル）	1ドル110円
買掛金	8,720円（80ドル）	1ドル109円

決算時の処理

外貨建ての資産および負債は、取得時または発生時の為替相場（HR）で換算された金額で計上されています。決算日において外貨建ての資産および負債があるときは、**貨幣項目**については、決算時の為替相場

取得時または発生時の為替相場はヒストリカル・レートというのでHRで表します。

（**CR**）によって換算した金額を貸借対照表価額とします。

決算時の為替相場はカレント・レートというので**CR**で表します。

なお、貨幣項目とは外国通貨や外貨預金、外貨建ての金銭債権債務をいい、次のようなものがあります。

分　類	項　目		
貨幣項目	資産	外国通貨、外貨預金、受取手形、売掛金　など	決算時の為替相場で換算替えをする CR
	負債	支払手形、買掛金　など	
非貨幣項目	資産	棚卸資産、前払金　など	決算時の為替相場で換算替えをしない HR
	負債	前受金　など	

また、換算替えで生じた差額は**為替差損益（営業外費用**または**営業外収益**）で処理します。

以上より、CASE 97 の資産および負債の換算替えの処理と決算整理後残高試算表は以下のようになります。

(1) 現　金

現金は貨幣項目なので、決算時の為替相場で換算替えをします。

CASE 97 の現金の換算替え

①B/S価額：30ドル×108円＝3,240円

②帳簿価額：3,000円

③3,240円－3,000円＝240円（増加）

B/S価額…貸借対照表価額

（現　　金）	240	（為替差損益）	240

(2) 売掛金

売掛金は貨幣項目なので、決算時の為替相場で換算替えをします。

CASE 97 の売掛金の換算替え

①B/S価額：100ドル×108円＝10,800円

②帳簿価額：11,000円

③10,800円－11,000円＝△200円（減少）

（為替差損益）	200	（売　掛　金）	200

(3) 買掛金

買掛金は貨幣項目なので、決算時の為替相場で換算替えをします。

CASE 97 の買掛金の換算替え

①B/S価額：80ドル×108円＝8,640円

②帳簿価額：8,720円

③8,640円－8,720円＝△80円（減少）

（買　掛　金）	80	（為替差損益）	80

CASE 97 の決算整理後残高試算表の金額

①現　　　金：5,000円＋240円＝5,240円

②売　掛　金：16,000円－200円＝15,800円

③買　掛　金：15,600円－80円＝15,520円

④為替差損益：

（借方）200円

（貸方）240円＋80円＝320円

（差額）320円－200円＝120円（貸方残高）

貸方残高なので、P/L上は**為替差益（営業外収益）**となります。

以上より、CASE 97 の決算整理後残高試算表は次のようになります。

CASE 97 の決算整理後残高試算表

決算整理後残高試算表　（単位：円）

現　　金	5,240	買　掛　金	15,520
売　掛　金	15,800	為替差損益	120

第12章 外貨換算会計

問題編
問題57

CASE 98

取引発生時（まで）に為替予約を付した場合の仕訳

ゴエモン㈱はロッキー㈱から商品を輸入し、代金は3か月後に支払うことにしました。現在の為替相場は1ドル113円ですが、もし3か月後に1ドル116円になってしまうと、その分支払いが増えてしまいます。そこで、何かいい手がないかと調べてみたところ、為替予約というものがありました。

取　引

次の一連の取引について仕訳しなさい（振当処理による）。

(1) ×3年2月1日　ゴエモン㈱はロッキー㈱から商品100ドルを輸入し、代金は3か月後に支払うこととした。また、取引と同時に為替予約を行った。取引時の直物為替相場は1ドル113円、先物為替相場（予約レート）は1ドル110円である。
(2) ×3年3月31日　決算日を迎えた。決算時の直物為替相場は1ドル115円である。
(3) ×3年4月30日　(1)の買掛金100ドルを現金で支払った。決済時の直物為替相場は1ドル116円である。

用語　**直物為替相場**…直物（現物）取引に適用される為替相場
先物為替相場…先物（先渡）取引に適用される為替相場

為替予約とは

CASE 98 では、取引発生時に買掛金100ドルが発生しており、この買掛金の決済は3か月後に行われます。したがって、実際の現金支払額は、買掛金100ドルに3か月後の為替相場を掛けた金額となります。

ここで、もし3か月後の為替相場がいまよりも円高（たとえば1ドル100円）になった場合は、支払う金額が少なくてすみますが、円安（たとえば1ドル116円）になった場合は、支払う金額が増えてしまいます。

1ドル100円なら10,000円（100ドル×100円）の支払いですみますが、1ドル116円だと11,600円（100ドル×116円）も支払わなければなりません。

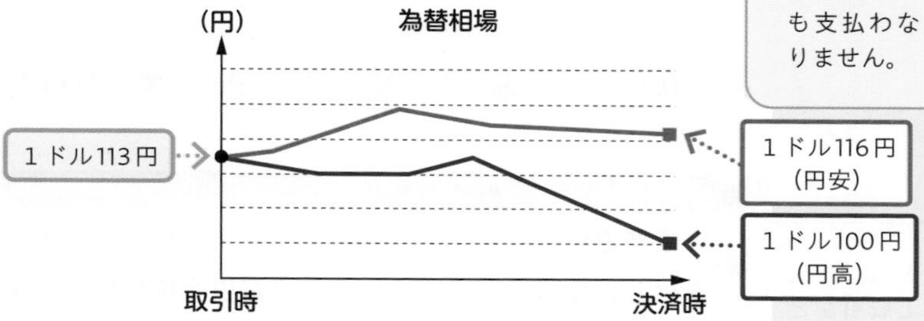

このような為替相場の変動によって生じる不確実性（リスク）を回避（ヘッジ）するため、あらかじめ決済時の為替相場を契約で決めておくことができます。これを**為替予約**（かわせよやく）といいます。

独立処理と振当処理

為替予約の処理には、**独立処理**（どくりつしょり）**（原則）**と**振当処理**（ふりあてしょり）**（容認）**という2つの方法があります。

原則は独立処理ですが、2級では振当処理（しかも簡便な方法）のみが試験範囲なので、このテキストでは2級の範囲（簡便な振当処理）について説明します。

取引発生時（まで）に為替予約を付した場合の処理…(1)

CASE 98 (1) では、仕入取引について取引発生時（輸入時）に為替予約を行っています。このように取引発生時（まで）に為替予約を付したときは、外貨建債権債務（CASE 98 では買掛金）を為替予約時の先物為替相場（これを**予約レート**といいます）で換算します。

第12章 外貨換算会計

以上より、CASE 98 の取引発生時の仕訳は次のようになります。

CASE 98（1）の取引発生時の換算額

・買掛金：100ドル×110円＝11,000円

CASE 98 の仕訳　（1）取引発生時＝為替予約時

（仕　　入）	11,000	（買　掛　金）	11,000

決算時の処理…（2）

営業取引について、取引発生時（まで）に為替予約を付した場合は、決算時において買掛金等の換算替えを行いません。

営業取引とは、仕入取引や売上取引などをいいます。これに対して、資金の借入れや貸付けなどを資金取引（営業外取引）といいます。

CASE 98 の仕訳　（2）決算時

仕 訳 な し

決済時の処理…（3）

為替予約を付した場合は、為替予約時の先物為替相場（予約レート）によって決済が行われます。

なお、為替予約時に買掛金等が予約レートによって換算されているため、換算差額（為替差損益）は生じません。

為替予約時の換算額11,000円で決済されます。

CASE 98 の仕訳　（3）決済時

（買　掛　金）	11,000	（現　　金）	11,000

このように、為替予約を付しておくと、決済時の直物為替相場（CASE 98 では１ドル116円）にかかわらず、予約レート（CASE 98 では１ドル110円）によって決済されるので、為替相場の変動によるリスク（不確実性）を回避することができるのです。

CASE 99 取引発生後に為替予約を付した場合の仕訳

やっぱり為替予約をしておこ～っと。
×3年 2/1
買掛金 $100
取引日は ×3年1月1日

今度は、取引発生後に為替予約を付した場合の処理についてみてみましょう。

取　引

次の一連の取引について仕訳しなさい（振当処理による）。

(1) ×3年1月1日　ゴエモン㈱はロッキー㈱から商品100ドルを輸入し、代金は3か月後に支払うこととした（決済日は×3年3月31日）。このときの直物為替相場は1ドル112円である。

(2) ×3年2月1日　(1) の買掛金に為替予約を行った。このときの直物為替相場は1ドル113円、先物為替相場（予約レート）は1ドル110円である。

(3) ×3年3月31日　(1) の買掛金100ドルを現金で支払った。このときの直物為替相場は1ドル115円である。

取引発生時の処理…(1)

取引発生時には、取引発生時の直物為替相場で換算した金額で処理します。

CASE 99 (1) の取引発生時の換算額

・買掛金：100ドル×112円＝11,200円

CASE 99 の仕訳　(1) 取引発生時

（仕　　　入）	11,200	（買　掛　金）	11,200

為替予約時の処理…(2)

外貨建債権債務について、取引発生後に為替予約を付したときは、外貨建債権債務を為替予約時の先物為替相場（予約レート）によって換算替えします。

厳密には（1級では）、換算差額を分解して、当期の為替差損益とするものと、次期以降の為替差損益にするものに分けるのですが、重要性が乏しい場合には、換算差額をすべて当期の損益（為替差損益）にすることができます（2級の場合）。

CASE 99 の買掛金の増減額

①予約レートによる買掛金の換算額：

100ドル×110円＝11,000円

②取引発生時の買掛金の換算額：11,200円

③11,000円－11,200円＝△200円（減少）

（買　掛　金）	200	（　　　　）	

このとき生じた換算差額は**為替差損益**で処理します。

CASE 99 の仕訳　(2) 為替予約時

（買　掛　金）	200	（為替差損益）	200

決済時の処理…(3)

為替予約を付した場合は、為替予約時の先物為替相場（予約レート）によって決済が行われます。

予約レートによる換算額11,000円で決済されます。

したがって、CASE 99 の決済時の仕訳は次のようになります。

CASE 99 の仕訳　(3) 決済時

（買　掛　金）	11,000	（現　　　金）	11,000

問題編

問題58

外貨建取引（輸入取引）のまとめ《一連の流れ》

CASE 94
前払金の支払時

[取引] 商品の輸入につき、10ドルを前払いした
為替相場：1ドル100円

（前　払　金）1,000* （現　　　金）1,000

*10ドル×100円=1,000円

CASE 95
輸入時

[取引] 商品100ドルを輸入し、前払金10ドルとの差額は翌月末に支払うこととした
為替相場：1ドル110円

（仕　　　入）10,900 （前　払　金）1,000
（買　掛　金）9,900*

*（100ドル－10ドル）×110円=9,900円

CASE 96
決済時

[取引] 買掛金90ドルを現金で支払った
為替相場：1ドル105円

（買　掛　金）9,900 （現　　　金）9,450*1
（為替差損益）450*2

*1 （100ドル－10ドル）×105円=9,450円
*2 貸借差額

決算時の換算のまとめ

CASE 97

分　類		項　目	
貨幣項目	資産	外国通貨、外貨預金、受取手形、売掛金　など	決算時の為替相場で換算替えをする CR
	負債	支払手形、買掛金　など	
非貨幣項目	資産	棚卸資産、前払金　など	決算時の為替相場で換算替えをしない HR
	負債	前受金　など	

為替予約のまとめ《一連の流れ》

①取引発生時（まで）に為替予約を付した場合

CASE 98 取引発生時（為替予約時）

[取引] 商品100ドルを輸入し、為替予約を付した
直物為替相場：1ドル113円　先物為替相場：1ドル110円

(仕　　　入)	11,000	(買　掛　金)	11,000*

*100ドル×110円=11,000円

CASE 98 決算時

仕　訳　な　し

CASE 98 決済時

●予約した為替相場で換算した金額で決済

(買　掛　金)	11,000	(現　　　金)	11,000

②取引発生後に為替予約を付した場合

CASE 99 取引発生時

[取引] 商品100ドルを輸入した
直物為替相場：1ドル112円

(仕　　　入)	11,200	(買　掛　金)	11,200*

*100ドル×112円=11,200円

CASE 99 為替予約時

[取引] 買掛金100ドルに為替予約を行った
直物為替相場：1ドル113円　先物為替相場：1ドル110円

(買　掛　金)	200*	(為替差損益)	200

*100ドル×（110円−112円）=△200円

CASE 99 決済時

●予約した為替相場で換算した金額で決済

(買　掛　金)	11,000*	(現　　　金)	11,000

*11,200円−200円=11,000円

この章で新たにでてきた勘定科目

資　産	負　債
—	—
	純資産
	—

費　用	収　益
為替差損	為替差益

その他
為替差損益

仕訳編

第13章

税効果会計

損益計算書の税引前当期純利益までは
会計上の収益と費用で計算するけど、
損益計算書の末尾に記載する法人税等は
税法にもとづいて計算した金額を計上する…。
だから、税引前当期純利益と法人税等が
適切に対応しないこともあるんだって！
会計と税法って仲が悪いのかな？

ここでは税効果会計についてみていきましょう。

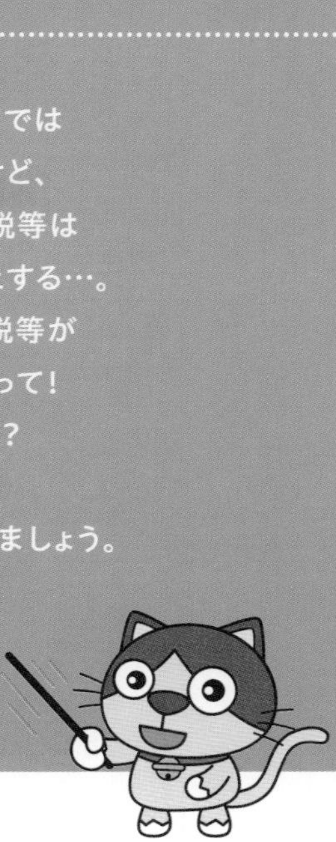

CASE 100 税効果会計とは

これは税法上の金額なんだ…。
へ~。
損益計算書
法人税等 ××

ゴエモン㈱では、当期の財務諸表を作るとともに、納付すべき法人税等も計算しています。法人税等については、税法にしたがって計算しているのですが、会計上の利益をそのまま使って法人税等を計算するわけではないようです。

例

ゴエモン㈱の当期の収益は10,000円、当期の費用は6,000円である。当期の費用6,000円には減価償却費1,000円を含むが、このうち200円については、法人税法上、損金として認められない。なお、法人税等の実効税率は40%とする。

用語 **損　　金**…税法上の費用のこと ⇔ **益　　金**…税法上の収益のこと
実効税率…法人税のほかに住民税、事業税を加味した実質的な税率（試験では問題文に指示があります）

税効果会計とは

会計上、法人税等（法人税、住民税及び事業税）は損益計算書の末尾において税引前当期純利益から控除しますが、この法人税等は税法上の利益（**課税所得**といいます）に税率を掛けて計算します。

法人税等＝課税所得×税率

会計上の利益は収益から費用を差し引いて計算しますが、課税所得は益金から損金を差し引いて計算します。

税引前当期純利益（会計上の利益）＝収益－費用

課税所得（税法上の利益）＝益金－損金

会計上の収益・費用と法人税法上の益金・損金の範囲はほとんど同じですが、なかには、会計上は費用であっても税法上は損金として認められないものなどもあります。

CASE 100では、会計上の費用である減価償却費のうち、200円については法人税法上は損金として認められていません。

したがって、会計上の利益と税法上の利益（課税所得）に不一致が生じます。

会計上の収益 10,000円	－	会計上の費用 6,000円	＝	会計上の利益（税引前当期純利益）4,000円
				↕ 不一致
税法上の益金 10,000円	－	税法上の損金 5,800円（6,000円－200円）	＝	税法上の利益（課税所得）4,200円

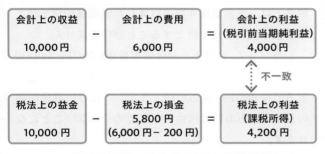

ここで、損益計算書の法人税等には、課税所得によって計算した法人税等の金額が計上されるので、このままでは損益計算書の税引前当期純利益と法人税等が対応しないことになってしまいます。

損益計算書		
Ⅰ 収益		10,000
Ⅱ 費用		6,000
税引前当期純利益		4,000 ← これは会計上の金額
法人税、住民税及び事業税		⊖1,680 ← これは税法上の金額 4,200円×40％＝1,680円
当期純利益		2,320

損益計算書の形式はCASE 110で確認してください。

そこで、会計と税法の一時的な差異を調整し、税引前当期純利益と法人税等を対応させる処理をします。この処理を**税効果会計**といいます。

税効果会計の対象となる差異

会計と税法の違いから生じる差異には、**一時差異**と**永久差異**があります。

たとえば、法定耐用年数が5年の備品（取得原価4,000円、残存価額ゼロ、定額法を採用）について、会計上は耐用年数4年で減価償却をしていたと仮定します。

会計上は備品の使用状態にあわせて適切と思われる耐用年数（4年）で減価償却することができますが、税法上は、法定耐用年数で計算した減価償却費を超える金額は損金として計上することができません。

> 会計では企業の実態を適切に開示することが求められますが、税法上は課税の公平性を目的とするので、同じ条件なら損金の額が同じになるようにしなければならないのです。

したがって、会計上の減価償却費は1,000円（4,000円÷4年）ですが、税法上、減価償却費として計上できるのは800円（4,000円÷5年）となり、課税所得の計算上、200円は損金として認められないことになります。

> ちなみに、会計上の減価償却費のほうが少なかった場合（たとえば700円であった場合）には、税法上の減価償却費が800円であろうと課税所得は700円で計算されるので、差異は生じません。

しかし、耐用年数が4年であれ5年であれ、耐用年数まで備品を使用した場合の全体期間を通した減価償却費は、会計上も税法上も同額になります。

つまり、この減価償却費の差異は、いったん生じても、いつかは解消されるのです。

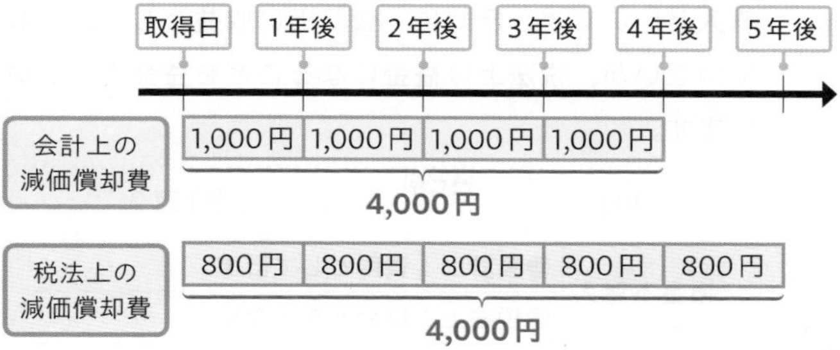

このような一時的に生じる差異を**一時差異**といい、一時差異には税効果会計を適用します。

いったん生じても、いつかは解消される一時差異に対し、永久に解消されない差異を**永久差異**といいますが、 永久差異は税効果会計の対象となりません。

主な一時差異と永久差異には次のようなものがあります。

一時差異と永久差異

税効果会計の対象	一時差異	●引当金の繰入限度超過額	2級で学習
		●減価償却費の償却限度超過額	2級で学習
		●その他有価証券の評価差額	2級で学習
		●棚卸資産の評価損	
		●積立金方式による圧縮記帳　など	
税効果会計の対象外	永久差異	●受取配当等の益金不算入額	
		●交際費の損金不算入額	
		●寄附金の損金不算入額　など	

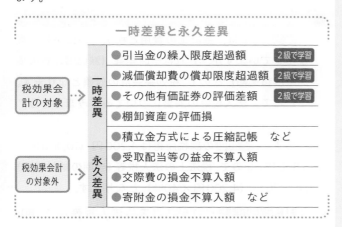

損金（益金）不算入と損金（益金）算入

会計上は費用として計上したが、税法上は損金にならないことを**損金不算入**といいます。反対に、会計上は費用として計上していないが、税法上は損金になることを**損金算入**といいます。また、会計上は収益として計上したが、税法上は益金にならないことを**益金不**

CASE 15,16 課税所得の算定方法で学習した内容と同じです。

算入といいます。反対に、会計上は収益として計上していないが、税法上は益金になることを益金算入といいます。

損金(益金)不算入と損金(益金)算入

損金不算入	●会計上:費用として計上 ●税法上:損金とならない
損金算入	●会計上:費用として計上していない ●税法上:損金となる
益金不算入	●会計上:収益として計上 ●税法上:益金とならない
益金算入	●会計上:収益として計上していない ●税法上:益金となる

法人税等の調整

CASE 100では、会計上の費用と税法上の損金に差異が生じていますが、これは一時差異(減価償却費の償却限度超過額)なので、税効果会計の対象となります。

ここで、法人税等の調整についてみてみましょう。

200円は当期の損金として認められないので、当期の損金は5,800円(6,000円－200円)となります。

まず、CASE 100の課税所得は4,200円(10,000円－5,800円)なので、税法上の法人税等(当期の納付税額)は1,680円(4,200円×40%)となります。

(法人税、住民税及び事業税) 1,680 (**未払法人税等**) 1,680

この金額がP/L「法人税等」に記載されます。

しかし、会計上の利益は4,000円(10,000円－6,000円)なので、会計上の法人税等(会計上あるべき法人税等)は1,600円(4,000円×40%)です。

そこで、損益計算書に記載した「法人税等1,680円」

をあるべき法人税等（1,600円）に調整するため、法人税等の金額を減算します。

なお、法人税等の調整は**法人税等調整額**という勘定科目で処理します。

CASE 100 の法人税等調整額

・1,680円－1,600円＝80円

（　　　）		（法人税等調整額）	80

そして、相手科目は**繰延税金資産**（借方が空欄の場合）または**繰延税金負債**（貸方が空欄の場合）で処理します。

繰延税金資産は法人税等の前払いを、繰延税金負債は法人税等の未払いを表します。

以上より、CASE 100 の税効果会計に関する仕訳は次のようになります。

CASE 100 の仕訳

（繰延税金資産）	80	（法人税等調整額）	80

借方が空欄なので、「繰延税金資産」となります。

なお、法人税等の未払いが生じている場合（法人税等調整額が借方に記入される場合）の仕訳は次のようになります。

（法人税等調整額）	××	（繰延税金負債）	××

法人税等調整額の表示

法人税等調整額が借方に生じた場合（借方残高の場合）には、損益計算書の法人税等に加算します。

反対に、法人税等調整額が貸方に生じた場合（貸方残高の場合）には、法人税等から減算します。

法人税、住民税及び事業税と法人税等調整額は、費用のようなものだと思いましょう。ですから、借方に生じたら加算、貸方に生じたら減算します。

CASE 100 では法人税等調整額が貸方に生じているので、損益計算書の表示は次のようになります。

損 益 計 算 書

Ⅰ 収 益			10,000
Ⅱ 費 用			6,000
	税引前当期純利益		4,000
	法人税、住民税及び事業税	1,680	
	法人税等調整額	**△80**	➖1,600
	当 期 純 利 益		2,400

税効果会計によって、法人税等が会計上あるべき金額1,600円（4,000円×40%）となります。

CASE 101

貸倒引当金の繰入限度超過額

税法上は、貸倒引当金の繰入額には、限度があるんだ…。
ネコでもわかる
法人税

ゴエモン㈱では、第1期の決算において200円の貸倒引当金を繰り入れましたが、このうち50円については税法上、損金として認められません。税効果会計を適用した場合、どんな処理をするのでしょう？

例

次の一連の取引について、税効果会計に関する仕訳を示しなさい。なお、法人税等の実効税率は40%とする。

(1) 第1期期末において貸倒引当金200円を繰り入れたが、そのうち50円については損金不算入となった。
(2) 第2期期末において貸倒引当金280円を設定したが、そのうち80円については損金不算入となった。なお、期中に売掛金（第1期に発生）が貸し倒れ、第1期に設定した貸倒引当金を全額取り崩している。

貸倒引当金繰入の損金不算入と税効果会計の仕訳

貸倒引当金の繰入額のうち、税法上の繰入額（限度額）を超える金額については、損金に算入することができません。

CASE 101(1) では、第1期の貸倒引当金繰入額は200円ですが、このうち50円については損金不算入です。

したがって、50円分について法人税等の調整を行います。

貸倒引当金繰入額が損金不算入となる場合、会計上の費用よりも税務上の損金のほうが少なくなるため、当期の納付税額（税法上の金額）があるべき法人税等

> 貸倒引当金繰入（費用）のうち50円が損金不算入となった場合、税法上の損金のほうが50円だけ少なくなります。そうすると、その分だけ課税所得（税法上の利益）が多くなるので、結果として法人税等が多く計算されるのです。

（会計上の金額）より多く計算されます。

そこで、損益計算書に記載された法人税等を減算調整します。

ここで、「会計上の費用よりも税法上の損金のほうが少ない→税法上の法人税等が多く計上される→法人税等を減算調整する」と考えていくと、頭の中が混乱するので、次のように機械的に処理するようにしましょう。

差異が生じたときの税効果会計の仕訳

税効果会計を適用した場合の仕訳をするときには、まず会計上の仕訳を考えます。

第1期において貸倒引当金を繰り入れたときの仕訳

（貸倒引当金繰入）	200	（貸倒引当金）	200

そして、会計上の仕訳のうち費用または収益の科目に注目し、費用または収益が計上されている逆側に**法人税等調整額**を記入します。

第1期において貸倒引当金を繰り入れたときの仕訳

（貸倒引当金繰入）	200	（貸倒引当金）	200

損益項目

（　　　　　）	（法人税等調整額）

なお、金額は損金不算入額（50円）に実効税率を掛けた金額となります。

CASE **101(1) の法人税等調整額**

・50円 × 40% = 20円

（　　　　　　）		（法人税等調整額）	20

最後に法人税等調整額の逆側（空いている側）に、**繰延税金資産**（借方が空いている場合）または**繰延税金負債**（貸方が空いている場合）と記入します。

以上より、CASE 101(1) の税効果会計に関する仕訳は次のようになります。

CASE **101(1) の仕訳**

（繰延税金資産）	20	（法人税等調整額）	20

差異が解消したとき（第２期）の税効果会計の仕訳

貸倒引当金を設定した翌期以降にその貸倒引当金を取り崩した場合には、差異が解消します。したがって、この場合は差異が発生したときと逆の仕訳をします。

なお、法人税等の調整は期末に行うため、第１期に発生した差異の解消と第２期に発生した差異の処理は一括して行います。

CASE **101(2) の法人税等調整額**

①第２期に発生した分：80円 × 40% = 32円
②第１期に発生した差異の解消分：20円
③当期に計上する分：32円 − 20円 = 12円

以上より、CASE 101(2) の税効果会計に関する仕訳は次のようになります。

第13章 税効果会計

CASE 101(2) の仕訳

(繰延税金資産)	12	(法人税等調整額)	12

次の①と②の仕訳を合わせた仕訳です。

①第1期に発生した差異の解消（貸倒れの発生）

(法人税等調整額)	20	(繰延税金資産)	20

②第2期に発生した差異

(繰延税金資産)	32	(法人税等調整額)	32

③第2期の仕訳（①＋②）

(繰延税金資産)	12	(法人税等調整額)	12

第2期の貸借対照表に計上される繰延税金資産は32円（20円＋12円）となります。

問題編

問題59

CASE 102 減価償却費の償却限度超過額

ゴエモン㈱では、備品の使用状況等を考慮して、法定耐用年数5年のところ、4年で減価償却を行っています。
この場合、税効果会計の仕訳はどのようになるのでしょう?

例

次の一連の取引について、税効果会計に関する仕訳を示しなさい。なお、備品の法定耐用年数は5年、法人税等の実効税率は40%とする。

(1) 第1期期末において、備品4,000円について定額法(耐用年数4年、残存価額はゼロ)により減価償却を行った。
(2) 第2期期末において、備品4,000円について定額法(耐用年数4年、残存価額はゼロ)により減価償却を行った。

減価償却費の損金不算入と税効果会計の仕訳

減価償却費のうち、税法上の減価償却費(限度額)を超える金額については、損金に算入することができません。

CASE 102(1) では、会計上の減価償却費は1,000円(4,000円÷4年)ですが、税法上の減価償却費(限度額)は800円(4,000円÷5年)です。

したがって、限度額を超過する200円分(1,000円−800円)について法人税等の調整を行います。

CASE 102(1) の法人税等調整額

・(1,000円 − 800円) × 40% = 80円

第1期において減価償却費を計上したときの仕訳

(減価償却費)	1,000	(減価償却累計額)	1,000

損益項目

CASE 102(1) の仕訳

(繰延税金資産)	80	(法人税等調整額)	80

翌年度の仕訳

備品を売却したり、除却したりした場合には、差異が解消します。したがって、この場合は差異が発生したときと逆の仕訳をします。

また、法人税等の調整は期末に行うため、第１期に発生した差異の解消と第２期に発生した差異の処理は一括して行います。

なお、CASE 102(2) では備品の売却等をしていませんので、差異は解消されていません。

したがって、CASE 102(2) の税効果会計に関する仕訳は次のようになります。

CASE 102(2) の法人税等調整額

①第２期に発生した分：(1,000円 − 800円) × 40%
= 80円

②第１期に発生した差異の解消分：0円

差異は解消していない

③当期に計上する分：80円 − 0円 = 80円

CASE 102(2) の仕訳

(繰延税金資産)	80	(法人税等調整額)	80

次の①と②の仕訳を合わせた仕訳です。

①第1期に発生した差異の解消…差異は解消していない

仕　訳　な　し

②第2期に発生した差異

(繰延税金資産)	80	(法人税等調整額)	80

③第2期の仕訳（①+②）

(繰延税金資産)	80	(法人税等調整額)	80

第2期の貸借対照表に計上される繰延税金資産は160円（80円 + 80円）となります。

第13章 税効果会計

問題編

問題60

CASE
103 その他有価証券の評価差額

「その他有価証券評価差額金」は、どのように調整するんだろう？
う～む。

ゴエモン㈱では、その他有価証券について評価差額を計上しましたが、税法ではその他有価証券の評価差額の計上は認められません。しかし、「その他有価証券評価差額金」は純資産の項目です。このような場合はどのような処理をするのでしょう？

例

ゴエモン㈱では、当期の決算においてその他有価証券（取得原価1,000円）を時価800円に評価替えした。
全部純資産直入法によって処理している場合の仕訳をしなさい。なお、法人税等の実効税率は40%とする。

全部純資産直入法と税効果会計

CASE 103 のその他有価証券は、時価が取得原価よりも低いので、評価差損が計上されます。そのため、会計上の仕訳は借方にその他有価証券評価差額金200円（1,000円－800円）が計上されます。

CASE 103 の評価差額

・800円（時価）－1,000円（取得原価）＝△200円（評価差損）

（その他有価証券評価差額金）	200	（その他有価証券）	200

このように会計上はその他有価証券について評価替えをしますが、税法上はその他有価証券の評価替えは認められません。

そこで、税効果会計を適用し、法人税等を調整する必要がありますが、前記の仕訳をみてもわかるように、その他有価証券を全部純資産直入法によって処理した場合には、費用や収益の科目は出てきません。

このような場合は、「法人税等調整額」で法人税等を調整することができないので、かわりに**「その他有価証券評価差額金」**で調整します。

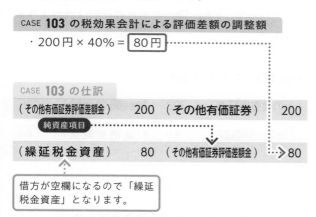

CASE 103 の税効果会計による評価差額の調整額

・200円 × 40% = 80円

CASE 103 の仕訳

(その他有価証券評価差額金)	200	(その他有価証券)	200
(繰延税金資産)	80	(その他有価証券評価差額金)	80

純資産項目

借方が空欄になるので「繰延税金資産」となります。

なお、仮に CASE 103 のその他有価証券の時価が1,400円であったとした場合（評価差益が生じている場合）の仕訳は次のようになります。

CASE 103 で評価差益が生じている場合

①評価差額：1,400円（時価） − 1,000円（取得原価） = 400円（評価差益）

②評価差額の調整額：400円 × 40% = 160円

（その他有価証券）	400	（その他有価証券評価差額金）	400
（その他有価証券評価差額金）	160	（繰延税金負債）	160

純資産項目

貸方が空欄になるので「繰延税金負債」となります。

翌期首の仕訳

その他有価証券の評価替えをした場合、翌期首に評価差額の再振替仕訳を行います。これと同時に、税効果会計の仕訳も逆仕訳をして振り戻します。

したがって、CASE 103 の翌期首の仕訳は次のようになります。

CASE 103 の翌期首の仕訳

（その他有価証券評価差額金）	200	（その他有価証券）	200
（繰延税金資産）	80	（その他有価証券評価差額金）	80

参考

繰延税金資産と繰延税金負債の表示

繰延税金資産は貸借対照表（CASE 111 参照）の資産の部の**「固定資産」**に、繰延税金負債は負債の部の**「固定負債」**に表示します。

なお、繰延税金資産と繰延税金負債の両方が生じたときは相殺して表示します。

問題編
問題61

税効果会計の対象となる差異

CASE 100

一時差異と永久差異

税効果会計の対象	一時差異	●引当金の繰入限度超過額　2級で学習
		●減価償却費の償却限度超過額　2級で学習
		●その他有価証券の評価差額　2級で学習
		●棚卸資産の評価損
		●積立金方式による圧縮記帳　など
税効果会計の対象外	永久差異	●受取配当等の益金不算入額
		●交際費の損金不算入額
		●寄附金の損金不算入額　など

法人税等調整額の表示

CASE 100

法人税等調整額の表示

損　益　計　算　書

Ⅰ	収　益		10,000
Ⅱ	費　用		6,000
	税引前当期純利益		4,000
	法人税、住民税及び事業税	1,680	
	法人税等調整額	**△ 80**	⊖ 1,600
	当期純利益		2,400

第13章 税効果会計

貸倒引当金の繰入限度超過額のまとめ 《一連の流れ》

CASE 101 差異発生時

(貸倒引当金繰入)	××	(貸倒引当金)	××
(繰延税金資産)	××	**(法人税等調整額)**	××*

損益項目

* 金額は「損金不算入額×実効税率」

CASE 101 差異解消時

・貸倒引当金を取り崩したときは差異が解消するので、差異が発生したときの逆仕訳をする

(法人税等調整額)	××	**(繰延税金資産)**	××

減価償却費の償却限度超過額のまとめ 《一連の流れ》

CASE 102 差異発生時

(減価償却費)	××	(減価償却累計額)	××
(繰延税金資産)	××	**(法人税等調整額)**	××*

損益項目

* 金額は「損金不算入額×実効税率」

CASE 102 差異解消時

・固定資産を売却したり、除却したりしたときは差異が解消するので、差異が発生したときの逆仕訳をする

(法人税等調整額)	××	**(繰延税金資産)**	××

その他有価証券の評価差額のまとめ 《一連の流れ》

CASE 103
決算時

●評価差損が生じている場合

(その他有価証券評価差額金) 純資産項目	200	(その他有価証券)	200
(繰延税金資産)	80	(その他有価証券評価差額金)	80

●評価差益が生じている場合

(その他有価証券)	400	(その他有価証券評価差額金) 純資産項目	400
(その他有価証券評価差額金)	160	(繰延税金負債)	160

CASE 103
翌期首

・決算時の逆仕訳をする

この章で新たにでてきた勘定科目

資　　産	負　　債
繰延税金資産	繰延税金負債
	純　資　産
	―

費　　用	収　　益	そ　の　他
―	―	法人税等調整額

仕訳編

第14章

収益認識の基準

商品を販売したり、
サービスを提供したときには収益を計上するけれども、
この収益を計上するタイミングや金額は
どのように決めればいいのだろう？

ここでは、収益認識の基準についてみていきましょう。

CASE
104
収益認識の基本

商品を販売したり、サービスを提供したとき、収益を計上するけど、その収益ってどんなルールにもとづいて計上しているんだろう？

収益認識の基本

「収益認識に関する会計基準」では、収益は、約束した財またはサービスを顧客に移転することによって、**履行義務**（りこうぎむ）を果たしたとき（または果たすにつれて）認識（計上）されるものとしています。

履行義務とは、顧客との契約で、財またはサービスを顧客に移転する約束をいいます。

たとえば、ゴエモン㈱がシロミ㈱に商品を販売する契約をした場合、ゴエモン㈱にはシロミ㈱に商品を引き渡す義務があるとともに、シロミ㈱から代金を受け取る権利があります。

この場合、ゴエモン㈱がシロミ㈱に商品を引き渡すと、履行義務を果たしたことになるので、商品を引き渡したときに**売上（収益）**を計上することになります。

「収益認識に関する会計基準」というのは、売上（収益）をいつ、いくらで計上するのかを定めた会計基準です。

「収益認識に関する会計基準」では、「履行義務を充足したとき」という表現で記載されていますが、本書ではわかりやすい用語を使用し、「履行義務を果たしたとき」という記載にしています。

また、収益の額は、**取引価格**にもとづいて計上されます。

取引価格とは、財またはサービスを顧客に移転するのと交換に権利を得ると見込まれる対価の額をいいます。

たとえば、商品の販売において、契約書に記載された商品の額が100円である場合、会社（ゴエモン㈱）がお客さん（シロミ㈱）に商品を引き渡すと、100円を受け取る権利が残ります。この「100円」が取引価格です。

収益認識のコンセプト

収益認識の基本的なコンセプト（収益認識の基本となる原則）は、次のとおりです。

収益認識の基本となる原則

- **約束した財またはサービスの顧客への移転を、当該財またはサービスと交換に企業が権利を得ると見込む対価の額で描写するように、収益を認識すること**

ちょっと難しいので「ふーん」と思って、見ておくくらいでいいです。

CASE
105 収益認識の5つのステップ

ゴエモン㈱はシロミ㈱と、コピー機（商品）の販売と2年間の保守サービスを行う契約を結びました。この場合、いつ、いくらで売上（収益）を計上するのでしょうか？

例

×1年4月1日（期首）に、ゴエモン㈱はシロミ㈱と商品の販売と2年間の保守サービスの提供を1つの契約で締結した。その契約の内容は次のとおりである。

[契約の内容]
1. 契約と同時（×1年4月1日）に商品の引き渡しを行う。
2. 保守サービスの期間は×1年4月1日から×3年3月31日までである。
3. 契約書に記載された対価の額は100円（商品の対価は80円、保守サービスの対価は20円）で、商品の引渡時に対価100円を現金で受け取る。

収益認識の５つのステップ

基本原則にしたがって収益を認識するために、具体的には次の５つのステップをふんで、収益の計上金額や計上方法を決めていきます。

Step 1 顧客との契約を識別(しきべつ)する

まず、顧客との契約を確認して、収益認識基準を適用すべき一定の契約かどうかを判定します。

試験ではここはすでにクリアされている(「一定の契約」に該当するものである)と考えてください。

え〜と、
契約の内容は…。
フムフム
契約書

Step 2 契約における履行義務を識別する

次に、(契約内の)顧客に提供する財またはサービスの内容(契約における履行義務)を個別に把握(識別)します。

CASE 105 では、1つの契約に、「商品の販売(商品を引き渡す義務)」と「2年間の保守サービス(保守サービスを提供する義務)」という2つの内容が含まれているので、「商品の販売」と「保守サービスの提供」に分けます。

Step 1 でおおまかに把握した契約を Step 2 で細かく(個別に)把握します。

この2つだね。
契約書
商品の販売
2年間の
保守サービス

収益を「いくら」で計上するかを算定します。

Step 3 取引価格を算定する

つづいて、Step 1 で識別した契約の取引価格を算定します。なお、消費税のように、第三者のために回収する額は取引価格に含めません。

一般的には、契約書に記載された金額が取引価格です。

CASE 105 では、「契約書に記載された対価の額は100円」とあるので、取引価格は100円です。

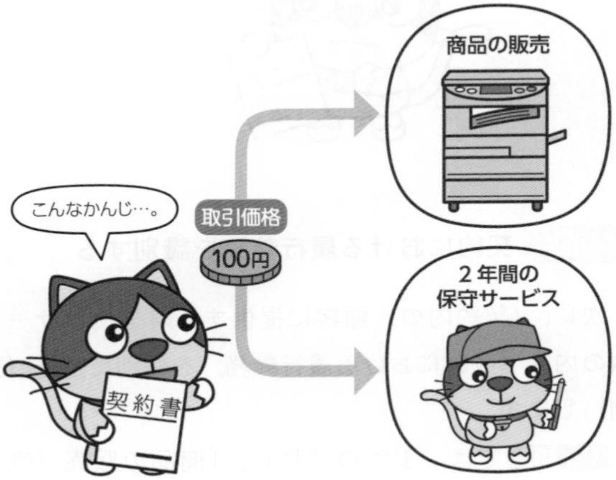

変動対価とは、顧客と約束した対価のうち、変動する可能性があるものをいいます。

なお、**変動対価**などがある場合には、それを考慮して算定します。

Step 3 で算定した取引価格を履行義務ごとに分けます。

Step 4 取引価格を履行義務に配分する

Step 3 で算定した取引価格を、Step 2 で把握した各履行義務に分けます。

CASE 105 では、「商品の販売（商品を引き渡す義務）」に配分された取引対価は80円、「保守サービスの提供（保守サービスを提供する義務）」に配分された取引対価は20円となります。

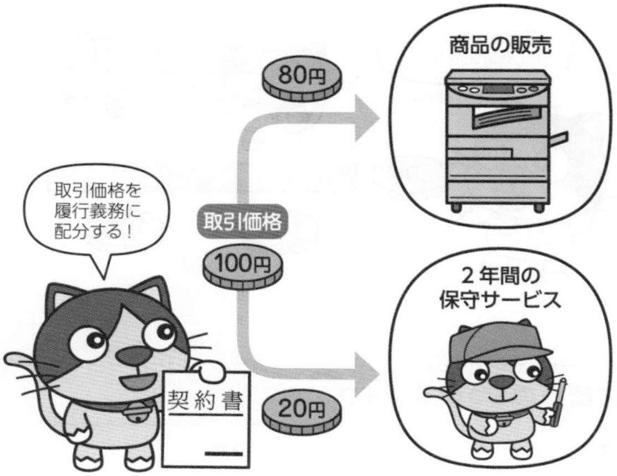

Step 5 履行義務を果たしたときに収益を認識する

「いつ」収益を計上するか、という話です。

最後に、履行義務を果たしたとき、または、履行義務を果たすにつれて、収益を認識します。

CASE 105 では、「商品の販売」については、シロミ㈱に引き渡したとき（×1年4月1日）に、**売上（収益）**を80円で計上します。

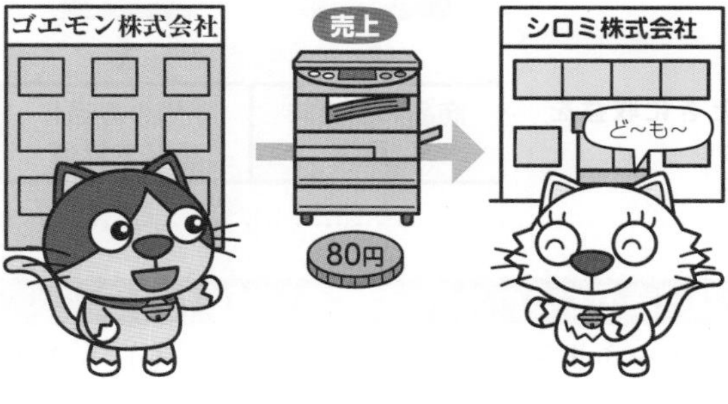

また、「保守サービスの提供（2年間の保守サービスの提供）」については、決算日にその期間（1年分）の**売上（収益）**を計上します。

サービスの提供については、役務収益（収益）で処理することもあります。

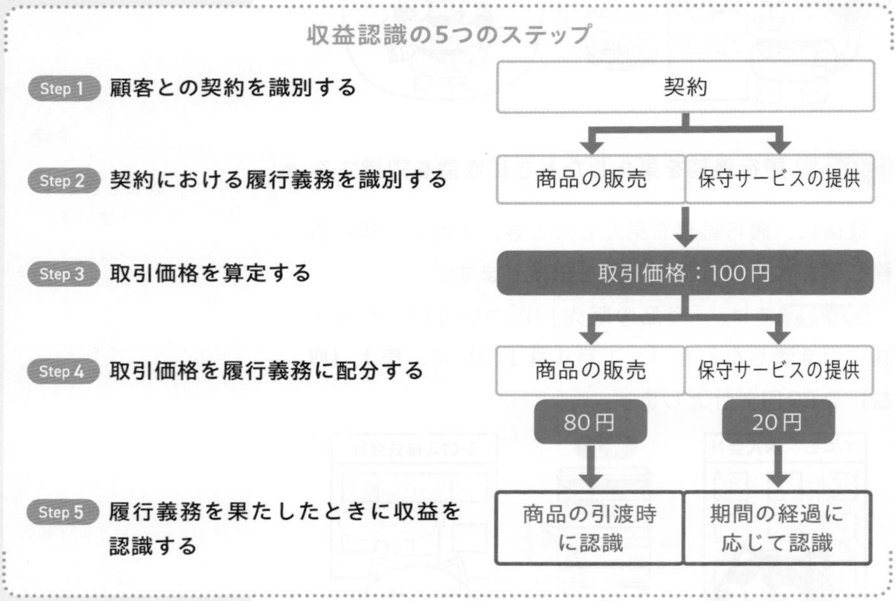
収益認識の5つのステップ
Step 1 顧客との契約を識別する
Step 2 契約における履行義務を識別する
Step 3 取引価格を算定する
Step 4 取引価格を履行義務に配分する
Step 5 履行義務を果たしたときに収益を認識する
契約
商品の販売
保守サービスの提供
取引価格：100円
商品の販売
保守サービスの提供
80円
20円
商品の引渡時に認識
期間の経過に応じて認識

収益認識の５つのステップにもとづいた仕訳

以上をふまえて、CASE 105 について、(1) ×１年４月１日、(2) ×２年３月31日、(3) ×３年３月31日の仕訳をすると、次のとおりです。

(1) ×１年４月１日（契約時、商品の引渡時）

商品をシロミ㈱に引き渡しているので、「商品の販売」について、**売上（収益）**を計上します。

（　　　　　）		（売　　　　上）	80

収益の発生⬆

なお、商品の販売にかかる取引価格は80円ですが、CASE 105では商品の販売時に、この契約の取引対価100円を受け取っています（2年分の保守サービスの取引対価20円についても受け取っています）。

（現　　　　金）	100	（売　　　　上）	80

資産の増加⬆

しかし、この時点ではまだ保守サービスの提供は行われていません。この場合の、保守サービス提供前に受け取った金額は、**契約負債という負債の勘定科目**で処理します。

まだサービスを提供する前に受け取った金額なので、「契約負債」は「前受金」で処理することもあります。

貸借対照表

資　産	負　債
	純資産

CASE 105 の仕訳（1）×1年4月1日の仕訳

（現　　　　金）	100	（売　　　　上）	80
		（契　約　負　債）	20

負債の増加⬆

(2) ×2年3月31日（決算日①）

1年分（×1年4月1日から×2年3月31日まで）の保守サービスの提供がされているため、1年分の保守サービスにかかる**売上（収益）**を計上するとともに、その分の**契約負債（負債）**を減少させます。

1年分の保守サービスの取引価格

・20円÷2年＝10円

CASE 105 の仕訳（2）×2年3月31日の仕訳

（契　約　負　債）	10	（売　　　　上）	10

負債の減少⬇

(3) ×3年3月31日（決算日②、サービスの終了時）

1年分（×2年4月1日から×3年3月31日まで）の保守サービスの提供がされているため、1年分の保守サービスにかかる**売上（収益）**を計上するとともに、その分の**契約負債（負債）**を減少させます。

CASE 105 の仕訳 (3)×3年3月31日の仕訳

（契約負債）	10	（売上）	10

問題編
問題62

参考

一時点または一定期間にわたる充足

収益の計上においては、契約にもとづく履行義務が、一時点で果たされるものか、一定の期間にわたって果たされるものかを判定する必要があります。

(1) 一時点で充足される履行義務

CASE 105 の「商品の販売」は、ゴエモン㈱がシロミ㈱に商品を引き渡すことによって履行義務が果たされます。このような取引は**一時点で充足される履行義務**と判定され、履行義務を果たしたときに（一時点で）**売上（収益）**を計上します。

いくつかの要件があって、それらのうち、いずれかの要件を満たす場合には「一定期間にわたって充足される履行義務」として売上（収益）を計上しますが、いずれの要件も満たさない場合には「一時点で充足される履行義務」として売上（収益）を計上します。

(2) 一定期間にわたって充足される履行義務

CASE 105 の「2年間の保守サービスの提供」は、期間の経過に応じて履行義務が果たされます。このような取引は**一定期間にわたって充足される履行義務**と判定され、履行義務が果たされるにつれて（一定期間にわたって）**売上（収益）**を計上します。

なお、一定期間にわたって充足される履行義務については、どのくらい履行義務を果たしているのかといった進捗度（しんちょくど）を見積って、その進捗度にもとづいて、**売上（収益）**を一定期間にわたって計上します。

参考

売上の計上時期

商品販売において、商品が顧客に移転したとき（顧客による検収時など）に**売上（収益）**を計上しますが、出荷から検収までの期間が通常の期間である場合には、商品を出荷したとき（出荷時）や商品が到着したとき（着荷時）に**売上（収益）**を計上することもできます。

売上の計上時期

出荷基準【容認】	商品を出荷したときに売上を計上する
着荷基準【容認】	商品が相手方に到着したときに売上を計上する
検収基準【原則】	相手方が商品の品質や数量などを検収し、確認の通知を受けたときに売上を計上する

第14章 収益認識の基準

CASE 106 履行義務を果たしたものの、まだ代金請求権がないときの仕訳

商品Xは4月1日に引き渡すけど、商品Yは4月末に引き渡す…。そして、商品Xの代金の受け払いは商品Yの引き渡しを条件とする場合、商品Xの売上時に売掛金を計上していいのかなあ…？

例

×1年4月1日に、ゴエモン㈱はシロミ㈱と商品Xおよび商品Yを合わせて100円で販売する契約を締結した。その契約の内容（下記）にもとづき、(1) ×1年4月1日、(2) ×1年4月30日の仕訳をしなさい。

[契約の内容]
1. 商品Xは契約と同時（×1年4月1日）に引き渡しを行うが、商品Yの引き渡しは月末（×1年4月30日）に行う。
2. 契約書に記載された対価の額は100円（商品Xの対価は60円、商品Yの対価は40円）である。
3. 商品Xの引き渡しに対する支払いは商品Yの引き渡しを条件とする。

履行義務を果たしたものの、まだ代金請求権がないときの仕訳

CASE 106では、×１年４月１日にゴエモン㈱がシロミ㈱へ商品Ｘを引き渡しているので、×１年４月１日に商品Ｘについて**売上（収益）**を計上します。

		（売　　　上）	60

収益の発生↑

なお、通常だと、代金を受け取る権利が発生するので**売掛金（資産）**で計上しますが、［契約の内容］によると、商品Xの代金の支払いは商品Yの引き渡しまで留保される（まだ法的な代金請求権がない）ため、この時点では**売掛金（資産）**ではなく、**契約資産（資産）**で処理します。

商品Yの引き渡しが完了したあとに対価の支払いが行われるという契約なので、この時点ではまだ「お金を払ってね」ということはできないのです。このようなときに借方科目を「契約資産」で処理するのです。

貸借対照表

資　産	負　債
	純資産

CASE 106 の仕訳（1）×1年4月1日の仕訳

（契約資産）	60	（売　上）	60

資産の増加⬆

そして、×1年4月30日に商品Yを引き渡したときは、商品Yについて**売上（収益）**を計上します。

		（売　上）	40

また、このときに商品Xと商品Yの対価を請求することができるようになるので、商品Yの対価については**売掛金（資産）**で処理し、商品Xの対価については**契約資産（資産）**から**売掛金（資産）**に振り替えます。

CASE 106 の仕訳（2）×1年4月30日の仕訳

（売掛金）	40	（売　上）	40

＋

（売掛金）	60	（契約資産）	60

資産の増加⬆　　資産の減少⬇

（売掛金）	100	（売　上）	40
		（契約資産）	60

第14章 収益認識の基準

問題編
問題63

CASE 107 割戻しの適用が予想される商品を売り上げたときの仕訳

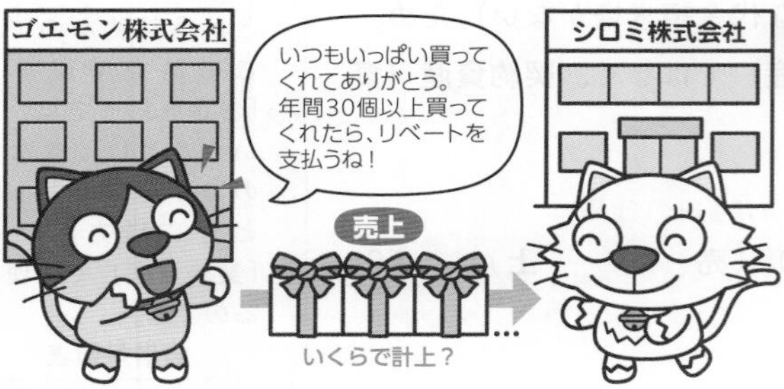

ゴエモン㈱はシロミ㈱が一定額以上の商品を購入してくれた場合、リベート（割戻し）を支払うことにしています。
この場合、商品を売り上げたときはいくらで売上を計上するのでしょうか？

例

8月1日に、ゴエモン㈱はシロミ㈱に対し商品Xを20個販売し、現金を受け取った。なお、ゴエモン㈱は以下の条件でシロミ㈱に商品Xを販売しており、決算日は3月31日である。

［条　件］
1. 商品Xの販売単価は100円である。
2. 当期中のシロミ㈱に対する商品Xの販売個数が30個に達した場合、1個あたり10円をリベートとして現金で支払う。
3. 当期におけるシロミ㈱に対する商品Xの販売個数は40個と予想している。

これまでの知識で仕訳をうめると…

▼ 現金を受け取った↑

（現　　金）	（売　　上）

△ 商品を売り上げた
→収益の発生↑

変動対価とは

収益を計上するさい、算定する取引価格（収益として計上する金額）は、**変動対価**などを考慮して算定します。

変動対価とは、顧客と約束した対価のうち、変動する可能性があるものをいい、たとえばリベート（売上割戻し）が変動対価に該当します。

割戻しの適用が予想される商品を売り上げたときの仕訳

CASE 107 では、商品Xの販売単価は100円ですが、当期中のシロミ㈱に対する販売個数が30個に達した場合は、１個あたり10円のリベート（割戻し）が適用されます。

このように、商品を売り上げたときに、割戻しが予想される場合には、**予想される割戻額を差し引いた金額で売上（収益）を計上し、予想される割戻額については返金負債（負債）で処理**します。

したがって、CASE 107 の仕訳は次のようになります。

CASE 107 の売上計上額

①入 金 額：@100円×20個＝2,000円

②売　　上：(@100円－@10円)×20個＝1,800円

③返金負債：@10円×20個＝200円

CASE 107 の仕訳

（現　　金）	2,000	（売　　上）	1,800
		（返 金 負 債）	200

負債の増加↑

割戻しとは、一定の期間に大量の商品を仕入れてくれた取引先に対して、リベートとして代金の一部を返すことをいいます（CASE 22 参照）。
CASE 22 では仕入割戻しについて学習しましたよね。
ここでは売上割戻しについて学習します。

貸借対照表

資　産	負　債
	純資産

8月1日の売上個数は20個なので、まだ売上割戻しは適用されませんが、売上計上額は売上割戻額を差し引いて算定します。

CASE
108 割戻しを適用したときの仕訳

今日（12月1日）、シロミ㈱に商品Xを10個販売したことにより、当期の販売数が売上割戻しの適用数量（30個）に達しました。売上割戻しを適用した場合、どんな処理をするのでしょうか？

取　引

12月1日に、ゴエモン㈱はシロミ㈱に対し商品Xを10個販売し、現金を受け取った。この取引により当期の販売個数が30個となった（8月1日に20個を販売し、返金負債200円を計上している…CASE 107）ため、割戻しを行い、現金で支払った。なお、ゴエモン㈱は以下の条件でシロミ㈱に商品Xを販売しており、決算日は3月31日である。

［条　件］
1. 商品Xの販売単価は100円である。
2. 当期中のシロミ㈱に対する商品Xの販売個数が30個に達した場合、1個あたり10円をリベートとして現金で支払う。

割戻しを適用したときの仕訳

CASE 108では、商品10個を販売しているので、まずはCASE 107と同様に売上の処理をします。

CASE 108 の売上計上額

①入 金 額：@100円×10個＝1,000円
②売　　上：（@100円－@10円）×10個＝900円
③返金負債：@10円×10個＝100円

（現　　　金）	1,000	（売　　　上）	900
		（返 金 負 債）	100

そして、売上割戻しが適用されて、割戻額を支払った場合には、計上している**返金負債（負債）**を取り崩します。

CASE 108 の返金負債の取崩額

・200円＋100円＝300円
8/1計上分　12/1計上分

したがって、CASE 108 の仕訳は次のようになります。

CASE 108 の仕訳

（現　　　金）	1,000	（売　　　上）	900
		（返 金 負 債）	100

（返 金 負 債）	300	（現　　　金）	300

負債の減少⬇

割戻しが適用されなかったときの仕訳

仮に CASE 108 で、商品10個の販売がなく、当期中に売上割戻しが適用されなかった場合には、計上している**返金負債（負債）**を**売上（収益）**に振り替えます。

（返 金 負 債）	200	（売　　　上）	200

負債の減少⬇　収益の発生⬆

計上している返金負債は8月1日計上分だけなので、返金負債200円を取り崩します。

第14章　収益認識の基準

問題編
問題64

収益認識の基本

CASE 104

収益認識の基本となる原則

●約束した財またはサービスの顧客への移転を、当該財またはサービスと交換に企業が権利を得ると見込む対価の額で描写するように、収益を認識すること

収益認識の5つのステップ

CASE 105

収益認識の5つのステップ

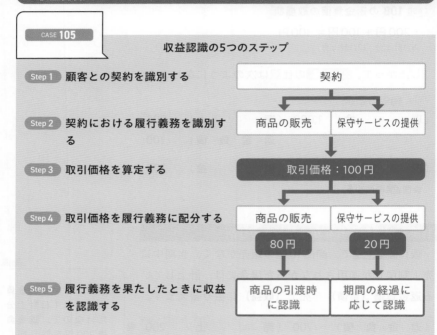

Step 1 顧客との契約を識別する

Step 2 契約における履行義務を識別する

Step 3 取引価格を算定する

Step 4 取引価格を履行義務に配分する

Step 5 履行義務を果たしたときに収益を認識する

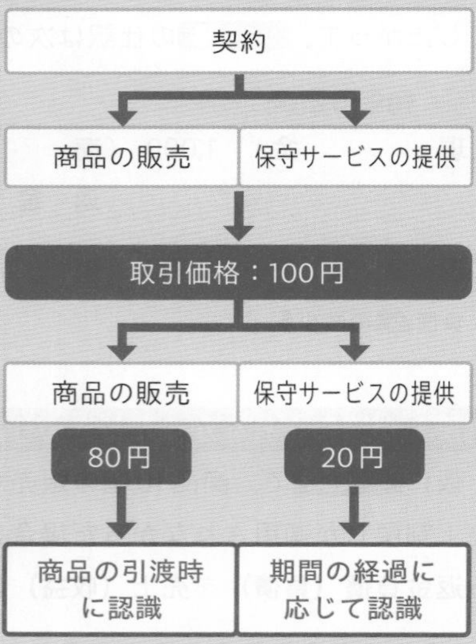

収益認識の5つのステップにもとづいた仕訳《一連の流れ》

※履行義務が「商品の販売」と「2年間の保守サービス」で、契約時に商品を引き渡すとともに、対価を受け取った場合

CASE 105 商品の引渡時

・商品の販売分について**売上（収益）**を計上
・まだ提供していない保守サービスについての対価を受け取った場合には**契約負債（負債）**で処理

（現金など）	100	（売上）	80
		（契約負債）	20

CASE 105 決算時①

・1年分の保守サービスについて**売上（収益）**または**役務収益（収益）**を計上
・提供した保守サービスにかかる**契約負債（負債）**を減少させる

（契約負債）	10	（売上）	10

CASE 105 決算時②（サービスの終了時）

・上記と同じ

（契約負債）	10	（売上）	10

契約資産のまとめ

CASE 106

・履行義務を果たしたものの、まだ代金請求権（法的請求権）がないときは、売上（収益）を計上するとともに契約資産（資産）で処理

(契約資産)	60	(売上)	60

・代金請求権（法的請求権）が生じたときに、契約資産（資産）を売掛金（資産）などに振り替える

(売掛金)	60	(契約資産)	60

売上割戻しの処理

CASE 107
商品の販売時①

・取引価格から予想される割戻額を差し引いた金額で売上（収益）を計上
・予想される割戻額は返金負債（負債）で処理

(現金など)	2,000	(売上)	1,800
		(返金負債)	200

CASE 107
商品の販売時②

・上記と同じ

(現金など)	1,000	(売上)	900
		(返金負債)	100

CASE 108
割戻しの適用時

・返金負債（負債）を取り崩す

(返金負債)	300	(現金など)	300

CASE 108
割戻しの不適用時

・返金負債（負債）を売上（収益）に振り替える

(返金負債)	200	(売上)	200

この章で新たにでてきた勘定科目

資産	負債
契約資産	契約負債 返金負債
	純資産
	—

費用	収益	その他
—	—	—

決算、本支店会計編

第15章

精算表と財務諸表

1年が終わったら、決算手続をして
損益計算書や貸借対照表を作成する…。
この損益計算書や貸借対照表は株主や取引先などが見るから、
わかりやすいようにきちんと区分して記載する必要があるんだって。
それから、純資産の部の変動を表す
株主資本等変動計算書というものもあるらしい…。

ここでは、精算表と財務諸表についてみていきましょう。

CASE 109
決算手続と精算表

3/31
決算日
決算手続…。
3級でも学習したよね。
帳簿

今日は決算日。
決算日には、日々の処理とは異なり、決算手続というものを行います。
決算手続の流れは3級でも学習しましたが、もう一度、まとめてみておきましょう。

決算手続

企業は会計期間（通常1年）ごとに決算日を設けて、1年間のもうけや資産や負債の状況をまとめます。このとき行う手続きを**決算**とか**決算手続**といいます。なお、決算手続は次の5つのステップで行います。

決算手続

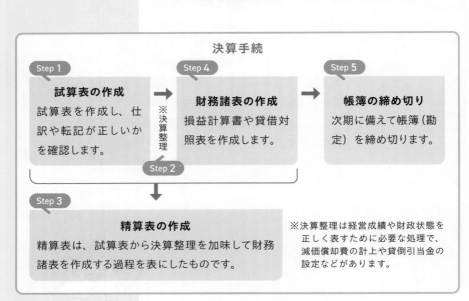

Step 1　試算表の作成
試算表を作成し、仕訳や転記が正しいかを確認します。

→ **Step 2**　※決算整理

Step 4　財務諸表の作成
損益計算書や貸借対照表を作成します。

→ **Step 5　帳簿の締め切り**
次期に備えて帳簿（勘定）を締め切ります。

Step 3　精算表の作成
精算表は、試算表から決算整理を加味して財務諸表を作成する過程を表にしたものです。

※決算整理は経営成績や財政状態を正しく表すために必要な処理で、減価償却費の計上や貸倒引当金の設定などがあります。

2級で出題される決算整理

2級で出題される主な決算整理には、次のようなものがあります。

すでに3級や仕訳編で学習していますので、以下のチェックポイントを参考に復習してください。

★…第3問（精算表、財務諸表作成問題）でよく出題される項目です。

項目	チェックポイント
現金過不足の整理	決算における現金過不足の処理 ➡3級
当座借越の振り替え	当座預金の貸方残高の振り替え ➡3級
貯蔵品の振り替え	郵便切手や収入印紙が期末に残っているときの振り替え ➡3級
★当座預金残高の修正	修正仕訳が必要な項目 ➡ CASE 42〜47
★売上原価の算定	**棚卸減耗損**と**商品評価損**の計算 ➡ CASE 24
★有価証券の評価替え	**売買目的有価証券、満期保有目的債券、子会社株式・関連会社株式、その他有価証券**の期末評価 ➡ CASE 81〜84
★引当金の設定	**貸倒引当金、修繕引当金、退職給付引当金、賞与引当金**の設定方法 ➡ CASE 87, 88, 90, 92
★有形固定資産の減価償却	**定額法**、**定率法**、（生産高比例法）の計算 ➡ CASE 50〜53 圧縮記帳をした固定資産の場合 ➡ CASE 65 リース資産の場合 ➡ CASE 70
無形固定資産の償却	償却方法と記帳方法、のれんの最長償却期間 ➡ CASE 12
ソフトウェアの償却	償却方法 ➡ CASE 74
★費用・収益の未払い・前払いと未収・前受け	費用・収益の未払い・前払いと未収・前受けの処理 ➡3級

精算表の形式

精算表は、（残高）試算表、決算整理、貸借対照表、損益計算書を1つの表にしたもので、形式は次ページのとおりです。

記入方法は3級のときと同じです。

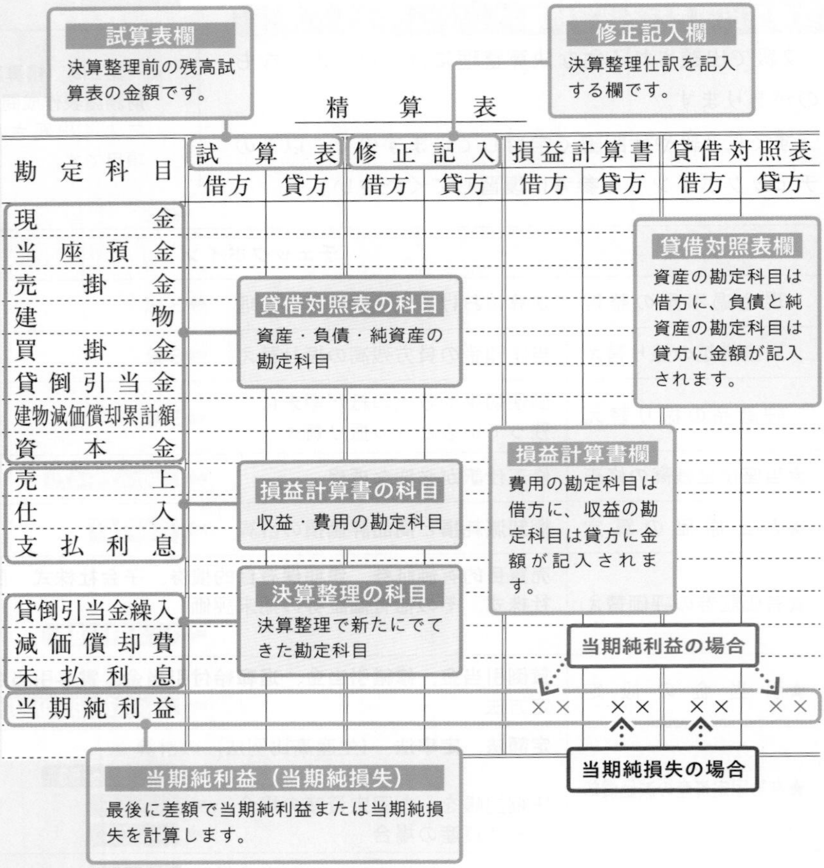
試算表欄
決算整理前の残高試算表の金額です。
修正記入欄
決算整理仕訳を記入する欄です。
精算表
勘定科目
試算表
修正記入
損益計算書
貸借対照表
借方
貸方
借方
貸方
借方
貸方
借方
貸方
現金
当座預金
売掛金
建物
買掛金
貸倒引当金
建物減価償却累計額
資本金
貸借対照表の科目
資産・負債・純資産の勘定科目
貸借対照表欄
資産の勘定科目は借方に、負債と純資産の勘定科目は貸方に金額が記入されます。
売上
仕入
支払利息
損益計算書の科目
収益・費用の勘定科目
損益計算書欄
費用の勘定科目は借方に、収益の勘定科目は貸方に金額が記入されます。
貸倒引当金繰入
減価償却費
未払利息
決算整理の科目
決算整理で新たにでてきた勘定科目
当期純利益の場合
当期純利益
××
××
××
××
当期純損失の場合
当期純利益（当期純損失）
最後に差額で当期純利益または当期純損失を計算します。

棚卸減耗損と商品評価損の記入方法①

詳しくは財務諸表の作成で説明します。

棚卸減耗損は、**売上原価に含める場合**と**含めない場合**があります。また、商品評価損は**売上原価に含めて処理**します。

売上原価を仕入勘定で算定している場合で、棚卸減耗損や商品評価損を売上原価に含める場合、いったん棚卸減耗損や商品評価損を計上したあと、仕入（売上原価）に振り替えます。

具体例を使ってこの場合の処理をみてみましょう。

例

期末商品の状況は次のとおりである（期首商品は0円）。なお、売上原価は「仕入」の行で算定し、棚卸減耗損と商品評価損は売上原価に含める。

・帳簿棚卸高　　100円　・棚卸減耗損　　20円

・商品評価損　　10円

（仕　　　入）	0	（繰 越 商 品）	0
（繰 越 商 品）	100	（仕　　　入）	100
（棚 卸 減 耗 損）	20	（繰 越 商 品）	20
（仕　　　入）	20	（棚 卸 減 耗 損）	20
（商 品 評 価 損）	10	（繰 越 商 品）	10
（仕　　　入）	10	（商 品 評 価 損）	10

棚卸減耗損を仕入に振り替えます。

商品評価損を仕入に振り替えます。

精　算　表

勘定科目	試算表 借方	試算表 貸方	修正記入 借方	修正記入 貸方	損益計算書 借方	損益計算書 貸方	貸借対照表 借方	貸借対照表 貸方
繰越商品	0		100	0			70	
				⊖ 20				
				10				
仕　　入	500		0	⊖ 100	430			
			20					
			10					
	××	××						
棚卸減耗損			20	20				
商品評価損			10	10				

振り替え

棚卸減耗損を売上原価に含めない場合には、棚卸減耗損から仕入への振り替えは行いません。

この場合の処理については、次の「**棚卸減耗損と商品評価損の記入方法②**」と同様なので、具体例を使った説明は省略します。

上記の決算整理仕訳のうち、棚卸減耗損を仕入に振り替える仕訳をしません。

第15章

精算表と財務諸表

棚卸減耗損と商品評価損の記入方法②

試験では、精算表を作成する問題で、「棚卸減耗損と商品評価損は精算表上、独立の科目として表示する」という指示がつくことがあります。

「精算表上、独立の科目として表示する」というのは、「仕入に振り替えなくてよい」ということを意味しています。したがって、この指示がついた場合には、棚卸減耗損や商品評価損を仕入に振り替える仕訳は不要となります。

具体例を使ってこの場合の処理をみてみましょう。

例

期末商品の状況は次のとおりである（期首商品は0円）。なお、売上原価は「仕入」の行で算定する。ただし、棚卸減耗損と商品評価損は精算表上、独立の科目として表示する。

- **帳簿棚卸高　100円**
- **棚卸減耗損　20円**
- **商品評価損　10円**

（仕　　　入）	0	（繰越商品）	0
（繰越商品）	100	（仕　　　入）	100
（棚卸減耗損）	20	（繰越商品）	20
（商品評価損）	10	（繰越商品）	10

棚卸減耗損や商品評価損を仕入に振り替えません。

問題編

問題65、66

精　算　表

勘定科目	試算表		修正記入		損益計算書		貸借対照表	
	借方	貸方	借方	貸方	借方	貸方	借方	貸方
繰越商品	0		100	0			70	
				20				
				10				
仕入	500		0	100	400			
	××	××						
棚卸減耗損			20		20			
商品評価損			10		10			

CASE 110

損益計算書の作成

精算表も作ったし、あとは財務諸表を作って帳簿を締めるだけ。
財務諸表には、3級でもみた損益計算書と貸借対照表のほかに、株主資本等変動計算書というものがあるらしい…。
ここでは、損益計算書の形式をみておきましょう。

損益計算書

損益計算書は、一会計期間の収益と費用から当期純利益（または当期純損失）を計算した書類で、会社の経営成績（いくらもうけたのか）を表します。

財務諸表には、損益計算書、貸借対照表、株主資本等変動計算書があります。まずは、損益計算書からみてみましょう。

損益計算書の形式

損益計算書の形式には、**勘定式**と**報告式**の２つがあります。

勘定式は３級で学習した形式で、借方と貸方に分けて記入する方法です。

勘定式、報告式ということばは覚えなくてもだいじょうぶです。

損益計算書（勘定式）

ゴエモン㈱　　自×１年４月１日　至×２年３月31日　　（単位：円）

費用	金額	収益	金額
売上原価	700	売上高	1,000
減価償却費	80	受取利息	20
貸倒引当金繰入	40		
支払利息	20		
当期純利益	180		
	1,020		1,020

2級では損益計算書は報告式で出題されます。

なお、報告式は借方と貸方に分けずに縦に並べて表示する方法で、形式を示すと次のとおりです。

損益計算書（報告式）

自×1年4月1日　至×2年3月31日（単位：円）

Ⅰ	売上高		1,000
Ⅱ	売上原価		
	1. 期首商品棚卸高	100	
	2. 当期商品仕入高	600	
	合計	700	
	3. 期末商品棚卸高	150	− 550
	A 売上総利益		450
Ⅲ	販売費及び一般管理費		
	1. 広告費	40	
	2. 貸倒引当金繰入	20	
	3. 減価償却費	30	− 90
	B 営業利益		360
Ⅳ	営業外収益		
	1. 受取利息	5	
	2. 有価証券利息	15	＋ 20
Ⅴ	営業外費用		
	1. 支払利息	2	
	2. 有価証券評価損	8	− 10
	C 経常利益		370
Ⅵ	特別利益		
	1. 固定資産売却益		＋ 25
Ⅶ	特別損失		
	1. 火災損失		− 15
	D 税引前当期純利益		380
	法人税、住民税及び事業税		− 114
	E 当期純利益		266

各段階の利益に注目！

各区分の中の並びは順不同です。

販売費及び一般管理費
ほかに給料、旅費交通費、保険料など

営業外収益
ほかに受取配当金、有価証券評価益など

営業外費用
ほかに雑損など

特別利益
ほかに保険差益など

特別損失
ほかに固定資産売却損など

A 売上総利益

売上高から売上原価（売上に対応する原価）を差し引いて**売上総利益**（うりあげそうりえき）を計算します。

いちばん初めに計算される利益です。

B 営業利益

売上総利益から**販売費及び一般管理費**を差し引いて**営業利益**（えいぎょうりえき）を計算します。

販売費及び一般管理費は、商品の販売に要した費用や本社の管理に要した費用で、**給料**、**広告費**、**減価償却費**、**貸倒引当金繰入**などがあります。

会社の主たる営業活動（商品売買活動）によって生じた利益です。

C 経常利益

営業利益に**営業外収益**と**営業外費用**を加減して**経常利益**（けいじょうりえき）を計算します。

営業外収益と営業外費用は、金銭の貸付けや借入れ、有価証券の売買など、商品売買活動以外の活動から生じた収益や費用で、**営業外収益**には、**受取利息**や**有価証券利息**などが、**営業外費用**には、**支払利息**や**有価証券評価損**などがあります。

会社の通常の活動から生じた利益です。

D 税引前当期純利益

経常利益に、まれにしか生じない利益や損失である**特別利益**と**特別損失**を加減して**税引前当期純利益**（ぜいびきまえとうきじゅんりえき）を計算します。

特別利益には**固定資産売却益**や**保険差益**などが、特別損失には**固定資産売却損**や**火災損失**などがあります。

法人税等を差し引く前の会社全体の利益です。

E 当期純利益

税引前当期純利益から、法人税、住民税及び事業税（法人税等）を差し引いて最終的な会社のもうけである**当期純利益**（とうきじゅんりえき）を計算します。

税効果会計を適用したさいに生じた法人税等調整額は法人税、住民税及び事業税に加減します（CASE 100 参照）。

これが最終的な会社の利益です。

第15章 精算表と財務諸表

商品評価損と棚卸減耗損の表示区分

商品評価損は、**売上原価に含めて記載**しますが、**棚卸減耗損**は、**売上原価に含めて記載する方法**と**販売費及び一般管理費に記載する方法**があります。

損益計算書 （単位：円）

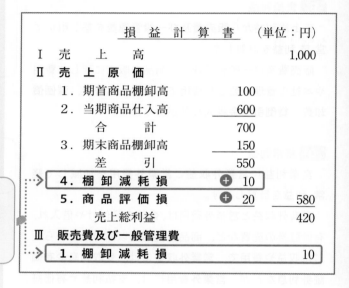

Ⅰ 売上高			1,000
Ⅱ 売上原価			
1. 期首商品棚卸高		100	
2. 当期商品仕入高		600	
合計		700	
3. 期末商品棚卸高		150	
差引		550	
4. 棚卸減耗損	⊕	10	
5. 商品評価損	⊕	20	580
売上総利益			420
Ⅲ 販売費及び一般管理費			
1. 棚卸減耗損			10

試験では、どの区分に記載するかは問題文の指示にしたがってください。

貸倒引当金繰入の表示

売上債権（売掛金や受取手形）にかかる貸倒引当金繰入は損益計算書上、**販売費及び一般管理費に表示**します。

一方、**営業外債権（貸付金など）にかかる貸倒引当金繰入**は損益計算書上、**営業外費用に表示**します。

損益計算書	(単位：円)
I 売上高	1,000
II 売上原価	
⋮	⋮
売上総利益	450
III 販売費及び一般管理費	
1. 貸倒引当金繰入	20
営業利益	
IV 営業外収益	
⋮	
V 営業外費用	
1. 貸倒引当金繰入	10

売上債権（売掛金、受取手形）にかかる貸倒引当金繰入はここに表示します。

営業外債権（貸付金など）にかかる貸倒引当金繰入はここに表示します。

CASE 111

貸借対照表の作成

こんどは貸借対照表の形式をみてみましょう。3級よりも区分が細かくなりますよ。

貸借対照表

貸借対照表は、決算日における資産、負債、純資産の状況を記載した書類で、会社の財政状態（財産がいくらあるのか）を表します。

貸借対照表の形式

貸借対照表の形式にも、**勘定式**と**報告式**の２つがありますが、報告式はほとんど出題されないので、勘定式の形式のみ示します。

貸借対照表

ゴエモン㈱　　×2年3月31日　　(単位：円)

A 資産の部

Ⅰ 流動資産 ⓐ		
1. 現金預金		770
2. 受取手形	500	
3. 売掛金	1,200	
4. 契約資産	300	
計	2,000	
貸倒引当金	40	1,960
5. 有価証券		700
6. 商品		420
7. 前払費用		20
流動資産合計		3,870
Ⅱ 固定資産 ⓑ		
1. 建物	2,000	
減価償却累計額	1,200	800
2. 備品	1,000	
減価償却累計額	600	400
3. 土地		1,600
4. 投資有価証券		600
固定資産合計		3,400
資産合計		7,270

流動資産
ほかに短期貸付金など

固定資産
ほかに長期貸付金、のれんなど

B 負債の部

Ⅰ 流動負債 ⓒ		
1. 支払手形		800
2. 買掛金		700
3. 短期借入金		200
4. 前受収益		50
5. 未払法人税等		40
流動負債合計		1,790
Ⅱ 固定負債 ⓓ		
1. 長期借入金		500
2. 退職給付引当金		600
固定負債合計		1,100
負債合計		2,890
C 純資産の部		
Ⅰ 株主資本 ⓔ		
1. 資本金		3,000
2. 資本剰余金		
(1)資本準備金	350	
(2)その他資本剰余金	200	550
3. 利益剰余金		
(1)利益準備金	300	
(2)別途積立金	100	
(3)繰越利益剰余金	380	780
株主資本合計		4,330
Ⅱ 評価・換算差額等 ⓕ		
1. その他有価証券評価差額金		50
評価・換算差額等合計		50
純資産合計		4,380
負債及び純資産合計		7,270

流動負債
ほかに未払金など

繰延資産は１級で学習します。

A 資産の部

資産の部はさらにⓐ**流動資産**、ⓑ**固定資産**、**繰延資産**の３つに分かれます。

なお、流動資産と固定資産は短期的（決算日の翌日から1年以内）に回収（現金化）するものかどうかで区分されます。

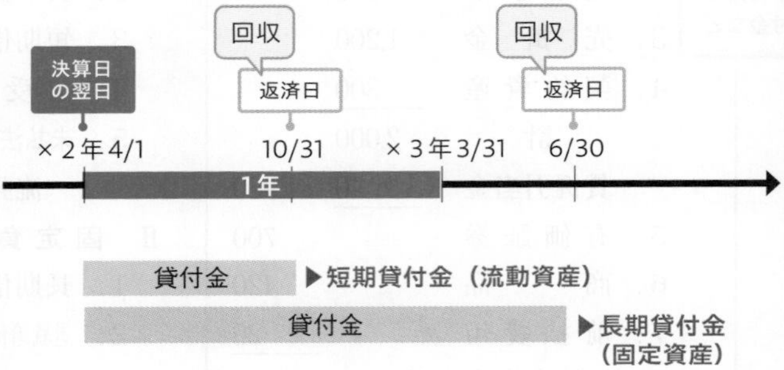

しかし、**売掛金**や**受取手形**のように営業活動（商品売買活動）にともなって発生したものは、**つねに流動資産**に区分されます。

資産のときと同じですね。

B 負債の部

負債の部はさらにⓒ**流動負債**とⓓ**固定負債**に分かれます。なお、流動負債と固定負債は短期的（決算日の翌日から１年以内）に返済（現金化）するものかどうかで区分されます。

しかし、**買掛金**や**支払手形**のように営業活動（商品売買活動）にともなって発生したものは、**つねに流動負債**に区分されます。

C 純資産の部

純資産の部はさらにⓔ**株主資本**とⓕ**評価・換算差額等**に分かれます。

ⓔ**株主資本**には、**資本金**、**資本剰余金**、**利益剰余**

金が記載されます。また、ⓕ**評価・換算差額等**には**その他有価証券評価差額金**が記載されます。

有価証券の表示

有価証券の貸借対照表上の表示区分と表示科目は、次のとおりです。

ただし、２級の試験では分類名（売買目的有価証券、満期保有目的債券、子会社株式、関連会社株式、その他有価証券）のまま表示することもあります。

(1) 売買目的有価証券

売買目的有価証券は短期的に保有するものなので、**流動資産**に「**有価証券**」として表示します。

(2) 満期保有目的債券

満期保有目的債券は満期まで保有するものなので、**固定資産**に「**投資有価証券**」として表示します。

(3) 子会社株式・関連会社株式

子会社株式や関連会社株式は支配などの目的で長期的に保有するものなので、**固定資産**に「**関係会社株式**」として表示します。

試験では、「子会社株式」や「関連会社株式」として、別々に表示することもあります。

(4) その他有価証券

その他有価証券は、**固定資産**に「**投資有価証券**」として表示します。

有価証券の分類と表示

分　類	表示科目	表示区分
(1)売買目的有価証券	有価証券	流動資産
(2)満期保有目的債券	投資有価証券	固定資産
(3)子会社株式・関連会社株式	関係会社株式	固定資産
(4)その他有価証券	投資有価証券	固定資産

参考

前払費用と長期前払費用

当期において、次期以降の費用を支払った場合には、次期以降の費用分については決算において前払処理をします。この場合で、当期の決算日の翌日から１年を超える期間の費用については**長期前払費用（資産）**で処理します。なお、長期前払費用は貸借対照表上、**固定資産**に表示します。

例

×２年２月１日に２年分の火災保険料2,400円（１か月あたり100円）を前払いしている。なお、当期は×１年４月１日から×２年３月31日までの１年である。

一般的に、貸借対照表では「前払保険料」などは「前払費用」として表示します。また、「長期前払保険料」などは「長期前払費用」として表示します。

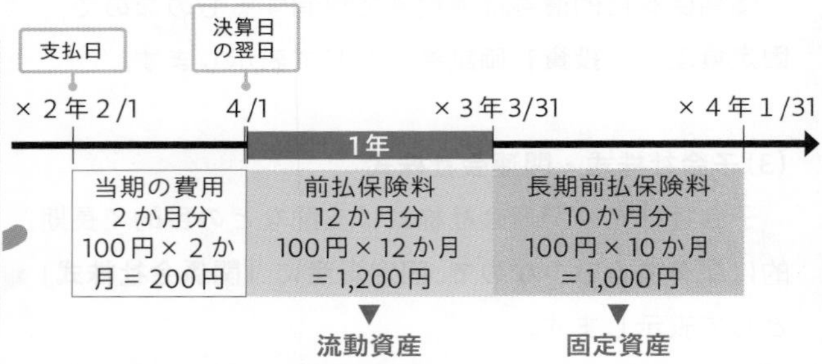

その他有価証券評価差額金の表示

その他有価証券の評価替えについてはCASE 84で確認してください。

その他有価証券の評価替えによって生じた評価差額（**その他有価証券評価差額金**）は、相殺した純額を貸借対照表の純資産の部に表示します。

貸　借　対　照　表

⋮

純　資　産　の　部

Ⅱ　評価・換算差額等

1．その他有価証券評価差額金　50

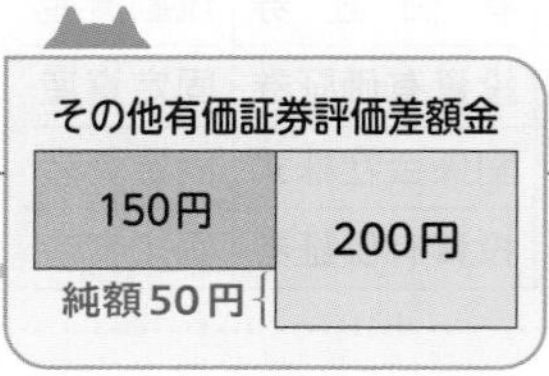

問題編
問題67

CASE 112

株主資本等変動計算書の作成

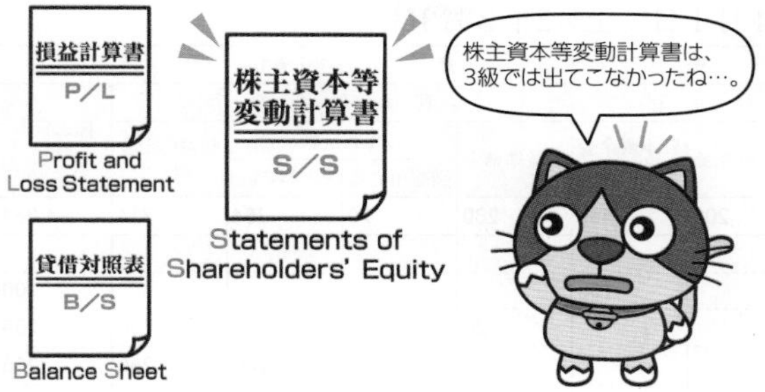

こんどは株主資本等変動計算書の形式をみてみましょう。

株主資本等変動計算書

株主資本等変動計算書（かぶぬししほんとうへんどうけいさんしょ）は、純資産（株主資本および評価・換算差額等）の変動を表す財務諸表で、貸借対照表の純資産の部について項目ごとに、当期首残高、当期変動額、当期末残高を記載します。

株主資本等変動計算書の形式は次のとおりです。

貸　借　対　照　表

（省略）	⋮		
	純 資 産 の 部		
	Ⅰ　株 主 資 本		
	1．資　本　金		3,000
	2．資本剰余金		
	(1)資本準備金	350	
	(2)その他資本剰余金	200	550
	3．利益剰余金		
	(1)利益準備金	300	
	(2)別途積立金	100	
	(3)繰越利益剰余金	380	780
	株主資本合計		4,330
	Ⅱ　評価・換算差額等		
	1．その他有価証券評価差額金		50
	評価・換算差額等合計		50
	純 資 産 合 計		4,380
	負債及び純資産合計		7,270

純資産（株主資本、評価・換算差額等）の項目が横に並んでいます。

株主資本等変動計算書

自×1年4月1日　至×2年3月31日

	株主資本…★1								
	資本金	資本剰余金			利益剰余金				株主資本合計
		資本準備金	その他資本剰余金	資本剰余金合計	利益準備金	その他利益剰余金		利益剰余金合計	
						別途積立金	繰越利益剰余金		
A 当期首残高	2,900	250	200	450	280	70	364	714	4,064
B 当期変動額									
新株の発行	100	100		100					200
剰余金の配当等					20	30	△ 250	△ 200	△ 200
当期純利益							266	266	266
株主資本以外の項目の当期変動額(純額)									
当期変動額合計	100	100	0	100	20	30	16	66	266
C 当期末残高	3,000	350	200	550	300	100	380	780	4,330

上段より続く

	評価・換算差額等…★2		純資産合計
	その他有価証券評価差額金	評価・換算差額等合計	
A 当期首残高	35	35	4,099
B 当期変動額			
新株の発行			200
剰余金の配当等			△200
当期純利益			266
株主資本以外の項目の当期変動額(純額)	15	15	15
当期変動額合計	15	15	281
C 当期末残高	50	50	4,380

A 当期首残高

当期首時点の各項目の残高を記入します。

B 当期変動額

当期の株主資本等（純資産）の変動額を記入します。なお、株主資本（★1）の当期変動額は変動原因（新株の発行、剰余金の配当等、当期純利益など）に分けて記載しますが、株主資本以外（評価・換算差額等★2）

の当期変動額は純額で記載します。

株主資本等変動計算書には、純資産の部の変動額のみ記入し、それ以外（資産や負債）の項目の変動額については記入しません。

また、純資産の減少については金額の前に「△」などを付します。

(1) 当期変動額の記入

具体例を使って、当期変動額の記入をみてみましょう。

例1

新株を発行し、次の仕訳を行った。

(当座預金)	200	(資本金)	ⓐ100
		(資本準備金)	ⓑ100

「当座預金」は純資産の項目ではないので、株主資本等変動計算書には記入しません。

株主資本等変動計算書

自×1年4月1日　至×2年3月31日

	株主資本								
	資本金	資本剰余金			利益剰余金				株主資本合計
		資本準備金	その他資本剰余金	資本剰余金合計	利益準備金	その他利益剰余金		利益剰余金合計	
						別途積立金	繰越利益剰余金		
当期変動額									
新株の発行	ⓐ100	ⓑ100		100					200

例2

剰余金の配当等をしたさい、次の仕訳を行った。

(繰越利益剰余金)	ⓔ250	(未払配当金)	200
		(利益準備金)	ⓒ20
		(別途積立金)	ⓓ30

「未払配当金」は純資産の項目ではないので、株主資本等変動計算書には記入しません。

株主資本等変動計算書

自×1年4月1日　至×2年3月31日

	株主資本								
	資本金	資本剰余金			利益剰余金				株主資本合計
		資本準備金	その他資本剰余金	資本剰余金合計	利益準備金	その他利益剰余金		利益剰余金合計	
						別途積立金	繰越利益剰余金		
当期変動額									
剰余金の配当等					ⓒ20	ⓓ30	ⓔ△250	△200	△200

仕訳の借方に「繰越利益剰余金」が記載されている（純資産が減少している）ので、△を付けます。

「損益」は純資産の項目ではないので、株主資本等変動計算書には記入しません。

例3

決算において当期純利益が計算され、次の仕訳を行った。

（損　　　益）　266（繰越利益剰余金）ⓕ266

株主資本等変動計算書

自×1年4月1日　至×2年3月31日

	株主資本								
	資本金	資本剰余金			利益剰余金				株主資本合計
		資本準備金	その他資本剰余金	資本剰余金合計	利益準備金	その他利益剰余金		利益剰余金合計	
						別途積立金	繰越利益剰余金		
当期変動額									
当期純利益							ⓕ266	266	266

「その他有価証券」は純資産の項目ではないので、株主資本等変動計算書には記入しません。

例4

その他有価証券につき、次の評価替えの仕訳を行った。

（その他有価証券）　15（その他有価証券評価差額金）ⓖ15

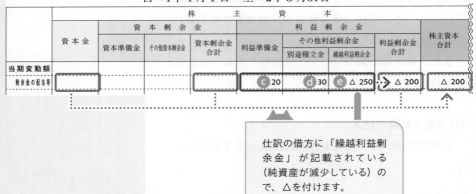

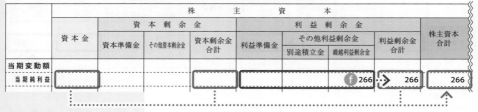

上段より続く

	評価・換算差額等		
	その他有価証券評価差額金	評価・換算差額等合計	純資産合計
当期首残高	35	35	4,099
当期変動額			
株主資本以外の項目の当期変動額(純額)	ⓖ 15	15	15
当期変動額合計	15	15	281
当期末残高	50	50	4,380

「その他有価証券評価差額金」は株主資本以外の項目（評価・換算差額等の項目）なので、当期変動額は純額で記入します。

(2) 当期変動額合計の記入

項目ごとに当期変動額を合計して、当期変動額合計を計算します。

株主資本等変動計算書

自×1年4月1日　至×2年3月31日

	株主資本								
	資本金	資本剰余金			利益剰余金				株主資本合計
		資本準備金	その他資本剰余金	資本剰余金合計	利益準備金	その他利益剰余金		利益剰余金合計	
						別途積立金	繰越利益剰余金		
当期首残高	2,900	250	200	450	280	70	364	714	4,064
当期変動額									
新株の発行	100	100		100					200
剰余金の配当等					20	30	△250	△200	△200
当期純利益							266	266	266
株主資本以外の項目の当期変動額（純額）									
当期変動額合計	100	100	0	100	20	30	16	66	266

下段に続く

上段より続く

	評価・換算差額等		
	その他有価証券評価差額金	評価・換算差額等合計	純資産合計
当期首残高	35	35	4,099
当期変動額			
新株の発行			200
剰余金の配当等			△200
当期純利益			266
株主資本以外の項目の当期変動額（純額）	15	15	15
当期変動額合計	15	15	281

「純資産合計」には、株主資本合計と評価・換算差額等合計を合算した金額を記入します。

C 当期末残高

当期末残高は当期首残高に当期変動額合計を加減して計算します。

株主資本等変動計算書

自×1年4月1日　至×2年3月31日

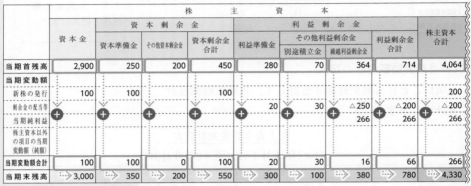

	株主資本								
	資本金	資本剰余金			利益剰余金				株主資本合計
		資本準備金	その他資本剰余金	資本剰余金合計	利益準備金	その他利益剰余金		利益剰余金合計	
						別途積立金	繰越利益剰余金		
当期首残高	2,900	250	200	450	280	70	364	714	4,064
当期変動額									
新株の発行	100	100		100					200
剰余金の配当等					20	30	△250	△200	△200
当期純利益							266	266	266
株主資本以外の項目の当期変動額（純額）									
当期変動額合計	100	100	0	100	20	30	16	66	266
当期末残高	3,000	350	200	550	300	100	380	780	4,330

下段に続く

上段より続く

	評価・換算差額等		純資産合計
	その他有価証券評価差額金	評価・換算差額等合計	
当期首残高	35	35	4,099
当期変動額			
新株の発行			200
剰余金の配当等			△200
当期純利益			266
株主資本以外の項目の当期変動額（純額）	15	15	15
当期変動額合計	15	15	281
当期末残高	50	50	4,380

決算、本支店会計編

第16章

帳簿の締め切り

損益計算書と貸借対照表も作ったし…
あとは帳簿を締めて当期の処理はおしまい!

ここでは、帳簿の締め切りについてみていきましょう。

CASE 113

収益・費用の各勘定残高の損益勘定への振り替え

決算整理も終わって、当期の処理もいよいよ大詰め、帳簿を締め切ります。帳簿の締め切りの第1ステップは、収益・費用の各勘定残高を損益勘定へ振り替えることです。

例

決算整理後の収益と費用の諸勘定の残高は次のとおりである。損益勘定に振り替えなさい。

売　　上

	1,200

受 取 地 代

	60

仕　　入

950	

帳簿の締め切り（英米式）

次期の帳簿記入に備えて、帳簿（総勘定元帳）の各勘定を整理することを**帳簿の締め切り**といいます。なお、帳簿の締切方法には、**英米式**と**大陸式**の２つがありますが、２級では英米式を学習します。

英米式による帳簿の締め切りは、次の手順で行います。

Step 1
収益・費用の各勘定残高の損益勘定への振り替え
→
Step 2
当期純利益(または当期純損失)の繰越利益剰余金勘定への振り替え

3級で学習した帳簿の締め切りと同じです。

→
Step 3
各勘定の締め切り

収益、費用の各勘定残高を損益勘定に振り替える！

帳簿の締め切りの第1ステップは、収益、費用の各勘定の残高を損益勘定に振り替えることです。

具体的には、各勘定残高がゼロになるように、**収益**の各勘定の残高は**損益勘定の貸方**に、**費用**の各勘定の残高は**損益勘定の借方**に振り替えます。

これを損益振替といいます。

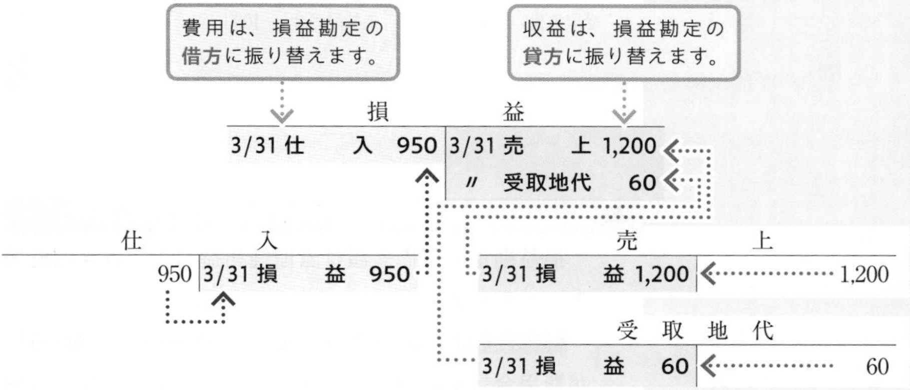

CASE 113 の振替仕訳

収益の各勘定の振り替え ↑	(売　上)	1,200	(損　益)	1,260
	(受取地代)	60		
費用の各勘定の振り替え ↓	(損　益)	950	(仕　入)	950

CASE 114

当期純利益の繰越利益剰余金勘定への振り替え

帳簿の締め切りの第2ステップは当期純利益の振り替えです。

例

収益・費用の各勘定から振り替えたあとの損益勘定は次のとおりである。当期純利益を繰越利益剰余金勘定に振り替えなさい。

損益

3/31	仕入	950	3/31	売上	1,200
			〃	受取地代	60

繰越利益剰余金

6/20	利益準備金	10	4/1	前期繰越	200
〃	未払配当金	100			

当期純利益は繰越利益剰余金勘定の貸方へ！

損益勘定の貸借差額は当期純利益（または当期純損失）を表します。

CASE 114 は、収益合計1,260円（1,200円＋60円）が費用合計950円よりも大きいので、その差額310円は当期純利益となります。

損益

3/31	仕入	950	3/31	売上	1,200
	差額310円（当期純利益）		〃	受取地代	60

会社はこの当期純利益（もうけ）を元手として次期以降活動するので、当期純利益は元手（純資産）の増加として、**繰越利益剰余金勘定の貸方**に振り替えます。

これを資本振替といいます。

6/20の記入は期中に行った剰余金の処分・配当を表しています。

損益

3/31	仕入	950	3/31	売上	1,200
〃	**繰越利益剰余金**	**310**	〃	受取地代	60

繰越利益剰余金

6/20	利益準備金	10	4/1	前期繰越	200
〃	未払配当金	100	**3/31**	**損益**	**310**

CASE **114** の振替仕訳

（損益）	310	（繰越利益剰余金）	310

純資産の増加⬆

当期純損失は繰越利益剰余金勘定の借方へ！

当期純損失の場合は、繰越利益剰余金勘定の借方に振り替えます。

したがって、CASE **114** で損益勘定の仕入が1,300円（当期純損失が40円）であった場合の資本振替は次のようになります。

損益

3/31	仕入	1,300	3/31	売上	1,200
			〃	受取地代	60
			〃	**繰越利益剰余金**	**40**

繰越利益剰余金

6/20	利益準備金	10	4/1	前期繰越	200
〃	未払配当金	100			
3/31	**損益**	**40**			

（繰越利益剰余金）	40	（損益）	40

純資産の減少⬇

CASE 115

各勘定の締め切り

帳簿の締め切りの第3ステップは、収益・費用・資産・負債・純資産の各勘定の締め切りです。収益・費用の各勘定と資産・負債・純資産の各勘定では締め切り方が少し違います。

例

決算整理後の諸勘定の残高（一部）は次のとおりである。各勘定を締め切りなさい。

仕　入

		950	3/31	損　益	950

売　上

3/31	損　益	1,200			1,200

損　益

3/31	仕　入	950	3/31	売　上	1,200
〃	繰越利益剰余金	310	〃	受取地代	60

受取地代

3/31	損　益	60			60

現　金

		100			

買掛金

					140

繰越利益剰余金

6/20	利益準備金	10	4/1	前期繰越	200
〃	未払配当金	100	3/31	損　益	310

収益・費用の各勘定の締め切り

収益と費用の各勘定残高は損益勘定に振り替えたので、各勘定の借方合計と貸方合計は一致しています。そこで、各勘定の借方合計と貸方合計が一致していることを確認して、二重線を引いて締め切ります。

CASE 115 の収益、費用の締め切り

合計額を記入して締め切る

仕　入

	950	3/31 損益	950
	950		**950**

売　上

3/31 損益	1,200		1,200
	1,200		1,200

損　益

3/31 仕入	950	3/31 売上	1,200
〃 繰越利益剰余金	310	〃 受取地代	60
	1,260		1,260

受取地代

3/31 損益	60		60
	60		**60**

資産・負債・純資産の各勘定の締め切り

資産、負債、純資産の各勘定のうち、期末残高があるものはこれを次期に繰り越します。したがって、借方または貸方に「**次期繰越**」と金額を赤字で記入して、貸借を一致させてから締め切ります。

試験では黒字で記入します。

そして、締め切ったあと、「次期繰越」と記入した側の逆側に「**前期繰越**」と金額を記入します。

CASE 115 の資産、負債、純資産の締め切り

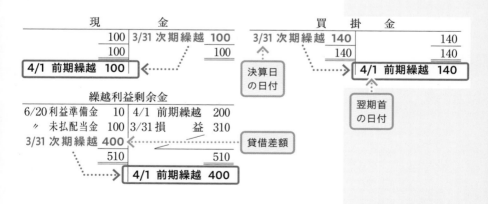

現　金

	100	3/31 次期繰越	**100**
	100		100
4/1 前期繰越	**100**		

買掛金

3/31 次期繰越	**140**		140
	140		140
		4/1 前期繰越	**140**

決算日の日付

翌期首の日付

繰越利益剰余金

6/20 利益準備金	10	4/1 前期繰越	200
〃 未払配当金	100	3/31 損益	310
3/31 次期繰越	**400**		
	510		510
		4/1 前期繰越	**400**

貸借差額

問題編
問題68

決算、本支店会計編

第17章

本支店会計

京都に支店を開設した!
こんなとき、帳簿の記録はどうするんだろう?
それに本店と支店との取引も記録するのかな?

ここでは、本支店会計についてみていきましょう。

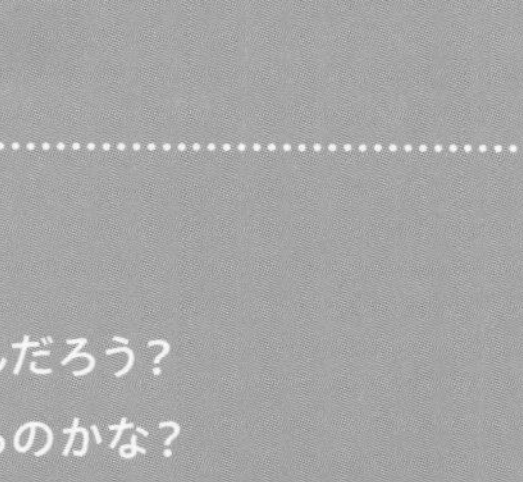

CASE
116

本店から支店に現金を送付したときの仕訳

ゴエモン㈱では、このたび、京都に支店を出し、京都支店での取引は京都支店の帳簿に記入してもらうことにしました。今日、京都支店の開設にあたり、現金100円を支店に送付しましたが、この取引はどのように処理したらよいでしょうか？

取　引

ゴエモン㈱東京本店は京都支店に現金100円を送付し、京都支店はこれを受け取った。

本支店会計とは

会社の規模が大きくなると、全国各地に支店を設けて活動するようになります。

このように本店と支店がある場合の会計制度を**本支店会計**といいます。

支店の取引は支店の帳簿に記入！

本支店会計における支店の取引の処理方法には、本店だけに帳簿をおき、支店が行った取引も本店が一括して処理する方法（**本店集中会計制度**（ほんてんしゅうちゅうかいけいせいど）といいます）と、本店と支店に帳簿をおいて、支店の取引は支店の帳簿に記入する方法（**支店独立会計制度**（してんどくりつかいけいせいど）といいます）がありますが、このテキストでは、**支店独立会計制度**を前提として説明していきます。

支店独立会計制度によると、支店独自の業績を明らかにすることができるというメリットがあります。

本店勘定と支店勘定

「本店が支店に現金を送った」などの本店・支店間の取引は、会社内部の取引なので、会社内部の取引ということがわかるように記帳しなければなりません。

そこで、**本店の帳簿には支店勘定**を、**支店の帳簿には本店勘定**を設けて、本店・支店間の取引によって生じた債権や債務は、支店勘定または本店勘定で処理します。

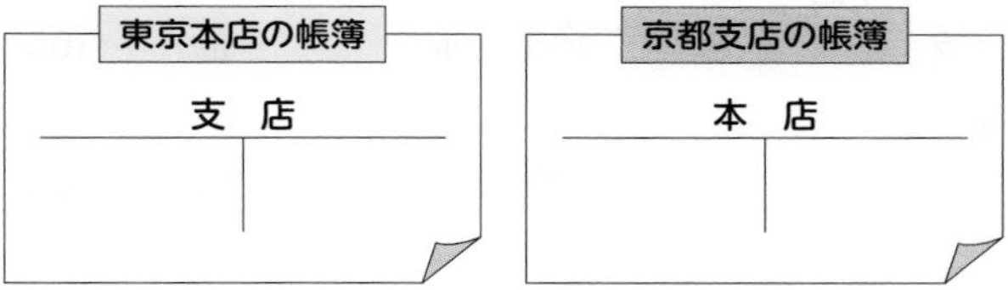

本店から支店に現金を送付したときの仕訳

CASE 116 では、東京本店は京都支店に現金を送っています。ですから、**東京本店の現金（資産）は減少**します。

◆東京本店

（　　　　）		（現　　金）	100

資産の減少⬇

一方、京都支店は現金を受け取っています。ですから、**京都支店の現金（資産）は増加**します。

◆京都支店

（現　　金）	100	（　　　　）	

資産の増加⬆

相手の名称を記入するだけです。

なお、相手科目ですが、この取引は本店・支店間の取引なので、東京本店は**支店**、京都支店は**本店**で処理します。

以上より、CASE 116 の取引を東京本店と京都支店の立場で仕訳すると次のようになります。

CASE 116 の仕訳

◆東京本店

(支　店)	100	(現　金)	100

◆京都支店

(現　金)	100	(本　店)	100

とても重要

なお、**本店の支店勘定と支店の本店勘定は貸借逆で必ず一致**します。

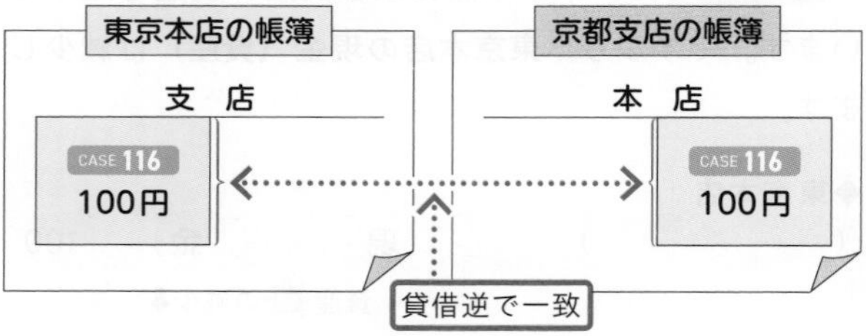

CASE 117 本店の買掛金を支店が支払ったときの仕訳

今日、ゴエモン㈱東京本店は、京都支店から「東京本店の買掛金を現金で支払ったよ」という連絡を受けました。
このときの本店と支店の仕訳を考えましょう。

取引

ゴエモン㈱京都支店は東京本店の買掛金10円を現金で支払い、東京本店はこの連絡を受けた。

本店の買掛金を支店が支払ったときの仕訳

CASE 117 では、東京本店の買掛金を京都支店が支払ってくれたので、東京本店の**買掛金（負債）**が減少します。

◆東京本店

（買　掛　金）	10	（　　　　）	

負債の減少⬇

一方、京都支店は現金で支払っているので、京都支店の**現金（資産）**が減少します。

◆京都支店

（　　　　）		（現　　金）	10

資産の減少⬇

なお、この取引も本店・支店間の取引なので、相手科目は東京本店は**支店**、京都支店は**本店**で処理します。

以上より、CASE 117 の取引を東京本店と京都支店の立場で仕訳すると次のようになります。

CASE 117 の仕訳

◆東京本店

(買掛金)	10	(支店)	10

◆京都支店

(本店)	10	(現金)	10

このような感じでほかの取引も処理していきます。

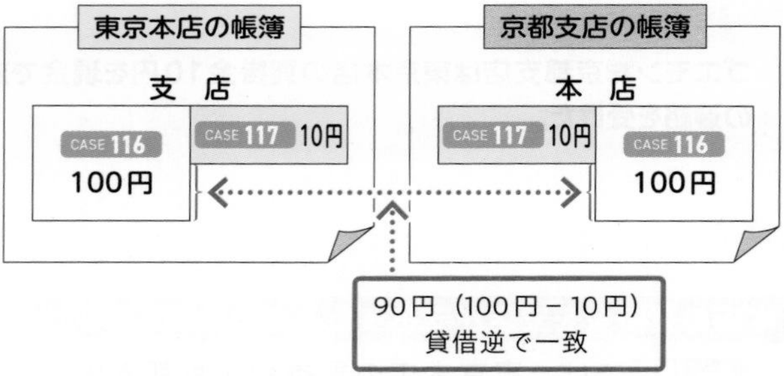

CASE 118

本店が支店に商品を送付したときの仕訳

今日、ゴエモン㈱東京本店は京都支店に商品100円を送付し、京都支店はこれを受け取りました。

取　引

東京本店は、商品100円（原価）を京都支店に送付し、京都支店はこれを受け取った。

本店が支店に商品を送付したときの仕訳

商品を大量に仕入れると代金を値引いてもらえるなどの理由で、本店で支店分の商品も一括して仕入れ、本店から支店に商品を送付することがあります。

本店から支店へ、原価のまま商品が送付された場合、本店は**仕入（費用）の減少**として処理します。

もちろんその逆の（支店で仕入れて本店に送付する）場合もあります。

◆東京本店

（　　　　）		（仕　　　入）	100

一方、支店は本店から商品を仕入れているため、**仕入（費用）の増加**として処理します。

◆京都支店

（仕　　　入）	100	（　　　　）	

以上より、CASE 118 の取引を東京本店と京都支店の立場で仕訳すると次のようになります。

相手科目は、すでに学習したように、本店では「支店」、支店では「本店」となります。

CASE 118 の仕訳

◆東京本店

(支　　　店)	100	(仕　　　入)	100

◆京都支店

(仕　　　入)	100	(本　　　店)	100

⇔ 問題編 ⇔
問題69

参考

支店が複数ある場合の処理

支店が2つ以上ある場合、支店どうしの取引をどのように処理するかによって、**支店分散計算制度**と**本店集中計算制度**の2つの方法があります。

これまで学習していたのは、支店独立会計制度です。

1. 支店分散計算制度

支店分散計算制度では、それぞれの支店において、各支店勘定を設けて処理します。

「福岡支店」や「京都支店」など。

例1

京都支店は福岡支店に現金100円を送付した。

◆本店

仕訳なし

考え方　本店は取引に関係ない → 仕訳なし

◆京都支店

②	（福　岡　支　店）	100	（現　　　金）	100 ①

考え方
①現金を送付した → 現金の減少
②福岡支店に送付した → 福岡支店（借方）

◆福岡支店

①	（現　　　金）	100	（京　都　支　店）	100 ②

考え方
①現金を受け取った → 現金の増加
②京都支店から受け取った → 京都支店（貸方）

2. 本店集中計算制度

本店集中計算制度では、各支店の帳簿には本店勘定のみ設け、支店間で行われた取引は本支店間で行われた取引とみなして処理します。

例2

京都支店は福岡支店に現金100円を送付した。

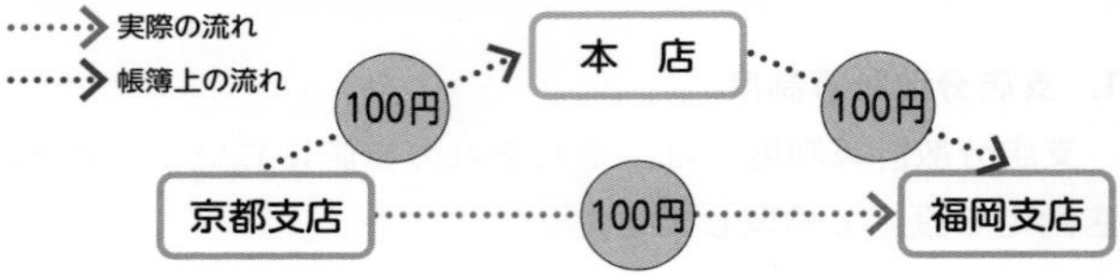

◆本店

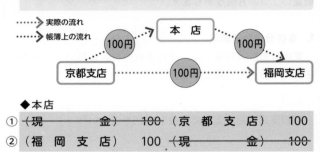

①	~~（現　　　金）~~	~~100~~	（京　都　支　店）	100	
②	（福　岡　支　店）	100	~~（現　　　金）~~	~~100~~	
③	（福　岡　支　店）	100	（京　都　支　店）	100	

考え方
①京都支店から現金を受け取ったときの仕訳
②福岡支店に現金を送付したときの仕訳
③本店の仕訳（①と②の仕訳を合計）

◆京都支店

②	（本　　　店）	100	（現　　　金）	100	①

考え方
①現金を送付した → 現金の減少⬇
②本店に送付したと考えて処理 → 本店（借方）

◆福岡支店

①	（現　　　金）	100	（本　　　店）	100	②

考え方
①現金を受け取った → 現金の増加⬆
②本店から受け取ったと考えて処理
→ 本店（貸方）

CASE 119

本支店合併財務諸表の作成（全体像）

今日は決算日。
これまで、東京本店と京都支店の取引は別々に記帳してきましたが、会社全体の財務諸表を作成するときは、1つにまとめなければなりません。
さて、どのようにして会社全体の財務諸表を作ればよいでしょう？

本支店合併財務諸表とは

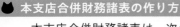

本店と支店で別々の帳簿に記入していたとしても、実際は1つの会社なので、株主や取引先などに報告するための財務諸表は、本店と支店の取引をまとめた会社全体のものでなければなりません。

本店と支店の取引をまとめた会社全体の財務諸表を、**本支店合併財務諸表**といいます。

本支店合併財務諸表の作り方

本支店合併財務諸表は、次の流れで作成します。

詳細は CASE 120 以降で説明します。

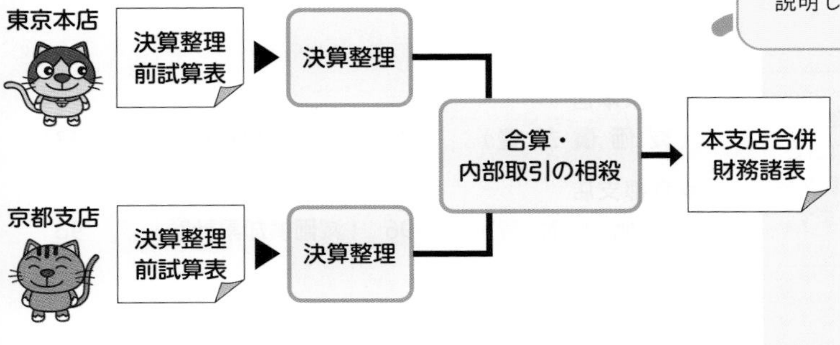

CASE 120

決算整理

東京本店と京都支店の備品について、定率法によって減価償却を行いました。
減価償却についてはすでに学習していますが、本支店会計ではなにか特別なことをするのでしょうか？

取　引

決算につき、備品について定率法（償却率20%、間接法）により減価償却を行う。なお、東京本店の備品の取得原価は1,000円、減価償却累計額は360円、京都支店の備品の取得原価は600円、減価償却累計額は120円である。

決算整理

決算整理については、いままで学習した決算整理となんら変わりません。したがって、CASE 120 の決算整理仕訳は次のようになります。

CASE 120 の減価償却費の計上

①東京本店：（1,000円 − 360円）× 20% = 128円

②京都支店：（600円 − 120円）× 20% = 96円

CASE 120 の仕訳

◆東京本店

（減価償却費）	128	（減価償却累計額）	128

◆京都支店

（減価償却費）	96	（減価償却累計額）	96

本支店合併財務諸表を作成するときには、東京本店と京都支店の金額を合計します。

CASE 121

内部取引の相殺

本店
支店
ふつうの財務諸表で
見かけない勘定科目だニャ。

決算整理を終えて「これで本店と支店の帳簿を合算すればいいんだね」と思ったのですが、「支店」や「本店」はふつうの財務諸表で見たことがありません。さて、どうしましょう?

取　引

ゴエモン㈱の東京本店と京都支店の残高試算表は次のとおりである。内部取引を相殺する仕訳をしなさい。

東京本店

残高試算表（一部）

借　方	勘定科目	貸　方
600	支　店	
1,000	仕　入	
	売　上	2,440

京都支店

残高試算表（一部）

借　方	勘定科目	貸　方
	本　店	600
640	仕　入	
	売　上	900

内部取引を表す勘定科目は相殺する！

本支店合併財務諸表には、会社外部との取引高のみ計上するため、会社内部の取引高は計上できません。そこで、本支店合併財務諸表を作成するさいに内部取引を表す勘定科目（**支店**と**本店**）は相殺して消去します。

CASE 121 の仕訳

（本　　　店）　600　（支　　　店）　600

本支店合併財務諸表作成のまとめ

CASE 119 ～ CASE 121 で学習したように、本店と支店の決算整理前残高試算表をもとに、①**決算整理**を行ってから、②**勘定ごとに金額を合算**して**本支店合併財務諸表**を作成します。

なお、本支店合併財務諸表の作成のさいには、**内部取引は相殺して消去**します。

この流れを頭に入れて、問題を解いてみてくださいね。

問題編
問題70

CASE 122

帳簿の締め切り（全体像）

決算では、財務諸表を作成するとともに帳簿を締め切る必要があります。
本支店会計では本店と支店にそれぞれ帳簿がありますが、これらの帳簿はどのように締め切るのでしょうか?

帳簿の締め切り

決算が終わったら、次期の帳簿記入に備えて本店と支店の帳簿を締め切ります。

本支店会計における帳簿の締め切りは、①損益振替、②法人税等の計上、③資本振替の順に行い、最後に本店・支店の各勘定を締め切ります。

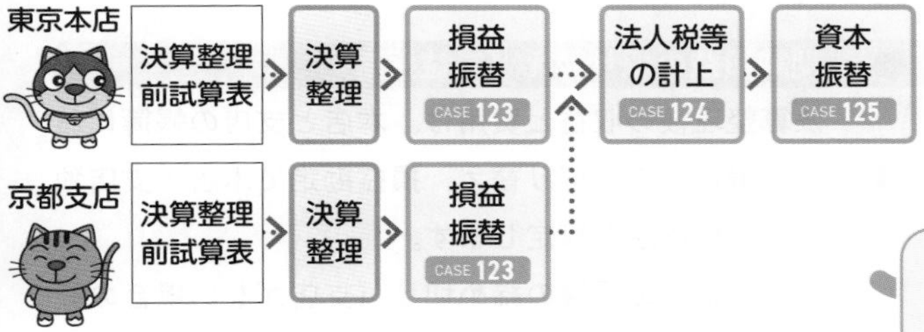

決算整理についてはすでに学習したので、CASE 123 以降で、損益振替からみていきましょう。

CASE 123

損益振替

通常の帳簿の締め切り（支店がない場合）では、損益勘定で算定した当期純損益を繰越利益剰余金勘定に振り替えますが、本店と支店に損益勘定がある場合、どのように当期純損益を振り替えるのでしょう？

例

次の資料にもとづき、本店および支店の損益勘定を締め切るとともに、総合損益勘定への記入を示しなさい。

東京本店

損　益

仕　入	900	売　上	2,440
その他費用	500		

京都支店

損　益

仕　入	700	売　上	900
その他費用	50		

当期純損益の振り替え（損益振替）

決算整理後の収益と費用は、本店と支店の帳簿において、損益勘定に振り替え、損益勘定で本店・支店独自の当期純損益を算定します。

なお、通常の帳簿の締め切り（支店がない場合の帳簿の締め切り）では、損益勘定で算定した当期純損益を繰越利益剰余金に振り替えますが、本支店会計では、本店に**総合損益勘定**を設けて、本店と支店それぞれの当期純損益を**総合損益勘定**に振り替えます。

これは3級や本書の CASE 113 で学習した「収益・費用の各勘定残高の損益勘定への振り替え」と同じです。

総合損益勘定を用いない場合もあります。この場合の帳簿の締め切りは参考で説明します。

(1) 本店の当期純損益の振り替え

CASE 123 の東京本店の損益勘定から、本店の当期純損益を計算すると1,040円（当期純利益）となります。

そこで、この1,040円を総合損益勘定の貸方に振り替えます。

CASE 123 本店の純利益の振り替え

◆東京本店

（損　　　益）	1,040	（総　合　損　益）	1,040

通常、当期純利益は、損益勘定から繰越利益剰余金勘定の貸方に振り替えます。本支店会計の場合も同様に考えて、損益勘定から総合損益勘定の貸方に振り替えましょう。

東京本店

損　益

仕　入	900	売　上	2,440
その他費用	500		
総合損益	1,040		
	2,440		2,440

当期純利益

総　合　損　益

		損　益	1,040

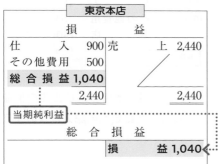

(2) 支店の当期純損益の振り替え

次に、CASE 123 の京都支店の損益勘定から、支店の当期純損益を計算すると150円（当期純利益）となります。

京都支店

損　益

仕　入	700	売　上	900
その他費用	50		
当期純利益150円			

そこで、この150円を本店の総合損益勘定に振り替えます。この振替仕訳は、本店・支店間の取引と考え、本店と支店の両方で仕訳をします。なお、仕訳の相手科目は**本店勘定**および**支店勘定**で処理します。

CASE 123 支店の純利益の振り替え

◆京都支店

（損　　　　益）　150（本　　　　店）　150

◆東京本店

（支　　　　店）　150（総　合　損　益）　150

支店の当期純利益を受け入れるので、総合損益勘定の貸方に記入します。

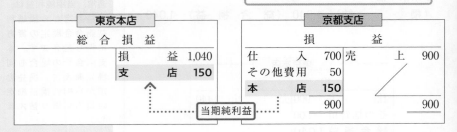

東京本店

総合損益

		損益	1,040
		支店	150

京都支店

損益

仕入	700	売上	900
その他費用	50		
本店	150		
	900		900

当期純利益

以上より、CASE 123 の本店および支店の損益勘定の締め切りと、総合損益勘定への記入は次のようになります。

CASE 123 損益振替

東京本店

損益

仕入	900	売上	2,440
その他費用	500		
総合損益	1,040		
	2,440		2,440

総合損益

		損益	1,040
		支店	150

京都支店

損益

仕入	700	売上	900
その他費用	50		
本店	150		
	900		900

CASE 124

法人税等の計上

決算において会社全体の法人税等が500円と計算されたのですが、この法人税等は帳簿上、どのように扱うのでしょうか？

例

次の資料にもとづき、法人税等を計上し、総合損益勘定への記入を示しなさい。

［資　料］

1. ゴエモン㈱の当期の法人税等は500円であった（期中に仮払いした金額はない）。
2. 法人税等を計上する前の総合損益勘定は次のとおりである。

東京本店

総　合　損　益

	損	益	1,040
	支	店	150

法人税等の計上

法人税等は会社全体の利益にかかるものです。したがって、いったん法人税等を計上する処理をしたあと、法人税等を**総合損益勘定**に振り替えます。

したがって、CASE 124 の法人税等の計上と総合損益勘定の記入は次のようになります。

CASE 124 法人税等の計上と総合損益勘定の記入

◆東京本店

(法人税、住民税及び事業税)	500	(未払法人税等)	500
(総合損益)	500	(法人税、住民税及び事業税)	500

東京本店

総合損益

法人税、住民税及び事業税	500	損益	1,040
		支店	150

CASE 125

資本振替

総合損益勘定で会社全体の当期純利益が算定できたので、これを繰越利益剰余金に振り替えることにしました。

取引

会社全体の当期純利益690円を繰越利益剰余金勘定に振り替える。

東京本店

総 合 損 益

法人税、住民税及び事業税	500	損 益	1,040
会社全体の当期純利益 690円		支 店	150

繰越利益剰余金勘定への振り替え（資本振替）

総合損益勘定で算定した会社全体の当期純損益は、**繰越利益剰余金勘定**に振り替えます。

CASE 125 では当期純利益が生じているので、総合損益勘定から**繰越利益剰余金勘定の貸方**に振り替えます。

したがって、CASE 125 の資本振替の仕訳と総合損益勘定の記入は次のようになります。

CASE 125 資本振替と総合損益勘定の記入

◆東京本店

（総　合　損　益）	690	（繰越利益剰余金）	690

東京本店

総　合　損　益

法人税、住民税及び事業税	500	損　　益	1,040
繰越利益剰余金	690	支　　店	150
	1,190		1,190

繰越利益剰余金

当期配当・処分額	××	期首残高	××
期末残高	××	総合損益	690
	××		××

各勘定の締め切り

最後に本店および支店の資産、負債、純資産の各勘定を締め切ります。

各勘定の締め切りは、3級で学習した内容と同じなので、説明を省略します。

参考

損益勘定による当期純損益の振り替え

会社全体の当期純損益の算定のさい、総合損益勘定を設けないで、本店の損益勘定を総合損益勘定の代用として用いることもあります。

この場合、本店の損益勘定の記入は次のようになります。

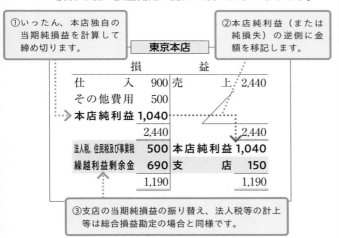

①いったん、本店独自の当期純損益を計算して締め切ります。

②本店純利益（または純損失）の逆側に金額を移記します。

東京本店

損益

借方	金額	貸方	金額
仕入	900	売上	2,440
その他費用	500		
本店純利益	**1,040**		
	2,440		2,440
法人税、住民税及び事業税	**500**	**本店純利益**	**1,040**
繰越利益剰余金	**690**	**支店**	**150**
	1,190		1,190

③支店の当期純損益の振り替え、法人税等の計上等は総合損益勘定の場合と同様です。

なお、本店独自の当期純損益を計算しない（いったん締め切らない）方法もあります。

この場合の記入は次のようになります。

東京本店

損益

借方	金額	貸方	金額
仕入	900	売上	2,440
その他費用	500	**支店**	**150**
法人税、住民税及び事業税	**500**		
繰越利益剰余金	**690**		
	2,590		2,590

本店の当期純損益を計算しないで、そのまま支店の当期純損益の振り替え等を行います。

連結会計編

第18章

連結会計①

サブロー㈱の発行済株式の100%を取得して、
子会社化した!
ゴエモン㈱とサブロー㈱は別会社だから
個別に財務諸表を作成するけど、
ゴエモン㈱は連結財務諸表っていう財務諸表も
作成しなくてはいけないんだって!

ここから連結会計についてみていきましょう。

CASE 126 連結財務諸表とは

おおっと!!
連結財務諸表って
いうのも作らなきゃ！
財務諸表
ゴエモン㈱
ネコでもわかる
連結会計

当期の決算を終え、財務諸表も作成したゴエモン㈱ですが、もうひとつ、連結財務諸表というものを作成しなければならないとのこと。
どうやら、当期末にサブロー㈱の発行済株式の全部を取得したことが原因のようです。

前　提

ゴエモン㈱は当期末にサブロー㈱の発行済株式の全部を取得し、サブロー㈱を子会社としている。

親会社と子会社

株式会社の株主総会は会社の基本的事項を決める意思決定機関です。そして、株主総会では株主の持株数に応じた多数決によって、会社の基本的な経営方針などが決定されます。

したがって、CASE 126 のようにある企業（ゴエモン㈱）が他の企業（サブロー㈱）の発行済株式の全部を取得した場合、ある企業（ゴエモン㈱）は他の企業（サブロー㈱）の唯一の株主となり、他の企業（サブロー㈱）の基本的事項を決定することができるようになります。

このようにある企業（ゴエモン㈱）が他の企業（サブロー㈱）の意思決定機関を実質的に支配しているとき、ある企業（ゴエモン㈱）を**親会社**、他の企業（サブロー㈱）を**子会社**といいます。

簿記の問題では、親会社をP社（Parent companyのP）、子会社をS社（Subsidiary companyのS）で表すことが多いです。

また、上記のある企業（ゴエモン㈱）と他の企業（サブロー㈱）の関係を**支配従属関係**といいます。

連結財務諸表とは？

ゴエモン㈱とサブロー㈱のように支配従属関係がある場合、親会社であるゴエモン㈱は、ゴエモングループ（ゴエモン㈱＆サブロー㈱）全体の経営成績や財政状態を報告しなければなりません。

このように、支配従属関係にある２つ以上の企業からなる企業集団の経営成績や財政状態を総合的に報告するために、親会社（ゴエモン㈱）が作成する財務諸表を**連結財務諸表**といいます。

なお、連結財務諸表は親会社と子会社の個別財務諸表をもとにして、これに親会社・子会社間の取引額等の調整（連結修正仕訳）をして作成します。

連結財務諸表に対して、ゴエモン㈱またはサブロー㈱が単体で作成する財務諸表（通常の財務諸表）を個別財務諸表といいます。

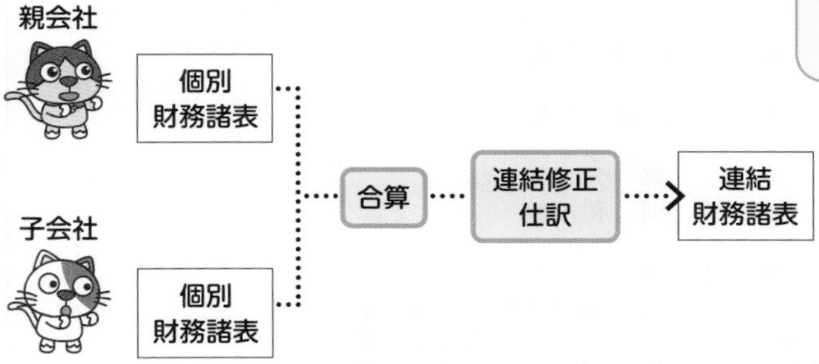

連結の範囲と子会社の範囲

親会社は原則として、すべての子会社を連結の範囲に含めなければなりません。

また、他の企業が子会社に該当するかどうかは、他の企業の意思決定機関を実質的に支配しているかどうかという**支配力基準**によって判定します。

他の企業の意思決定機関を実質的に支配している場合とは、他の企業の株式（**議決権**）の過半数（50%超）を所有している場合などをいいます。

「議決権」とは、株主総会に参加し、意見を述べる権利をいいます。

連結財務諸表の種類

連結財務諸表には、**連結損益計算書**、**連結貸借対照表**、**連結株主資本等変動計算書**があります。

ここでは、主に連結損益計算書と連結貸借対照表の作成について学習します。

(1) 連結損益計算書

連結損益計算書（連結P/L）は企業グループ全体の経営成績を表し、その形式は次のとおりです。

連結損益計算書
自×1年4月1日　至×2年3月31日（単位：円）

Ⅰ	売上高		××
Ⅱ	**売上原価**		××
	売上総利益		××
Ⅲ	販売費及び一般管理費		
	⋮	⋮	
	のれん償却	××	××
	営業利益		××
Ⅳ	営業外収益		
	⋮		⋮
Ⅴ	営業外費用		
	⋮		⋮
	経常利益		××
Ⅵ	特別利益		
	⋮		⋮
Ⅶ	特別損失		
	税金等調整前当期純利益		××
	法人税、住民税及び事業税		××
	当期純利益		××
	非支配株主に帰属する当期純利益（または純損失）		××
	親会社株主に帰属する当期純利益		××

連結P/Lでは売上原価の内訳（期首商品棚卸高、当期商品仕入高、期末商品棚卸高）を表示しません。

借方に生じたのれんの償却額

非支配株主（親会社以外の株主）に属する利益（または損失）です。

(2) 連結貸借対照表

連結貸借対照表（連結B/S）は企業グループ全体の財政状態を表し、その形式は次のとおりです。

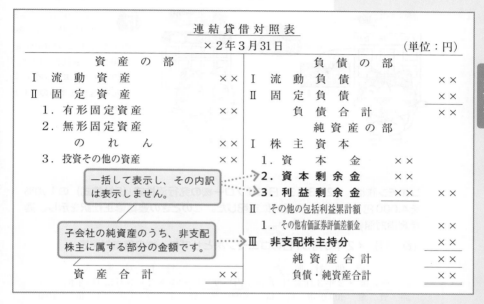

連結貸借対照表
×2年3月31日　（単位：円）

資産の部		負債の部		
Ⅰ 流動資産	××	Ⅰ 流動負債		××
Ⅱ 固定資産		Ⅱ 固定負債		××
1. 有形固定資産	××	負債合計		××
2. 無形固定資産		純資産の部		
のれん	××	Ⅰ 株主資本		
3. 投資その他の資産	××	1. 資本金	××	
		2. 資本剰余金	××	
		3. 利益剰余金	××	××
		Ⅱ その他の包括利益累計額		
		1. その他有価証券評価差額金		××
		Ⅲ 非支配株主持分		××
		純資産合計		××
資産合計	××	負債・純資産合計		××

一括して表示し、その内訳は表示しません。（→ 2. 資本剰余金、3. 利益剰余金）

子会社の純資産のうち、非支配株主に属する部分の金額です。（→ Ⅲ 非支配株主持分）

CASE 127

支配獲得日の連結 ①基本パターン

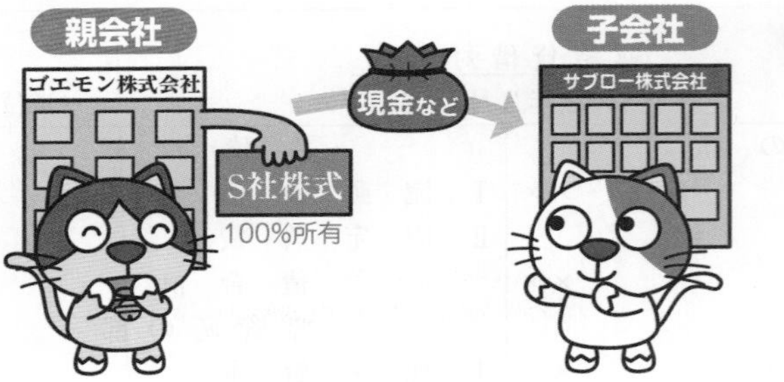

ゴエモン㈱は、×2年3月31日にサブロー㈱の発行済株式の100%を取得して子会社としました。このとき、ゴエモン㈱ではどんな処理をするのでしょうか？

例

ゴエモン㈱は、×2年3月31日にサブロー㈱の発行済株式（S社株式）の100%を4,000円で取得し、実質的に支配した。このときの連結修正仕訳を示し、連結貸借対照表を作成しなさい。

[資　料]　×2年3月31日のゴエモン㈱とサブロー㈱の貸借対照表

貸　借　対　照　表

ゴエモン㈱　×２年３月31日（単位：円）

諸資産	10,000	諸負債	6,000
S社株式	4,000	資本金	5,000
		利益剰余金	3,000
	14,000		14,000

貸　借　対　照　表

サブロー㈱　×２年３月31日（単位：円）

諸資産	8,000	諸負債	4,000
		資本金	3,000
		利益剰余金	1,000
	8,000		8,000

資本連結

たとえば、サブロー㈱が設立のさい、株式1,000円を発行（全額を資本金として処理）し、そのすべてをゴエモン㈱が取得した場合、ゴエモン㈱とサブロー㈱の仕訳はそれぞれ次のようになります。

①　ゴエモン㈱の仕訳

（S社株式）	1,000	（現金など）	1,000

②　サブロー㈱の仕訳

（現金など）	1,000	（資本金）	1,000

しかし、上記の取引は連結グループでみると、単に資金がグループ内で移動しただけです。

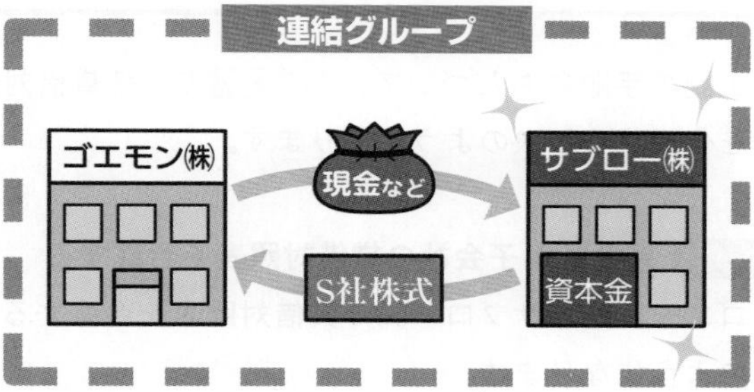

そこで、連結財務諸表を作成するさいには、この取引がなかったものとして次の修正仕訳（**連結修正仕訳**といいます）をします。

このイメージがベースとなりますので、しっかりとおさえてください。

③　連結修正仕訳

（資本金）	1,000	（S社株式）	1,000

このように、投資（S社株式）と資本（純資産）を相殺消去することを**資本連結**といいます。

支配獲得日の連結

ある企業（ゴエモン㈱）が他の企業（サブロー㈱）の議決権（株式）の過半数を取得するなど、他の企業に対する支配を獲得した日を**支配獲得日**といいます。

支配獲得日には、次の手順によって連結貸借対照表を作成します。

支配獲得日の連結

Step 1 親会社と子会社の貸借対照表を合算する

Step 2 投資と資本を相殺消去する

Step 3 連結貸借対照表を作成する

上記の手順にもとづいて、CASE 127 の連結貸借対照表を作成すると次のようになります。

Step 1 親会社と子会社の貸借対照表を合算する

ゴエモン㈱とサブロー㈱の貸借対照表を合算すると次のようになります。

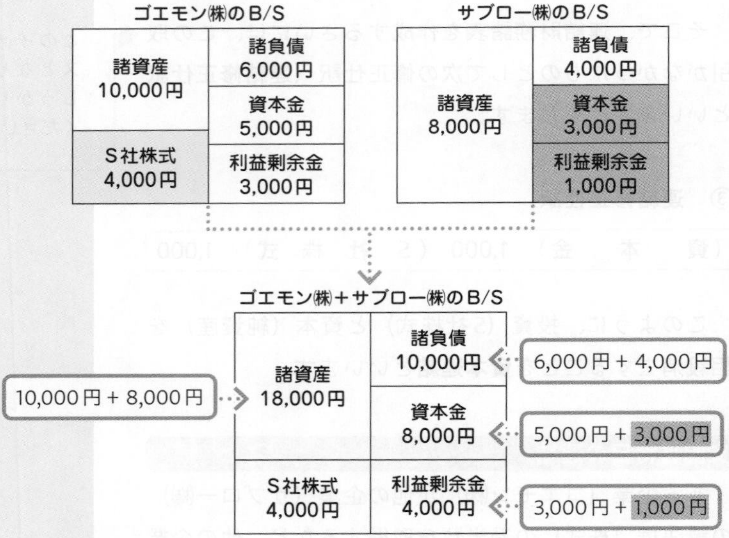

Step 2 投資と資本を相殺消去する

連結財務諸表の作成にあたって、ゴエモン㈱（親会社）が所有するサブロー㈱株式（S社株式）と、サブロー㈱（子会社）の資本（純資産）は相殺消去します。

したがって、CASE 127の、投資と資本を相殺消去する仕訳（連結修正仕訳）は次のようになります。

ゴエモン㈱の所有するサブロー㈱株式（投資）

CASE 127 の連結修正仕訳

（資　本　金）	3,000	（S 社 株 式）	4,000
（利益剰余金）	1,000		

サブロー㈱の資本（純資産）

Step 3 連結貸借対照表を作成する

合算後の貸借対照表 Step 1 に連結修正仕訳 Step 2 を加減して、連結貸借対照表を作成します。

CASE 127 の連結貸借対照表

連結貸借対照表

ゴエモン㈱　×2年3月31日（単位：円）

諸資産	18,000	諸負債	10,000
		資本金	5,000
		利益剰余金	3,000
	18,000		18,000

資本金 5,000 ← 8,000円 − 3,000円

利益剰余金 3,000 ← 4,000円 − 1,000円

結局、連結貸借対照表の純資産額は、親会社の純資産額となります。

問題編

問題71

CASE 128

支配獲得日の連結 ②部分所有の場合

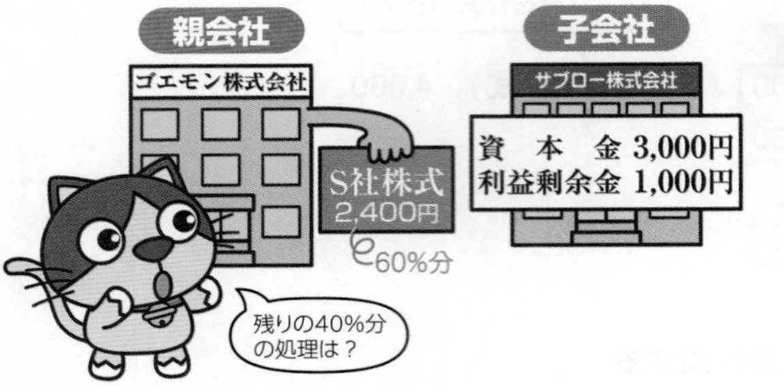

CASE 127 では、ゴエモン㈱はサブロー㈱の発行済株式の全部を取得していましたが、もし60%しか取得していなかった場合はどんな処理になるのでしょうか？

例

ゴエモン㈱は、×2年3月31日にサブロー㈱の発行済株式（S社株式）の60%を2,400円で取得し、実質的に支配した。このときの連結修正仕訳を示し、連結貸借対照表を作成しなさい。

［資　料］×2年3月31日のゴエモン㈱とサブロー㈱の貸借対照表

貸借対照表
ゴエモン㈱　×2年3月31日（単位：円）

諸資産	11,600	諸負債	6,000
S社株式	2,400	資本金	5,000
		利益剰余金	3,000
	14,000		14,000

貸借対照表
サブロー㈱　×2年3月31日（単位：円）

諸資産	8,000	諸負債	4,000
		資本金	3,000
		利益剰余金	1,000
	8,000		8,000

部分所有の場合の処理

CASE 128 のように親会社（ゴエモン㈱）が子会社（サブロー㈱）の議決権（株式）のすべてを取得していない場合でも、CASE 127 と同様の手順で連結貸借対照表を作成します。

このような状態を「部分所有」といいます。なお、100%所有の場合は「完全所有」といいます。

サブロー㈱株式の60%しか所有していないのだから、サブロー㈱の資産や負債のうち60%分だけ合算すればいいように思えますが、そのような処理だとグループ全体の規模がわからなくなってしまいます。そこで、完全所有の場合と同様に、サブロー㈱の資産や負債を全部合算するのです。

Step 1 親会社と子会社の貸借対照表を合算する

ゴエモン㈱とサブロー㈱の貸借対照表を合算すると次のようになります。

ゴエモン㈱のB/S

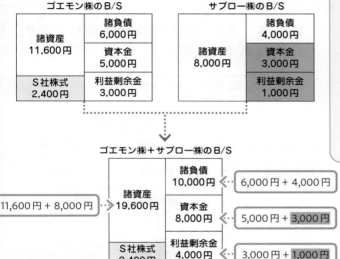

諸資産 11,600円	諸負債 6,000円
	資本金 5,000円
S社株式 2,400円	利益剰余金 3,000円

サブロー㈱のB/S

諸資産 8,000円	諸負債 4,000円
	資本金 3,000円
	利益剰余金 1,000円

ゴエモン㈱＋サブロー㈱のB/S

諸資産 19,600円 ← 11,600円＋8,000円	諸負債 10,000円 ← 6,000円＋4,000円
	資本金 8,000円 ← 5,000円＋3,000円
S社株式 2,400円	利益剰余金 4,000円 ← 3,000円＋1,000円

Step 2 投資と資本を相殺消去する

ゴエモン㈱（親会社）が所有するサブロー㈱株式（S社株式）と、サブロー㈱（子会社）の資本（純資産）のうちゴエモン㈱の所有割合分（60%）を相殺します。

3,000円×60%＝1,800円

（資本金）	1,800	（S社株式）	2,400
（利益剰余金）	600		

1,000円×60%＝600円

非支配株主持分は、親会社（支配会社）以外の株主の持分を表します。

また、ゴエモン㈱以外の株主の持分（残りの40%分）は、**非支配株主持分**という勘定科目に振り替えます。

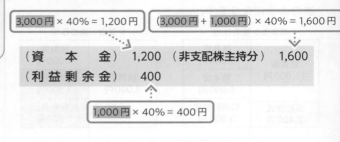

3,000円 × 40% = 1,200円

(3,000円 + 1,000円) × 40% = 1,600円

（資　本　金）	1,200	（非支配株主持分）	1,600
（利益剰余金）	400		

1,000円 × 40% = 400円

子会社の純資産

	親会社分 60% → 投資と相殺	非支配株主分 40% → 非支配株主持分
資　本　金3,000円	1,800円	1,200円
利益剰余金1,000円	600円	400円

以上より、CASE 128 の連結修正仕訳は次のようになります。

CASE 128 の連結修正仕訳

1,800円 + 1,200円 = 3,000円

（資　本　金）	3,000	（S　社　株　式）	2,400
（利　益　剰　余　金）	1,000	（非支配株主持分）	1,600

600円 + 400円 = 1,000円

前記の仕訳からわかるように、結局、子会社の資本(純資産)を全額減少させることになります。

したがって、投資と資本の相殺消去をするときは、次のように考えて連結修正仕訳を作りましょう。

親会社の所有する子会社株式を減少させます。

(資本金)	3,000	(S社株式)	2,400
(利益剰余金)	1,000	(非支配株主持分)	1,600

子会社の資本(純資産)を、全額減少させます。

子会社の資本(純資産)のうち、非支配株主に帰属する分を「非支配株主持分」として計上します。
(3,000円+1,000円)×40%=1,600円

Step 3 連結貸借対照表を作成する

以上より、CASE 128の連結貸借対照表は次のようになります。

CASE 128 の連結貸借対照表

連結貸借対照表

ゴエモン(株) ×2年3月31日 (単位:円)

諸資産	19,600	諸負債	10,000
		資本金	5,000
		利益剰余金	3,000
		非支配株主持分	1,600
	19,600		19,600

「非支配株主持分」は連結貸借対照表上、純資産の部に表示します。

第18章 連結会計①

問題編 問題72

CASE 129

支配獲得日の連結 ③投資消去差額が生じる場合

CASE 128で、ゴエモン㈱の所有するサブロー㈱株式（S社株式）が2,600円だった場合、連結修正仕訳に貸借差額が生じます。この差額はどのように処理するのでしょう？

例

ゴエモン㈱は、×2年3月31日にサブロー㈱の発行済株式（S社株式）の60%を2,600円で取得し、実質的に支配した。このときの連結修正仕訳を示し、連結貸借対照表を作成しなさい。

［資　料］×2年3月31日のゴエモン㈱とサブロー㈱の貸借対照表

貸借対照表
ゴエモン㈱　×2年3月31日（単位：円）

諸資産	11,400	諸負債	6,000
S社株式	2,600	資本金	5,000
		利益剰余金	3,000
	14,000		14,000

貸借対照表
サブロー㈱　×2年3月31日（単位：円）

諸資産	8,000	諸負債	4,000
		資本金	3,000
		利益剰余金	1,000
	8,000		8,000

投資消去差額が生じる場合の処理

CASE 129は、ゴエモン㈱の所有するサブロー㈱株式（S社株式）が2,600円なので、連結修正仕訳に貸借差額が生じます。

（資本金）	3,000	（S社株式）	2,600
（利益剰余金）	1,000	（非支配株主持分）	1,600
（　　　）			
	借方合計 4,000円		貸方合計 4,200円

この差額（200円）は、親会社の投資（S社株式）の金額と子会社の資本（純資産）のうち親会社に帰属する部分の金額(子会社の純資産×親会社の所有割合)が異なるために生じた差額です。

この差額を**投資消去差額**といい、投資消去差額が借方に生じたときは、**のれん（無形固定資産）**で処理します。

以上より、CASE 129 の連結修正仕訳と連結貸借対照表は次のようになります。

CASE 129 の連結修正仕訳

（資　本　金）	3,000	**（Ｓ 社 株 式）**	2,600
（利 益 剰 余 金）	1,000	**（非支配株主持分）**	1,600
（の　れ　ん）	200 ⇐ 貸借差額		

のれんは発生後20年以内に償却します。

CASE 129 の連結貸借対照表

連結貸借対照表

ゴエモン㈱　×2年3月31日　（単位：円）

諸 資 産	19,400	諸 負 債	10,000
の れ ん	200	資 本 金	5,000
		利益剰余金	3,000
		非支配株主持分	1,600
	19,600		19,600

問題編

問題73

第18章 連結会計①

CASE 130

支配獲得日後1年目の連結 ①開始仕訳

×3年3月31日（決算日）。ゴエモン㈱は前期末（×2年3月31日）にサブロー㈱を子会社としています。サブロー㈱の支配獲得日 CASE 129 から1年がたちましたが、当期の連結財務諸表はどのように作成するのでしょう?

例

ゴエモン㈱は、前期末（×2年3月31日）にサブロー㈱の発行済株式（S社株式）の60%を2,600円で取得し、実質的に支配した。前期末（×2年3月31日）におけるサブロー㈱の貸借対照表にもとづいて、当期（決算日は×3年3月31日）の連結財務諸表を作成するために必要な仕訳を示しなさい。なお、会計期間はゴエモン㈱、サブロー㈱ともに×2年4月1日から×3年3月31日までである。

［資　料］前期末（×2年3月31日）におけるサブロー㈱の貸借対照表

貸借対照表

サブロー㈱　×2年3月31日　（単位：円）

諸資産	8,000	諸負債	4,000
		資本金	3,000
		利益剰余金	1,000
	8,000		8,000

支配獲得日後の連結

子会社の支配獲得日（前期末）には、連結貸借対照表だけを作成しましたが、支配獲得日後は連結損益計算書、連結貸借対照表、連結株主資本等変動計算書を作成します。

このテキストでは主に連結P/Lと連結B/Sの作成について学習します。

開始仕訳…A

連結財務諸表は、親会社と子会社の当期の個別財務諸表をもとに作成します。この、当期の個別財務諸表には、前期までに行った連結修正仕訳は反映されていませんので、当期の連結財務諸表を作成するにあたって再度連結修正仕訳を行う必要があります。この、前期までに行った連結修正仕訳を**開始仕訳**といいます。

そして、開始仕訳を行ったあと、当期の連結修正仕訳を行い、当期の連結財務諸表を作成します。

当期の連結決算にあたって最初に行うので「開始仕訳」といいます。

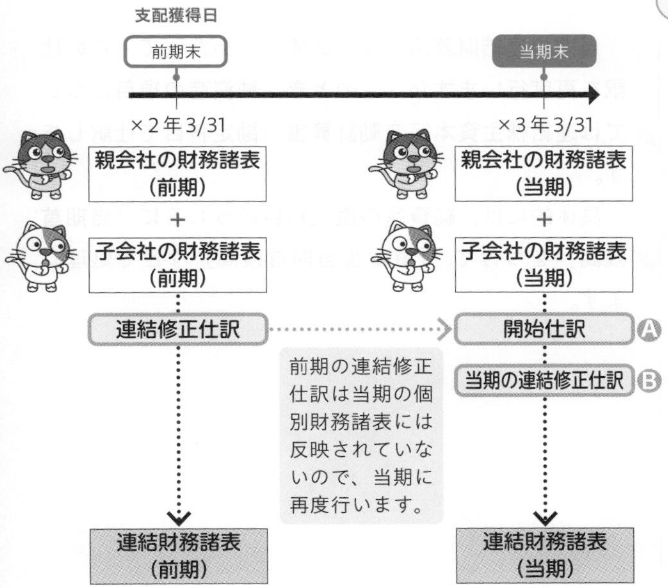

当期の連結修正仕訳…B

支配獲得日後に行う連結修正仕訳（当期の連結修正仕訳）には、**①のれんの償却** CASE 131、**②子会社の当期純損益の振り替え** CASE 132、**③子会社の配当金の修正** CASE 133 などがあります。

これ以外の連結修正仕訳については第19章で学習します。

開始仕訳の作り方

CASE 130 は前期末に支配を獲得しているので、前期末における連結修正仕訳は次のようになります。

前期末における連結修正仕訳

（資本金）	3,000	（S社株式）	2,600
（利益剰余金）	1,000	（非支配株主持分）	1,600
（のれん）	200		

貸借差額

×非支配株主持分割合（40%）

当期の連結財務諸表を作成するにあたって、この仕訳を再度行いますが、このとき、純資産の項目については連結株主資本等変動計算書の勘定科目で仕訳します。

具体的には、純資産の勘定科目のうしろに「**当期首残高**」をつけて、「資本金当期首残高」などで処理します。

支配獲得日後は連結株主資本等変動計算書も作成するからです。

なお、連結株主資本等変動計算書を作成しない場合は、「当期首残高」をつけずに仕訳してもかまいません。
また、試験で勘定科目に指定がある場合には、その勘定科目で処理するようにしましょう。

開始仕訳では、この金額を修正するので、「○○当期首残高」という勘定科目で仕訳します。

連結株主資本等変動計算書

	株主資本			非支配株主持分
	資本金	資本剰余金	利益剰余金	
当期首残高	××	××	××	××
当期変動額				
剰余金の配当			△××	
親会社株主に帰属する当期純利益			××	
株主資本以外の項目の当期変動額(純額)				××
当期変動額合計			××	××
当期末残高	××	××	××	××

以上より、CASE 130の開始仕訳は次のようになります。

CASE 130 の開始仕訳

(資本金当期首残高)	3,000	(S　社　株　式)	2,600
(利益剰余金当期首残高)	1,000	(非支配株主持分当期首残高)	1,600
(の　れ　ん)	200		

第18章 連結会計①

CASE 131

支配獲得日後1年目の連結 ②のれんの償却

のれんの償却は
もう学習したよね。
ネコでもわかる
連結会計

ゴエモン㈱が前期末（×2年3月31日）にサブロー㈱を子会社としたとき、のれんが生じています。

このののれんはどのように処理するのでしょうか？

例

ゴエモン㈱は、前期末（×2年3月31日）にサブロー㈱の発行済株式（S社株式）の60%を取得し、実質的に支配した。支配獲得日においてのれん（借方）が200円生じている。当期（×2年4月1日から×3年3月31日）の連結財務諸表を作成するために必要な連結修正仕訳（のれんの償却の仕訳）を示しなさい。なお、のれんは発生年度の翌年度（当期）から10年間で均等額を償却する。

のれんの償却

投資と資本の相殺消去によって、のれん（借方ののれん）が生じた場合には、原則として20年以内に定額法等の方法によって償却します。

償却期間は問題文の指示にしたがってください。

CASE 131 では、発生年度の翌年度（当期）から10年間で均等額を償却するため、CASE 131 の連結修正仕訳は次のようになります。

200円÷10年＝20円

CASE 131 の連結修正仕訳

（のれん償却）	20	（の れ ん）	20

CASE 132

支配獲得日後1年目の連結 ③子会社の当期純損益の振り替え

サブロー㈱の当期純利益は400円でした。ゴエモン㈱はサブロー㈱の親会社ですが、株式の取得割合は60%です。この場合、当期純利益の全額をゴエモングループの利益として処理してよいのでしょうか？

例

ゴエモン㈱はサブロー㈱の発行済株式（S社株式）の60%を取得し、実質的に支配している。サブロー㈱の当期純利益は400円であった。当期の連結財務諸表を作成するために必要な連結修正仕訳（子会社の当期純損益を振り替える仕訳）を示しなさい。

子会社の当期純損益の振り替え

連結財務諸表を作成するさい、親会社と子会社の個別財務諸表をそのまま合算すると、連結財務諸表に子会社の当期純利益の全額が計上されてしまいます。したがって、このうち非支配株主に帰属する部分は非支配株主持分に振り替えます。

CASE 132 では、サブロー㈱（子会社）の当期純利益が400円、非支配株主持分割合が40%（100% − 60%）なので、160円（400円 × 40%）を非支配株主持分に振り替えることになります。

なお、仕訳上は「**非支配株主持分当期変動額**」として処理します。

非支配株主持分（純資産）の変動なので、連結株主資本等変動計算書の勘定科目で処理します。
なお、連結株主資本等変動計算書を作成しない場合は、「当期変動額」をつけずに「**非支配株主持分**」で仕訳してもかまいません。

連結株主資本等変動計算書

	株主資本			非支配株主持分
	資本金	資本剰余金	利益剰余金	
当期首残高	××	××	××	××
当期変動額				
株主資本以外の項目の当期変動額(純額)				××

当期純利益なので、非支配株主の持分が増加します。

( )		(非支配株主持分当期変動額)	160

400円×40%＝160円

また、相手科目は「**非支配株主に帰属する当期純損益**」で処理します。

以上より、CASE 132 の連結修正仕訳は次のようになります。

CASE 132 の連結修正仕訳

(非支配株主に帰属する当期純損益)	160	(非支配株主持分当期変動額)	160

利益の振り替えだからといって、利益剰余金を直接減額するわけではありません。

「非支配株主に帰属する当期純損益」は「非支配株主に帰属する当期純利益」で処理する場合もあります。

非支配株主に帰属する当期純損益の連結損益計算書上の表示

非支配株主に帰属する当期純損益は、借方の金額と貸方の金額を相殺して、連結損益計算書に計上します。

なお、非支配株主に帰属する当期純損益が借方残高の場合は、親会社にとっては利益の減少を表しますが、非支配株主にとっては利益の増加を表すので、連結損益計算書上は「**非支配株主に帰属する当期純利益**」として表示し、当期純利益から減算します。

CASE 132 では子会社の当期純利益を非支配株主持分に振り替えた結果、借方に非支配株主に帰属する当期純損益が計上されました。したがって、この場合（借方残高）の非支配株主に帰属する当期純損益は、非支配株主にとっては利益の増加を表します。

非支配株主に帰属する当期純損益

160円	

借方に計上されているので、親会社にとっては利益の減少

連結損益計算書	
⋮	
当期純利益	××
非支配株主に帰属する当期純利益	△160
親会社株主に帰属する当期純利益	××

非支配株主にとっては利益の増加

反対に、非支配株主に帰属する当期純損益が貸方残高の場合は、親会社にとっては損失の減少を表しますが、非支配株主にとっては利益の減少（損失の増加）を表すので、連結損益計算書上は「**非支配株主に帰属する当期純損失**」として表示し、当期純利益に加算します。

子会社の当期純損失を非支配株主持分に振り替えた場合などは、非支配株主に帰属する当期純損益が貸方に計上されます。したがって、この場合（貸方残高）の非支配株主に帰属する当期純損益は、非支配株主にとっては利益の減少を表します。

非支配株主に帰属する当期純損益

	160円

貸方に計上されているので、親会社にとっては損失の減少

連結損益計算書	
⋮	
当期純利益	××
非支配株主に帰属する当期純損失	＋160
親会社株主に帰属する当期純利益	××

非支配株主にとっては利益の減少

CASE 133 支配獲得日後1年目の連結 ④子会社の配当金の修正

ゴエモン㈱は、当期においてサブロー㈱から配当金を受け取っています。
子会社から配当金を受け取った場合、連結財務諸表を作成するにあたって、何か処理をしなければならないのでしょうか？

例

ゴエモン㈱はサブロー㈱の発行済株式（S社株式）の60%を取得し、実質的に支配している。サブロー㈱は当期中に300円の配当をした。この場合の連結修正仕訳を示しなさい。

子会社の配当金の修正

サブロー㈱が配当金を支払ったとき（ゴエモン㈱がサブロー㈱から配当金を受け取ったとき）、サブロー㈱とゴエモン㈱はそれぞれ次の処理をしています。

サブロー㈱の処理（配当金の支払時の処理）

（利益剰余金）	300	（現金など）	300

繰越利益剰余金

ゴエモン㈱の処理（配当金の受取時の処理）

（現　　　　金）	180	（受取配当金）	180*

＊　300円×60%＝180円

子会社（サブロー㈱）の親会社（ゴエモン㈱）に対する配当はグループ内部の取引なので、連結上、相殺消去します。

なお、純資産の項目については、連結株主資本等変動計算書の科目で処理するため、配当金の支払額については「**剰余金の配当**」で処理します。

連結株主資本等変動計算書では作成しない場合は「**利益剰余金**」で処理します。

連結株主資本等変動計算書

	株主資本			非支配株主持分
	資本金	資本剰余金	利益剰余金	
当期首残高	××	××	××	××
当期変動額				
剰余金の配当			△××	

300円×60%＝180円

（**受取配当金**）　180　（**剰余金の配当**）　180

利益剰余金

また、サブロー㈱の利益剰余金（繰越利益剰余金）の減少額のうち、40%分は非支配株主の持分に対応する部分です。

そこで、子会社（サブロー㈱）が非支配株主に対して支払った配当金については**非支配株主持分の減少**として処理します。

連結上は連結株主資本等変動計算書の科目（非支配株主持分当期変動額）で処理します。
なお、連結株主資本等変動計算書を作成しない場合は「当期変動額」をつけずに「**非支配株主持分**」で仕訳してもかまいません。

連結株主資本等変動計算書

	株主資本			非支配株主持分
	資本金	資本剰余金	利益剰余金	
当期首残高	××	××	××	××
当期変動額				
株主資本以外の項目の当期変動額(純額)				××

非支配株主持分の減少

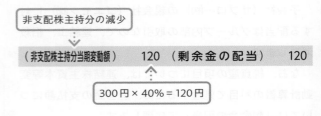

（非支配株主持分当期変動額）	120	（剰余金の配当）	120

300円×40％＝120円

以上より、CASE 133 の連結修正仕訳は次のようになります。

CASE 133 の連結修正仕訳

親会社が受け取った配当金

（受取配当金）	180	（剰余金の配当）	300
（非支配株主持分当期変動額）	120		

非支配株主が受け取った配当金

子会社の配当金（全額）

問題編

問題74

CASE 134

支配獲得日後2年目の連結

前々期と前期に行った
連結修正仕訳を、再度
しなきゃだね！
ネコでもわかる
連結会計

ゴエモン㈱は、前々期末（×2年3月31日）にサブロー㈱を子会社としています。
この場合、当期（支配獲得日後2年目）の連結修正仕訳（開始仕訳）はどのようになるのでしょう？

例

ゴエモン㈱は、前々期末（×2年3月31日）にサブロー㈱の発行済株式（S社株式）の60%を取得し、実質的に支配した。次の資料にもとづき、当期（×3年4月1日から×4年3月31日）の連結財務諸表を作成するための開始仕訳を示しなさい。

［資　料］

前期末において、前期（×2年4月1日から×3年3月31日）の連結財務諸表を作成するさいに行った連結修正仕訳は次のとおりである。

（1）開始仕訳（投資と資本の相殺消去）

（資本金当期首残高）	3,000	（S　社　株　式）	2,600
（利益剰余金当期首残高）	1,000	（非支配株主持分当期首残高）	1,600
（の　れ　ん）	200		

（2）のれんの償却

（の れ ん 償 却）	20	（の　れ　ん）	20

（3）子会社の当期純損益の振り替え

（非支配株主に帰属する当期純損益）	160	（非支配株主持分当期変動額）	160

（4）子会社の配当金の修正

（受 取 配 当 金）	180	（剰 余 金 の 配 当）	300
（非支配株主持分当期変動額）	120		

支配獲得日後２年目の連結

当期の連結財務諸表を作成するにあたって、前期末までに行った連結修正仕訳を再度行います（開始仕訳）。

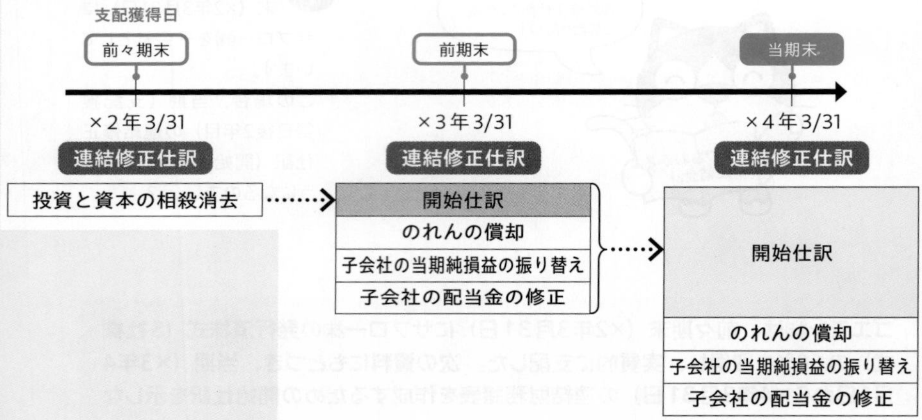

なお、前期までの連結修正仕訳のうち、純資産の項目は「**〇〇当期首残高**」で処理し、利益に影響を与える項目（のれん償却など）は「**利益剰余金当期首残高**」で処理します。

収益と費用から当期純損益が計算されて、当期純損益は最終的に利益剰余金（繰越利益剰余金）となるからです。
なお、連結株主資本等変動計算書を作成しない場合は、「当期首残高」をつけずに「**利益剰余金**」で仕訳してもかまいません。

(資本金当期首残高)	3,000	(S社株式)	2,600	投資と資本の相殺消去
(利益剰余金当期首残高)	1,000	(非支配株主持分当期首残高)	1,600	
(のれん)	200			
(利益剰余金当期首残高) のれん償却	20	(のれん)	20	のれんの償却
(利益剰余金当期首残高) 非支配株主に帰属する当期純損益	160	(非支配株主持分当期首残高)	160	子会社の当期純損益の振り替え
(利益剰余金当期首残高) 受取配当金	180	(利益剰余金当期首残高) 剰余金の配当	300	子会社の配当金の修正
(非支配株主持分当期首残高)	120			

上記の仕訳をまとめると次のようになります。

CASE 134 の開始仕訳

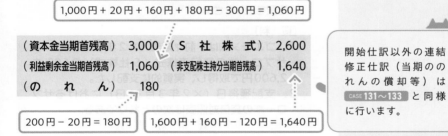

1,000円 + 20円 + 160円 + 180円 − 300円 = 1,060円

(資本金当期首残高)	3,000	(S社株式)	2,600
(利益剰余金当期首残高)	1,060	(非支配株主持分当期首残高)	1,640
(のれん)	180		

200円 − 20円 = 180円

1,600円 + 160円 − 120円 = 1,640円

開始仕訳以外の連結修正仕訳(当期ののれんの償却等)は CASE 131〜133 と同様に行います。

第18章 連結会計①

問題編
問題75

参考

タイムテーブルと開始仕訳

開始仕訳は前期末に行った連結修正仕訳をまとめた仕訳ですが、CASE 134 のように各期の仕訳をしてから開始仕訳を作るのは少し面倒です。

そこで、問題を解くさいには、タイムテーブルを使って開始仕訳を行うと便利です。

CASE 130 から CASE 133 を前提として、タイムテーブルの作り方と当期（×３年４月１日から×４年３月31日）の開始仕訳の作り方をみてみましょう。

問題

次の資料にもとづき、当期（×3年4月1日から×4年3月31日）の連結財務諸表を作成するために必要な開始仕訳を示しなさい。

[資料]

1. ゴエモン㈱は、前々期末（×２年３月31日）にサブロー㈱の発行済株式（Ｓ社株式）の60％を2,600円で取得し、実質的に支配した。
2. 支配獲得日（×２年３月31日）におけるサブロー㈱の貸借対照表は次のとおりである。

貸借対照表

サブロー㈱　×２年３月31日　（単位：円）

諸資産	8,000	諸負債	4,000
		資本金	3,000
		利益剰余金	1,000
	8,000		8,000

3. のれんは発生年度の翌年度から10年間で均等額を償却する。
4. 前期末（×３年３月31日）のサブロー㈱の資本金は3,000円、利益剰余金は1,100円であった。
5. 前期（×２年４月１日から×３年３月31日）のサブロー㈱の当期純利益は400円で、300円の配当をしている。

Step 1 支配獲得日の状況を記入する

まず、タイムテーブルに日付と支配獲得日の状況（取得割合、子会社株式の帳簿価額、子会社の純資産の金額）等を記入します。

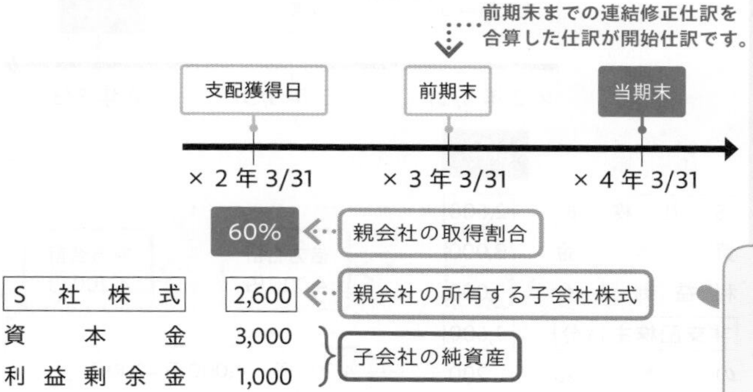

□で囲んだ項目は、連結修正仕訳で貸方に記入されるものです。

Step 2 支配獲得日の非支配株主持分を計算する

次に、子会社の純資産（資本）に非支配株主持分割合を掛けて、支配獲得日における非支配株主持分を計算します。

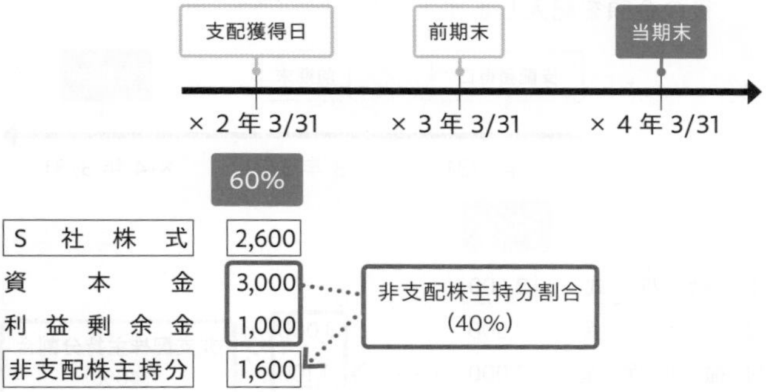

Step 3 支配獲得日ののれんを計算する

投資（S社株式）および非支配株主持分の合計と資本（子会社の純資産）の差額でのれんを計算します。

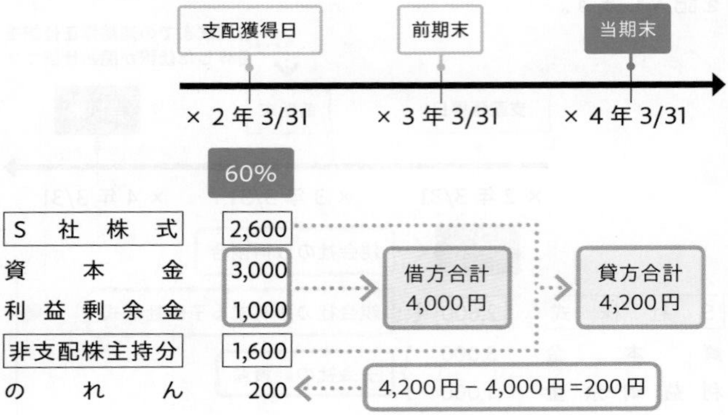

Step 4 前期末の状況を記入する

支配獲得日の状況を記入後、前期末の状況も記入します。なお、のれんは前期に１回目の償却をしているので、償却後の金額を記入します。

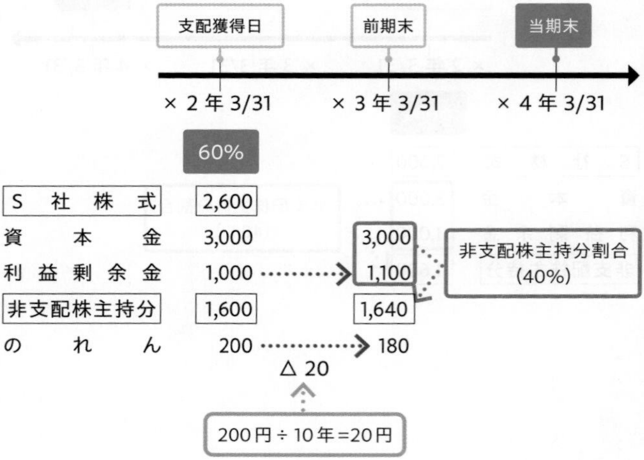

Step 5 利益剰余金の増減額のうち非支配株主持分を計算する

支配獲得日から前期末までの利益剰余金の増減額のうち、非支配株主の持分に対応する金額を計算し、タイムテーブルに記入します。

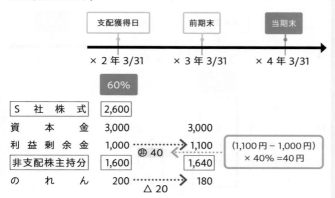

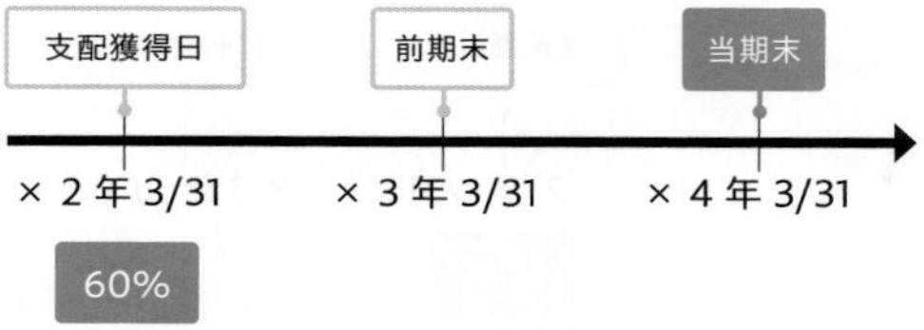

	×２年3/31		×３年3/31
S社株式	2,600		
資本金	3,000		3,000
利益剰余金	1,000	→	1,100
		非 40 ← (1,100円－1,000円)×40%＝40円	
非支配株主持分	1,600		1,640
のれん	200	→ △20	180

なお期末の利益剰余金は、期首の利益剰余金（1,000円）に当期純利益（400円）を加算し、剰余金の配当額（300円）を差し引いた金額です。

したがって、サブロー㈱の前期末の利益剰余金1,100円は次の計算結果によるものです。

サブロー㈱の前期末の利益剰余金

・1,000円（前々期末（支配獲得日）の利益剰余金）＋400円（前期に計上した当期純利益）－300円（前期に行った配当）＝1,100円

Step 6 開始仕訳を作る

前記のタイムテーブルから、直接開始仕訳を作っていくわけですが、その前に、このタイムテーブルと前期末までの連結修正仕訳の関係をみておきましょう。

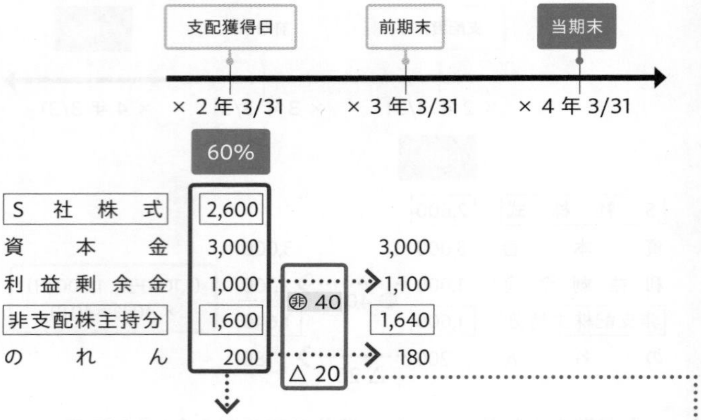

(1) 支配獲得日の連結修正仕訳

（資　本　金）	3,000	（S 社 株 式）	2,600
（利益剰余金）	1,000	（非支配株主持分）	1,600
（の れ ん）	200		

(2) 前期末の連結修正仕訳

「非支配株主に帰属する当期純損益」や「受取配当金」などの損益項目をまとめています。

当期純利益の振り替え＋配当金の修正	（利益剰余金）	40	（非支配株主持分当期変動額）	40
のれんの償却	（のれん償却）	20	（の　れ　ん）	20

上記の仕訳を合算し、純資産の項目は**「〇〇当期首残高」**に、利益に影響を与える項目は**「利益剰余金当期首残高」**になおした仕訳が開始仕訳となります。

連結株主資本等変動計算書を作成しない場合は「当期首残高」をつけなくてもかまいません。

開始仕訳（1）＋（2）

（資本金当期首残高）	3,000	（S　社　株　式）	2,600
（利益剰余金当期首残高）	1,060	（非支配株主持分当期首残高）	1,640
（の　れ　ん）	180		

1,000円＋40円＋20円＝1,060円

200円－20円＝180円

1,600円＋40円＝1,640円

したがって、タイムテーブルから直接、開始仕訳を作ると次のようになります。

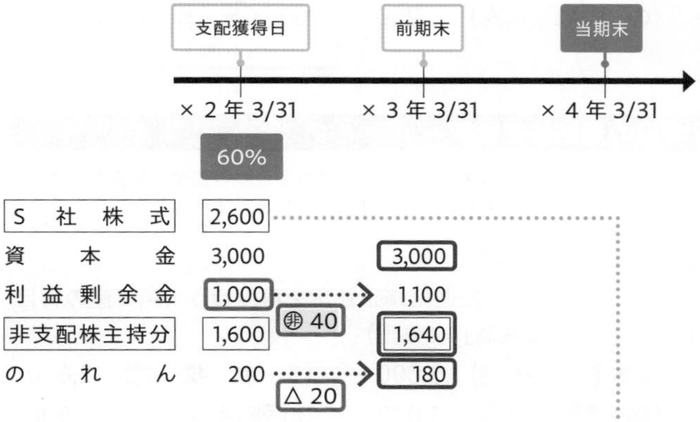

開始仕訳

（資本金当期首残高）	3,000	（S　社　株　式）	2,600
（利益剰余金当期首残高）	1,060	（非支配株主持分当期首残高）	1,640
（の　れ　ん）	180		

1,000円＋40円＋20円＝1,060円

CASE 134の開始仕訳（仕訳を合算した場合）と同じ仕訳になることを確認しておきましょう。

支配獲得日の連結（連結貸借対照表の作成手順）

CASE 127

Step 1 親会社と子会社の貸借対照表を合算する

Step 2 投資と資本を相殺消去する

Step 3 連結貸借対照表を作成する

支配獲得日の連結修正仕訳

CASE 127～129

●投資と資本の相殺消去

（資本金）	3,000	（S社株式）	2,600
（利益剰余金）	1,000	（非支配株主持分）	1,600
（のれん）	200		

×非支配株主持分割合（40%）

支配獲得日後１年目の連結修正仕訳

※ 色の薄い部分は、連結株主資本等変動計算書を作成しない場合には記入する必要はありません。

CASE 130～133

①開始仕訳

前期末までに行った連結修正仕訳を再度行う（純資産の科目は「○○当期首残高」で処理）

（資本金当期首残高）	3,000	（S社株式）	2,600
（利益剰余金当期首残高）	1,000	（非支配株主持分当期首残高）	1,600
（のれん）	200		

②のれんの償却（当期分）

（のれん償却）	20	（のれん）	20

③子会社の当期純損益の振り替え（当期分）

子会社の当期純損益のうち、非支配株主に帰属する部分を非支配株主持分に振り替える

（非支配株主に帰属する当期純損益）	160	（非支配株主持分当期変動額）	160

④子会社の配当金の修正（当期分）

子会社の配当金のうち、親会社分については親会社の受取配当金と相殺し、非支配株主分については非支配株主持分に振り替える

（受取配当金）	180	（剰余金の配当）	300
（非支配株主持分当期変動額）	120	または「利益剰余金」	

支配獲得日後２年目の連結修正仕訳

CASE 134

①開始仕訳

前期末までに行った連結修正仕訳を再度行う（純資産の科目は「○○当期首残高」で処理）

（資本金当期首残高）	3,000	（S　社　株　式）	2,600
（利益剰余金当期首残高）	1,060	（非支配株主持分当期首残高）	1,640
（の　れ　ん）	180		

②のれんの償却（当期分）

③子会社の当期純損益の振り替え

④子会社の配当金の修正

第18章 連結会計①

この章で新たにでてきた勘定科目

連結貸借対照表	連結損益計算書
［純資産］非支配株主持分	非支配株主に帰属する当期純利益 非支配株主に帰属する当期純損失

連結株主資本等変動計算書	その他
資本金当期首残高 利益剰余金当期首残高 非支配株主持分当期首残高 剰余金の配当 非支配株主持分当期変動額	非支配株主に帰属する当期純損益

連結会計編

第19章

連結会計②

子会社に商品を売り上げた場合の「売上」は
グループ内の取引だから連結財務諸表を作成するときは
相殺消去する必要があるんだって。

ここでは、連結会社間の取引や
債権債務の相殺消去についてみていきます。

CASE
135

内部取引高と債権債務の相殺消去

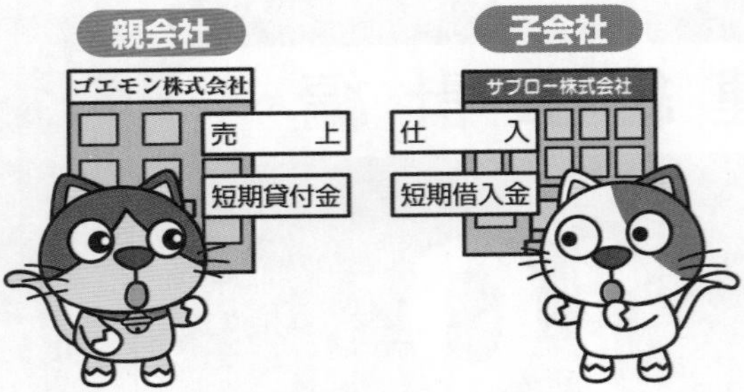

ゴエモン㈱は子会社であるサブロー㈱に商品を売り上げています。また、サブロー㈱に対する貸付金もあります。
このような場合、連結財務諸表を作成するにあたって、どんな修正をするのでしょうか？

例

ゴエモン㈱はサブロー㈱の発行済株式の60%を取得し、支配している。次の各取引について、当期の連結財務諸表を作成するために必要な連結修正仕訳を示しなさい。

[取引]
(1) ゴエモン㈱は当期においてサブロー㈱に商品1,000円を売り上げている。
(2) ゴエモン㈱はサブロー㈱に対する短期貸付金200円があり、この短期貸付金にかかる受取利息20円を計上している。

内部取引高と債権債務の相殺消去

連結会社間（親会社と子会社の間）で行われた取引は、連結会計上、企業グループ内部の取引となるので、連結財務諸表の作成にあたって相殺消去します。

また、親会社の子会社に対する貸付金など、連結会社間の債権債務の期末残高も相殺消去します。

相殺消去する内部取引高、債権債務には次のようなものがあります。

子会社からみたら親会社からの借入金ですね。

相殺消去する内部取引高、債権債務

内部取引高の相殺消去		
売上高	⟷	売上原価
受取利息	⟷	支払利息
受取配当金	⟷	配当金

債権債務の相殺消去		
買掛金	⟷	売掛金
支払手形	⟷	受取手形
借入金	⟷	貸付金
未払費用	⟷	未収収益
前受収益	⟷	前払費用

受取配当金と配当金の相殺消去は CASE 133 で学習しましたね。

CASE 135(1) では、ゴエモン㈱（親会社）がサブロー㈱（子会社）に商品1,000円を売り上げているので、ゴエモン㈱が計上した「売上1,000円」とサブロー㈱が計上した「仕入1,000円」を相殺します。なお、連結損益計算書では売上原価の内訳項目は表示しないので、「売上原価1,000円」を消去することになります。

CASE 135 の連結修正仕訳(1) 内部取引高の相殺消去

（売上高）	1,000	（売上原価）	1,000

個別損益計算書の金額を修正するので、「売上高」で仕訳します。

「仕入」ではなく「売上原価」を消去します。

また CASE 135(2) では、ゴエモン㈱（親会社）が計上した短期貸付金、受取利息と、サブロー㈱（子会社）が計上した短期借入金、支払利息を相殺消去します。

売掛金や受取手形、貸付金に貸倒引当金が設定されている場合は、貸倒引当金も修正します。貸倒引当金の修正は CASE 136, 137 で学習します。

CASE 135 の連結修正仕訳(2) 債権債務の相殺消去

（短期借入金）	200	（短期貸付金）	200
（受取利息）	20	（支払利息）	20

問題編
問題76

第19章 連結会計②

CASE 136 親会社の期末貸倒引当金の修正

貸倒引当金

売掛金を相殺消去
したら、貸倒引当金
も修正するんだね…。
ネコでもわかる
連結会計

連結会社間の取引で生じた債権と債務は相殺消去することはわかったのですが、消去する債権には貸倒引当金が設定されています。この場合、貸倒引当金についてはどのような処理をするのでしょうか？

例

ゴエモン㈱はサブロー㈱の発行済株式の60%を取得し、支配している。次の取引について、当期の連結財務諸表を作成するために必要な連結修正仕訳を示しなさい。

[取引]
当期末におけるゴエモン㈱の貸借対照表には、サブロー㈱に対する売掛金1,000円が計上されており、ゴエモン㈱はこの売掛金に対して５％の貸倒引当金を設定している。

親会社の期末貸倒引当金の修正

連結財務諸表を作成するにあたって、連結会社間の債権債務の期末残高は消去するので、CASE 136 の売掛金1,000円（ゴエモン㈱が計上）と買掛金1,000円（サブロー㈱が計上）を相殺消去します。

（買　掛　金）	1,000	（売　掛　金）	1,000

そして、減額した売掛金に対する貸倒引当金を修正します。

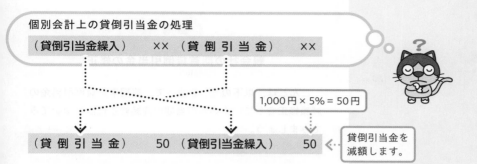

個別会計上の貸倒引当金の処理

（貸倒引当金繰入）	××	（貸 倒 引 当 金）	××

1,000円 × 5% = 50円

（貸 倒 引 当 金）	50	（貸倒引当金繰入）	50

貸倒引当金を減額します。

以上より、CASE 136 の連結修正仕訳は次のようになります。

CASE 136 の連結修正仕訳

（買　　掛　　金）	1,000	（売　　掛　　金）	1,000
（貸 倒 引 当 金）	50	（貸倒引当金繰入）	50

債権債務の相殺消去

貸倒引当金の減額修正

参考

親会社の期首貸倒引当金の修正

こんどは、以下の 例 を使って、前期末に貸倒引当金の減額修正をしている場合の当期の連結修正仕訳についてみてみましょう。

例

ゴエモン㈱はサブロー㈱の発行済株式の60%を取得し、支配している。次の取引について、当期の連結財務諸表を作成するために必要な連結修正仕訳を示しなさい。

[取引]
当期末におけるゴエモン㈱の貸借対照表には、サブロー㈱に対する売掛金3,000円が計上されており、ゴエモン㈱はこの売掛金に対して５％の貸倒引当金を設定している（差額補充法）。なお、前期末におけるサブロー㈱に対する売掛金にかかる貸倒引当金は50円であった。

連結財務諸表は親会社と子会社の各期の個別財務諸表を合算して作成するので、前期末までに行った連結修正仕訳は、当期の連結財務諸表を作成するにあたって再度行わなければなりません。

ただし、前期末における売掛金と買掛金は当期に決済され、当期末には残っていないため、前期末に行った売掛金と買掛金の相殺消去の仕訳は、当期の連結財務諸表を作成するにあたっては不要です。

開始仕訳ですね。

そこで、前期末に行った貸倒引当金の減額修正の処理のみ、当期に再度行います。

このとき、前期末に行った連結修正仕訳のうち損益項目（貸倒引当金繰入）については、**利益剰余金当期首残高**で処理します。

連結株主資本等変動計算書を作成しない場合は、「当期首残高」をつけずに「**利益剰余金**」で仕訳してもかまいません。

したがって、 例 の開始仕訳は次のようになります。

前期末の連結修正仕訳

（貸倒引当金）	50	（貸倒引当金繰入）	50

↓

（貸倒引当金）	50	（利益剰余金当期首残高）	50

前期末に行った連結修正仕訳を再度行います（開始仕訳）。

次に、当期末の貸倒引当金の減額修正をします。

上記の 例 では、ゴエモン㈱はサブロー㈱に対する売掛金に対して、貸倒引当金150円（3,000円×５％）を設定し、貸倒引当金繰入100円（150円－50円）を計上しています。

個別会計上の貸倒引当金の設定

（貸倒引当金繰入）	100	（貸倒引当金）	100

そこで、当期に追加計上した貸倒引当金（100円）を減額修正します。

（貸倒引当金）	100	（貸倒引当金繰入）	100

貸倒引当金を減額修正します。

この処理は CASE 136 と同じですね。

債権債務の相殺消去もお忘れなく！

以上より、連結修正仕訳は次のようになります。

（買掛金）	3,000	（売掛金）	3,000	← 債権債務の相殺消去
（貸倒引当金）	50	（利益剰余金当期首残高）	50	← 開始仕訳
（貸倒引当金）	100	（貸倒引当金繰入）	100	← 貸倒引当金の減額修正

CASE 137

子会社の期末貸倒引当金の修正

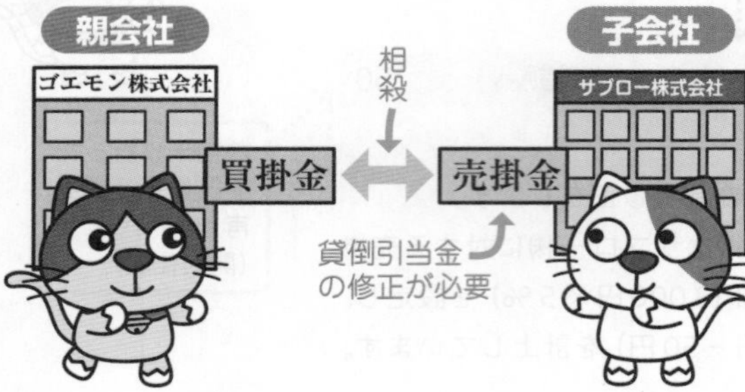

CASE 136 は親会社の期末貸倒引当金の修正についてみました。
こんどは子会社の期末貸倒引当金の修正についてみてみましょう。

例

ゴエモン㈱はサブロー㈱の発行済株式の60%を取得し、支配している。次の取引について、当期の連結財務諸表を作成するために必要な連結修正仕訳を示しなさい。

［取引］
当期末におけるサブロー㈱の貸借対照表には、ゴエモン㈱に対する売掛金1,000円が計上されており、サブロー㈱はこの売掛金に対して５%の貸倒引当金を設定している。

子会社の期末貸倒引当金の修正

連結財務諸表を作成するにあたって、連結会社間の債権債務の期末残高は消去するので、CASE 137 でも、売掛金（サブロー㈱が計上）と買掛金1,000円（ゴエモン㈱が計上）を相殺消去します。

（買　掛　金）	1,000	（売　掛　金）	1,000

そして、減額した売掛金に対する貸倒引当金を修正します。

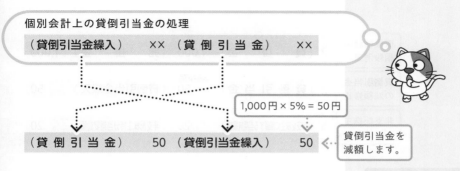

個別会計上の貸倒引当金の処理

（貸倒引当金繰入）　××　（貸　倒　引　当　金）　××

1,000円×5%＝50円

（貸　倒　引　当　金）　50　（貸倒引当金繰入）　50

貸倒引当金を減額します。

また、子会社の貸倒引当金を修正する場合には、その修正額を非支配株主に負担させます。

具体的には、まず、変動する損益項目の金額（貸倒引当金繰入）に非支配株主持分割合（CASE 137 では40%）を掛けた金額を、変動する損益項目（貸倒引当金繰入）の逆側に、**非支配株主に帰属する当期純損益**として記入します。

CASE 137 の貸倒引当金の修正額のうち、非支配株主の負担分

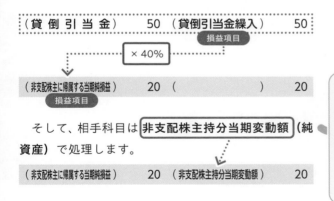

・50円×40%＝20円

（貸　倒　引　当　金）　50　（貸倒引当金繰入）　50

損益項目

×40%

（非支配株主に帰属する当期純損益）　20　（　　　　　　　）　20

損益項目

そして、相手科目は**非支配株主持分当期変動額**（**純資産**）で処理します。

（非支配株主に帰属する当期純損益）　20　（非支配株主持分当期変動額）　20

連結株主資本等変動計算書を作成しない場合は、「当期変動額」をつけずに「**非支配株主持分**」で仕訳してもかまいません。

以上より、CASE 137 の連結修正仕訳は次のようになります。

第19章

連結会計②

CASE **137** の連結修正仕訳

	借方科目	金額	貸方科目	金額
債権債務の相殺消去	（買　掛　金）	1,000	（売　掛　金）	1,000
貸倒引当金の減額修正	（貸 倒 引 当 金）	50	（貸倒引当金繰入）	50
非支配株主への按分	（非支配株主に帰属する当期純損益）	20	（非支配株主持分当期変動額）	20

問題編
問題77

参考

子会社の期首貸倒引当金の修正

こんどは、以下の 例 を使って、前期末に貸倒引当金の減額修正をしている場合の当期の連結修正仕訳についてみてみましょう。

例

ゴエモン㈱はサブロー㈱の発行済株式の60%を取得し、支配している。次の取引について、当期の連結財務諸表を作成するために必要な連結修正仕訳を示しなさい。

[取引]
当期末におけるサブロー㈱の貸借対照表には、ゴエモン㈱に対する売掛金3,000円が計上されており、サブロー㈱はこの売掛金に対して５％の貸倒引当金を設定している（差額補充法）。なお、前期末におけるゴエモン㈱に対する売掛金にかかる貸倒引当金は50円であった。

親会社の期首貸倒引当金の修正（CASE 136 参考）の場合と同様に、前期末に行った貸倒引当金の減額修正の処理と非支配株主への按分の処理を当期に再度行います（開始仕訳）。

前期末における売掛金と買掛金は当期に決済され、当期末には残っていないため、前期末に行った売掛金と買掛金の相殺消去の仕訳は、当期の連結財務諸表を作成するにあたっては不要です。

このとき、前期末に行った連結修正仕訳のうち損益項目（貸倒引当金繰入、非支配株主に帰属する当期純損益）については、**利益剰余金当期首残高**で処理します。

連結株主資本等変動計算書を作成しない場合は、「当期首残高」をつけずに「**利益剰余金**」で仕訳してもかまいません。

また、前期末に行った連結修正仕訳のうち純資産項目（非支配株主持分当期変動額）については、**当期首残高**で処理します。

したがって、 例 の開始仕訳は次のようになります。

前期末の連結修正仕訳

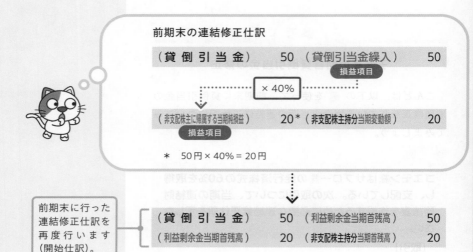

（貸　倒　引　当　金）	50	（貸倒引当金繰入）損益項目	50

× 40%

（非支配株主に帰属する当期純損益）損益項目	20*	（非支配株主持分当期変動額）	20

*　50円 × 40% = 20円

前期末に行った連結修正仕訳を再度行います（開始仕訳）。

（貸　倒　引　当　金）	50	（利益剰余金当期首残高）	50
（利益剰余金当期首残高）	20	（非支配株主持分当期首残高）	20

次に、当期末の貸倒引当金の減額修正をします。

前記の 例 では、サブロー㈱はゴエモン㈱に対する売掛金に対して、貸倒引当金150円（3,000円 × 5%）を設定し、貸倒引当金繰入100円（150円 − 50円）を計上しています。

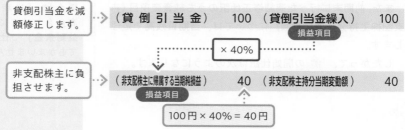

個別会計上の貸倒引当金の設定

（貸倒引当金繰入）	100	（貸　倒　引　当　金）	100

そこで、当期に追加計上した貸倒引当金（100円）を減額修正します。

また、その減額修正分を非支配株主にも負担させます。

貸倒引当金を減額修正します。

（貸　倒　引　当　金）	100	（貸倒引当金繰入）損益項目	100

× 40%

非支配株主に負担させます。

（非支配株主に帰属する当期純損益）損益項目	40	（非支配株主持分当期変動額）	40

100円 × 40% = 40円

債権債務の相殺消去
もお忘れなく！

以上より、連結修正仕訳は次のようになります。

（買　掛　金）	3,000	（売　掛　金）	3,000	債権債務の相殺消去
（貸倒引当金）	50	（利益剰余金当期首残高）	50	開始仕訳
（利益剰余金当期首残高）	20	（非支配株主持分当期首残高）	20	開始仕訳
（貸倒引当金）	100	（貸倒引当金繰入）	100	貸倒引当金の減額修正
（非支配株主に帰属する当期純損益）	40	（非支配株主持分当期変動額）	40	非支配株主への按分

第19章 連結会計②

CASE 138

手形の割引き

ゴエモン㈱は、サブロー㈱から受け取った約束手形8,000円を銀行で割り引いています。この場合、連結財務諸表の作成にあたって、どんな修正仕訳をするのでしょうか？

例

ゴエモン㈱はサブロー㈱の発行済株式の60%を取得し、支配している。次の取引について、当期の連結財務諸表を作成するために必要な連結修正仕訳を示しなさい。

［取引］
当期において、サブロー㈱はゴエモン㈱に対して約束手形8,000円を振り出した。ゴエモン㈱は受け取った約束手形8,000円を銀行で割り引いた（割引料は0円）。

手形を割り引いたときの連結修正仕訳

CASE 138 について、ゴエモン㈱とサブロー㈱が行った個別会計上の仕訳は次のとおりです。

個別会計上の処理（ゴエモン㈱）

（受　取　手　形）	8,000	（売 掛 金 な ど）	8,000
（当座預金など）	8,000	（受　取　手　形）	8,000

個別会計上の処理（サブロー㈱）

（買 掛 金 な ど）	8,000	（支　払　手　形）	8,000

ゴエモン㈱は、受け取った約束手形8,000円を銀行で割り引いていますが、この取引をグループ全体でみると、ゴエモングループが振り出した手形によって、銀行から資金を借り入れたことになります。

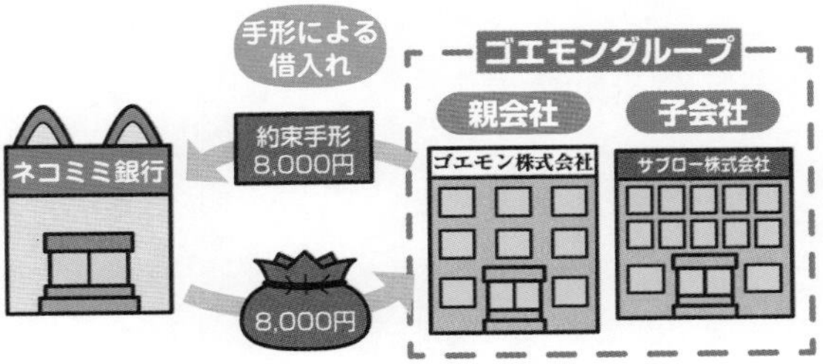

そこで、連結会社間で振り出した手形を割り引いた場合は、銀行に対する**借入金（負債）**として処理します。

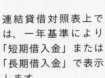

連結貸借対照表上では、一年基準により「短期借入金」または「長期借入金」で表示します。

ゴエモングループのあるべき仕訳

（当座預金など）	8,000	（借　　入　　金）	8,000

以上より、CASE 138 の連結修正仕訳では、サブロー㈱の支払手形8,000円を**借入金（負債）**に振り替える処理をします。

借入金への振り替え

CASE 138 の連結修正仕訳

（支払手形）	8,000	（借入金）	8,000

問題編
問題78

CASE 139 未実現利益の消去 ①期末商品（ダウンストリーム）

期末商品棚卸高に親会社から仕入れた商品が含まれている場合、連結財務諸表を作成するにあたって、何か必要な処理があるのでしょうか？

例

ゴエモン㈱はサブロー㈱の発行済株式の60%を取得し、支配している。次の取引について、当期の連結財務諸表を作成するために必要な連結修正仕訳を示しなさい。

［取引］
サブロー㈱の期末商品棚卸高のうち1,100円はゴエモン㈱から仕入れたものである。なお、ゴエモン㈱はサブロー㈱に対し、原価に10%の利益を付加して商品を販売している。

未実現利益の消去

親会社が子会社に対して商品を販売するとき（または子会社が親会社に対して商品を販売するとき）は、ほかの得意先に対して商品を販売するのと同様に、仕入原価に一定の利益を加算して販売します。

個別会計上は、親会社と子会社は別会社として財務諸表を作成するので、親会社から仕入れた（または子会社から仕入れた）商品が期末に残っていた場合、加算された利益を含んだ金額で期末商品棚卸高を計上しています。

しかし、連結会計上は、親会社と子会社を同一のグ

未実現利益の消去に関しては棚卸資産に対して行います。本書では、代表的な商品を用いて解説していますが、製造業会計における「原材料」や「製品」も同様に考えます。

ループとして財務諸表を作成するため、期末商品棚卸高に親会社（または子会社）が加算した利益が含まれている場合は、これを消去しなければなりません。

なお、期末商品棚卸高に含まれる親会社（または子会社）が加算した利益を未実現利益といいます。

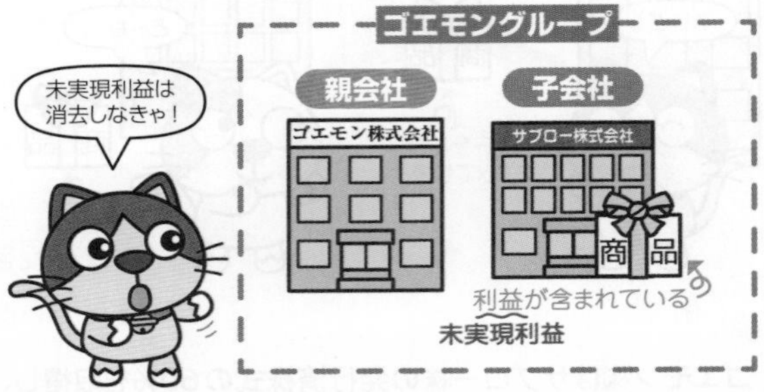

ダウンストリームとアップストリーム

(1) ダウンストリーム

CASE 139 では、ゴエモン㈱（親会社）がサブロー㈱（子会社）に商品を売り上げています。このように親会社が子会社に対して商品（またはその他の資産）を販売することを**ダウンストリーム**といいます。

「上(親)から下(子)への流れ」という意味です。このことばは通称なので、覚えなくても大丈夫です。

(2) アップストリーム

反対に、サブロー㈱（子会社）がゴエモン㈱（親会社）に対して商品（またはその他の資産）を販売することを**アップストリーム**といいます。

「下(子)から上(親)への流れ」という意味ですね。このことばも覚えなくても大丈夫です。

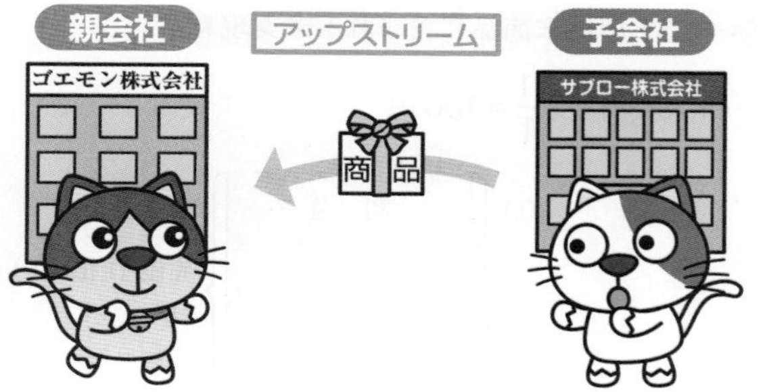

期末商品に含まれる未実現利益の消去（ダウンストリーム）

CASE 139 では、サブロー㈱はゴエモン㈱から商品を仕入れており、ゴエモン㈱から仕入れた商品のうち、1,100円が期末に残っています。

まず、ダウンストリームの処理です。

したがって、サブロー㈱では個別会計上、次の決算整理仕訳（売上原価を算定する仕訳）を行っています。

個別会計上の処理（サブロー㈱）

（繰　越　商　品）	1,100	（仕　　　　入）	1,100
B/S　商品		P/L　売上原価	

そこで、連結財務諸表を作成するにあたって、期末商品（B/S商品）に含まれる未実現利益を消去するとともに、売上原価を修正します。

CASE 139 では、「ゴエモン㈱はサブロー㈱に対し、原価に10％の利益を付加して商品を販売している」ため、期末商品1,100円に含まれる未実現利益は100円となります。

「原価に10％の利益を付加している」とは、こういうことです（↓）。

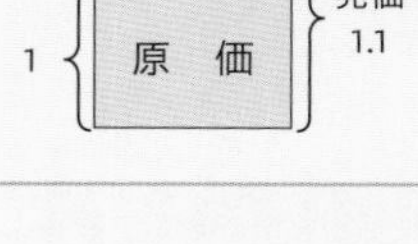

第19章　連結会計②

> ちなみに、原価率や利益率で指示がつくこともあります。
> 原価率とは、売価に対する原価の割合をいいます。
>
> $$原価率 = \frac{原価}{売価}$$
>
> また、利益率とは、売価に対する利益の割合をいいます。
>
> $$利益率 = \frac{利益}{売価}$$
>
> したがって、仮に「期末商品棚卸高が1,100円で、原価率は90%（利益率は10%）」という場合には、未実現利益は次のようにして計算します。
> 未実現利益：
> 1,100円 × 10%
> = 110円
>
> 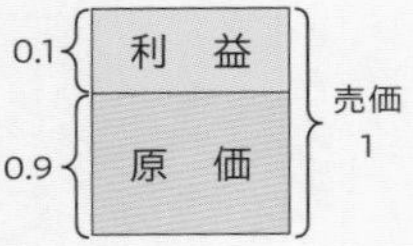
>

CASE 139 の期末商品に含まれる未実現利益

$$\cdot\ 1{,}100円 \times \frac{0.1}{1.1} = 100円$$

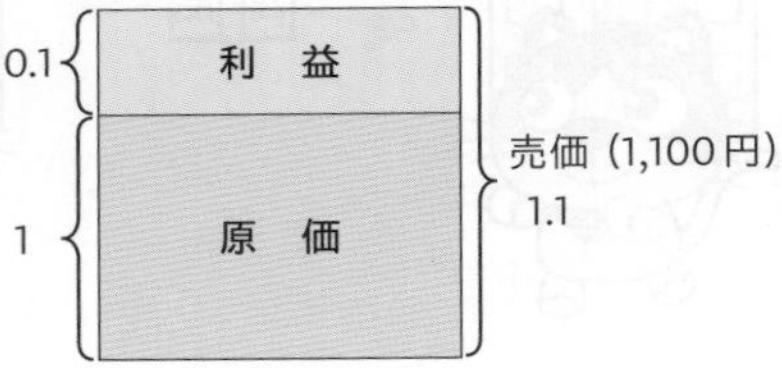

利　益：$1{,}100円 \times \dfrac{0.1}{1.1} = 100円$

原　価：$1{,}100円 \times \dfrac{1}{1.1} = 1{,}000円$

以上より、CASE 139 の連結修正仕訳は次のようになります。

CASE 139 の連結修正仕訳

（売上原価）	100	（商　　品）	100

「売上原価」の金額を修正します。

個別貸借対照表の「商品」に含まれる未実現利益を控除するので、「商品」を減少させます。

参考

期首商品に含まれる未実現利益の消去（ダウンストリーム）

こんどは、以下の 例 を使って、期首商品棚卸高に親会社から仕入れた商品が含まれている場合の、未実現利益の消去についてみてみましょう。

例

ゴエモン㈱はサブロー㈱の発行済株式の60%を取得し、支配している。次の取引について、当期の連結財務諸表を作成するために必要な連結修正仕訳を示しなさい。

［取引］
サブロー㈱の期首商品棚卸高のうち1,100円はゴエモン㈱から仕入れたものである。なお、ゴエモン㈱はサブロー㈱に対し、原価に10%の利益を付加して商品を販売している。

期首商品（前期末の商品）に含まれる未実現利益については、前期の連結財務諸表の作成にあたって消去しています。そこで、当期の連結財務諸表の作成にあたって、前期末に行った連結修正仕訳を再度行います（開始仕訳）。

前期末の連結修正仕訳 における損益項目（売上原価）は、「利益剰余金当期首残高」で処理します。
なお、連結株主資本等変動計算書を作成しない場合は、「当期首残高」をつけずに**「利益剰余金」**で仕訳してもかまいません。

前期末の連結修正仕訳

（売上原価）	100	（商品）	100*

* 1,100円 × $\frac{0.1}{1.1}$ = 100円

（利益剰余金当期首残高）	100	（商品）	100

前期末に行った連結修正仕訳を再度行います（開始仕訳）。

また、期首商品（前期末に残っていた商品）は当期中にすべて販売されたと考え、売上原価を修正します。

この 例 では、サブロー㈱の期首商品は1,100円（ゴエモン㈱から仕入れたもの）なので、これが当期中に販売されたとすると、個別会計上の売上原価は1,100円となります。

一方、連結会計上の売上原価は未実現利益を含まない金額で計上されるため、連結会計上の売上原価は1,000円（1,100円 × $\frac{1}{1.1}$）となります。

そこで、個別会計上の売上原価（1,100円）を連結会計上の売上原価（1,000円）に修正するため、未実現利益（100円）の分だけ **売上原価** を減らします。

個別会計上の売上原価（1,100円）と連結会計上の売上原価（1,000円）の差額（100円）は、期首商品に含まれる未実現利益（100円）と一致します。

（　　　　）		（売上原価）	100

また、相手科目は **商品** で処理します。

（商　　品）	100	（売上原価）	100

この仕訳は前期末に行った連結修正仕訳の逆仕訳と同じです。つまり、商品の販売によって未実現だった利益が実現したことを表します。

以上より、連結修正仕訳は次のようになります。

（利益剰余金当期首残高）	100	（商　　　品）	100	開始仕訳
（商　　　品）	100	（売 上 原 価）	100	当期の連結修正仕訳＝前期末の連結修正仕訳の逆仕訳

第19章 連結会計②

CASE 140

未実現利益の消去 ②期末商品（アップストリーム）

こんどはアップストリームについてみていきましょう。

子会社から親会社に商品を販売している場合で、親会社の期末商品棚卸高に子会社から仕入れた商品が含まれている場合、連結修正仕訳はどのようになるのでしょうか？

例

ゴエモン㈱はサブロー㈱の発行済株式の60%を取得し、支配している。次の取引について、当期の連結財務諸表を作成するために必要な連結修正仕訳を示しなさい。

[取引]
ゴエモン㈱の期末商品棚卸高のうち1,100円はサブロー㈱から仕入れたものである。なお、サブロー㈱はゴエモン㈱に対し、原価に10%の利益を付加して商品を販売している。

期末商品に含まれる未実現利益の消去（アップストリーム）

CASE 140では、サブロー㈱（子会社）がゴエモン㈱（親会社）に商品を売り上げています。

アップストリームの場合も、親会社の期末商品棚卸高に含まれる未実現利益（子会社が加算した利益）は全額消去します。

このように子会社が親会社に対して、商品（またはその他の資産）を販売することを**アップストリーム**といいましたね。

CASE 140 の期末商品に含まれる未実現利益

・$1,100円 \times \frac{0.1}{1.1} = 100円$

（売上原価）	100	（商　　品）	100

これはダウンストリームの場合と同じです。

ただし、子会社が付加した利益のうち親会社に帰属するのは、親会社の持分に相当する部分だけなので、消去した未実現利益のうち、非支配株主の持分に相当する部分については、非支配株主に負担させます。

この処理がダウンストリームの場合の処理に追加されます。

具体的には、まず、変動する損益項目の金額（売上原価100円）に非支配株主持分割合（CASE 140 では40%）を掛けた金額を、変動する損益項目（売上原価）の逆側に**非支配株主に帰属する当期純損益**として記入します。

CASE 140 の未実現利益のうち、非支配株主の負担分

・100円 × 40% = 40円

（売上原価）	100	（商　　品）	100

損益項目　× 40%

（　　　）		（非支配株主に帰属する当期純損益）	40

損益項目

そして、相手科目は**非支配株主持分当期変動額（純資産）**で処理します。

（非支配株主持分当期変動額）	40	（非支配株主に帰属する当期純損益）	40

連結株主資本等変動計算書を作成しない場合は、「当期変動額」をつけずに「**非支配株主持分**」で仕訳してもかまいません。

以上より、CASE 140 の連結修正仕訳は次のようになります。

CASE 140 の連結修正仕訳

未実現利益の消去

(売上原価)	100	(商品)	100

非支配株主への按分

(非支配株主持分当期変動額)	40	(非支配株主に帰属する当期純損益)	40

問題編
問題79

参考

期首商品に含まれる未実現利益の消去（アップストリーム）

こんどは、以下の 例 を使って、親会社の期首商品棚卸高に子会社から仕入れた商品が含まれている場合の、未実現利益の消去についてみてみましょう。

例

ゴエモン㈱はサブロー㈱の発行済株式の60%を取得し、支配している。次の取引について、当期の連結財務諸表を作成するために必要な連結修正仕訳を示しなさい。

[取引]
ゴエモン㈱の期首商品棚卸高のうち1,100円はサブロー㈱から仕入れたものである。なお、サブロー㈱はゴエモン㈱に対し、原価に10%の利益を付加して商品を販売している。

期首商品（前期末の商品）に含まれる未実現利益については、前期の連結財務諸表の作成にあたって消去しています。そこで、当期の連結財務諸表の作成にあたって、前期末に行った連結修正仕訳を再度行います（開始仕訳）。

開始仕訳をするときは、前期末の連結修正仕訳における損益項目（売上原価や非支配株主に帰属する当期純損益）は、「利益剰余金当期首残高」で処理します。また、純資産項目については「当期首残高」で処理します。
なお、連結株主資本等変動計算書を作成しない場合は、「当期首残高」をつけずに**「利益剰余金」**や**「非支配株主持分」**で仕訳してもかまいません。

前期末の連結修正仕訳

（売上原価）	100	（商品）	100[*1]
（非支配株主持分当期変動額）	40	（非支配株主に帰属する当期純損益）	40[*2]

＊1　1,100円 × $\frac{0.1}{1.1}$ = 100円

＊2　100円 × 40% = 40円

（利益剰余金当期首残高）	100	（商品）	100
（非支配株主持分当期首残高）	40	（利益剰余金当期首残高）	40

前期末に行った連結修正仕訳を再度行います（開始仕訳）。

また、期首商品（前期末に残っていた商品）は当期中にすべて販売されたと考え、売上原価を修正します。

具体的には、前期末の仕訳を取り消す仕訳を行います。

前期末の連結修正仕訳

（売上原価）	100	（商品）	100
（非支配株主持分当期変動額）	40	（非支配株主に帰属する当期純損益）	40

逆仕訳をします。

（商品）	100	（売上原価）	100
（非支配株主に帰属する当期純損益）	40	（非支配株主持分当期変動額）	40

当期の連結修正仕訳＝前期末の連結修正仕訳の逆仕訳

以上より、連結修正仕訳は次のようになります。

（利益剰余金当期首残高）	100	（商品）	100
（非支配株主持分当期首残高）	40	（利益剰余金当期首残高）	40

開始仕訳

（商品）	100	（売上原価）	100
（非支配株主に帰属する当期純損益）	40	（非支配株主持分当期変動額）	40

当期の連結修正仕訳＝前期末の連結修正仕訳の逆仕訳

CASE 141

未実現利益の消去 ③非償却性固定資産（ダウンストリーム）

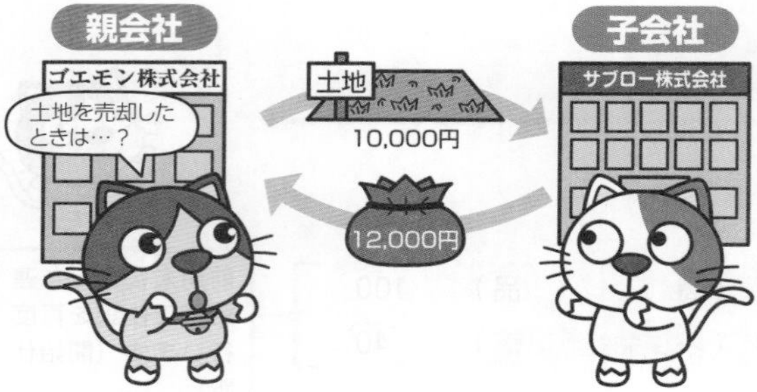

次に、連結会社間で土地（非償却性固定資産）を売買した場合の未実現利益の消去についてみてみましょう。

例

ゴエモン㈱はサブロー㈱の発行済株式の60%を取得し、支配している。次の取引について、当期の連結財務諸表を作成するために必要な連結修正仕訳を示しなさい。

[取引]
ゴエモン㈱はサブロー㈱に土地（帳簿価額10,000円）を12,000円で売却した（サブロー㈱はこの土地を期末現在、保有している）。

非償却性固定資産の未実現利益の消去（ダウンストリーム）

建物や備品のように、決算において減価償却をする固定資産を**償却性固定資産**、土地のように減価償却をしない固定資産を**非償却性固定資産**といいます。

親会社→子会社なので、ダウンストリームですね。

CASE 141 では、ゴエモン㈱（親会社）がサブロー㈱（子会社）に帳簿価額10,000円の土地を12,000円で売却している（サブロー㈱はこの土地を期末現在保有している）ので、ゴエモン㈱とサブロー㈱は個別会計上、それぞれ次の仕訳をしています。

個別会計上の仕訳（ゴエモン㈱）

（当座預金など）	12,000	（土　　　地）	10,000
		（固定資産売却益）	2,000

個別会計上の仕訳（サブロー㈱）

（土　　　地）	12,000	（当座預金など）	12,000

しかし、連結会計上はゴエモン㈱が土地を売却しなかったとして処理するため、ゴエモン㈱の固定資産売却益2,000円とサブロー㈱の土地2,000円を相殺消去します。

土地の未実現利益を消去します。

以上より、CASE 141 の連結修正仕訳は次のようになります。

CASE 141 の連結修正仕訳

（固定資産売却益）	2,000	（土　　　地）	2,000

個別会計上の仕訳の逆仕訳を合算しても、この仕訳になります。

CASE 142

未実現利益の消去 ④非償却性固定資産（アップストリーム）

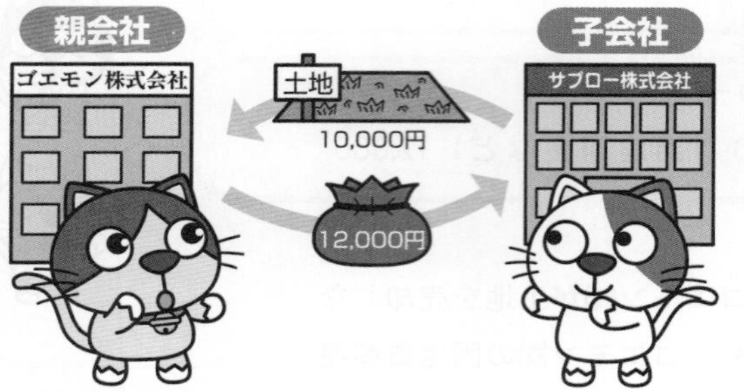

こんどは、子会社が親会社に土地（非償却性固定資産）を売却した場合の未実現利益の消去についてみてみましょう。

例

ゴエモン㈱はサブロー㈱の発行済株式の60%を取得し、支配している。次の取引について、当期の連結財務諸表を作成するために必要な連結修正仕訳を示しなさい。

［取引］
サブロー㈱はゴエモン㈱に土地（帳簿価額10,000円）を12,000円で売却した（ゴエモン㈱はこの土地を期末現在、保有している）。

非償却性固定資産の未実現利益の消去（アップストリーム）

子会社→親会社なので、アップストリームですね。

CASE 142では、サブロー㈱（子会社）がゴエモン㈱（親会社）に帳簿価額10,000円の土地を12,000円で売却しています（ゴエモン㈱はこの土地を期末現在保有しています）。

考え方は期末商品に含まれる未実現利益の場合と同じです。

そこで、連結会計上、サブロー㈱が加算した利益（未実現利益）を全額消去するとともに、非支配株主（40%）にも負担させます。

以上より、CASE 142 の連結修正仕訳は次のようになります。

CASE 142 の連結修正仕訳

（固定資産売却益）	2,000	（土　　　地）	2,000	← 未実現利益の消去
損益項目	× 40%	2,000円 × 40% = 800円		
（非支配株主持分当期変動額）	800	（非支配株主に帰属する当期純損益）	800	← 非支配株主への按分
		損益項目		

連結株主資本等変動計算書を作成しない場合、「非支配株主持分当期変動額」は「**非支配株主持分**」で仕訳してもかまいません。

問題編
問題80

CASE 143

連結会計の総合問題の解き方

解き方を
マスターしよう！

日商2級の試験で出題される連結会計の問題（連結精算表の作成）の解き方をみてみましょう。

問題

次の資料にもとづき、P社の当期（×2年4月1日から×3年3月31日）における連結精算表（連結貸借対照表と連結損益計算書のみ）を完成させなさい。

［資料1］解答上の注意事項
（1）精算表の（　　）は貸方金額を表す。
（2）のれんは発生年度の翌年度から10年間で毎期均等額を償却する。

［資料2］支配獲得日の資料
（1）P社は×1年3月31日にS社の発行済株式総数の60％を15,000円で取得し、支配を獲得した。
（2）×1年3月31日（支配獲得日）のS社の資本勘定の金額は次のとおりである。
　　資　本　金：20,000円　利益剰余金：4,000円

［資料3］連結第1年度（×1年4月1日から×2年3月31日）の資料
（1）×2年3月31日（連結第1年度末）のS社の資本勘定の金額は次のとおりである。
　　資　本　金：20,000円　利益剰余金：6,400円
（2）S社の連結第1年度の当期純利益は2,400円、配当額は0円であった。

［資料4］当期（×2年4月1日から×3年3月31日）の資料
（1）P社とS社の当期の個別財務諸表は答案用紙の連結精算表のとおりである。
（2）当期において、S社は1,000円の配当を行った。
（3）当期（連結第2年度）からP社はS社に対し、原価に20％の利益を付加して商品を販売している。当期において、P社はS社に対して商品8,000円を販売している。
（4）当期末にS社が保有する期末商品のうち、P社からの仕入分は3,000円であった。
（5）P社は売掛金に対して2％の貸倒引当金を差額補充法により設定しており、売掛金の期末残高のうち1,500円はS社に対するものであった。

連結精算表　(単位：円)

勘定科目	個別財務諸表			消去・振替		連結財務諸表
	P社	S社	合計			
貸借対照表						連結貸借対照表
売掛金	10,000	4,000	14,000			
商品	10,000	7,000	17,000			
その他の流動資産	33,700	20,080	53,780			
土地	17,400	6,000	23,400			
S社株式	15,000		15,000			
のれん						
資産合計	86,100	37,080	123,180			
買掛金	(15,900)	(2,400)	(18,300)			(　)
貸倒引当金	(200)	(80)	(280)			(　)
その他の流動負債	(14,000)	(4,770)	(18,770)			(　)
資本金	(40,000)	(20,000)	(60,000)			(　)
利益剰余金	(16,000)	(9,830)	(25,830)			(　)
非支配株主持分						(　)
負債・純資産合計	(86,100)	(37,080)	(123,180)			(　)
損益計算書						連結損益計算書
売上高	(110,000)	(60,000)	(170,000)			(　)
売上原価	88,000	48,000	136,000			
貸倒引当金繰入	150	50	200			
その他の販管費	13,500	7,600	21,100			
受取配当金	(600)		(600)			(　)
その他の営業外収益	(1,400)	(480)	(1,880)			(　)
のれん償却						
その他の営業外費用	2,080	400	2,480			
当期純利益	(8,270)	(4,430)	(12,700)			(　)
非支配株主に帰属する当期純損益						
親会社株主に帰属する当期純利益	(8,270)	(4,430)	(12,700)			(　)

支配獲得日の連結修正仕訳

［資料２］支配獲得日の資料から、支配獲得日（×1年3月31日）の連結修正仕訳（投資と資本の相殺消去）を行います。

支配獲得日
投資と資本の相殺消去
CASE 129

［資料２］支配獲得日の資料
(1) P社は×1年3月31日にS社の発行済株式総数の60%を15,000円で取得し、支配を獲得した。
(2) ×1年3月31日（支配獲得日）のS社の資本勘定の金額は次のとおりである。
資　本　金：20,000円　利益剰余金：4,000円

各項目について、参照箇所を付しておきますので、逐一、確認しながら読み進めてください。

A 連結修正仕訳

（資　本　金）	20,000	（Ｓ 社 株 式）	15,000
（利 益 剰 余 金）	4,000	（非支配株主持分）	9,600
（の　れ　ん）	600		

貸借差額（のれん 600）

×非支配株主持分割合（40%）（資本金20,000＋利益剰余金4,000 → 非支配株主持分9,600）

支配獲得日後1年目の連結修正仕訳

(1) 開始仕訳

支配獲得日の連結修正仕訳(投資と資本の相殺消去)を再度行います。なお、純資産項目は**「当期首残高」**をつけますが、本問は連結株主資本等変動計算書を作成しないので、「当期首残高」等をつけないで仕訳してみましょう。

前記Ⓐの仕訳です。

本問において、省略できる「当期首残高」等は、色をうすくしてあります。

Ⓑ 開始仕訳

(資本金当期首残高)	20,000	(S 社 株 式)	15,000
(利益剰余金当期首残高)	4,000	(非支配株主持分当期首残高)	9,600
(の れ ん)	600		

開始仕訳 CASE 130

(2) 支配獲得日後1年目の連結修正仕訳

[資料1] 解答上の注意事項と [資料3] 連結第1年度(×1年4月1日から×2年3月31日)の資料から連結修正仕訳をします。

> [資料1] 解答上の注意事項
> (2) のれんは発生年度の翌年度から10年間で毎期均等額を償却する。
> Ⓐより600円　発生年度が×1年3月31日なので、その翌年度(支配獲得日後1年目)から償却する

① のれんの償却 CASE 131

Ⓒ 連結修正仕訳 ①のれんの償却

(の れ ん 償 却)	60	(の れ ん)	60

600円÷10年=60円

第19章 連結会計②

② 子会社の当期純損益の振り替え CASE 132

［資料3］連結第1年度（×1年4月1日から×2年3月31日）の資料
(2) S社の連結第1年度の当期純利益は2,400円、配当額は0円であった。

このうち40%を非支配株主持分に振り替える

D 連結修正仕訳 ②子会社の当期純損益の振り替え

（非支配株主に帰属する当期純損益）	960	（非支配株主持分当期変動額）	960

2,400円×40%＝960円

③ 子会社の配当金の修正 CASE 133

［資料3］連結第1年度（×1年4月1日から×2年3月31日）の資料
(2) S社の連結第1年度の当期純利益は2,400円、配当額は0円であった。

連結第1年度については仕訳なし

E 連結修正仕訳 ③子会社の配当金の修正

仕 訳 な し

当期（支配獲得日後２年目）の連結修正仕訳

(1) 開始仕訳

前期末（支配獲得日後１年目）に行った連結修正仕訳を再度行います。なお、損益項目は**利益剰余金**（当期首残高）で仕訳します。

前記Ⓑ～Ⓔの仕訳です。

前期末の連結修正仕訳を再度示しておきますね。

Ⓑ 開始仕訳

（資本金当期首残高）	20,000	（Ｓ　社　株　式）	15,000
（利益剰余金当期首残高）	4,000	（非支配株主持分当期首残高）	9,600
（の　れ　ん）	600		

Ⓒ 連結修正仕訳　①のれんの償却

（の れ ん 償 却）	60	（の　れ　ん）	60

Ⓓ 連結修正仕訳　②子会社の当期純損益の振り替え

（非支配株主に帰属する当期純損益）	960	（非支配株主持分当期変動額）	960

Ⓔ 連結修正仕訳　③子会社の配当金の修正

仕　訳　な　し

そうすると、当期の開始仕訳はこのようになります。

4,000円＋60円＋960円＝5,020円

Ⓕ 開始仕訳

（資本金当期首残高）	20,000	（Ｓ　社　株　式）	15,000
（利益剰余金当期首残高）	5,020	（非支配株主持分当期首残高）	10,560
（の　れ　ん）	540		

600円－60円＝540円

9,600円＋960円＝10,560円

開始仕訳
CASE 134

これを連結精算表に記入すると、下記のようになります。

連結精算表 (単位：円)

勘定科目	個別財務諸表			消去・振替		連結財務諸表
	P 社	S 社	合 計			
貸借対照表						
S 社 株 式	15,000		15,000		**15,000**	
の れ ん				**540**		
資 本 金	(40,000)	(20,000)	(60,000)	**20,000**		( )
利 益 剰 余 金	(16,000)	(9,830)	(25,830)	**5,020**		( )
非支配株主持分					**10,560**	( )

(2) 支配獲得日後２年目の連結修正仕訳

［資料１］解答上の注意事項と［資料４］当期（×2年４月１日から×３年３月31日）の資料および答案用紙の連結精算表から当期の連結修正仕訳をします。

① **のれんの償却**
CASE 131

［資料１］解答上の注意事項
(2) のれんは発生年度の翌年度から10年間で毎期均等額を償却する。

Ⓐより、当初ののれん発生額は600円

Ⓖ 連結修正仕訳 ①のれんの償却

(のれん償却) 60 (の れ ん) 60

600円÷10年＝60円

連結精算表 (単位：円)

勘定科目	個別財務諸表			消去・振替		連結財務諸表
	P 社	S 社	合 計			
貸借対照表						
の れ ん				540	**60**	
損益計算書						
の れ ん 償 却				**60**		

［資料４］当期（×２年４月１日から×３年３月31日）の資料
(1) Ｐ社とＳ社の当期の個別財務諸表は答案用紙の連結精算表のとおりである。

連結精算表のＳ社の個別財務諸表にＳ社の当期純利益の記載がある

②
子会社の当期純損益の振り替え
CASE 132

Ⓗ 連結修正仕訳　②子会社の当期純損益の振り替え

（非支配株主に帰属する当期純損益）1,772　（非支配株主持分当期変動額）1,772

4,430円 × 40% = 1,772円

連結精算表　（単位：円）

勘定科目	個別財務諸表			消去・振替		連結財務諸表
	Ｐ社	Ｓ社	合計			
貸借対照表						
非支配株主持分					10,560	(　)
					1,772	
損益計算書						
非支配株主に帰属する当期純損益				**1,772**		
親会社株主に帰属する当期純利益	(8,270)	(4,430)	(12,700)			(　)

［資料４］当期（×２年４月１日から×３年３月31日）の資料
(2) 当期において、Ｓ社は1,000円の配当を行った。

③
子会社の配当金の修正
CASE 133

第19章
連結会計②

❶ **連結修正仕訳　③子会社の配当金の修正**

1,000円 × 60% = 600円

（受取配当金）	600	（利益剰余金）	1,000
（非支配株主持分当期変動額）	400		

1,000円 × 40% = 400円

連結精算表　(単位：円)

勘定科目	個別財務諸表			消去・振替		連結財務諸表
	P社	S社	合計			
貸借対照表						
利益剰余金	(16,000)	(9,830)	(25,830)	5,020	**1,000**	(　)
非支配株主持分				**400**	10,560	(　)
					1,772	
損益計算書						
受取配当金	(600)		(600)	**600**		(　)

④
売上高と売上原価の相殺消去
CASE 135

［資料4］当期（×2年4月1日から×3年3月31日）の資料
(3) 当期（連結第2年度）からP社はS社に対し、原価に20%の利益を付加して商品を販売している。当期において、P社はS社に対して商品8,000円を販売している。

❶ **連結修正仕訳　④売上高と売上原価の相殺消去**

（売上高）	8,000	（売上原価）	8,000

連結精算表　(単位：円)

勘定科目	個別財務諸表			消去・振替		連結財務諸表
	P社	S社	合計			
損益計算書						
売上高	(110,000)	(60,000)	(170,000)	**8,000**		(　)
売上原価	88,000	48,000	136,000		**8,000**	

[資料4] 当期（×2年4月1日から×3年3月31日）の資料

(3) 当期（連結第2年度）からP社はS社に対し、原価に20%の利益を付加して商品を販売している。

(4) 当期末にS社が保有する期末商品のうち、P社からの仕入分は3,000円であった。

⑤
期末商品に含まれる未実現利益の消去（ダウンストリーム）
CASE 139

Ⓚ 連結修正仕訳 ⑤期末商品に含まれる未実現利益の消去

（売 上 原 価） 500 （商 品） 500

$3{,}000円 \times \frac{0.2}{1.2} = 500円$

連結精算表 (単位：円)

勘定科目	個別財務諸表			消去・振替		連結財務諸表
	P社	S社	合計			
貸借対照表						
商品	10,000	7,000	17,000		**500**	
損益計算書						
売上原価	88,000	48,000	136,000	**500**	8,000	

[資料4] 当期（×2年4月1日から×3年3月31日）の資料

(5) P社は売掛金に対して2%の貸倒引当金を差額補充法により設定しており、売掛金の期末残高のうち1,500円はS社に対するものであった。

⑥
債権債務の相殺消去
CASE 135

Ⓛ 連結修正仕訳 ⑥債権債務の相殺消去

（買 掛 金） 1,500 （売 掛 金） 1,500

連結精算表 (単位：円)

勘定科目	個別財務諸表			消去・振替		連結財務諸表
	P社	S社	合計			
貸借対照表						
売掛金	10,000	4,000	14,000		**1,500**	
買掛金	(15,900)	(2,400)	(18,300)	**1,500**		( )

⑦
親会社の期末貸倒引当金の修正
CASE 136

[資料4] 当期(×2年4月1日から×3年3月31日)の資料
(5) P社は売掛金に対して2%の貸倒引当金を差額補充法により設定しており、売掛金の期末残高のうち1,500円はS社に対するものであった。

Ⓜ 連結修正仕訳 ⑦期末貸倒引当金の修正

(貸倒引当金) 30 (貸倒引当金繰入) 30

1,500円×2%=30円

連結精算表 (単位:円)

勘定科目	個別財務諸表			消去・振替		連結財務諸表
	P社	S社	合計			
貸借対照表						
貸倒引当金	(200)	(80)	(280)	30		( )
損益計算書						
貸倒引当金繰入	150	50	200		30	

連結財務諸表(連結精算表)を作成する

個別財務諸表の金額に連結修正仕訳を加減して、連結財務諸表(連結精算表)を作成します。

消去・振替欄には通常、配点はないので、どのような記入の仕方でもかまいません(★の欄は金額の記入を省略しています)。

CASE 143 の連結精算表

連結精算表 (単位:円)

勘定科目	個別財務諸表			消去・振替		連結財務諸表
	P社	S社	合計			
貸借対照表						連結貸借対照表
売掛金	10,000	4,000	14,000		1,500	12,500
商品	10,000	7,000	17,000		500	16,500
その他の流動資産	33,700	20,080	53,780			53,780
土地	17,400	6,000	23,400			23,400
S社株式	15,000		15,000		15,000	0
のれん				540	60	480
資産合計	86,100	37,080	123,180	★	★	106,660

次ページへ続く

前ページより続く

勘定科目	個別財務諸表			消去・振替		連結財務諸表
	P　社	S　社	合　計			
買　掛　金	(15,900)	(2,400)	(18,300)	1,500		(16,800)
貸倒引当金	(200)	(80)	(280)	30		(250)
その他の流動負債	(14,000)	(4,770)	(18,770)			(18,770)
資　本　金	(40,000)	(20,000)	(60,000)	20,000		(40,000)
利益剰余金	(16,000)	(9,830)	(25,830)	5,020	1,000	ⓒ(18,908)
				10,932	8,030	
非支配株主持分				400	10,560	(11,932)
					1,772	
負債・純資産合計	(86,100)	(37,080)	(123,180)	★	★	(106,660)
損益計算書						連結損益計算書
売　上　高	(110,000)	(60,000)	(170,000)	8,000		(162,000)
売上原価	88,000	48,000	136,000	500	8,000	128,500
貸倒引当金繰入	150	50	200		30	170
その他の販管費	13,500	7,600	21,100			21,100
受取配当金	(600)		(600)	600		(0)
その他の営業外収益	(1,400)	(480)	(1,880)			(1,880)
のれん償却				60		60
その他の営業外費用	2,080	400	2,480			2,480
当期純利益	(8,270)	(4,430)	(12,700)	9,160	8,030	ⓐ(11,570)
非支配株主に帰属する当期純損益				1,772		1,772
親会社株主に帰属する当期純利益	(8,270)	(4,430)	(12,700)	10,932	8,030	ⓑ(9,798)

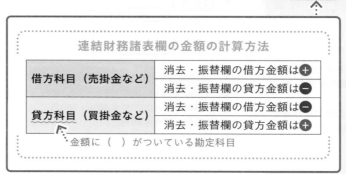

連結財務諸表欄の金額の計算方法

借方科目（売掛金など）	消去・振替欄の借方金額は⊕
	消去・振替欄の貸方金額は⊖
貸方科目（買掛金など）	消去・振替欄の借方金額は⊖
	消去・振替欄の貸方金額は⊕

金額に（　）がついている勘定科目

ⓐ 当期純利益 ←……連結P/Lの貸借差額で計算する

(162,000円＋1,880円)－(128,500円＋170円＋21,100円＋60円＋2,480円)＝11,570円

ⓑ 親会社株主に帰属する当期純利益

11,570円（当期純利益） － 1,772円（非支配株主に帰属する当期純損益） ＝9,798円

ⓒ 利益剰余金

25,830円－(5,020円＋10,932円)（消去・振替欄[借方]）＋(1,000円＋8,030円)（消去・振替欄[貸方]）＝18,908円

なお、CASE 143についてタイムテーブルを作ると、次のとおりです。

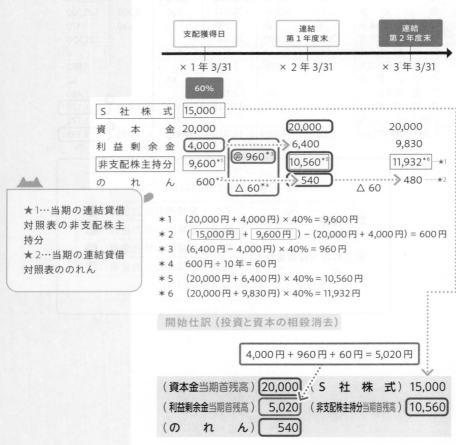

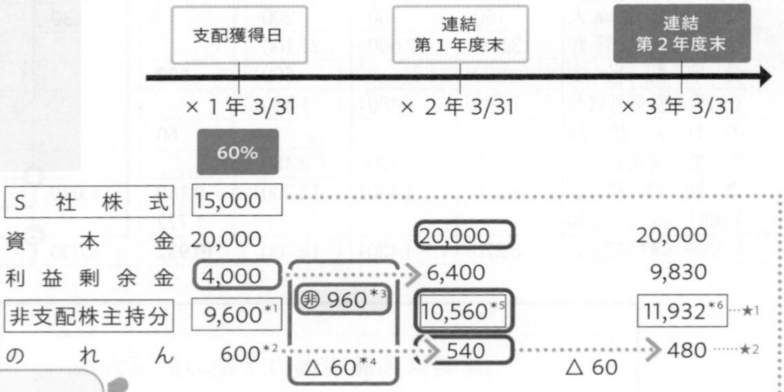

★1…当期の連結貸借対照表の非支配株主持分

★2…当期の連結貸借対照表ののれん

＊1 (20,000円＋4,000円)×40%＝9,600円

＊2 (15,000円＋9,600円)－(20,000円＋4,000円)＝600円

＊3 (6,400円－4,000円)×40%＝960円

＊4 600円÷10年＝60円

＊5 (20,000円＋6,400円)×40%＝10,560円

＊6 (20,000円＋9,830円)×40%＝11,932円

開始仕訳（投資と資本の相殺消去）

4,000円＋960円＋60円＝5,020円

(資本金当期首残高)	20,000	(S 社 株 式)	15,000
(利益剰余金当期首残高)	5,020	(非支配株主持分当期首残高)	10,560
(の れ ん)	540		

消去・振替欄がない連結精算表の場合

試験では、消去・振替欄がない連結精算表が出題されることもあります。

消去・振替欄がない場合は、個別財務諸表の金額と下書き用紙に書いた連結修正仕訳の金額を加減して、連結財務諸表欄に記入します。

なお、親会社株主に帰属する当期純利益は、連結損益計算書の差額によって計算します。

また、連結貸借対照表の利益剰余金は、利益剰余金以外の欄をうめたあと、連結貸借対照表の貸借差額で計算します。

CASE 143 の連結修正仕訳

連結B/S…連結貸借対照表
連結P/L…連結損益計算書

(1) 開始仕訳

(資本金当期首残高)	20,000	(S社株式)	15,000
(利益剰余金当期首残高)	5,020	(非支配株主持分当期首残高)	10,560
(のれん)	540		

連結B/S 資本金：60,000円－20,000円＝40,000円

(2) のれんの償却

(のれん償却)	60	(のれん)	60

連結P/L のれん償却：60円
連結B/S のれん：540円－60円＝480円

(3) 子会社の当期純損益の振り替え

(非支配株主に帰属する当期純損益)	1,772	(非支配株主持分当期変動額)	1,772

連結P/L 非支配株主に帰属する当期純損益：1,772円

(4) 子会社の配当金の修正

(受取配当金)	600	(利益剰余金)	1,000
(非支配株主持分当期変動額)	400		

連結P/L 受取配当金：600円－600円＝0円
連結B/S 非支配株主持分：10,560円＋1,772円－400円
＝11,932円

第19章 連結会計②

(5) 売上高と売上原価の相殺消去

（売　上　高）8,000（売 上 原 価）8,000

連結P/L 売上高：170,000円－8,000円＝162,000円

(6) 期末商品に含まれる未実現利益の消去

（売 上 原 価）　500（商　　品）　500

連結P/L 売上原価：136,000円－8,000円＋500円
＝128,500円

連結B/S 商品：17,000円－500円＝16,500円

(7) 債権債務の相殺消去

（買　掛　金）1,500（売　掛　金）1,500

連結B/S 売掛金：14,000円－1,500円＝12,500円

連結B/S 買掛金：18,300円－1,500円＝16,800円

(8) 期末貸倒引当金の修正

（貸 倒 引 当 金）　30（貸倒引当金繰入）　30

連結B/S 貸倒引当金：280円－30円＝250円

連結P/L 貸倒引当金繰入：200円－30円＝170円

CASE 143 の連結精算表（消去・振替欄がない場合）

連 結 精 算 表　（単位：円）

勘定科目	個別財務諸表			連結財務諸表
	P 社	S 社	合 計	
貸借対照表				連結貸借対照表
売掛金	10,000	4,000	14,000	**12,500**
商品	10,000	7,000	17,000	**16,500**
その他の流動資産	33,700	20,080	53,780	**53,780**
土地	17,400	6,000	23,400	**23,400**
S社株式	15,000		15,000	**0**
のれん				**480**
資産合計	86,100	37,080	123,180	**106,660**

次ページへ続く

前ページより続く

勘定科目	個別財務諸表			連結財務諸表
	P 社	S 社	合 計	
買掛金	(15,900)	(2,400)	(18,300)	(**16,800**)
貸倒引当金	(200)	(80)	(280)	(**250**)
その他の流動負債	(14,000)	(4,770)	(18,770)	(**18,770**)
資本金	(40,000)	(20,000)	(60,000)	(**40,000**)
利益剰余金	(16,000)	(9,830)	(25,830)	(**18,908**)
非支配株主持分				(**11,932**)
負債・純資産合計	(86,100)	(37,080)	(123,180)	(**106,660**)
損益計算書				連結損益計算書
売上高	(110,000)	(60,000)	(170,000)	(**162,000**)
売上原価	88,000	48,000	136,000	**128,500**
貸倒引当金繰入	150	50	200	**170**
その他の販管費	13,500	7,600	21,100	**21,100**
受取配当金	(600)		(600)	(**0**)
その他の営業外収益	(1,400)	(480)	(1,880)	(**1,880**)
のれん償却				**60**
その他の営業外費用	2,080	400	2,480	**2,480**
当期純利益	(8,270)	(4,430)	(12,700)	(**11,570**)
非支配株主に帰属する当期純損益				**1,772**
親会社株主に帰属する当期純利益	(8,270)	(4,430)	(12,700)	(**9,798**)

最後に、連結貸借対照表の貸借差額で求めます。

第19章 連結会計②

問題編
問題81、82

内部取引高と債権債務の相殺消去

CASE 135

相殺消去する内部取引高、債権債務

内部取引高の相殺消去	債権債務の相殺消去
売上高 ⟷ 売上原価	買掛金 ⟷ 売掛金
受取利息 ⟷ 支払利息	支払手形 ⟷ 受取手形
受取配当金 ⟷ 配当金	借入金 ⟷ 貸付金
	未払費用 ⟷ 未収収益
	前受収益 ⟷ 前払費用

親会社の期末貸倒引当金の修正

CASE 136

①債権債務の相殺消去

(買掛金)	1,000	(売掛金)	1,000

②貸倒引当金の減額修正

(貸倒引当金)	50	(貸倒引当金繰入)	50

子会社の期末貸倒引当金の修正

※ 色の薄い部分は、連結株主資本等変動計算書を作成しない場合には記入する必要はありません。

CASE 137

①債権債務の相殺消去

(買掛金)	1,000	(売掛金)	1,000

②貸倒引当金の減額修正

(貸倒引当金)	50	(貸倒引当金繰入)	50

③非支配株主への按分 ×非支配株主持分 損益項目

(非支配株主に帰属する当期純損益) 損益項目	20	(非支配株主持分当期変動額)	20

手形取引の修正

CASE 138

・子会社が振り出した手形を親会社が受け取り、期末に保有している場合の連結修正仕訳

(支払手形)	2,000	(受取手形)	2,000

・子会社が振り出した手形を親会社が割り引いた場合の連結修正仕訳

(支払手形)	8,000	(借入金)	8,000

未実現利益の消去① 期末商品(ダウンストリーム)

CASE 139

(売上原価)	100	(商品)	100

未実現利益の消去② 期末商品(アップストリーム)

※ 色の薄い部分は、連結株主資本等変動計算書を作成しない場合には記入する必要はありません。

CASE 140

(売上原価) 損益項目	100	(商品)	100
(非支配株主持分当期変動額)	40	(非支配株主に帰属する当期純損益) 損益項目	40

×非支配株主持分

未実現利益の消去③ 非償却性固定資産(ダウンストリーム)

CASE 141

(固定資産売却益)	2,000	(土地)	2,000

未実現利益の消去④　非償却性固定資産（アップストリーム）

※　色の薄い部分は、連結株主資本等変動計算書を作成しない場合には記入する必要はありません。

CASE 142

（固定資産売却益）	2,000	（土　　地）	2,000
損益項目 ×非支配株主持分			
（非支配株主持分当期変動額）	800	（非支配株主に帰属する当期純損益）	800

連結会計の総合問題の解き方

CASE 143

Step 1 投資と資本の相殺消去（開始仕訳）を行う

Step 2 当期の連結修正仕訳を行う

①のれんの償却
②子会社の当期純損益の振り替え
③子会社の配当金の修正
④売上高と売上原価の相殺消去
⑤債権債務の相殺消去
⑥貸倒引当金の減額修正
⑦棚卸資産に含まれる未実現利益の消去
⑧非償却性固定資産に含まれる未実現損益の消去
など

Step 3 連結財務諸表を作成する

製造業会計編

第20章

製造業会計

製造業の簿記については主に工業簿記で
学習するけど、工業簿記の
内容と商業簿記の内容をミックスした問題
も出題範囲に加わったんだって…。

ここでは、製造業会計の全体像
についてみてみましょう。

※工業簿記を学習していることを前提に説明を
していますので、工業簿記の学習後に読んでください。

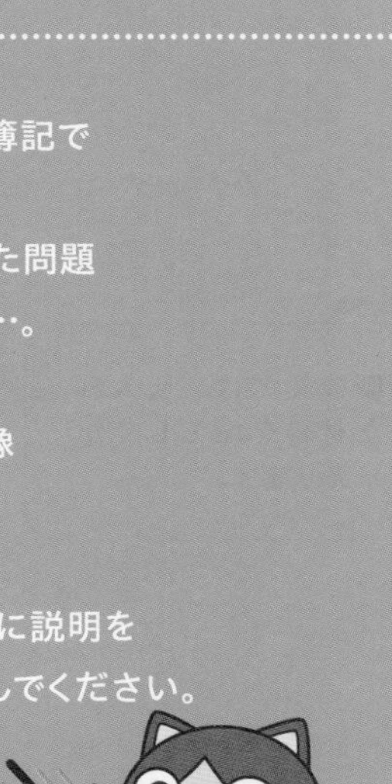

CASE 144

製造業会計の基本

製造業（メーカー）を対象とした簿記については工業簿記で学習しましたが…。
ここでは、簡単に内容を復習しておきましょう。

商品売買業と製造業

商品売買業では、仕入れた商品をそのままの形で売ります。

商品売買業とは、商品を仕入れて、それをそのままの形で販売する形態の業種をいいます。

製造業では、仕入れた材料を加工してから売ります。

一方、**製造業**とは、材料を仕入れ、その材料に切る、組み立てる、色を塗るなどの加工を施して製品を製造し、完成した製品を販売する形態の業種をいいます。

原価計算とは

製造業では、材料に、切る、組み立てるなどの加工を施すため、材料の仕入れや加工のための費用など製品の製造にかかった費用を計算しなければなりません。

この、製品の製造にかかった費用を**原価**といい、製品の原価を計算することを**原価計算**といいます。

仕掛品とは

材料から完成品（製品）になるまでの、加工途中の未完成品のことを**仕掛品**（しかかりひん）といいます。

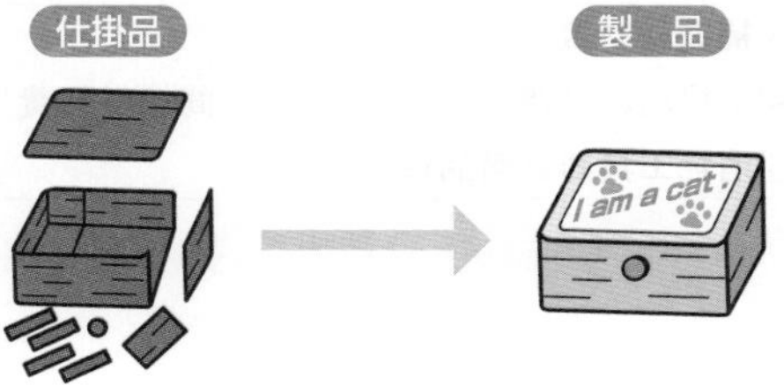

CASE 145

材料費の処理

この材料を使って
製品を作っているニャ。
接
着
剤

材料費は製品を製造するために消費した材料の金額…でしたよね？
ここでは材料費について、分類と処理を簡単に確認しておきましょう。

取　引

(1) 材料1,000円を仕入れ、代金は掛けとした。なお、引取運賃100円は現金で支払った。
(2) 材料500円を消費した。このうち300円は直接材料費で、200円は間接材料費である。
(3) 月末において材料の棚卸減耗（すべて正常な範囲内のもの）が240円生じた。

材料費の分類

材料費は製品との関連（ある製品にいくらかかったかが明らかかどうか）によって**直接材料費**と**間接材料費**に分類されます。

①主要材料費
家具製造業における木材など
②買入部品費
自動車製造業におけるタイヤなど
③補助材料費
接着剤、ペンキなど
④工場消耗品費
石けん、軍手など
⑤消耗工具器具備品費
ドライバー、かなづちなど

材料費の分類

①主要材料費	直接材料費
②買入部品費	
③補助材料費	間接材料費
④工場消耗品費	
⑤消耗工具器具備品費	

材料を購入したときの処理

材料を購入したときは、購入した材料自体の価額（**購入代価**）に、材料の購入にかかった付随費用を加算した金額を、材料の**購入原価**として処理します。

CASE 145 (1) は…
材料1,000円を仕入れ、代金は掛けとした。なお、引取運賃100円は現金で支払った。
…という取引ですね。

CASE 145 (1) の材料の購入原価

・1,000円＋100円＝1,100円

したがって、CASE 145 (1) の仕訳は次のようになります。

CASE 145 (1) の仕訳

（材料）	1,100	（買掛金）	1,000
		（現金）	100

材料を消費したときの処理

直接材料を消費したときは、**材料勘定（貸方）**から**仕掛品勘定（借方）**に、**間接材料**を消費したときは**材料勘定（貸方）**から**製造間接費勘定（借方）**に振り替えます。

したがって、CASE 145 (2) の仕訳は次のようになります。

CASE 145 (2) は…
材料500円を消費した。このうち300円は直接材料費で、200円は間接材料費である。
…という取引ですね。

CASE 145 (2) の仕訳

（仕掛品）	300	（材料）	500
（製造間接費）	200		

棚卸減耗が生じたときの処理

材料の棚卸減耗が生じたときは、原因を調べ、通常起こり得る範囲内の減耗（正常な棚卸減耗）の場合には、棚卸減耗損を**間接経費（製造間接費）**として処理します。

したがって、CASE 145 (3) の仕訳は次のようになります（経費の諸勘定を用いて処理する方法によっています）。

CASE 145 (3) は…
月末において材料の棚卸減耗損（すべて正常な範囲内のもの）が240円生じた。
…という取引ですね。

CASE 145 (3) の仕訳

（棚卸減耗損）	240	（材　　料）	240
（製造間接費）	240	（棚卸減耗損）	240

以上より、CASE 145 の仕訳（まとめ）は次のようになります。

CASE 145 の仕訳

(1)

（材　　料）	1,100	（買　掛　金）	1,000
		（現　　金）	100

(2)

（仕　掛　品）	300	（材　　料）	500
（製造間接費）	200		

(3)

（棚卸減耗損）	240	（材　　料）	240
（製造間接費）	240	（棚卸減耗損）	240

CASE 146

労務費の処理

今日もごくろうさま！
おつかれさまです。
帳簿

労務費は工場で働く人に対する賃金や給料など、ヒトにかかる費用でしたよね？
ここでは労務費について、分類と処理を簡単に確認しておきましょう。

取　引

(1) 当月の賃金支給額1,000円を現金で支払った。
(2) 当月の賃金消費額は1,100円であった。そのうち、880円は直接工直接作業賃金で、220円は間接工賃金であった。

労務費の分類

労務費のうち、製品の製造に直接かかるものは**直接労務費**、それ以外のものは**間接労務費**となります。

労務費の分類

①賃金	直接工	直接作業分	**直接労務費**
		間接作業分	**間接労務費**
	間接工		
②給料			
③従業員賞与手当			
④退職給付費用			
⑤法定福利費			

賃金・給料を支払ったときの処理

賃金や給料を支払ったときは、**賃金（費用）**や**給料（費用）**で処理します。

したがって、CASE 146 (1) の仕訳は次のようになります。

CASE 146 (1) は…
当月の賃金支給額1,000円を現金で支払った。
…という取引ですね。

CASE 146 (1) の仕訳

（賃　　　金）	1,000	（現　　　金）	1,000

賃金・給料の消費額の計算

賃金や給料の消費額は次の計算式によって求めます。

当月消費額＝当月支給額＋当月未払額－前月未払額

したがって、たとえば7月の賃金支給額が1,000円で、前月未払額（6月21日～6月30日）が100円、当月未払額（7月21日～7月31日）が200円である場合の7月の賃金消費額は1,100円（1,000円＋200円－100円）と計算することができます。

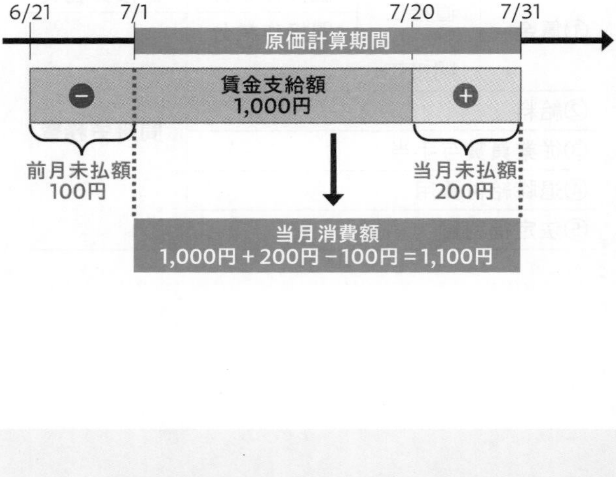

賃金・給料を消費したときの処理

直接労務費（直接工直接作業賃金）を消費したときは、賃金勘定（貸方）から**仕掛品勘定（借方）**に振り替えます。

また、間接労務費（直接工間接作業賃金、間接工賃金、給料など）を消費したときは、賃金勘定（貸方）から**製造間接費勘定（借方）**に振り替えます。

したがって、CASE 146 (2) の仕訳は次のようになります。

CASE **146（2）**の仕訳

（仕　掛　品）	880	（賃　　　金）	1,100
（製造間接費）	220		

CASE 146 (2) は…
当月の賃金消費額は1,100円であった。そのうち、880円は直接工直接作業賃金で、220円は間接工賃金であった。
…という取引ですね。

以上より、CASE 146 の仕訳（まとめ）は次のようになります。

CASE **146** の仕訳

(1)

（賃　　　金）	1,000	（現　　　金）	1,000

(2)

（仕　掛　品）	880	（賃　　　金）	1,100
（製造間接費）	220		

CASE 147

経費の処理

工場の電気代とか水道代とか、
工場の減価償却費とか…。

経費は材料費と労務費以外の費用でしたよね？
ここでは経費について、分類と処理を簡単に確認しておきましょう。

取　引

工場の減価償却費100円を計上した（記帳方法は間接法）。

経費の分類

経費とは、材料費と労務費以外の費用をいいます。経費のうち、製品の製造に直接かかるもの（外注加工賃など）は**直接経費**、それ以外のものは**間接経費**となります。

工場における水道光熱費や工場減価償却費などですね。

経費の分類

①支払経費	外注加工賃など	**直接経費**
	修繕費など	**間接経費**
②月割経費	減価償却費、賃借料など	
③測定経費	電気代、水道代など	
④発生経費	材料棚卸減耗損など	

経費の処理

直接経費（貸方）（外注加工賃など）は、**仕掛品勘定（借方）**に振り替え、**間接経費（貸方）**は**製造間接費勘定（借方）**に振り替えます。

CASE 147 では、工場の減価償却費100円を計上していますが、工場の減価償却費は**間接経費**なので、**製造間接費勘定**に振り替えます。

経費を消費したときは、どの勘定を用いるかによって処理方法が異なりますが、ここでは経費の諸勘定（減価償却費）を用いる方法で仕訳をしています。

CASE 147 の仕訳

（減価償却費）	100	（減価償却累計額）	100
（製造間接費）	100	（減価償却費）	100

第20章 製造業会計

CASE
148 製造間接費の配賦

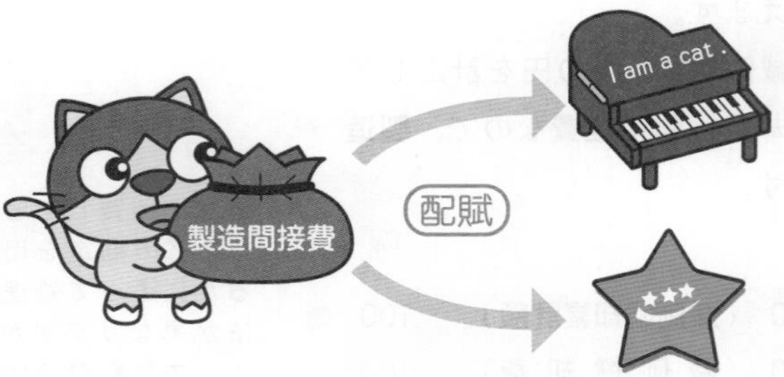

製造間接費はどの製品にいくらかかったかが明らかではない原価です。

製造間接費は製品に「配賦」します。

ここでは製造間接費の配賦と配賦差異が生じたときの月末の処理を簡単に確認しておきましょう。

取　引

(1) 当月の製造間接費の予定配賦額1,200円を計上した。

(2) 月末において、当月の製造間接費の実際発生額は1,300円であることが判明したため、製造間接費配賦差異を計上する。

製造間接費の配賦

製造間接費は何らかの配賦基準を用いて、製品に**配賦**します。

具体的には、**製造間接費勘定（貸方）**から**仕掛品勘定（借方）**に振り替える処理をします。

製造間接費の予定配賦など、具体的な計算については工業簿記のテキストで確認してください。

なお、製造間接費の実際発生額をもとにして配賦することもありますが、CASE 148 (1) のように（予定配賦率を用いて）予定配賦をすることもあります。

したがって、CASE 148 (1) の仕訳は次のようになります。

CASE **148 (1)** の仕訳

（仕　掛　品）	1,200	（製造間接費）	1,200

製造間接費を予定配賦したときの月末の処理

製造間接費を予定配賦している場合、月末において製造間接費の実際発生額を計算し、予定配賦額と実際発生額の差額を**製造間接費勘定**から**製造間接費配賦差異勘定**に振り替えます。

「製造間接費配賦差異」は、「原価差異」で処理することもあります。

CASE 148 では、予定配賦額が1,200円、実際発生額が1,300円なので、100円の不利差異（借方差異）が生じています。

予定配賦額から実際発生額を差し引いた金額がプラスならば有利差異（貸方差異）、マイナスならば不利差異（借方差異）と判断します。

CASE 148 (2) の製造間接費配賦差異

・1,200円 − 1,300円 = △100円
　予定配賦額　実際発生額　不利差異

したがって、製造間接費勘定の貸方から製造間接費配賦差異勘定の借方に振り替えます。

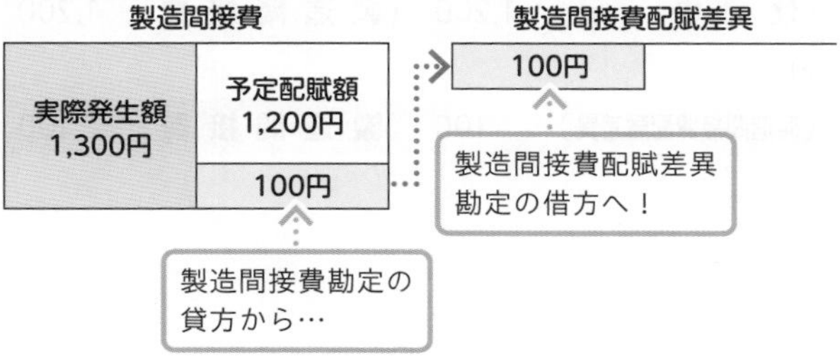

以上より、CASE 148 (2) の仕訳は次のようになります。

CASE 148 (2) の仕訳

（製造間接費配賦差異）	100	（製 造 間 接 費）	100

なお、仮に CASE 148 (2) の製造間接費の実際発生額が1,000円であったとした場合（実際発生額＜予定配賦額の場合）は、有利差異（貸方差異）となります。この場合、製造間接費勘定の借方から製造間接費配賦差異勘定の貸方に振り替えます。

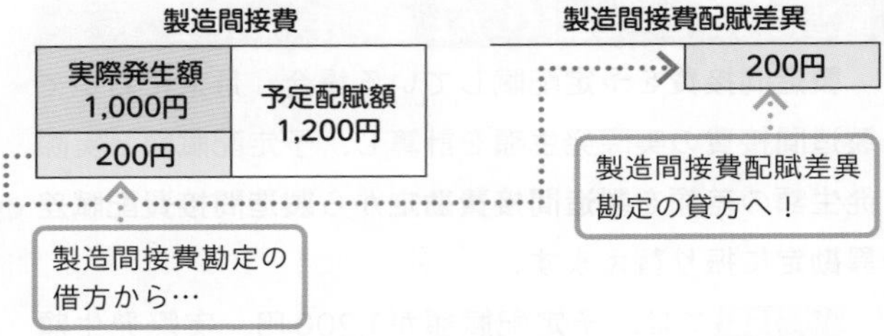

（製造間接費）	200	（製造間接費配賦差異）	200

以上より、CASE 148 の仕訳（まとめ）は次のようになります。

CASE 148 の仕訳

(1)

（仕　掛　品）	1,200	（製造間接費）	1,200

(2)

（製造間接費配賦差異）	100	（製造間接費）	100

CASE 149

原価差異の会計年度末の処理

月末ごとに計上した製造間接費配賦差異（原価差異）の会計年度末の処理を確認しておきましょう。

取　引

製造間接費配賦差異100円（借方に計上）を売上原価勘定に振り替える。

原価差異の会計年度末の処理

月末ごとに計上された製造間接費配賦差異などの原価差異は、会計年度末（決算日）に売上原価勘定に振り替えます。

売上原価勘定への振り替えは月末ごとに行うこともあります。

CASE 149 の製造間接費配賦差異は借方に計上されているので、製造間接費配賦差異勘定の貸方から売上原価勘定の借方に振り替えます。

反対に、貸方に計上されている差異は売上原価勘定の貸方に振り替えます。

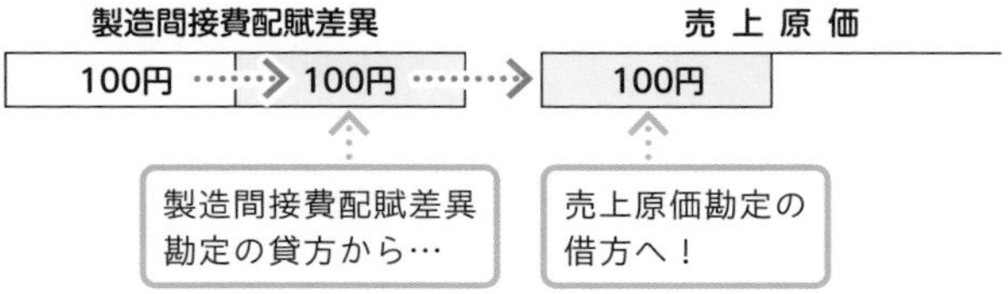

CASE 149 の仕訳

（売　上　原　価）	100	（製造間接費配賦差異）	100

CASE
150 製品が完成したときの処理

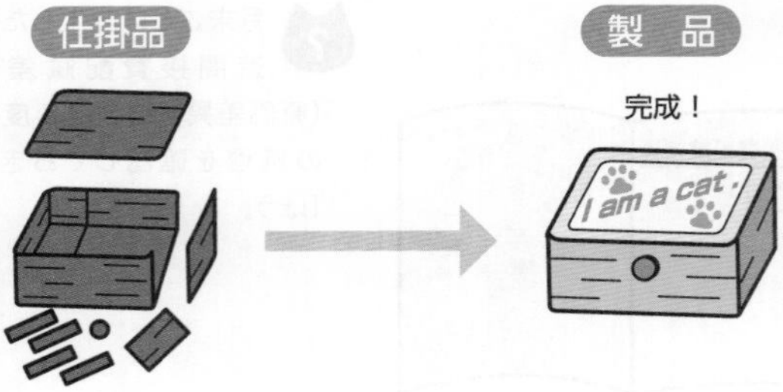

ここでは、製品が完成したときの処理を確認しておきましょう。

取　引

製品2,000円が完成した。

製品が完成したときの処理

製品が完成したときは、その原価を仕掛品勘定（貸方）から**製品勘定（借方）**に振り替えます。

CASE 150 の仕訳

（製　　品）	2,000	（仕　掛　品）	2,000

CASE 151　製品を販売したときの処理

完成した製品を販売したときはどのような処理をするのか、思い出してみましょう。

取　引

製品1,500円（原価）を1,800円（売価）で販売し、代金は掛けとした。

製品を販売したときの処理

製品を販売したときは、**売価**で**売上（収益）**を計上するとともに、その原価を**製品勘定（貸方）**から**売上原価勘定（借方）**に振り替えます。

CASE **151** の仕訳

（売　掛　金）	1,800	（売　　上）	1,800
（売 上 原 価）	1,500	（製　　品）	1,500

CASE 152

製品に棚卸減耗が生じたときの処理

今日は決算日。
倉庫にある製品の棚卸しをしたのですが、帳簿上の数量と一致しません。
この場合、どのような処理をするのでしょう？

取　引

決算において、製品の実地棚卸をしたところ、200円の棚卸減耗（すべて正常な範囲内のもの）があった。なお、製品の棚卸減耗損は売上原価に賦課する。

製品に棚卸減耗が生じたときの処理

決算において、製品に棚卸減耗が生じたときは、**棚卸減耗損（費用）**で処理します。

また、製品の棚卸減耗損は損益計算書上、**売上原価の内訳項目**または**販売費及び一般管理費**に計上します。

CASE 152 では、「製品の棚卸減耗損は売上原価に賦課する」と指示があるので、棚卸減耗損を**売上原価（費用）**で処理します。

CASE 152 の仕訳

（売　上　原　価）	200	（製　　　　品）	200

問題編

問題83

CASE 153

製造業における財務諸表

商品売買業のものと
どこが違うんだろう…。
損益計算書
貸借対照表

製造業を営む会社の財務諸表には、損益計算書、貸借対照表、製造原価報告書がありますが、製造原価報告書の作成は工業簿記での出題となるため、ここでは損益計算書と貸借対照表について、商品売買業と異なる点のみみておきましょう。

損益計算書

製造業の損益計算書の形式は、基本的には商品売買業の損益計算書と同じですが、「期首**商品**棚卸高」や「期末**商品**棚卸高」は「期首**製品**棚卸高」や「期末**製品**棚卸高」となります。

また、「当期**商品仕入高**」は「当期**製品製造原価**」として当期に完成した製品の原価を記入します。

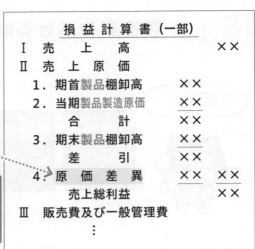

損益計算書（一部）		
Ⅰ　売　上　高		××
Ⅱ　売　上　原　価		
1．期首製品棚卸高	××	
2．当期製品製造原価	××	
合　計	××	
3．期末製品棚卸高	××	
差　引	××	
4．原　価　差　異	××	××
売上総利益		××
Ⅲ　販売費及び一般管理費		
⋮		

製造間接費配賦差異などの原価差異がある場合には、売上原価に賦課します。

貸借対照表

製造業の貸借対照表は、商品売買業と同じです。なお、材料や仕掛品、製品も資産なので、**材料、仕掛品、製品**は、**貸借対照表の資産の部**に表示します。

貸借対照表（一部）		
資産の部		
⋮		
製　品	××	
材　料	××	
仕　掛　品	××	
⋮		

問題編
問題84

製造業の会計基本のまとめ

CASE 144

- 商品売買業…商品を仕入れて、それをそのままの形で販売する形態の業種
- 製　造　業…材料を仕入れ、その材料に加工を施して製品を製造し、完成した製品を販売する形態の業種
- 仕　掛　品…材料から完成品になるまでの加工途中の未完成品

材料費の処理のまとめ《一連の流れ》

CASE 145　材料の購入時

・材料の購入原価=購入代価+付随費用

(材　料)	1,100	(買 掛 金)	1,000
		(現　金)	100

CASE 145　材料の消費時

・直接材料を消費したときは、**仕掛品勘定**に振り替える
・間接材料を消費したときは、**製造間接費勘定**に振り替える

(仕 掛 品)	300	(材　料)	500
(製造間接費)	200		

CASE 145　棚卸減耗の発生時

・材料の棚卸減耗損は、**製造間接費勘定**に振り替える

(棚卸減耗損)	240	(材　料)	240
(製造間接費)	240	(棚卸減耗損)	240

労務費の処理のまとめ《一連の流れ》

CASE 146　賃金・給料の支払時

(賃　金)	1,000	(現　金)	1,000

CASE 146　賃金・給料の消費時

・直接労務費（直接工直接作業賃金）を消費したときは、**仕掛品勘定**に振り替える
・間接労務費（直接工間接作業賃金、間接工賃金、給料など）を消費したときは、**製造間接費勘定**に振り替える

(仕 掛 品)	880	(賃　金)	1,100
(製造間接費)	220		

経費の処理のまとめ

CASE 147

・直接経費（外注加工賃など）は、**仕掛品勘定**に振り替える
・間接経費（減価償却費、電気代、材料棚卸減耗損など）は、**製造間接費勘定**に振り替える

（減価償却費）	100	（減価償却累計額）	100
（製造間接費）	100	（減価償却費）	100

製造間接費の配賦のまとめ《一連の流れ》

CASE 148
製造間接費の配賦

・製造間接費は、配賦基準によって製品に配賦する
→**製造間接費勘定**から**仕掛品勘定**に振り替える

（仕掛品）	1,200	（製造間接費）	1,200

CASE 148
月末の処理

・製造間接費を予定配賦したときは、予定配賦額と実際発生額の差額を**製造間接費勘定**から**製造間接費配賦差異勘定**に振り替える

●不利差異（借方差異。実際発生額＞予定配賦額）の場合

（製造間接費配賦差異）	100	（製造間接費）	100

●有利差異（貸方差異。実際発生額＜予定配賦額）の場合

（製造間接費）	200	（製造間接費配賦差異）	200

原価差異の会計年度末の処理のまとめ

CASE 149

・会計年度末において、原価差異は**原価差異勘定**（**製造間接費配賦差異勘定**など）から**売上原価勘定**に振り替える

●借方に計上されている原価差異の場合

（売上原価）	100	（製造間接費配賦差異）	100

●貸方に計上されている原価差異の場合

（製造間接費配賦差異）	100	（売上原価）	100

製品の完成時、販売時のまとめ《一連の流れ》

CASE 150 製品の完成時

・その原価を**仕掛品勘定**から**製品勘定**に振り替える

(製　品)	2,000	(仕　掛　品)	2,000

CASE 151 製品の販売時

・売価で売上を計上するとともに、その原価を**製品勘定**から**売上原価勘定**に振り替える

(売　掛　金)	1,800	(売　上)	1,800 売価
(売 上 原 価)	1,500 原価	(製　品)	1,500

製品に棚卸減耗が生じたときの処理のまとめ

CASE 152

・製品の棚卸減耗損は損益計算書上、**売上原価**の内訳項目または**販売費及び一般管理費**に計上する

製造業における財務諸表のまとめ

CASE 153 損益計算書

損益計算書（一部）

Ⅰ 売　上　高		××
Ⅱ 売 上 原 価		
1．期首製品棚卸高	××	
2．当期製品製造原価	××	
合　計	××	
3．期末製品棚卸高	××	
差　引	××	
4．原 価 差 異	××	××
売上総利益		××
Ⅲ 販売費及び一般管理費		
⋮		

製造間接費配賦差異などの原価差異がある場合には、売上原価に賦課します。

CASE 153
貸借対照表

貸借対照表（一部）

資産の部	
⋮	
製　　品　××	
材　　料　××	
仕　掛　品　××	
⋮	

みんなの“？”をまとめてみました！

みんなのギモン&ポイント

Q1

端数利息の計算をするときの日数計算で、利払日や売買日を含めるのか含めないのかで迷ってしまいます。また計算上、端数（39.9999…円など）が生じたときはどのように処理するのですか？

A1

端数利息は利払日の翌日から売買日までの期間で計算します。39.9999…となった場合には、40円（整数）で解答します。

社債や国債の売買が利払日以外の日に行われたとき、前回の利払日の翌日から売買日までの端数利息が前の所有者に支払われます。この場合の端数利息の日数計算は**前回の利払日の翌日から売買日までの期間**となります。

「利払日の翌日」なので、利払日は含めませんが、売買日は含めます。

また、計算の際に39.99…円など「.99…」となるときは、（ほぼ40円なので）端数を切り上げて（「0.00…1」を足して）**40円（整数）で解答**します。

例

5月12日にA社社債（額面総額:10,000円、利払日:2月末、利率：年2%）を売却した。端数利息を計算しなさい。

前回の利払日の翌日：3月1日

売却日：5月12日

日数計算：31日（3月）＋30日（4月）＋12日（5月）＝73日

端数利息：$10,000円 \times 2\% \times \frac{73日}{365日} = 39.99\cdots円$

→ 40円

（10,000円 × 2% ÷ 365日 × 73日）

分子（10,000円 × 2% × 73日）を計算してから365日で割ると、1回で整数（40円）になります。

なお、1月、3月、5月、7月、8月、10月、12月は31日まである月（大の月）で、それ以外の月は31日までない月（小の月）です。

大の月と小の月を覚えていない方は、**「西向く侍は小さい」**と覚えるとよいでしょう。

2月（に） 4月（し） 6月（む） 9月（く） 11月（さむらい） は（は） 小の月（小さい）

2月以外の月は30日まで、2月は28日まで（うるう年は29日まで）ですね。

「11」を漢字で縦に書くと「士」となり、武士の「士」に似ていることから「侍」となります。

Q2

費用（保険料）の前払いについて、「保険料は毎年７月１日に向こう１年分を支払っている(決算日は年１回、3月31日)」といった場合、分母が 12 か月ではないのはなぜですか？

A2

当期の期首に行った再振替仕訳分が含まれるからです。「毎年同額を支払っている(受け取っている)」という場合、前払額（前受額）を計算する際の分母は12か月ではないので注意しましょう。

たとえば、当期が×２年４月１日から×３年３月31日までの1年で、「保険料は**毎年**7月1日に向こう1年分を支払っている」という場合を考えてみましょう。

「**毎年**」支払っているということは、前期（×1年）の7月1日にも1年分（×２年６月30日までの分）を支払っています。

①×1年7月1日（支払日）の仕訳

(保険料)	×× 1年分	(現金など)	×× 1年分

したがって、前期の決算（×２年３月31日）において、3か月分（×２年４月1日から6月30日までの分）を前払計上することになります。

②×２年３月31日（前期末）の仕訳

(前払保険料)	×× 3か月分	(保険料)	×× 3か月分

決算において前払計上した（前受計上した）費用や収益は翌期首に再振替仕訳(期末の仕訳の逆仕訳)をします。

再振替仕訳は3級の範囲ですが、忘れている方がたくさんいます。しっかり思い出して！

③×2年4月1日（当期首）の仕訳

（保　険　料）	×× 3か月分	（前払保険料）	×× 3か月分

この時点で、保険料勘定には3か月分が計上されることになります。

そして、当期（×2年）の7月1日にも1年分（×3年6月30日までの分）を支払います。

④×2年7月1日（支払日）の仕訳

（保　険　料）	×× 1年分	（現金など）	×× 1年分

この時点で、保険料勘定には15か月分が計上されていることになるので、当期の決算（×3年3月31日）において、このうち3か月分（×3年4月1日から6月30日までの分）を前払計上することになるのです。

⑤×3年3月31日（当期末）の仕訳

（前払保険料）	×× 3か月分	（保　険　料）	×× 3か月分

例

残高試算表の保険料は450円である。保険料は毎年7月1日に向こう1年分（毎年同額）を支払っている。決算整理仕訳をしなさい（決算日は年1回、3月31日である）。

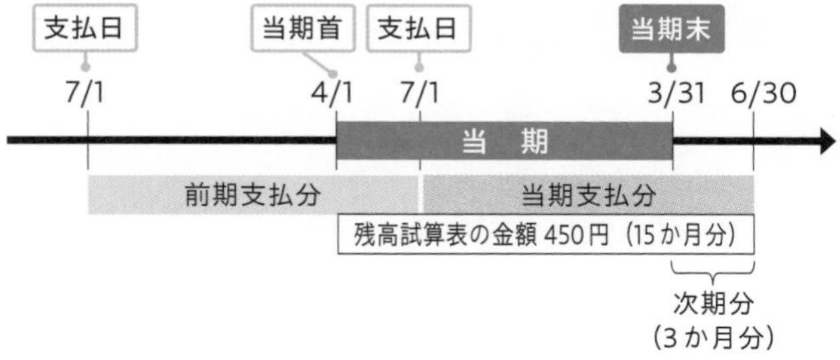

前払保険料

$$450円 \times \frac{3か月}{15か月} = 90円$$

決算整理仕訳

(前払保険料)	90	(保険料)	90

「毎年」とあったら、分母は12か月ではないことに注意しましょう。

Q3

試験問題（第３問　精算表の作成）で「棚卸減耗損と商品評価損は独立の科目として表示する」とあるのですが、「独立の科目として表示する」とはどういうことをいっているのですか？

A3

「独立の科目として表示する」とは、「棚卸減耗損や商品評価損を仕入に振り替えない」ということをいっています。

棚卸減耗損は売上原価に含める場合と含めない場合（販売費及び一般管理費とする場合）があります。また、商品評価損は基本的に売上原価に含めます。

したがって、売上原価を仕入勘定で算定している場合で、棚卸減耗損や商品評価損を売上原価に含める場合には、いったん計上した棚卸減耗損や商品評価損を仕入に振り替える必要があります。

（棚卸減耗損）	20	（繰越商品）	20
（仕入）	20	（棚卸減耗損）	20

棚卸減耗損を仕入に振り替えます。

（商品評価損）	10	（繰越商品）	10
（仕入）	10	（商品評価損）	10

商品評価損を仕入に振り替えます。

しかし、精算表の作成は損益計算書や貸借対照表を作成する際の予備手続きのようなものなので、「必ずこうしなければならない」というものではありません。

そこで、精算表を作成する際には、棚卸減耗損や商品評価損を仕入に振り替えないこともあります。

この「**棚卸減耗損や商品評価損を仕入に振り替えない**」ということを「**独立の科目として表示する**」といっているのです。

（棚卸減耗損）	20	（繰越商品）	20
（商品評価損）	10	（繰越商品）	10

仕入に振り替えないので、精算表上、棚卸減耗損や商品評価損の科目で残ります。

Q4

試験問題で、「固定資産の減価償却については、固定資産の期首の残高を基礎として、建物は20,000円、備品は5,000円を、４月から２月までの11か月間、毎月見積り計上してきており、決算月も同様な処理を行う」といった問題をみますが、これはどういうことをいっているのですか？

A4

決算でまとめて１年分の減価償却費を計上するのではなく、毎月、減価償却費（適正額）を計上しているということです。

テキストでは、減価償却費は決算時に１年分をまとめて計上するパターンで説明していますが、最近の試験では、毎月減価償却費を計上していて、決算月（３月）だけまだ計上していない、というパターンの問題が出題されることがあります。

上記の例のように「固定資産の期首の残高を基礎として」毎月、減価償却費を計上している場合、期中に固定資産の売買等がなければ、１年分の正しい減価償却費を12か月で割った金額が毎月計上されていることになります。

したがって、このような場合には、問題文の指示にしたがって、まだ計上されていない分（３月分）の減価償却費を計上します。そうすることにより、結果として１年分の減価償却費が計上されることになるのです。

勘定科目一覧表（商業簿記・代表的なもの）

貸借対照表

資産の勘定

- 現金
- 普通預金
- 当座預金
- 別段預金
- 定期預金
- 受取手形
- 不渡手形
- 売掛金
- クレジット売掛金
- 電子記録債権
- 貸倒引当金
- 繰越商品
- 商品
- 前払金
- 立替金
- 差入保証金
- 貯蔵品
- 仕掛品
- 未収入金
- 貸付金
- 前払費用※
- 未収収益※
- 仮払金
- 仮払法人税等
- 仮払消費税
- 未収還付法人税等
- 未収還付消費税(等)
- 売買目的有価証券
- 満期保有目的債券
- 子会社株式
- 関連会社株式
- その他有価証券
- 建物
- 構築物
- 備品
- 車両運搬具
- 機械装置
- 工具器具
- 建設仮勘定
- 減価償却累計額※
- 土地
- リース資産
- (火災)未決算
- 営業外受取手形
- 特許権
- 商標権
- のれん
- ソフトウェア
- ソフトウェア仮勘定
- 長期前払費用※
- 繰延税金資産
- 契約資産

負債の勘定

- 支払手形
- 買掛金
- 電子記録債務
- 前受金
- 未払金
- 未払法人税等
- 未払消費税
- 未払配当金
- 借入金
- 預り金※
- 預り保証金
- 未払費用※
- 前受収益※
- 修繕引当金
- 商品保証引当金
- 賞与引当金
- 役員賞与引当金
- リース債務
- 営業外支払手形
- 仮受金
- 仮受消費税
- 退職給付引当金
- 繰延税金負債
- 契約負債
- 返金負債

資本（純資産）の勘定

- 資本金
- 資本準備金
- その他資本剰余金
- (新)株式申込証拠金
- 利益準備金
- 新築積立金
- 配当平均積立金
- 別途積立金
- 繰越利益剰余金
- その他有価証券評価差額金

損益計算書

費用の勘定

● 仕入	● 支払手数料
● 売上原価	● 支払リース料
● 役務原価	● 法定福利費
● 棚卸減耗損	● 支払利息
● 商品評価損	● 手形売却損
● 給料	● 債権売却損
● 賞与	● 電子記録債権売却損
● 広告宣伝費	● 有価証券売却損
● 旅費交通費	● 有価証券評価損
● 福利厚生費	● 為替差損
● 発送費	● 創立費
● 租税公課	● 株式交付費
● 修繕費	● 特許権償却
● 保守費	● 商標権
● 研究開発費	● のれん償却
● 貸倒損失	● ソフトウェア償却
● 貸倒引当金繰入	● 雑損(失)
● 退職給付費用	● 投資有価証券売却損
● 修繕引当金繰入	● 固定資産売却損※
● 商品保証引当金繰入	● 固定資産除却損※
● 賞与引当金繰入	● 固定資産圧縮損※
● 役員賞与引当金繰入	● 火災損失
● 減価償却費	● 法人税、住民税及び事業税
● 保険料	● 追徴法人税等
● 支払地代	● 法人税等調整額
● 支払家賃	

収益の勘定

● 売上	● 為替差益
● 役務収益	● 雑益
● 有価証券利息	● 保険差益
● 受取利息	● 償却債権取立益
● 受取配当金	● 投資有価証券売却益
● 受取手数料	● 固定資産売却益※
● 受取地代	● 国庫補助金受贈益
● 受取家賃	● 工事負担金受贈益
● 有価証券売却益	
● 有価証券評価益	

その他の勘定

● 有価証券売却損益	● 法人税等調整額
● 有価証券評価損益	● 本店
● 為替差損益	● 支店

※　より具体的な勘定科目を用いる場合もあります。

(次ページへ続く)

勘定科目一覧表（商業簿記・代表的なもの）

連結貸借対照表の科目

- 非支配株主持分

連結株主資本等変動計算書の科目

- 資本金当期首残高
- 利益剰余金当期首残高
- 非支配株主持分当期首残高
- 剰余金の配当
- 非支配株主持分当期変動額

連結損益計算書の科目

- 非支配株主に帰属する当期純利益
- 非支配株主に帰属する当期純損失

さくいん

た

な

は

ま

や

ら

memo

スッキリわかる
日商簿記

2級 商業簿記

問題編

マークの意味

基本 ……… 基本的な問題

応用 ……… 本試験レベルの問題（本試験の類題）

……… 答案用紙がある問題

別冊の答案用紙をご利用ください。

※仕訳問題の答案用紙が必要な方は、仕訳シート（別冊の最終ページ）をご利用ください。

第1章　株式の発行、剰余金の配当と処分

問題 1　株式の発行　解答 P.46　基本

次の各取引について仕訳しなさい。なお、勘定科目は次の中からもっとも適当なものを選ぶこと。

現　　金　　普通預金　　資 本 金　　資本準備金

(1) 青森商事株式会社は、会社の設立にあたり、株式300株を１株800円で発行し、全株式の払い込みを受け、払込金額は普通預金とした。
(2) 岩手物産株式会社は、会社の設立にあたり、株式400株を１株800円で発行し、全株式の払い込みを受け、払込金額は普通預金とした。なお、払込金額のうち、「会社法」で認められる最低額を資本金とすることとした。

問題 2　株式の発行　解答 P.46　基本

次の一連の取引について仕訳しなさい。なお、勘定科目は次の中からもっとも適当なものを選ぶこと。

現　　金　　当座預金　　別段預金　　資 本 金
資本準備金　　株式申込証拠金

(1) 秋田株式会社は、増資にあたり、株式400株を１株500円で募集し、申込期日までに全株式の申し込みがあり、払込金額の全額を申込証拠金として受け入れ、別段預金とした。
(2) 秋田株式会社は、払込期日に(1)の申込証拠金を払込金に充当した。また、払込金額を別段預金から当座預金口座に振り替えた。なお、払込金額のうち、「会社法」で認められる最低額を資本金とすることとした。

問題 3 株式の発行にかかる費用 解答 P.46 基本

次の取引について仕訳しなさい。なお、勘定科目は次の中からもっとも適当なものを選ぶこと。

現　　金	普 通 預 金	資 本 金	資本準備金
株式交付費	創 立 費		

(1) 新潟株式会社は、会社の設立にあたり、株式200株を１株600円で発行し、全株式の払い込みを受け、払込金額は普通預金とした。なお、株式の発行費用2,000円は現金で支払った。

(2) 群馬株式会社は、増資にあたり株式の発行費用3,600円を現金で支払った。

問題 4 当期純損益の振り替え 解答 P.46 基本

次の各取引について仕訳しなさい。

(1) 当期純利益300,000円を、損益勘定から繰越利益剰余金勘定に振り替える。

(2) 当期純損失100,000円を、損益勘定から繰越利益剰余金勘定に振り替える。

問題 5 剰余金の配当、処分 解答 P.47 基本

次の一連の取引について仕訳しなさい。

(1) 当期純利益200,000円を損益勘定から繰越利益剰余金勘定に振り替える。

(2) 株主総会の決議により、繰越利益剰余金の配当および処分を次のように決定した。

株主配当金	80,000円
利益準備金	8,000円
別途積立金	50,000円

(3) (2)の株主配当金を小切手を振り出して支払った。

問題 6 剰余金の配当、処分

解答 P.47 基本

次の各取引について仕訳しなさい。

(1) 山形商事株式会社は、株主総会の決議により、繰越利益剰余金の配当および処分を次のように決定した。なお、山形商事株式会社の資本金は10,000,000円、資本準備金は1,000,000円、利益準備金は500,000円である。

株主配当金　1,200,000円
利益準備金　各自算定
別途積立金　700,000円

(2) 宮城物産株式会社は、株主総会の決議により、繰越利益剰余金の配当および処分を次のように決定した。なお、宮城物産株式会社の資本金は10,000,000円、資本準備金は1,500,000円、利益準備金は900,000円である。

株主配当金　1,100,000円
利益準備金　各自算定
別途積立金　400,000円

第2章 合併と無形固定資産

問題 7 合　併

解答 P.47 基本

次の取引について、宮城株式会社の仕訳をしなさい。

宮城株式会社は、福島株式会社を吸収合併し、株式700株（1株あたりの時価は50円とし、全額を資本金とする）を発行し、福島株式会社の株主に交付した。なお、合併直前の福島株式会社の資産と負債（ともに時価）は次のとおりである。

資産：当座預金10,000円、売掛金20,000円、土地50,000円
負債：買掛金27,000円、借入金23,000円

問題 8 無形固定資産

解答 P.48 基本

次の一連の取引について仕訳しなさい。なお、当期は×１年４月１日から×２年３月31日までである。

(1) ×１年４月１日　特許権を取得した。なお、特許権の取得にともなう費用16,000円は小切手を振り出して支払った。

(2) ×２年３月31日　決算につき(1)の特許権を償却する。また、期首において他社を買収した際に生じたのれん20,000円（借方）を償却する。なお、特許権は８年、のれんは20年で毎期均等額を償却すること。

第3章 法人税等と消費税

問題 9 法人税等の処理

解答 P.48 基本

次の一連の取引について仕訳しなさい。

(1) 中間申告を行い、法人税2,000円、住民税500円、事業税100円を小切手を振り出して中間納付した。

(2) 決算につき、当期の法人税、住民税及び事業税が5,000円と確定した。

(3) 確定申告を行い、上記(2)の未払法人税等を小切手を振り出して納付した。

問題 10 課税所得の算定方法

解答 P.48 基本

次の資料にもとづいて、課税所得の金額を計算しなさい。

[資料]

(1) 損益計算書の税引前当期純利益は80,000円であった。

(2) 会計上、費用計上した減価償却費のうち、200円については税法上損金不算入とされる。

問題 11 消費税の処理 解答 P.48 基本

次の一連の取引について、税抜方式で仕訳しなさい。
⑴　商品1,000円を仕入れ、代金は消費税100円とともに現金で支払った。
⑵　商品4,000円を売り上げ、代金は消費税400円とともに現金で受け取った。
⑶　決算につき、仮払消費税と仮受消費税を相殺し、消費税の納付額を計算した。
⑷　上記⑶の消費税の納付額を現金で納付した。

第4章 商品売買等

問題 12 商品売買の処理方法 解答 P.49 基本

次の一連の取引について、⒜三分法と⒝売上原価対立法によって仕訳しなさい。
⑴　商品5,000円を仕入れ、代金は掛けとした。
⑵　商品（原価4,000円、売価4,800円）を売り上げ、代金は掛けとした。
⑶　決算日を迎えた。期首商品棚卸高は1,000円、期末商品棚卸高は2,000円であった。

問題 13 仕入取引 解答 P.49 基本

次の各取引について三分法により仕訳しなさい。
⑴　商品2,000円を仕入れ、代金は掛けとした。なお、当社負担の引取運賃100円を現金で支払った。
⑵　先に掛けで仕入れた商品のうち500円を品違いのため、返品した。
⑶　先に仕入れた商品につき、50円の割戻しを受け、買掛金と相殺した。

問題 14 クレジット売掛金 解答 P.49 基本

次の一連の取引について仕訳しなさい。
⑴　商品6,000円をクレジット払いの条件で販売した。なお、信販会社への手数料（販売代金の２％）は販売時に計上する。
⑵　上記⑴の代金が当座預金口座に入金された。

問題 15 売上原価の算定 解答 P.50 基本

次の資料にもとづいて、(1)期末帳簿棚卸高、(2)棚卸減耗損、(3)商品評価損を求めなさい。

[資料] 期首商品棚卸高　1,000円
　　　期末商品棚卸高　　?　円
　　　　帳簿棚卸数量　100個
　　　　実地棚卸数量　　90個
　　　　1個あたり単価：原価@20円
　　　　　　　　　　　時価（正味売却価額）@18円

問題 16 サービス業の処理 解答 P.50 基本

次の一連の取引について仕訳しなさい。

(1) 来月から開講する講座（受講期間1年）の受講料20,000円を現金で受け取った。

(2) 講座の教材作成費等12,000円を現金で支払った。全額について、当該講座のために直接費やされたものであるため、仕掛品勘定で処理する。

(3) 決算日を迎えた。決算日現在、講座の4割が終了している。なお、当社ではカリキュラムが終了した部分について収益を計上する方法を採用している。

第5章 手形と電子記録債権(債務)、その他の債権譲渡

問題 17 手形の裏書きの処理 解答 P.50 基本

次の各取引について仕訳しなさい。

(1) 山梨商事は静岡商事から商品700円を仕入れ、代金はかねて群馬商事から受け取っていた約束手形を裏書きして渡した。

(2) 静岡商事は山梨商事に商品700円を売り上げ、代金は群馬商事振出の約束手形を裏書譲渡された。

問題 18 手形の割引きの処理

解答 P.51 基本

次の各取引について仕訳しなさい。

(1) 新潟商事は佐渡商事に商品900円を売り上げ、代金は約束手形で受け取った。

(2) 新潟商事は受け取っていた約束手形900円を銀行で割り引き、割引料50円を差し引かれた残額は当座預金口座に預け入れた。

問題 19 手形の不渡り

解答 P.51 基本

次の各取引について仕訳しなさい。

(1) 滋賀商会は、三重物産振出の約束手形10,000円について、満期日に取引銀行を通じて代金の取立てを依頼したところ、支払いが拒絶された。そのため、三重物産に対して償還請求をした。なお、そのさいに償還請求費用100円を現金で支払った。

(2) 埼玉商会は、群馬物産に裏書譲渡した約束手形20,000円につき、支払人の栃木商事が満期日に支払いを拒絶したため、群馬物産より償還請求費用200円とともに償還請求されたため、延滞利息100円とともに小切手を振り出して支払った。

問題 20 手形の更改

解答 P.51 基本

次の各取引について仕訳しなさい。

(1) かつて岡山商事に対して振り出していた約束手形30,000円につき、決済の見通しが立たないため、岡山商事に手形の更改を求め、期間延長に対する利息100円を現金で支払い、旧手形と新手形を交換した。

(2) かつて広島商事から受け取っていた約束手形40,000円につき、手形の更改を求められたので、それに応じ、旧手形と新手形を交換した。なお、期間延長に対する利息200円は新手形の金額に含めて処理する。

問題 21 営業外支払手形と営業外受取手形

解答 P.51 基本

次の各取引について仕訳しなさい。

(1) 建物300,000円を購入し、代金のうち40,000円は小切手を振り出して支払い、残額は約束手形を振り出して支払った。

(2) 土地（帳簿価額180,000円）を225,000円で売却し、代金は約束手形で受け取った。

問題 22 電子記録債権（債務）① 解答 P.52 基本

次の一連の取引について、(A)奈良商事と(B)大阪商事の仕訳をしなさい。

(1) 奈良商事は、仕入先大阪商事に対する買掛金30,000円の支払いを電子債権記録機関で行うため、取引銀行を通じて債務の発生記録を行った（債務者請求方式）。

(2) 奈良商事は、(1)の電子記録債務30,000円について、取引銀行の当座預金口座から大阪商事の取引銀行の当座預金口座に払い込みを行った。

問題 23 電子記録債権（債務）② 解答 P.52 基本

次の各取引について仕訳しなさい。

(1) 兵庫商事は、鳥取物産に対する買掛金20,000円の決済のため、所有する電子記録債権20,000円を譲渡することとし、取引銀行を通じて譲渡記録を行った。

(2) 静岡商事は、所有する電子記録債権50,000円を三重商会に49,800円で売却し、売却代金は当座預金とした。

問題 24 その他の債権譲渡 解答 P.52 基本

次の各取引について仕訳しなさい。

(1) 東京商事は、埼玉商事に対する買掛金10,000円を支払うため、群馬商事に対する売掛金10,000円を群馬商事の承諾を得て、埼玉商事に譲渡した。

(2) 新潟商事は、石川商事に対する売掛金20,000円を石川商事の承諾を得て、福井商事に19,500円で譲渡し、代金は普通預金口座に入金された。

第6章　# 銀行勘定調整表

問題 25 銀行勘定調整表

解答 P.53 基本

次の資料にもとづいて、修正仕訳をしなさい。なお、勘定科目は次の中からもっとも適当なものを選択し、記号で解答すること。また、仕訳が不要の場合は借方の記号欄に「キ（仕訳なし)」と記入すること。

ア．当座預金　　イ．売掛金　　ウ．現金
エ．買掛金　　オ．広告宣伝費　　カ．未払金
キ．仕訳なし

[資料]

当社の当座預金残高と銀行残高証明書残高が一致していなかったので、その原因を調べたところ、次のことが判明した。

⑴　現金30,000円を当座預金に預け入れたが、銀行では翌日入金としていた。

⑵　仕入先に対する買掛金10,000円の当座預金による支払いを1,000円と誤記していた。

⑶　仕入先に対する買掛金5,000円の支払いのために作成した小切手が、未渡しであった。

⑷　仕入先に対する買掛金20,000円が当座預金口座から支払われていたにもかかわらず当社への連絡が未達であった。

⑸　得意先から受け入れた小切手40,000円について、銀行がいまだ取り立てていなかった。

⑹　仕入先に対する買掛金を支払うために振り出した小切手30,000円が、いまだ銀行に呈示されていなかった。

⑺　広告費4,000円の支払いのために作成した小切手が、未渡しであった。

問題 26 銀行勘定調整表

解答 P.54 基本

次の資料にもとづいて、両者区分調整法による銀行勘定調整表を完成させなさい。ただし、[　　] 内には次の中からもっとも適当な用語を選択し、記号で解答すること。

ア．未取付小切手	イ．時間外預入	ウ．入金連絡未通知
エ．未渡小切手	オ．未取立小切手	カ．誤記入

[資料]

当社の当座預金残高は1,760円であるが、銀行残高証明書の残高は1,770円であった。なお、差異の原因を調べたところ、次のことが判明した。

(1) 現金200円を当座預金に預け入れたが、銀行では翌日入金としていた。

(2) 得意先に対する売掛金100円が当座預金口座に入金されたが、当社への連絡が未達であった。

(3) 仕入先に対する買掛金300円の支払いのために作成した小切手が、未渡しであった。

(4) 仕入先に対する買掛金を支払うために振り出した小切手120円が、いまだ銀行に呈示されていなかった。

(5) 銀行に取り立てを依頼していた得意先振出の小切手150円が未取立てであった。

(6) 消耗品80円を購入し、小切手を振り出したときに、誤って次の仕訳をしていた。なお、当社では消耗品の購入時に、消耗品費勘定に計上する方法とする。

(当　座　預　金)	80	(消　耗　品　費)	80

第7章 固定資産

問題 27 固定資産の割賦購入

解答 P.55 基本

次の一連の取引について仕訳しなさい。

(1) 青森商会は、備品48,000円を６か月の分割払い（月々の支払額は8,320円）の契約で購入した。なお、利息分については前払利息で処理する。

(2) (1)で購入した備品の代金について、第１回目の割賦金の支払日が到来したので、当座預金口座から8,320円を支払った。なお、利息の処理は、支払日に定額法で費用計上する方法とする。

問題 28 固定資産の減価償却 解答 P.55 基本

次の取引について、(1)間接法と(2)直接法によって仕訳しなさい。

決算につき、前期に購入した建物（取得原価120,000円）について、減価償却を行う。なお、減価償却方法は定額法（耐用年数30年、残存価額ゼロ）である。

問題 29 固定資産の減価償却 解答 P.55 基本

次の各取引について仕訳しなさい。ただし、減価償却方法は定率法（償却率：年20%）によって間接法により記帳すること。

(1) ×1年4月1日　備品198,000円を購入し、代金は据付費用2,000円とともに小切手を振り出して支払った。
(2) ×2年3月31日　決算につき、減価償却を行う。
(3) ×3年3月31日　決算につき、減価償却を行う。
(4) ×4年3月31日　決算につき、減価償却を行う。

問題 30 固定資産の減価償却 解答 P.56 基本

次の決算整理事項にもとづいて、決算整理仕訳をしなさい（当期：×3年4月1日～×4年3月31日）。なお、残存価額は取得原価の10%として計算し、勘定科目は次の中からもっとも適当なものを選ぶこと。

減価償却費　　建物減価償却累計額
備品減価償却累計額　　車両減価償却累計額

[決算整理事項]

	取得原価	期首の減価償却累計額	償却方法
建物(※)	500,000円	270,000円	定額法（耐用年数50年）
備品	300,000円	75,000円	定率法（償却率：年25%）
車両	400,000円	216,000円	生産高比例法（見積総走行距離10,000km、当期走行距離3,000km）

※建物のうち、100,000円は×3年8月1日に購入したものである。

問題 31 固定資産の売却　解答 P.56 応用

次の取引について仕訳しなさい。なお、勘定科目は次の中からもっとも適当なものを選び、記号で解答すること。

ア．未収入金　イ．営業外受取手形　ウ．備品
エ．備品減価償却累計額　オ．減価償却費
カ．固定資産売却損　キ．固定資産売却益

香川商事（年1回、3月末決算）は、×3年5月31日に備品（取得原価360,000円、購入日×1年4月1日）を200,000円で売却し、代金は先方振出の約束手形を受け取った。なお、当該備品は200％定率法（耐用年数10年）により減価償却しており、間接法で記帳している。

問題 32 固定資産の買換え　解答 P.57 基本

次の各取引について仕訳しなさい。なお、決算日は3月31日である。

(1)　×4年4月1日　旧車両（取得原価500,000円、減価償却累計額300,000円、間接法で記帳）を下取りに出し、新車両600,000円を購入した。なお、旧車両の下取価格は120,000円であり、新車両の購入価額との差額は現金で支払った。

(2)　×5年6月30日　旧車両（取得原価600,000円、期首の減価償却累計額292,800円、間接法で記帳）を下取りに出し、新車両800,000円を購入した。なお、旧車両の下取価格は240,000円であり、新車両の購入価額との差額は翌月末に支払うことにした。なお、この車両は定率法（償却率：年20％）で償却している。

問題 33 固定資産の除却と廃棄　解答 P.58 基本

次の各取引について仕訳しなさい。

(1)　当期首において、備品（取得原価130,000円、減価償却累計額90,000円、間接法で記帳）を除却した。なお、この備品の処分価値は30,000円と見積られた。

(2)　当期首において、機械（取得原価240,000円、減価償却累計額200,000円、直接法で記帳）を廃棄した。なお、廃棄費用2,000円は現金で支払った。

問題 34 固定資産の除却と廃棄

解答 P.58 応用

次の取引について仕訳しなさい。なお、勘定科目は次の中からもっとも適当なものを選び、記号で解答すること。

ア．貯蔵品　　イ．備品　　ウ．備品減価償却累計額
エ．減価償却費　　オ．固定資産除却損

×４年の期首（４月１日）に180,000円で購入したコンピュータを当期末（×８年３月31日）に除却し、処分するまで倉庫に保管することとした。なお、このコンピュータの処分価値は30,000円と見積られた。当該資産は定額法（残存価額ゼロ、耐用年数５年）により償却され、間接法で記帳している。当期分の減価償却費の計上もあわせて行うこと。

問題 35 建設仮勘定

解答 P.58 基本

次の一連の取引について仕訳しなさい。

⑴　当社は倉庫を新築することになり、建設会社と契約を結んだ。その際、工事請負価額（900,000円）の一部100,000円を手付金として小切手を振り出して支払った。
⑵　⑴の倉庫が完成し、建設会社から引き渡しを受けた。なお、工事請負価額900,000円と手付金100,000円の差額800,000円は翌月末に支払うこととした。

問題 36 建設仮勘定

解答 P.59 応用

次の取引について仕訳しなさい。なお、勘定科目は次の中からもっとも適当なものを選び、記号で解答すること。

ア．未払金　　イ．当座預金　　ウ．建物
エ．前払金　　オ．建設仮勘定

建設中の建物の完成にともない、工事代金の残額700,000円を小切手を振り出して支払い、建物の引き渡しを受けた。なお、同建物については工事代金としてすでに50,000円の支出がある。

問題 37 改良と修繕

解答 P.59 基本

次の取引について仕訳しなさい。

建物について定期修繕と改良を行い、代金200,000円を小切手を振り出して支払った。なお、そのうち150,000円は改良分（資本的支出）である。

問題 38 固定資産の滅失

解答 P.59 基本

次の一連の取引について仕訳しなさい。

(1) 火災（当期首に発生）により、建物（取得原価800,000円、減価償却累計額500,000円、間接法で記帳）が焼失した。なお、この建物には火災保険400,000円が付してあるため、保険会社に連絡をした。

(2) 保険会社より、(1)の火災について保険金400,000円を支払う旨の連絡を受けた。

問題 39 固定資産の滅失

解答 P.59 応用

次の取引について仕訳しなさい。なお、勘定科目は次の中からもっとも適当なものを選び、記号で解答すること。

ア．現金	イ．未収入金	ウ．建物
エ．建物減価償却累計額		オ．保険差益
カ．火災損失	キ．未決算	

本日、火災により焼失していた建物（取得原価800,000円、残存価額80,000円、耐用年数20年、償却方法は定額法、間接法により記帳）について請求していた保険金300,000円を支払う旨の連絡を保険会社から受けた。なお、当該建物は、当期首から12年前に取得したものであり、火災（当期首に発生）により焼失した際、期首時点の帳簿価額を未決算勘定に振り替えていた。

問題 40 圧縮記帳

解答 P.60 基本

次の一連の取引について仕訳しなさい。

(1) ×１年４月１日　A社は、国から国庫補助金20,000円を受け取り、当座預金口座に入金した。

(2) ×１年８月１日　A社は、(1)で受け取った国庫補助金20,000円に自己資金30,000円を加えて建物50,000円を購入し、代金は当座預金口座から支払った。なお、この建物については補助金に相当する額の圧縮記帳（直接減額方式）を行った。

(3) ×２年３月31日　決算において、A社は当期に取得した(2)の建物について、定額法（耐用年数20年、残存価額はゼロ、間接法で記帳）により月割りで減価償却を行う。なお、当期は×１年４月１日から×２年３月31日までの１年である。

第8章 リース取引

問題 41 ファイナンス・リース取引 解答 P.60 基本

以下の条件で契約したリース取引（ファイナンス・リース取引に該当）について、(A)利子込み法（利息相当額を控除しない方法）と(B)利子抜き法（利息相当額を控除する方法）によって、下記の日付の仕訳をしなさい。なお、利子抜き法の場合には、利息相当額を定額法で配分するものとする。また、決算日は毎年３月31日である。

[条件]

リース契約日：×１年10月１日
リース期間：５年
見積現金購入価額：132,000円
年間リース料：30,000円（毎年９月30日に現金で後払い）
減価償却：残存価額をゼロ、耐用年数をリース期間とした定額法により行う。記帳方法は間接法。

(1) ×１年10月１日（リース契約日）の仕訳
(2) ×２年３月31日（決算日）の仕訳
(3) ×２年４月１日（翌期首）の仕訳
(4) ×２年９月30日（リース料支払日）の仕訳

問題 42 オペレーティング・リース取引 解答 P.61 基本

×１年８月１日において、リース契約（オペレーティング・リース取引に該当）を締結し、リース期間５年、年間リース料24,000円（毎年７月31日に現金で支払い）で備品を取得した。この場合における下記の日付の仕訳をしなさい。なお、決算日は毎年３月31日である。

(1) ×１年８月１日（リース契約日）の仕訳
(2) ×２年３月31日（決算日）の仕訳
(3) ×２年４月１日（翌期首）の仕訳
(4) ×２年７月31日（リース料支払日）の仕訳

第9章 研究開発費とソフトウェア

問題 43 研究開発費とソフトウェア

解答 P.61 基本

次の各取引について仕訳しなさい。

(1) 新製品の開発のため、研究・開発の費用20,000円を現金で支払った。

(2) ×1年4月1日　自社利用のソフトウェア50,000円を購入し、代金は現金で支払った。

(3) ×2年3月31日　(2)で購入したソフトウェアについて、利用可能期間5年で償却する。

(4) 決算日において、ソフトウェアの償却を行う。ソフトウェアの帳簿価額は80,000円である。このソフトウェアは前期の期首に取得したものであり、利用可能期間5年で償却している。

(5) 自社利用のソフトウェアの制作費として現金40,000円を支払った。なお、このソフトウェアは制作途中である。

第10章 有価証券

問題 44 有価証券（株式）の購入と売却

解答 P.62 基本

次の一連の取引について仕訳しなさい。

(1) 売買目的で、京都商事株式会社の株式を1株あたり@100円で20株購入し、代金は売買手数料20円とともに現金で支払った。

(2) (1)の京都商事株式会社の株式のうち10株を1株あたり@99円で売却し、代金は現金で受け取った。

問題 45 有価証券（公社債）の購入と売却

解答 P.62 基本

次の一連の取引について仕訳しなさい。

(1) 売買目的で、奈良商事株式会社の社債3,000円（額面総額）を、額面100円につき94円で購入し、代金は売買手数料30円とともに現金で支払った。

(2) 所有する(1)の奈良商事株式会社の社債3,000円（額面総額）を額面100円あたり96円で売却し、代金は現金で受け取った。

問題 46 売買目的有価証券 解答 P.63 基本

次の一連の取引について仕訳しなさい。

(1) 売買目的で愛媛商事㈱の株式100株を1株あたり200円で購入し、代金は売買手数料100円とともに月末に支払うこととした。

(2) 売買目的で愛媛商事㈱の株式100株を1株あたり250円で追加購入し、代金は売買手数料100円とともに月末に支払うこととした。

(3) 愛媛商事㈱から配当金領収証50円を受け取った。

(4) 愛媛商事㈱の株式150株を1株あたり260円で売却し、代金は月末に受け取ることとした。なお、当社は株式について平均原価法により記帳している。

(5) 決算につき、売買目的で保有する愛媛商事㈱の株式50株を時価（@230円）に評価替えする。

問題 47 満期保有目的債券 解答 P.63 基本

次の一連の取引について仕訳しなさい。

(1) ×1年4月1日　満期保有目的で高知物産㈱の社債（額面総額40,000円）を額面100円につき96円で購入し、代金は月末に支払うこととした。なお、当該社債の満期日は×5年3月31日である。

(2) ×1年9月30日　高知物産㈱の社債につき、社債利札80円の期限が到来した。

(3) ×2年3月31日　決算日を迎えた。なお、高知物産㈱の社債の額面金額と取得価額との差額は金利調整差額と認められ、償却原価法（定額法）によって処理する。

問題 48 子会社株式・関連会社株式 解答 P.64 基本

次の一連の取引について仕訳しなさい。

(1) ×1年10月1日　支配目的で滋賀商会㈱の株式500株を1株あたり100円で購入し、代金は月末に支払うこととした。

(2) ×2年3月31日　決算日を迎えた。決算日における滋賀商会㈱の1株あたりの時価は120円である。

問題 49 その他有価証券 解答 P.64 基本

次の一連の取引について仕訳しなさい。

(1) ×1年9月1日　業務提携のため、三重商事㈱の株式300株を1株あたり200円で購入し、代金は月末に支払うこととした。

(2) ×2年3月31日　決算日を迎えた。決算日における三重商事㈱の1株あたりの時価は220円である。なお、その他有価証券の評価は全部純資産直入法を採用している。

(3) ×2年4月1日　翌期首を迎えた。

問題 50 端数利息 解答 P.64 基本

次の各取引について仕訳しなさい。

(1) ×1年10月20日　かねて売買目的で額面100円につき96円で購入していた社債（額面総額50,000円）を額面100円につき97円で売却し、代金は前回の利払日の翌日から売買日までの利息とともに小切手で受け取った。なお、この社債は利率年7.3%、利払日は6月末、12月末の年2回で、端数利息は1年を365日として日割計算する。

(2) ×2年5月25日　売買目的で額面総額60,000円の社債を額面100円につき98円で購入し、端数利息とともに小切手を振り出して支払った。なお、この社債は利率年7.3%、利払日は3月末、9月末の年2回で、端数利息は1年を365日として日割計算する。

第11章　引当金

問題 51　貸倒引当金　解答 P.65　基本

次の各取引について仕訳しなさい。

(1)　決算につき、受取手形の期末残高30,000円と売掛金の期末残高50,000円について以下のとおり貸倒引当金を設定する。なお、貸倒引当金の期末残高は1,200円である。

①　A社に対する売掛金5,000円については債権金額から担保処分見込額2,000円を差し引いた残高に対して50%の貸倒引当金を設定する。

②　B社に対する売掛金4,000円については債権金額に対して５%の貸倒引当金を設定する。

③　それ以外の売上債権については貸倒実績率２%として貸倒引当金を設定する。

(2)　当期に発生した売掛金1,000円が貸し倒れた。

(3)　前期に発生した売掛金800円が貸し倒れた。なお、貸倒引当金の残高は600円である。

問題 52　修繕引当金　解答 P.65　基本

次の各取引について仕訳しなさい。

(1)　決算につき、修繕引当金の当期繰入額3,000円を計上する。

(2)　機械装置の修繕を行い、修繕費5,000円を小切手を振り出して支払った。なお、前期末に計上した修繕引当金が3,000円ある。

(3)　建物の修繕を行い、修繕費10,000円を小切手を振り出して支払った。なお、このうち3,000円については資本的支出（改良）と認められる。また、前期末に計上した修繕引当金が5,000円ある。

問題 53　退職給付引当金　解答 P.65　基本

次の各取引について仕訳しなさい。

(1)　決算につき、退職給付引当金の当期繰入額10,000円を計上する。

(2)　従業員が退職し、退職金3,000円を現金で支払った。なお、退職給付引当金の残高は10,000円である。

問題 54 賞与引当金

解答 P.66 基本

次の一連の取引について仕訳しなさい。

(1) ×２年３月31日　決算につき、賞与引当金を設定する。当期は×１年４月１日から×２年３月31日まであり、賞与支給日は６月10日（計算期間は12月１日から５月31日まで）と12月10日（計算期間は６月１日から11月30日）である。なお、×２年６月10日に支給予定の賞与は60,000円である。

(2) ×２年６月10日　賞与（計算期間は12月１日から５月31日まで）60,000円を現金で支給した。

第12章 外貨換算会計

問題 55 外貨建取引①

解答 P.66 基本

次の一連の取引について仕訳しなさい。

(1) ×１年４月10日（為替相場は１ドル100円）、アメリカのＡ社から商品200ドルを輸入する契約をし、前払金10ドルを現金で支払った。

(2) ×１年４月30日（為替相場は１ドル105円）、Ａ社から上記(1)の商品200ドルを輸入し、(1)で支払った前払金10ドルとの差額は翌月末日に支払うこととした。

(3) ×１年５月31日（為替相場は１ドル106円）、上記(2)の買掛金について、現金で支払った。

問題 56 外貨建取引②

解答 P.66 基本

次の一連の取引について仕訳しなさい。

(1) ×１年６月10日（為替相場は１ドル110円）、アメリカのＢ社に商品200ドルを輸出する契約をし、前受金10ドルを現金で受け取った。

(2) ×１年７月20日（為替相場は１ドル108円）、Ｂ社へ上記(1)の商品200ドルを輸出し、(1)で受け取った前受金10ドルとの差額は翌月末日に受け取ることとした。

(3) ×１年８月31日（為替相場は１ドル106円）、上記(2)の売掛金について、現金で受け取った。

問題 57 決算時の換算

解答 P.67 基本

次の資料にもとづいて、決算時に必要な換算替えの仕訳をしなさい。なお、決算時の為替相場は１ドル105円である。

(1) 売掛金期末残高のうち、期中にドル建てで生じた売掛金200ドル（輸出時の為替相場は１ドル108円）がある。

(2) 買掛金期末残高のうち、期中にドル建てで生じた買掛金100ドル（輸入時の為替相場は１ドル110円）がある。

(3) 期末商品棚卸高のうち、期中にドル建てで仕入れた商品80ドル（輸入時の為替相場は１ドル106円）がある。

問題 58 為替予約

解答 P.67 基本

次の一連の取引について仕訳しなさい。

(1) ×２年１月20日（直物為替相場は１ドル110円、先物為替相場は１ドル108円）、アメリカのＢ社に商品200ドルを輸出し、代金は３か月後に受け取ることとした。

(2) ×２年２月20日（直物為替相場は１ドル109円、先物為替相場は１ドル107円）、(1)の売掛金200ドルについて、為替予約を付した。なお、振当処理を適用するが、(1)の為替相場による円換算額と為替予約による円換算額との差額はすべて当期の損益として処理する。

(3) ×２年３月31日（直物為替相場は１ドル107円、先物為替相場は１ドル104円）、決算日を迎えた。

(4) ×２年４月20日（直物為替相場は１ドル108円、先物為替相場は１ドル105円）、売掛金200ドルを現金で回収した。

第13章　税効果会計

問題 59　貸倒引当金の繰入限度超過額　解答 P.68　基本

次の一連の取引について、税効果会計に関する仕訳をしなさい。なお、法人税等の実効税率は40%とする。

(1)　第１期期末において、貸倒引当金400円を繰り入れたが、そのうち100円は損金不算入となった。

(2)　第２期期末において、貸倒引当金560円を設定したが、そのうち160円については損金不算入となった。なお、期中に売掛金（第１期に発生）が貸し倒れ、第１期に設定した貸倒引当金を全額取り崩している。

問題 60　減価償却費の償却限度超過額　解答 P.68　基本

次の一連の取引について、税効果会計に関する仕訳をしなさい。なお、備品の法定耐用年数は６年、法人税等の実効税率は40%とする。

(1)　第１期期末において、備品6,000円について定額法（耐用年数３年、残存価額はゼロ）により減価償却を行った。

(2)　第２期期末において、備品6,000円について定額法（耐用年数３年、残存価額はゼロ）により減価償却を行った。

問題 61　その他有価証券の評価差額　解答 P.69　基本

次の各取引について、その他有価証券の評価替えの仕訳と税効果会計に関する仕訳をしなさい。なお、その他有価証券は全部純資産直入法によって処理しており、法人税等の実効税率は40%とする。

(1)　第１期期末の決算において、第１期期中に取得したその他有価証券（取得原価2,000円）を1,500円に評価替えした。

(2)　(1)について、翌期首に再振替仕訳を行った。

(3)　第１期期末の決算において、第１期期中に取得したその他有価証券（取得原価3,000円）を3,200円に評価替えした。

(4)　(3)について、翌期首に再振替仕訳を行った。

第14章 収益認識の基準

問題 62 収益の認識 解答 P.69 基本

以下の契約の取引について、下記の(1)〜(3)の日付の仕訳をしなさい。なお、決算日は毎年3月31日である。勘定科目は次の中からもっとも適当なものを選ぶこと。

現　　金　　契約資産　　契約負債　　売　　上

[契約の内容]

① ×1年4月1日（期首）に、当社は宮城商事株式会社と、商品の販売と2年間の保守サービスの提供（保守サービス期間は×1年4月1日から×3年3月31日まで）を1つの契約で締結し、×1年4月1日に商品を引き渡した。

② 契約書に記載された対価の額は8,000円（商品の対価は6,000円、保守サービスの対価は2,000円）で、商品の引渡時に対価8,000円を現金で受け取った。

(1) ×1年4月1日（商品の引渡時、対価の受取時）の仕訳
(2) ×2年3月31日（決算日）の仕訳
(3) ×3年3月31日（決算日、保守サービス期間終了時）の仕訳

問題 63 契約資産

解答 P.70 基本

以下の契約の取引について、下記の(1)~(3)の日付の仕訳をしなさい。なお、決算日は毎年３月31日である。勘定科目は次の中からもっとも適当なものを選ぶこと。

当座預金	売掛金	契約資産
契約負債	売上	

[契約の内容]

① ×１年４月１日（期首）に、当社は青森商事株式会社と、商品Ｘ（対価は5,000円）および商品Ｙ（対価は2,000円）を販売する契約を締結した。

② ×１年４月１日に商品Ｘを引き渡し、その後４月30日に商品Ｙを引き渡したが、商品Ｘの対価の支払いは商品Ｙの引き渡しが完了するまで留保される（商品Ｘと商品Ｙの両方の引き渡しが完了するまで、対価に関する無条件の権利はない）。

③ ×１年５月31日に上記契約の対価が当座預金口座に入金された。

(1) ×１年４月１日（Ｘ商品の引渡時）の仕訳

(2) ×１年４月30日（Ｙ商品の引渡時）の仕訳

(3) ×１年５月31日（対価の入金時）の仕訳

問題 64 売上割戻し

解答 P.70 基本

当社は、以下の条件で岩手株式会社に商品Xを販売している。下記の(1)～(4)の取引の仕訳をしなさい。なお、決算日は毎年３月31日である。勘定科目は次の中からもっとも適当なものを選ぶこと。

現　　　金	契 約 資 産	契 約 負 債
返 金 負 債	売　　　上	

[条件]

① 商品Xの販売単価は100円である。
② 岩手株式会社に対する商品Xの販売個数が500個に達した場合、１個あたり３円をリベートとして現金で支払う。
③ 当期における岩手株式会社に対する商品Xの販売個数は600個と予想している。

(1) ９月１日において、岩手株式会社に対し商品Xを300個販売し、現金を受け取った。
(2) １月25日において、岩手株式会社に対し商品Xを200個販売し、現金を受け取った。
(3) 上記において、当期の販売個数が500個に達したため、売上割戻しを適用し、岩手株式会社に現金を支払った。
(4) 仮に(2)の販売がなく、当期中に売上割戻しが適用されなかった場合（当期中の販売は(1)のみの場合）の仕訳をしなさい。

第15章　精算表と財務諸表

問題 65 精算表

解答 P.71　基本

次の決算整理事項等にもとづいて、答案用紙の精算表を完成させなさい。ただし、会計期間は×２年４月１日から×３年３月31日である。

[決算整理事項等]

(1) 期末商品棚卸高の内訳は次のとおりである。

期末棚卸数量	100個	原価	@100円
実地棚卸数量	90個	時価（正味売却価額）	@ 94円

なお、売上原価は「仕入」の行で算定し、商品評価損は「商品評価損」の行に記入後、「仕入」の行に振り替えること。また、棚卸減耗損は売上原価に算入しない。

(2) 甲社に対する売掛金4,000円については債権金額から担保処分見込額2,000円を差し引いた残額に対して50%の貸倒引当金を設定する。それ以外の売掛金と受取手形については期末残高に対して３%の貸倒引当金を設定する（差額補充法）。

(3) 売買目的有価証券の時価は17,300円であった。

(4) その他有価証券の時価は15,680円であった。

(5) 固定資産の減価償却を次のとおり行う。

備品：定率法（償却率20%）

(6) ソフトウェアは当期首に購入した自社利用のソフトウェアであり、利用可能期間３年として償却する。

(7) 保険料7,200円は×３年２月１日に契約した１年分の火災保険料である。

(8) 借入金は×２年８月１日に借入期間１年、年利率２%で借り入れたもので、利息は返済時に支払うこととなっている。なお、当期分の利息の計算は月割計算による。

問題 66 精算表

解答 P.74　応用

次の資料にもとづいて、答案用紙の精算表を完成させなさい。ただし、会計期間は×７年４月１日から×８年３月31日である。

[資料１] 決算にあたって調査したところ、以下のことが判明したので、適切な修正を行う。

(1) 当座預金について銀行勘定調整表を作成したところ、次のことが判明した。

① 買掛金支払いのために振り出した小切手のうち未取付分 1,280円
② 広告費支払いのために振り出した小切手のうち未渡分 940円
③ 売掛金回収の未記帳分 1,160円

(2) ×7年12月1日に、かねてより建設していた店舗が完成し、引き渡しを受けた（同日から使用している）が未記帳である。なお、試算表の建設仮勘定は本工事にかかるもので、これを建物勘定に振り替える。

[資料2] 期末整理事項は次のとおりである。

(1) 受取手形および売掛金の期末残高に対して4％の貸倒引当金を設定する（差額補充法）。

(2) 期末商品棚卸高の内訳は次のとおりである。

期末棚卸数量	120個	原価	@52円
実地棚卸数量	115個	時価（正味売却価額）	@49円

なお、売上原価は「仕入」の行で算定する。ただし、棚卸減耗損と商品評価損は精算表上、独立の科目として表示する。

(3) 売買目的有価証券の内訳は次のとおりである。

銘　柄	帳簿価額		時　価
A社株式	@280円	30株	@270円
B社社債	@97円	40口	@97.5円

(4) 固定資産の減価償却を次のとおり行う。

建物：定額法　耐用年数：30年　残存価額：取得原価の10％
備品：定率法（償却率20％）

なお、新店舗についても同様に減価償却を行うが、残存価額をゼロとし、月割計算をする。

(5) 満期保有目的債券は、×5年4月1日に額面総額16,000円の北陸商会株式会社社債（満期日：×9年3月31日）を@100円につき@98円で購入したものである。なお、満期保有目的債券の評価は償却原価法（定額法）による。

(6) 退職給付引当金の当期繰入額は2,200円である。

(7) 保険料は全額建物に対する火災保険料で、従来の建物に対する保険料については毎年同額を7月1日に向こう1年分を支払っている。また、新店舗に対する保険料960円は引き渡しを受けたときに向こう1年分を支払ったものである。

(8) 通信費の未払分が90円ある。

次の(A)決算整理前残高試算表と(B)決算整理事項等にもとづいて、損益計算書と貸借対照表を完成させなさい。なお、会計期間は×３年４月１日から×４年３月31日である。

(A)決算整理前残高試算表

決算整理前残高試算表

借方	勘定科目	貸方
59,680	現金預金	
46,000	受取手形	
42,900	売掛金	
75,000	売買目的有価証券	
73,200	繰越商品	
72,400	備品	
10,000	長期貸付金	
15,000	その他有価証券	
320	繰延税金資産	
	支払手形	29,400
	買掛金	59,900
	長期借入金	60,000
	貸倒引当金	1,100
	減価償却累計額	25,600
	資本金	100,000
	資本準備金	35,300
	利益準備金	15,000
	別途積立金	15,600
	繰越利益剰余金	7,000
	売上	709,000
	受取利息	500
582,000	仕入	
57,600	給料	
6,500	保険料	
15,000	通信費	
9,700	支払利息	
	保険差益	6,900
1,065,300		1,065,300

(B)決算整理事項等

(1) 当座預金勘定残高30,000円と銀行残高証明書の残高42,360円との差異は次のとおりであった。
①受取手形2,400円が入金されていたが、連絡が未達であった。
②買掛金支払いのために振り出した小切手5,760円が金庫に保管されたままであった。
③保険料支払いのために振り出した小切手4,200円が銀行に未呈示であった。

(2) 期末商品棚卸高
帳簿棚卸数量　180個　原価@380円
実地棚卸数量　175個　時価@350円
なお、棚卸減耗損と商品評価損は売上原価の内訳科目として表示する。

(3) 債権（受取手形、売掛金、長期貸付金）の期末残高に対して２％の貸倒引当金を設定する（差額補充法）。なお、貸倒引当金の期末残高はすべて受取手形と売掛金にかかるものである。

(4) 売買目的有価証券は徳島商事㈱の株式100株（原価@750円、時価@770円）である。

(5) その他有価証券は当期に取得した松山商会㈱の株式100株（原価@150円、時価@160円）である。全部純資産直入法で処理するとともに、税効果会計を適用する（法定実効税率は40%）。

(6) 備品について定率法（償却率20%）により償却する。なお、備品のうち、2,400円は×３年11月１日に購入したものであり、月割計算をする。

(7) 通信費のうち960円を前払処理する。

(8) 保険料について500円が未払いである。

(9) 法人税等の課税見込額は10,640円である。

(10) (5)以外で当期の税効果会計上の一時差異は次のとおりである（法定実効税率は40%）。

	期首	期末
貸倒引当金損金算入限度超過額	800円	1,200円

第16章 帳簿の締め切り

問題 68 損益勘定、繰越利益剰余金勘定

解答 P.83 基本

次の(A)決算整理前残高試算表と(B)決算整理事項等にもとづいて、答案用紙の損益勘定と繰越利益剰余金勘定を完成させなさい。なお、会計期間は×２年４月１日から×３年３月31日である。

(A)決算整理前残高試算表

決算整理前残高試算表

借方	勘定科目	貸方
21,200	現金預金	
24,000	売掛金	
8,200	繰越商品	
10,000	貸付金	
80,000	建物	
10,800	建設仮勘定	
500	ソフトウェア	
19,000	満期保有目的債券	
	買掛金	34,800
	貸倒引当金	500
	減価償却累計額	25,000
	資本金	80,000
	資本準備金	12,000
	利益準備金	4,000
	別途積立金	2,600
	繰越利益剰余金	3,000
	売上	200,000
	有価証券利息	600
145,300	仕入	
40,000	給料	
2,500	保険料	
1,000	通信費	
362,500		362,500

(B)決算整理事項等

(1) 新築中だった店舗が完成し、２月１日に引き渡しを受けていた（同日より使用）が、この処理が未記帳である。なお、本工事に関する工事代金は全額前払いしており、建設仮勘定で処理している。

(2) 期末商品棚卸高は8,500円である（棚卸減耗や商品評価損は生じていない）。

(3) 売掛金の期末残高に対して３％の貸倒引当金を設定する（差額補充法）。

(4) 満期保有目的債券は、当期首に額面総額20,000円の山口商事㈱社債（償還期間５年）を額面100円につき95円で購入したものである。満期保有目的債券の評価は償却原価法（定額法）による。

(5) 固定資産の減価償却を行う。
建物：定額法（耐用年数30年、残存価額は取得原価の10％）
なお、新店舗についても同様の減価償却を行うが、残存価額はゼロとし、月割計算による。

(6) ソフトウェアは当期首に自社で利用するために購入したもので、５年間にわたって償却する。

(7) 貸付金は×２年９月１日に貸付期間１年、年利率2.4％で貸し付けたもので、利息は返済時に受け取ることとなっている。なお、当期分の利息の計算は月割計算による。

(8) 税引前当期純利益の50％を法人税、住民税及び事業税として計上する。

第17章　本支店会計

問題 69　本支店会計

解答 P.85 基本

次の各取引について、本店と支店の仕訳をしなさい。

(1) 本店は支店に現金1,000円を送金した。
(2) 支店は本店の売掛金2,000円を現金で回収した。
(3) 本店は支店の買掛金3,000円を小切手を振り出して支払った。
(4) 本店は支店に商品4,800円（原価）を送付した。
(5) 支店は本店の営業費5,000円を現金で支払った。

問題 70　本支店会計

解答 P.86 基本

次の(A)決算整理前残高試算表、(B)決算整理事項にもとづいて、本支店合併損益計算書と本支店合併貸借対照表を完成させなさい。

(A)決算整理前残高試算表

決算整理前残高試算表

借方	本店	支店	貸方	本店	支店
現金預金	24,540	2,320	買掛金	30,000	14,620
売掛金	30,720	21,600	貸倒引当金	960	360
繰越商品	19,200	8,400	減価償却累計額	3,840	1,440
支店	27,840	—	本店	—	27,840
備品	19,200	7,200	資本金	48,000	—
仕入	180,000	129,940	繰越利益剰余金	14,160	—
営業費	38,400	24,000	売上	242,340	148,800
支払利息	2,200	1,400	受取利息	2,800	1,800
	342,100	194,860		342,100	194,860

(B)決算整理事項

(1) 期末商品棚卸高は次のとおりである。
　本店：12,600円　支店：15,640円
(2) 売掛金の期末残高に対して５％の貸倒引当金を設定する（差額補充法）。
(3) 備品について定率法（償却率20％）で減価償却を行う。
(4) 営業費の未払分　本店：1,000円　支店：600円
(5) 利息の未収分　本店：　800円　支店：200円

第18章 連結会計①

問題 71 資本連結（基本パターン） 解答 P.87 基本

P社は当期末（×２年３月31日）にＳ社の発行済株式の100％を10,000円で取得し、子会社とした。次の［資料］にもとづき、支配獲得日の連結貸借対照表の作成に必要な連結修正仕訳をしなさい。

［資料］ Ｐ社とＳ社の貸借対照表

貸借対照表

Ｐ社　×２年３月31日（単位：円）

諸資産	80,000	諸負債	50,000
Ｓ社株式	10,000	資本金	30,000
		利益剰余金	10,000
	90,000		90,000

貸借対照表

Ｓ社　×２年３月31日（単位：円）

諸資産	16,000	諸負債	6,000
		資本金	8,000
		利益剰余金	2,000
	16,000		16,000

問題 72 資本連結（部分所有の場合） 解答 P.88 基本

P社は当期末（×２年３月31日）にＳ社の発行済株式の60％を6,000円で取得し、子会社とした。次の［資料］にもとづき、支配獲得日の(A)連結貸借対照表の作成に必要な連結修正仕訳を示すとともに、(B)連結貸借対照表を完成させなさい。

［資料］ Ｐ社とＳ社の貸借対照表

貸借対照表

Ｐ社　×２年３月31日（単位：円）

諸資産	84,000	諸負債	50,000
Ｓ社株式	6,000	資本金	30,000
		利益剰余金	10,000
	90,000		90,000

貸借対照表

Ｓ社　×２年３月31日（単位：円）

諸資産	16,000	諸負債	6,000
		資本金	8,000
		利益剰余金	2,000
	16,000		16,000

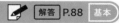

問題 73 資本連結（投資消去差額が生じる場合）　解答 P.88　基本

P社は当期末（×２年３月31日）にＳ社の発行済株式の60％を7,000円で取得し、子会社とした。次の［資料］にもとづき、支配獲得日の(A)連結貸借対照表の作成に必要な連結修正仕訳を示すとともに、(B)連結貸借対照表を完成させなさい。

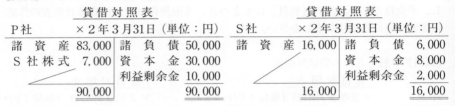

［資料］Ｐ社とＳ社の貸借対照表

貸借対照表

Ｐ社　×２年３月31日（単位：円）

諸資産	83,000	諸負債	50,000
Ｓ社株式	7,000	資本金	30,000
		利益剰余金	10,000
	90,000		90,000

貸借対照表

Ｓ社　×２年３月31日（単位：円）

諸資産	16,000	諸負債	6,000
		資本金	8,000
		利益剰余金	2,000
	16,000		16,000

問題 74 資本連結（連結１年目）　解答 P.89　基本

P社は前期末（×２年３月31日）にＳ社の発行済株式の60％を7,000円で取得し、子会社とした。次の［資料］にもとづき、当期（×２年４月１日から×３年３月31日）の連結財務諸表の作成に必要な(A)連結修正仕訳を示すとともに、当期末（×３年３月31日）の連結貸借対照表における(B)のれんと(C)非支配株主持分の金額を計算しなさい。

［資料１］前期末（×２年３月31日）のＰ社とＳ社の貸借対照表

貸借対照表

Ｐ社　×２年３月31日（単位：円）

諸資産	83,000	諸負債	50,000
Ｓ社株式	7,000	資本金	30,000
		利益剰余金	10,000
	90,000		90,000

貸借対照表

Ｓ社　×２年３月31日（単位：円）

諸資産	16,000	諸負債	6,000
		資本金	8,000
		利益剰余金	2,000
	16,000		16,000

［資料２］その他の資料

(1)　のれんは発生年度の翌年度から10年間で均等償却する。

(2)　Ｓ社の損益計算書において、当期純利益は2,400円であった。

(3)　Ｓ社は当期中に1,000円の配当を行っている。

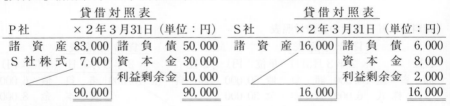

問題 75 資本連結（連結２年目）

解答 P.90　基本

P社は前々期末（×２年３月31日）にＳ社の発行済株式の60％を7,000円で取得し、子会社とした。次の［資料］にもとづき、連結第２年度（×３年４月１日から×４年３月31日）の連結財務諸表の作成に必要な(A)連結修正仕訳を示すとともに、連結第２年度末（×４年３月31日）の連結貸借対照表における(B)のれんと(C)非支配株主持分の金額を計算しなさい。

［資料１］×２年３月31日と×３年３月31日のＳ社の貸借対照表

貸借対照表

Ｓ社　×２年３月31日（単位：円）

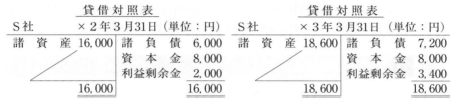

諸資産	16,000	諸負債	6,000
		資本金	8,000
		利益剰余金	2,000
	16,000		16,000

貸借対照表

Ｓ社　×３年３月31日（単位：円）

諸資産	18,600	諸負債	7,200
		資本金	8,000
		利益剰余金	3,400
	18,600		18,600

［資料２］連結第２年度のＳ社の貸借対照表

貸借対照表

Ｓ社　×４年３月31日（単位：円）

諸資産	22,000	諸負債	9,000
		資本金	8,000
		利益剰余金	5,000
	22,000		22,000

［資料３］その他の資料

(1)　のれんは発生年度の翌年度から10年間で均等償却する。

(2)　Ｓ社の連結第１年度（×２年４月１日から×３年３月31日）の当期純利益は2,400円であり、配当1,000円を行っている。

(3)　Ｓ社の連結第２年度の当期純利益は3,000円であり、配当1,400円を行っている。

第19章 連結会計②

問題 76 内部取引高、債権債務の相殺消去

解答 P.92 基本

P社はS社の発行済株式の60％を取得し、支配している。次の各取引について、当期の連結財務諸表を作成するための連結修正仕訳をしなさい。

(1) P社の当期の売上高のうち、50,000円はS社に対するものである。

(2) P社の当期末の短期貸付金のうち、100,000円はS社に対するものである。また、この短期貸付金にかかる受取利息1,200円を計上している。

問題 77 貸倒引当金の修正

解答 P.93 基本

P社はS社の発行済株式の60％を取得し、支配している。次の各取引について、当期の連結財務諸表を作成するための連結修正仕訳をしなさい。

(1) P社の当期の貸借対照表には、S社に対する売掛金50,000円が計上されている（前期末におけるS社に対する売掛金はない）。なお、売掛金には毎期５％の貸倒引当金を差額補充法により設定している。

(2) S社の当期の貸借対照表には、P社に対する売掛金40,000円が計上されている（前期末におけるP社に対する売掛金はない）。なお、売掛金には毎期５％の貸倒引当金を差額補充法で設定している。

問題 78 手形の割引き

解答 P.94 基本

P社はS社の発行済株式の60％を取得し、支配している。次の取引について、当期の連結財務諸表を作成するための連結修正仕訳をしなさい。

・ 当期において、S社はP社に対して約束手形20,000円を振り出した。P社はこの手形を銀行で割り引き、現金を受け取った（割引料は０円とする）。なお、手形の満期日は当期末から３か月後である。

問題 79 未実現利益の消去（棚卸資産）

解答 P.94 基本

Ｐ社はＳ社の発行済株式の60％を取得し、支配している。次の各取引について、当期の連結財務諸表を作成するための連結修正仕訳をしなさい。

⑴　Ｓ社の期末商品のうち30,000円はＰ社から仕入れたものである。Ｐ社は当期より30％の利益率でＳ社に商品を販売している。

⑵　Ｐ社の期末商品のうち24,000円はＳ社から仕入れたものである。Ｓ社は当期より原価に20％の利益を付加してＰ社に商品を販売している。

問題 80 未実現利益の消去（非償却性固定資産）

解答 P.94 基本

Ｐ社はＳ社の発行済株式の60％を取得し、支配している。次の各取引について、当期の連結財務諸表を作成するための連結修正仕訳をしなさい。

⑴　当期において、Ｐ社は土地（取得原価80,000円）を90,000円でＳ社に売却した。Ｓ社はこの土地を期末現在保有している。

⑵　当期において、Ｓ社は土地（取得原価60,000円）を80,000円でＰ社に売却した。Ｐ社はこの土地を期末現在保有している。

問題 81 連結精算表の作成

解答 P.95 基本

次の［資料］にもとづいて、連結第２年度（×２年４月１日から×３年３月31日まで）の連結精算表（連結貸借対照表と連結損益計算書の部分）を作成しなさい。

※　この問題は、はじめは消去・振替欄がある連結精算表の作成をし、慣れてきたら消去・振替欄がない連結精算表の作成にチャレンジしてみましょう。

[資料]

(1)　P社は×１年３月31日にS社の発行済株式総数の60%を20,000円で取得して支配を獲得し、S社を連結子会社としている。なお、×１年３月31日のS社の純資産の部は、次のとおりであった。

資　本　金 20,000円　資本剰余金 7,000円　利益剰余金 3,000円

(2)　のれんは支配を獲得した年度の翌年度から20年にわたって均等に償却している。

(3)　支配獲得後にS社は配当を行っていない。

(4)　S社の連結第１年度（×１年４月１日から×２年３月31日）の当期純利益は6,000円であった。

(5)　P社はS社に対して売上総利益率30%で商品を販売している。連結第２年度におけるP社のS社に対する商品の売上高は60,000円である。また、連結第２年度において、S社が保有する商品のうちP社から仕入れた商品は10,000円であった。なお、S社の期首の商品残高には、P社から仕入れた商品はなかった。

(6)　連結第２年度におけるP社の売掛金残高のうち、25,000円はS社に対するものであった。P社は売掛金期末残高に対して２%の貸倒引当金を差額補充法により設定している。

(7)　S社は当年度中に土地（帳簿価額4,000円）を、P社に対して5,000円で売却した。なお、P社はこの土地を期末現在、保有している。

問題 82 連結財務諸表の作成

解答 P.99 基本

次の［資料］にもとづいて、連結第２年度（×１年４月１日から×２年３月31日）の連結損益計算書を作成するとともに、答案用紙に示した連結貸借対照表の項目の金額を答えなさい。

［資料］

(1)　Ｐ社は×０年３月31日にＳ社の発行済株式の60％を60,000円で取得して支配を獲得した。

(2)　のれんは支配獲得日の翌年度から10年間で均等に償却する。

(3)　×０年３月31日および×１年３月31日におけるＳ社の個別貸借対照表は次のとおりである。

S社の個別貸借対照表
×０年３月31日　（単位：円）

諸資産	150,000	諸負債	70,000
		資本金	60,000
		資本剰余金	16,000
		利益剰余金	4,000
	150,000		150,000

S社の個別貸借対照表
×１年３月31日　（単位：円）

諸資産	160,000	諸負債	64,000
		資本金	60,000
		資本剰余金	16,000
		利益剰余金	20,000
	160,000		160,000

(4)　Ｓ社の連結第１年度（×０年４月１日から×１年３月31日）の当期純利益は16,000円であり、配当は行っていない。

(5)　Ｐ社およびＳ社の連結第２年度（×１年４月１日から×２年３月31日）の貸借対照表および損益計算書は次のとおりである。

貸　借　対　照　表

×２年３月31日　　　　　　　　　　　　　　　（単位：円）

資　産	Ｐ　社	Ｓ　社	負債・純資産	Ｐ　社	Ｓ　社
諸　資　産	241,200	116,200	諸　負　債	80,000	41,000
売　掛　金	60,000	40,000	買　掛　金	32,000	34,000
(貸倒引当金)	△1,200	△800	資　本　金	280,000	60,000
商　　品	100,000	41,600	資本剰余金	20,000	16,000
Ｓ社株式	60,000	－	利益剰余金	48,000	46,000
	460,000	197,000		460,000	197,000

損　益　計　算　書

自×１年４月１日　至×２年３月31日（単位：円）

	Ｐ　社	Ｓ　社
Ⅰ 売　上　高	480,000	360,000
Ⅱ 売上原価	360,000	288,000
売上総利益	120,000	72,000
Ⅲ 販売費及び一般管理費	80,000	44,000
営業利益	40,000	28,000
Ⅳ 営業外収益	28,000	20,000
Ⅴ 営業外費用	24,000	12,000
当期純利益	44,000	36,000

(6) 連結第２年度（×１年４月１日から×２年３月31日）において、Ｓ社は配当10,000円を行っている。

(7) 連結第２年度より、Ｐ社はＳ社に対し、原価に10％の利益を加算して商品を販売している。連結第２年度におけるＰ社のＳ社に対する商品の売上高は132,000円である。

(8) Ｓ社の連結第２年度末（×２年３月31日）に保有する期末商品のうち、Ｐ社から仕入れた商品は22,000円であった。また、Ｐ社の売掛金残高のうち15,000円はＳ社に対するものであった。Ｐ社は売掛金に対して２％の貸倒引当金を差額補充法により設定している。

第20章 製造業会計

問題 83 製造業会計①

解答 P.103 基本

次の各取引について仕訳しなさい。

(1) 材料2,000円を掛けで仕入れた。
(2) 材料のうち、直接材料として1,500円、間接材料として500円を消費した。
(3) 材料の実地棚卸をしたところ、100円の減耗（正常な範囲内）があった。
(4) 当月の直接工直接作業賃金の支払高は3,000円（現金による支払い）であった。なお、月末および月初に未払いはない。
(5) 当月の製造間接費予定配賦額は2,500円である。
(6) 当月の完成品原価は7,000円であった。
(7) 当月の売上高は10,000円（掛け売上）、売上原価は6,000円であった。
(8) 当月の製造間接費実際発生額は2,700円であった。予定配賦額（2,500円）との差額は売上原価に賦課する。

問題 84 製造業会計②

解答 P.103 基本

受注生産・販売を行っているA製作所の［資料］にもとづいて、答案用紙の損益計算書と貸借対照表を完成させなさい。なお、会計期間は×1年4月1日から×2年3月31日までの1年間である。

［資料1］×2年2月末現在の残高試算表

残高試算表 (単位：円)

借　方	勘定科目	貸　方
778,000	現金預金	
70,000	売掛金	
1,000	製品	
1,400	材料	
5,800	仕掛品	
	貸倒引当金	1,120
120,000	建物	
60,000	機械装置	
	建物減価償却累計額	35,500
	機械装置減価償却累計額	23,000
	買掛金	75,180
	退職給付引当金	82,000
	資本金	500,000
	利益準備金	90,000
	繰越利益剰余金	158,000
	売上	270,000
165,200	売上原価	
34,000	販売費及び一般管理費	
100	支払利息	
	固定資産売却益	700
1,235,500		1,235,500

［資料2］3月の取引等

(1)　3月の材料仕入高（すべて掛け買い）は4,000円、直接材料費は3,000円であった。

(2)　3月の直接工直接作業賃金支払高（現金払い、月末・月初未払いなし）は4,500円であった。

(3)　3月の製造間接費予定配賦額は5,300円、間接材料費実際発生額は1,100円、間接材料費と以下の事項以外の製造間接費実際発生額（すべて現金での支払い）は2,300円であった。

⑷　当月完成品原価は18,000円、当月売上原価は15,600円、当月売上高（すべて掛け売り）は26,000円であった。

［資料３］ 決算整理等

⑴　決算において実地棚卸を行ったところ、材料実際有高は1,200円、製品実際有高は3,100円であった。棚卸減耗は、材料・製品ともに正常な理由により生じたものであり、製品の棚卸減耗については売上原価に賦課する。

⑵　固定資産の減価償却費については、期首に年間発生額を見積り、以下の月割額を毎月計上し、決算月も同様の処理を行った。

　建物：500円（製造活動用300円、販売・一般管理活動用200円）

　機械装置（すべて製造用）：1,000円

⑶　過去の実績にもとづいて、売上債権の期末残高に対して２％の貸倒引当金を設定する（差額補充法）。

⑷　退職給付引当金については、年度見積額の12分の１を毎月計上しており、決算月も同様の処理を行った。なお、製造活動に携わる従業員に関わるものは、月1,200円、それ以外の従業員に関わるものは月800円である。年度末に繰入額を確定したところ、実際繰入額は年度見積額と一致していた。

⑸　年度末に生じた原価差異は上記に示されている事項のみである。なお、原価差異はいずれも正常な原因によるものであった。また、×１年４月から×２年２月までの各月の月次決算で生じた原価差異はそれぞれの月で売上原価に賦課されている。

⑹　税引前当期純利益の40％を法人税、住民税及び事業税として計上する。

問題編

解答・解説

解答 1

	借方科目	金額	貸方科目	金額
(1)	普通預金	240,000	資本金	240,000*1
(2)	普通預金	320,000	資本金	160,000*2
			資本準備金	160,000*2

＊1　@800円×300株＝240,000円

＊2　@800円×400株×$\frac{1}{2}$＝160,000円

解答 2

	借方科目	金額	貸方科目	金額
(1)	別段預金	200,000	株式申込証拠金	200,000*1
(2)	株式申込証拠金	200,000	資本金	100,000*2
			資本準備金	100,000*2
	当座預金	200,000	別段預金	200,000

＊1　@500円×400株＝200,000円

＊2　200,000円×$\frac{1}{2}$＝100,000円

解答 3

	借方科目	金額	貸方科目	金額
(1)	普通預金	120,000	資本金	120,000*
	創立費	2,000	現金	2,000
(2)	株式交付費	3,600	現金	3,600

＊　@600円×200株＝120,000円

解説

会社設立時の株式発行費用は**創立費**、増資時の株式発行費用は**株式交付費**で処理します。

解答 4

	借方科目	金額	貸方科目	金額
(1)	損益	300,000	繰越利益剰余金	300,000
(2)	繰越利益剰余金	100,000	損益	100,000

解答 5

	借方科目	金額	貸方科目	金額
(1)	損益	**200,000**	繰越利益剰余金	**200,000**
(2)	繰越利益剰余金	**138,000**	未払配当金 利益準備金 別途積立金	**80,000** **8,000** **50,000**
(3)	未払配当金	**80,000**	当座預金	**80,000**

解答 6

	借方科目	金額	貸方科目	金額
(1)	繰越利益剰余金	**2,020,000**	未払配当金 利益準備金 別途積立金	**1,200,000** **120,000***1 **700,000**
(2)	繰越利益剰余金	**1,600,000**	未払配当金 利益準備金 別途積立金	**1,100,000** **100,000***2 **400,000**

＊1　①10,000,000円(資本金) × $\frac{1}{4}$ −（1,000,000円(資本準備金) + 500,000円(利益準備金)）

= 1,000,000円

②1,200,000円(株主配当金) × $\frac{1}{10}$ = 120,000円

→ 小さい金額 →120,000円

＊2　①10,000,000円(資本金) × $\frac{1}{4}$ −（1,500,000円(資本準備金) + 900,000円(利益準備金)）

= 100,000円

②1,100,000円(株主配当金) × $\frac{1}{10}$ = 110,000円

→ 小さい金額 →100,000円

解答 7

借方科目	金額	貸方科目	金額
当座預金	**10,000**	買掛金	**27,000**
売掛金	**20,000**	借入金	**23,000**
土地	**50,000**	資本金	**35,000***1
のれん	**5,000***2		

＊1　@50円 × 700株 = 35,000円

＊2　貸借差額

解答 8

	借方科目	金額	貸方科目	金額
(1)	特許権	16,000	当座預金	16,000
(2)	特許権償却	2,000*1	特許権	2,000
	のれん償却	1,000*2	のれん	1,000

＊1　16,000円÷8年＝2,000円

＊2　20,000円÷20年＝1,000円

解答 9

	借方科目	金額	貸方科目	金額
(1)	仮払法人税等	2,600*1	当座預金	2,600
(2)	法人税、住民税及び事業税	5,000	仮払法人税等	2,600
			未払法人税等	2,400*2
(3)	未払法人税等	2,400	当座預金	2,400

＊1　2,000円＋500円＋100円＝2,600円

＊2　貸借差額

解答 10

課税所得の金額：　80,200円

解説

減価償却費のうち200円は損金不算入であるため、税引前当期純利益に加算します。

課税所得の金額：80,000円＋200円＝80,200円

解答 11

	借方科目	金額	貸方科目	金額
(1)	仕入	1,000	現金	1,100
	仮払消費税	100		
(2)	現金	4,400	売上	4,000
			仮受消費税	400
(3)	仮受消費税	400	仮払消費税	100
			未払消費税	300
(4)	未払消費税	300	現金	300

解答 12

(A)三分法

	借方科目	金額	貸方科目	金額
(1)	仕入	5,000	買掛金	5,000
(2)	売掛金	4,800	売上	4,800
(3)	仕入 繰越商品	1,000 2,000	繰越商品 仕入	1,000 2,000

(B)売上原価対立法

	借方科目	金額	貸方科目	金額
(1)	商品	5,000	買掛金	5,000
(2)	売掛金 売上原価	4,800 4,000	売上 商品	4,800 4,000
(3)	仕訳なし			

解答 13

	借方科目	金額	貸方科目	金額
(1)	仕入	2,100	買掛金 現金	2,000 100
(2)	買掛金	500	仕入	500
(3)	買掛金	50	仕入	50

解答 14

	借方科目	金額	貸方科目	金額
(1)	支払手数料 クレジット売掛金	120*1 5,880*2	売上	6,000
(2)	当座預金	5,880	クレジット売掛金	5,880

＊1　6,000円×2％＝120円

＊2　6,000円－120円＝5,880円

解答 15

(1)　期末帳簿棚卸高　　**2,000**円

(2)　棚 卸 減 耗 損　　**200**円

(3)　商 品 評 価 損　　**180**円

解　説

時価（正味売却価額）が原価よりも低いので、時価（正味売却価額）で評価します。

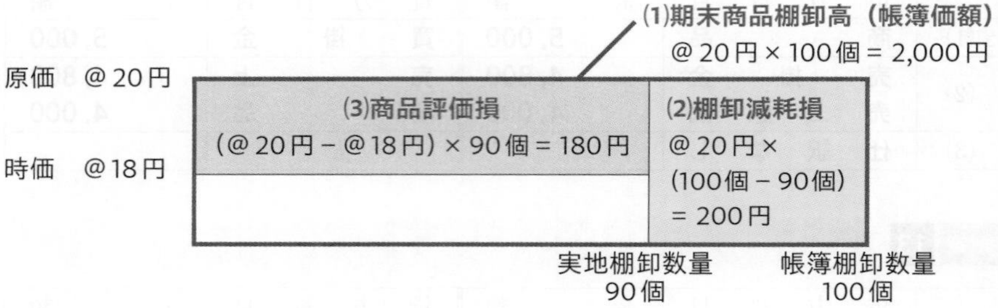

解答 16

	借方科目	金額	貸方科目	金額
(1)	現金	20,000	前受金	20,000
(2)	仕掛品	12,000	現金	12,000
(3)	前受金	8,000	役務収益	8,000*1
	役務原価	4,800*2	仕掛品	4,800

＊1　20,000円×40%＝8,000円

＊2　12,000円×40%＝4,800円

解答 17

	借方科目	金額	貸方科目	金額
(1)	仕入	700	受取手形	700
(2)	受取手形	700	売上	700

解答 18

	借方科目	金額	貸方科目	金額
(1)	受取手形	900	売上	900
(2)	当座預金 手形売却損	850 50	受取手形	900

解答 19

	借方科目	金額	貸方科目	金額
(1)	不渡手形	10,100*1	受取手形 現金	10,000 100
(2)	不渡手形	20,300*2	当座預金	20,300

＊1　10,000円＋100円＝10,100円
＊2　20,000円＋200円＋100円＝20,300円

解答 20

	借方科目	金額	貸方科目	金額
(1)	支払手形 支払利息	30,000 100	支払手形 現金	30,000 100
(2)	受取手形	40,200	受取手形 受取利息	40,000 200

解答 21

	借方科目	金額	貸方科目	金額
(1)	建物	300,000	当座預金 営業外支払手形	40,000 260,000
(2)	営業外受取手形	225,000	土地 固定資産売却益	180,000 45,000

解答 22

(A)奈良商事

	借方科目	金額	貸方科目	金額
(1)	買掛金	30,000	電子記録債務	30,000
(2)	電子記録債務	30,000	当座預金	30,000

(B)大阪商事

	借方科目	金額	貸方科目	金額
(1)	電子記録債権	30,000	売掛金	30,000
(2)	当座預金	30,000	電子記録債権	30,000

解答 23

	借方科目	金額	貸方科目	金額
(1)	買掛金	20,000	電子記録債権	20,000
(2)	当座預金	49,800	電子記録債権	50,000
	電子記録債権売却損	200*		

＊　50,000円－49,800円＝200円

解答 24

	借方科目	金額	貸方科目	金額
(1)	買掛金	10,000	売掛金	10,000
(2)	普通預金	19,500	売掛金	20,000
	債権売却損	500		

解答 25

	借 方		貸 方	
	記 号	金 額	記 号	金 額
(1)	(キ) 仕 訳 な し			
(2)	(エ) 買 掛 金	9,000	(ア) 当 座 預 金	9,000
(3)	(ア) 当 座 預 金	5,000	(エ) 買 掛 金	5,000
(4)	(エ) 買 掛 金	20,000	(ア) 当 座 預 金	20,000
(5)	(キ) 仕 訳 な し			
(6)	(キ) 仕 訳 な し			
(7)	(ア) 当 座 預 金	4,000	(カ) 未 払 金	4,000

解 説

(1)翌日入金（時間外預入）なので、修正仕訳は不要です。

(2)誤記入なので、修正仕訳が必要です。

①誤った仕訳：(買 掛 金) 1,000 (当 座 預 金) 1,000
②誤った仕訳の逆仕訳：(当 座 預 金) 1,000 (買 掛 金) 1,000
③正しい仕訳：(買 掛 金) 10,000 (当 座 預 金) 10,000
④修正仕訳（②＋③）：(買 掛 金) 9,000 (当 座 預 金) 9,000

(3)未渡小切手なので、修正仕訳が必要です。

(4)連絡未達（買掛金の支払い）なので、修正仕訳が必要です。

(5)未取立小切手なので、修正仕訳は不要です。

(6)未取付小切手なので、修正仕訳は不要です。

(7)未渡小切手なので、修正仕訳が必要です。なお、広告費（費用）の支払いのために作成した小切手が未渡しなので、貸方は未払金（負債）で処理します。

解答 26

銀行勘定調整表（両者区分調整法）

×1年3月31日　　（単位：円）

当社の帳簿残高		（1,760）	銀行の残高証明書残高		（1,770）
（加算）			（加算）		
［(ウ)入金連絡未通知］	（100）		［(イ)時間外預入］	（200）	
［(エ)未渡小切手］	（300）	（400）	［(オ)未取立小切手］	（150）	（350）
（減算）			（減算）		
［(カ)誤記入］		（160）	［(ア)未取付小切手］		（120）
		（2,000）			（2,000）

解説

⑴翌日入金（時間外預入）は、当社では入金処理済みですが銀行では未処理なので、銀行の当座預金残高に加算します。なお、修正仕訳は不要です。

⑵売掛金の回収の連絡が当社に未達なので、当社の当座預金残高に加算します。なお、修正仕訳が必要です。

修正仕訳：（当座預金）100　（売掛金）100

⑶未渡小切手は、当社で買掛金を支払った処理をしていますが、実際には支払っていないので、当社の当座預金残高に加算します。なお、修正仕訳が必要です。

修正仕訳：（当座預金）300　（買掛金）300

⑷未取付小切手は、当社では買掛金を支払った処理をしていますが、取引先が銀行に小切手を持ち込んでいないため、銀行の当座預金が減っていない状態です。したがって、銀行の当座預金残高を減算します。なお、修正仕訳は不要です。

⑸未取立小切手は、当社で売掛金を回収した処理をしているにもかかわらず、まだ銀行が取り立てていない（回収していない）ので、銀行の当座預金残高に加算します。なお、修正仕訳は不要です。

⑹本来、当座預金の減少として処理しなければならないところ、当座預金の増加として処理してしまっています。したがって、当社の当座預金残高を減算します。なお、修正仕訳が必要です。

①誤った仕訳：（当座預金）80　（消耗品費）80

②誤った仕訳の逆仕訳：（消耗品費）80　（当座預金）80

③正しい仕訳：（消耗品費）80　（当座預金）80

④修正仕訳（②＋③）：（消耗品費）160　（当座預金）160

解答 27

	借方科目	金額	貸方科目	金額
(1)	備品	48,000	未払金	49,920*1
	前払利息	1,920*2		
(2)	未払金	8,320	当座預金	8,320
	支払利息	320*3	前払利息	320

＊1　8,320円×6回＝49,920円

＊2　49,920円－48,000円＝1,920円

＊3　1,920円÷6回＝320円

解答 28

	借方科目	金額	貸方科目	金額
(1)	減価償却費	4,000*	建物減価償却累計額	4,000
(2)	減価償却費	4,000*	建物	4,000

＊　$\frac{120{,}000\text{円}-0\text{円}}{30\text{年}}=4{,}000\text{円}$

解答 29

	借方科目	金額	貸方科目	金額
(1)	備品	200,000	当座預金	200,000
(2)	減価償却費	40,000*1	減価償却累計額	40,000
(3)	減価償却費	32,000*2	減価償却累計額	32,000
(4)	減価償却費	25,600*3	減価償却累計額	25,600

＊1　(200,000円－0円)×20%＝40,000円

＊2　(200,000円－40,000円)×20%＝32,000円

＊3　{200,000円－(40,000円＋32,000円)}×20%＝25,600円

解答 30

借方科目	金額	貸方科目	金額
減価償却費	172,650	建物減価償却累計額	8,400*1
		備品減価償却累計額	56,250*2
		車両減価償却累計額	108,000*3

＊1　既存建物：500,000円 − 100,000円 = 400,000円

$$\frac{400,000円 - 400,000円 \times 10\%}{50年} = 7,200円$$

（400,000円×10%：40,000円）

新建物（１年分）：$\frac{100,000円 - 100,000円 \times 10\%}{50年} = 1,800円$

（100,000円×10%：10,000円）

（当期分）：$1,800円 \times \frac{8か月（×３年8/1～×４年3/31）}{12か月} = 1,200円$

合　計：7,200円 + 1,200円 = 8,400円

＊2　(300,000円 − 75,000円) × 25% = 56,250円

＊3　$(400,000円 - 400,000円 \times 10\%) \times \frac{3,000km}{10,000km} = 108,000円$

（400,000円×10%：40,000円）

解答 31

借方		貸方	
記号	金額	記号	金額
(イ) 営業外受取手形	200,000	(ウ) 備品	360,000
(エ) 備品減価償却累計額	129,600		
(オ) 減価償却費	7,680		
(カ) 固定資産売却損	22,720*		

＊　貸借差額

解説

商品以外のものを売却したときに受け取った約束手形は、**営業外受取手形（資産）**で処理します。また、購入日が期首から２年前なので、２年分の減価償却累計額を計算します。さらに、期中売却のため、当期分（×３年４月１日から５月31日までの２か月分）の減価償却費を計上します。

本問の減価償却方法は200%定率法なので、減価償却累計額や減価償却費は次のように計算します。

①200%定率法の償却率：$\frac{1}{10年} \times 200\% = 0.2$

②×１年４月１日から×２年３月31日までの減価償却費：

360,000円 × 0.2 = 72,000円

③× 2 年 4 月 1 日から× 3 年 3 月31日までの減価償却費：

(360,000円 − 72,000円) × 0.2 = 57,600円

④前期末における減価償却累計額：72,000円 + 57,600円 = 129,600円

⑤当期分（× 3 年 4 月 1 日から 5 月31日まで）の減価償却費：

$$(360,000円 - 129,600円) \times 0.2 \times \frac{2か月}{12か月} = 7,680円$$

解答 32

	借方科目	金額	貸方科目	金額
(1)	車両 減価償却累計額 固定資産売却損	600,000 300,000 80,000	車両 現金	500,000 480,000
(2)	車両 減価償却累計額 減価償却費 固定資産売却損	800,000 292,800 15,360 51,840	車両 未払金	600,000 560,000

解説

(1)①旧車両の売却の仕訳

(減価償却累計額)	300,000	(車両)	500,000
(現金)	120,000		
(固定資産売却損)	80,000		

②新車両の購入の仕訳

(車両)	600,000	(現金)	600,000

上記の①と②の仕訳をあわせた仕訳が解答の仕訳です。

(2)①旧車両の売却の仕訳

(減価償却累計額)	292,800	(車両)	600,000
(減価償却費)	15,360 *		
(現金)	240,000		
(固定資産売却損)	51,840		

$$* \quad (600,000円 - 292,800円) \times 20\% \times \frac{3か月（× 5 年 4/1 \sim 6/30）}{12か月} = 15,360円$$

②新車両の購入の仕訳

(車両)	800,000	(現金)	240,000
		(未払金)	560,000

上記の①と②の仕訳をあわせた仕訳が解答の仕訳です。

解答 33

	借方科目	金額	貸方科目	金額
(1)	減価償却累計額	90,000	備品	130,000
	貯蔵品	30,000		
	固定資産除却損	10,000		
(2)	固定資産廃棄損	42,000	機械	40,000*
			現金	2,000

＊　直接法のため、帳簿価額40,000円（240,000円－200,000円）を減らします。

解答 34

借方		貸方	
記号	金額	記号	金額
(ウ) 備品減価償却累計額	108,000*1	(イ) 備品	180,000
(エ) 減価償却費	36,000*2		
(ア) 貯蔵品	30,000		
(オ) 固定資産除却損	6,000*3		

＊1　1年分の減価償却費：180,000円÷5年＝36,000円
　　期首の減価償却累計額：36,000円×3年＝108,000円

＊2　当期分の減価償却費（1年分）：36,000円

＊3　貸借差額

解説

購入日（×4年4月1日）が当期首（×7年4月1日）から3年前なので、3年分の減価償却累計額を計算します。また、期末除却のため、当期分（×7年4月1日から×8年3月31日まで）の減価償却費を計上します。

解答 35

	借方科目	金額	貸方科目	金額
(1)	建設仮勘定	100,000	当座預金	100,000
(2)	建物	900,000	建設仮勘定	100,000
			未払金	800,000

解答 36

借方		貸方	
記号	金額	記号	金額
(ウ)建物	750,000	(イ)当座預金 (オ)建設仮勘定	700,000 50,000

解答 37

借方科目	金額	貸方科目	金額
建物 修繕費	150,000 50,000	当座預金	200,000

解答 38

	借方科目	金額	貸方科目	金額
(1)	減価償却累計額 火災未決算	500,000 300,000	建物	800,000
(2)	未収入金	400,000	火災未決算 保険差益	300,000 100,000

解答 39

借方		貸方	
記号	金額	記号	金額
(イ)未収入金 (カ)火災損失	300,000 68,000	(キ)未決算	368,000

解説

焼失時(期首)の仕訳：(建物減価償却累計額) 432,000* (建　　物) 800,000
(未　決　算) 368,000

$$* \ 1年分の減価償却費：\frac{800,000円 - 80,000円}{20年} = 36,000円$$

期首の減価償却累計額：36,000円×12年＝432,000円

以上より、保険金額の確定時には、未決算368,000円を減らします。なお、仕訳の貸借差額が借方に生じる（未決算＞保険金額）ため、貸借差額は**火災損失（費用）**として処理します。

問題編
解答・解説

解答 40

	借方科目	金額	貸方科目	金額
(1)	当座預金	20,000	国庫補助金受贈益	20,000
(2)	建物	50,000	当座預金	50,000
	固定資産圧縮損	20,000	建物	20,000
(3)	減価償却費	1,000*	減価償却累計額	1,000

＊　$(50{,}000円 - 20{,}000円) \div 20年 \times \dfrac{8か月（×1年8/1～×2年3/31）}{12か月} = 1{,}000円$

解答 41

(A)利子込み法の場合

	借方科目	金額	貸方科目	金額
(1)	リース資産	150,000*1	リース債務	150,000
(2)	減価償却費	15,000*2	減価償却累計額	15,000
(3)	仕訳なし			
(4)	リース債務	30,000	現金	30,000

(B)利子抜き法の場合

	借方科目	金額	貸方科目	金額
(1)	リース資産	132,000*3	リース債務	132,000
(2)	減価償却費	13,200*4	減価償却累計額	13,200
	支払利息	1,800*5	未払利息	1,800
(3)	未払利息	1,800	支払利息	1,800
(4)	リース債務	26,400*6	現金	30,000
	支払利息	3,600*7		

＊1　30,000円×5年＝150,000円

＊2　$150{,}000円 \div 5年 \times \dfrac{6か月（×1年10/1～×2年3/31）}{12か月} = 15{,}000円$

＊3　見積現金購入価額

＊4　$132{,}000円 \div 5年 \times \dfrac{6か月（×1年10/1～×2年3/31）}{12か月} = 13{,}200円$

＊5　①リース料総額：30,000円×5年＝150,000円

②支払利息総額：150,000円－132,000円＝18,000円

③当期分の支払利息：$18{,}000円 \div 5年 \times \dfrac{6か月（×1年10/1～×2年3/31）}{12か月} = 1{,}800円$

＊6　132,000円÷5年＝26,400円

＊7　18,000円÷5年＝3,600円

解　説

期中にリース資産を取得したときは、減価償却費は月割りで計算します。また、決算において利息の未払計上を行い、翌期首に再振替仕訳をします（利子抜き法の場合）。

解答 42

	借方科目	金額	貸方科目	金額
(1)	仕訳なし			
(2)	支払リース料	16,000*	未払リース料	16,000
(3)	未払リース料	16,000	支払リース料	16,000
(4)	支払リース料	24,000	現金	24,000

＊　24,000円×$\frac{8か月(×1年8/1〜×2年3/31)}{12か月}$＝16,000円

解答 43

	借方科目	金額	貸方科目	金額
(1)	研究開発費	20,000	現金	20,000
(2)	ソフトウェア	50,000	現金	50,000
(3)	ソフトウェア償却	10,000*	ソフトウェア	10,000
(4)	ソフトウェア償却	20,000	ソフトウェア	20,000
(5)	ソフトウェア仮勘定	40,000	現金	40,000

＊　50,000円÷5年＝10,000円

解　説

(4)前期の期首に取得しているので、前期に1回償却をしています。そのため、当期の決算において、帳簿価額80,000円をあと4年で償却することになります。

ソフトウェア償却：80,000円÷4年＝20,000円

解答 44

	借　方　科　目	金　　額	貸　方　科　目	金　　額
(1)	**売買目的有価証券**	**2,020**	**現　　金**	**2,020**
(2)	**現　　金** **有価証券売却損**	**990** **20**	**売買目的有価証券**	**1,010**

解　説

(1)売買手数料などの付随費用は有価証券の取得原価に含めて処理します。
売買目的有価証券：@100円×20株＋20円＝2,020円
(2)1株あたりの帳簿価額：2,020円÷20株＝@101円
減少する有価証券（帳簿価額）：@101円×10株＝1,010円
売却価額：@99円×10株＝990円
貸借差額：990円（売却価額）－1,010円（帳簿価額）＝△20円（有価証券売却損）

解答 45

	借　方　科　目	金　　額	貸　方　科　目	金　　額
(1)	**売買目的有価証券**	**2,850**	**現　　金**	**2,850**
(2)	**現　　金**	**2,880**	**売買目的有価証券** **有価証券売却益**	**2,850** **30**

解　説

(1)購入口数：3,000円÷@100円＝30口
売買目的有価証券（取得原価）：@94円×30口＋30円＝2,850円
(2)減少する有価証券（帳簿価額）：2,850円
売却価額：@96円×30口＝2,880円
貸借差額：2,880円（売却価額）－2,850円（帳簿価額）＝30円（有価証券売却益）

解答 46

	借方科目	金額	貸方科目	金額
(1)	売買目的有価証券	20,100*1	未払金	20,100
(2)	売買目的有価証券	25,100*2	未払金	25,100
(3)	現金	50	受取配当金	50
(4)	未収入金	39,000*3	売買目的有価証券 有価証券売却益	33,900*4 5,100*5
(5)	売買目的有価証券	200*6	有価証券評価益	200

＊1　@200円×100株＋100円＝20,100円

＊2　@250円×100株＋100円＝25,100円

＊3　@260円×150株＝39,000円

＊4　平均単価：$\frac{20{,}100円+25{,}100円}{100株+100株}$＝@226円

　　@226円×150株＝33,900円

＊5　貸借差額

＊6　(@230円(時価)－@226円(原価))×50株＝200円

解答 47

	借方科目	金額	貸方科目	金額
(1)	満期保有目的債券	38,400*1	未払金	38,400
(2)	現金	80	有価証券利息	80
(3)	満期保有目的債券	400*2	有価証券利息	400

＊1　購入口数：$\frac{40{,}000円}{@100円}$＝400口

　　@96円×400口＝38,400円

＊2　金利調整差額：40,000円－38,400円＝1,600円

　　当期償却分：$\frac{1{,}600円}{4年}$＝400円

解説

(3)債券金額（額面金額）よりも低い価額で取得しているので、金利調整差額を満期保有目的債券の帳簿価額に加算します。なお、相手科目は**有価証券利息（収益）**で処理します。

解答 48

	借方科目	金額	貸方科目	金額
(1)	子会社株式	50,000*	未払金	50,000
(2)	仕訳なし			

＊　@100円×500株＝50,000円

解答 49

	借方科目	金額	貸方科目	金額
(1)	その他有価証券	60,000*1	未払金	60,000
(2)	その他有価証券	6,000*2	その他有価証券評価差額金	6,000
(3)	その他有価証券評価差額金	6,000	その他有価証券	6,000

＊1　@200円×300株＝60,000円

＊2　(@220円（時価）－@200円（原価）)×300株＝6,000円

解答 50

	借方科目	金額	貸方科目	金額
(1)	現金	49,620*3	売買目的有価証券 有価証券利息 有価証券売却益	48,000*1 1,120*2 500*4
(2)	売買目的有価証券 有価証券利息	58,800*5 660*6	当座預金	59,460*7

＊1　売却口数：$\frac{50,000円}{@100円}$＝500口

帳簿価額：@96円×500口＝48,000円

＊2　端数利息：50,000円×7.3%×$\frac{31日(7月)+31日(8月)+30日(9月)+20日(10月)}{365日}$＝1,120円

＊3　売却価額：@97円×500口＝48,500円

受取金額：48,500円＋1,120円＝49,620円

＊4　貸借差額

＊5　購入口数：$\frac{60,000円}{@100円}$＝600口

取得原価：@98円×600口＝58,800円

＊6　端数利息：60,000円×7.3%×$\frac{30日(4月)+25日(5月)}{365日}$＝660円

＊7　借方合計

解答 51

	借方科目	金額	貸方科目	金額
(1)	**貸倒引当金繰入**	**1,920***	**貸倒引当金**	**1,920**
(2)	**貸倒損失**	**1,000**	**売掛金**	**1,000**
(3)	**貸倒引当金** **貸倒損失**	**600** **200**	**売掛金**	**800**

＊ 貸倒引当金：

①A社の売掛金；(5,000円－2,000円)×50%＝1,500円

②B社の売掛金；4,000円×５%＝200円

③その他の債権；(30,000円＋50,000円－5,000円－4,000円)×２%＝1,420円

④合　　　計；1,500円＋200円＋1,420円＝3,120円

貸倒引当金繰入：3,120円－1,200円＝1,920円

解説

(2)当期に発生した売掛金が貸し倒れたときは、全額、**貸倒損失（費用）**で処理します。

(3)前期以前に発生した売掛金が貸し倒れたときは、貸倒引当金を取り崩し、貸倒引当金を超過する額は**貸倒損失（費用）**で処理します。

解答 52

	借方科目	金額	貸方科目	金額
(1)	**修繕引当金繰入**	**3,000**	**修繕引当金**	**3,000**
(2)	**修繕引当金** **修繕費**	**3,000** **2,000**	**当座預金**	**5,000**
(3)	**建物** **修繕引当金** **修繕費**	**3,000** **5,000** **2,000**	**当座預金**	**10,000**

解説

(3)資本的支出は、固定資産の取得原価に加算します。

解答 53

	借方科目	金額	貸方科目	金額
(1)	**退職給付費用**	**10,000**	**退職給付引当金**	**10,000**
(2)	**退職給付引当金**	**3,000**	**現金**	**3,000**

解答 54

	借方科目	金額	貸方科目	金額
(1)	賞与引当金繰入	40,000*1	賞与引当金	40,000
(2)	賞与引当金 賞与	40,000 20,000*2	現金	60,000

＊1　$60{,}000円 \times \dfrac{4か月（×1年12月1日～×2年3月31日）}{6か月（×1年12月1日～×2年5月31日）} = 40{,}000円$

＊2　60,000円 − 40,000円 = 20,000円

解答 55

	借方科目	金額	貸方科目	金額
(1)	前払金	1,000*1	現金	1,000
(2)	仕入	20,950*3	前払金 買掛金	1,000 19,950*2
(3)	買掛金 為替差損益	19,950 190*5	現金	20,140*4

＊1　10ドル × 100円 = 1,000円

＊2　(200ドル − 10ドル) × 105円 = 19,950円

＊3　1,000円 + 19,950円 = 20,950円

＊4　(200ドル − 10ドル) × 106円 = 20,140円

＊5　20,140円 − 19,950円 = 190円

解答 56

	借方科目	金額	貸方科目	金額
(1)	現金	1,100*1	前受金	1,100
(2)	前受金 売掛金	1,100 20,520*2	売上	21,620*3
(3)	現金 為替差損益	20,140*4 380*5	売掛金	20,520

＊1　10ドル × 110円 = 1,100円

＊2　(200ドル − 10ドル) × 108円 = 20,520円

＊3　1,100円 + 20,520円 = 21,620円

＊4　(200ドル − 10ドル) × 106円 = 20,140円

＊5　20,520円 − 20,140円 = 380円

解答 57

	借方科目	金額	貸方科目	金額
(1)	**為替差損益**	**600**	**売掛金**	**600**[*1]
(2)	**買掛金**	**500**[*2]	**為替差損益**	**500**
(3)	**仕訳なし**[*3]			

＊1　①帳簿上の金額：200ドル×108円＝21,600円
②ＣＲで換算した金額：200ドル×105円＝21,000円
③②－①＝△600円　→売掛金が600円減少

＊2　①帳簿上の金額：100ドル×110円＝11,000円
②ＣＲで換算した金額：100ドル×105円＝10,500円
③②－①＝△500円　→買掛金が500円減少

＊3　商品はＣＲ換算しません（HR換算のまま）。

解答 58

	借方科目	金額	貸方科目	金額
(1)	**売掛金**	**22,000**[*1]	**売上**	**22,000**
(2)	**為替差損益**	**600**	**売掛金**	**600**[*2]
(3)	**仕訳なし**[*3]			
(4)	**現金**	**21,400**	**売掛金**	**21,400**[*4]

＊1　200ドル×110円＝22,000円

＊2　①売掛金の帳簿価額：22,000円
②為替予約を付したときの売掛金の価額：200ドル×107円＝21,400円
③②－①＝△600円　→売掛金が600円減少

＊3　為替予約を付したときは、決算において売掛金の換算替えを行いません。

＊4　22,000円－600円＝21,400円

解答 59

	借方科目	金額	貸方科目	金額
(1)	**繰延税金資産**	**40**	**法人税等調整額**	**40***
(2)	**繰延税金資産**	**24**	**法人税等調整額**	**24**

* 100円×40%＝40円

解説

(1)第1期期末の税効果会計の仕訳

会計上の仕訳：(貸倒引当金繰入)　400　(貸　倒　引　当　金)　400

損益項目

税効果の仕訳：(繰 延 税 金 資 産)　40　(法人税等調整額)　40

(2)第2期期末の税効果会計の仕訳

①第2期に発生した分：160円×40%＝64円

②第1期に発生した差異の解消分：40円

③当期に計上する分：64円－40円＝24円

解答 60

	借方科目	金額	貸方科目	金額
(1)	**繰延税金資産**	**400**	**法人税等調整額**	**400**
(2)	**繰延税金資産**	**400**	**法人税等調整額**	**400**

解説

(1)第1期期末の税効果会計の仕訳

①会計上の減価償却費：6,000円÷3年＝2,000円

②税法上の減価償却費：6,000円÷6年＝1,000円

③税効果の金額：(2,000円－1,000円)×40%＝400円

会計上の仕訳；(減　価　償　却　費)　2,000　(備品減価償却累計額)　2,000

損益項目

税効果の仕訳；(繰 延 税 金 資 産)　400　(法人税等調整額)　400

⑵第２期期末の税効果会計の仕訳

①会計上の減価償却費：6,000円÷３年＝2,000円

②税法上の減価償却費：6,000円÷６年＝1,000円

③税効果の金額：(2,000円－1,000円)×40%＝400円

会計上の仕訳；(減　価　償　却　費)　2,000　(備品減価償却累計額)　2,000

損益項目

税効果の仕訳；(繰　延　税　金　資　産)　400　(法人税等調整額)　400

解答 61

	借方科目	金額	貸方科目	金額
(1)	その他有価証券評価差額金 繰延税金資産	500 200[*2]	その他有価証券 その他有価証券評価差額金	500[*1] 200
(2)	その他有価証券 その他有価証券評価差額金	500 200	その他有価証券評価差額金 繰延税金資産	500 200
(3)	その他有価証券 その他有価証券評価差額金	200[*3] 80	その他有価証券評価差額金 繰延税金負債	200 80[*4]
(4)	その他有価証券評価差額金 繰延税金負債	200 80	その他有価証券 その他有価証券評価差額金	200 80

＊1　1,500円－2,000円＝△500円（評価差損）

＊2　500円×40%＝200円

＊3　3,200円－3,000円＝200円（評価差益）

＊4　200円×40%＝80円

解　説

その他有価証券の評価差額について、税効果会計を適用するときは、**繰延税金資産（資産）**または**繰延税金負債（負債）**を計上するとともに、相手科目は**その他有価証券評価差額金（純資産）**で処理します。

解答 62

	借方科目	金額	貸方科目	金額
(1)	現金	8,000	売上 契約負債	6,000 2,000
(2)	契約負債	1,000	売上	1,000[*]
(3)	契約負債	1,000	売上	1,000[*]

＊　2,000円÷２年＝1,000円

解答 63

	借方科目	金額	貸方科目	金額
(1)	**契約資産**	**5,000**	**売上**	**5,000**
(2)	**売掛金**	**7,000**	**売上**	**2,000**
			契約資産	**5,000**
(3)	**当座預金**	**7,000**	**売掛金**	**7,000**

解説

(1)商品Xを引き渡していますが、対価の支払いは商品Yの引き渡しが完了するまで留保される（まだ法的請求権がない）ため、借方は**契約資産（資産）**で処理します。
(2)商品Yを引き渡して、商品X、商品Yの両方につき、対価を受け取る権利（法的請求権）が生じるので、**売掛金（資産）**で処理します。

解答 64

	借方科目	金額	貸方科目	金額
(1)	**現金**	**30,000***1	**売上**	**29,100***2
			返金負債	**900***3
(2)	**現金**	**20,000***4	**売上**	**19,400***5
			返金負債	**600***6
(3)	**返金負債**	**1,500***7	**現金**	**1,500**
(4)	**返金負債**	**900**	**売上**	**900**

＊1　@100円×300個＝30,000円
＊2　(@100円－@３円)×300個＝29,100円
＊3　@３円×300個＝900円
＊4　@100円×200個＝20,000円
＊5　(@100円－@３円)×200個＝19,400円
＊6　@３円×200個＝600円
＊7　900円＋600円＝1,500円

解答 65

精　算　表

勘定科目	試算表 借方	試算表 貸方	修正記入 借方	修正記入 貸方	損益計算書 借方	損益計算書 貸方	貸借対照表 借方	貸借対照表 貸方
現金預金	20,020						20,020	
受取手形	18,000						18,000	
売掛金	24,000						24,000	
売買目的有価証券	18,000			700			17,300	
繰越商品	10,800		10,000	10,800			8,460	
				1,000				
				540				
備品	30,000						30,000	
ソフトウェア	1,800			600			1,200	
その他有価証券	15,000		680				15,680	
買掛金		19,000						19,000
借入金		24,000						24,000
貸倒引当金		1,020		1,120				2,140
減価償却累計額		10,800		3,840				14,640
資本金		60,000						60,000
利益準備金		4,800						4,800
繰越利益剰余金		4,380						4,380
売上		126,000				126,000		
受取利息		2,700				2,700		
仕入	87,600		10,800	10,000	88,940			
			540					
給料	19,200				19,200			
保険料	7,200			6,000	1,200			
支払利息	1,080		320		1,400			
	252,700	252,700						
貸倒引当金繰入			1,120		1,120			
棚卸減耗損			1,000		1,000			
商品評価損			540	540				
有価証券（**評価損**）			700		700			
その他有価証券評価差額金				680				680
減価償却費			3,840		3,840			
ソフトウェア（**償却**）			600		600			
（**前払**）保険料			6,000				6,000	
（**未払**）利息				320				320
当期純（**利益**）					10,700			10,700
			36,140	36,140	128,700	128,700	140,660	140,660

解　説

(1)売上原価の算定

(仕　　　　　入)	10,800	(繰　越　商　品)	10,800
(繰　越　商　品)	10,000	(仕　　　　　入)	10,000
(棚　卸　減　耗　損)	1,000	(繰　越　商　品)	1,000
(商　品　評　価　損)	540	(繰　越　商　品)	540
(仕　　　　　入)	540	(商　品　評　価　損)	540

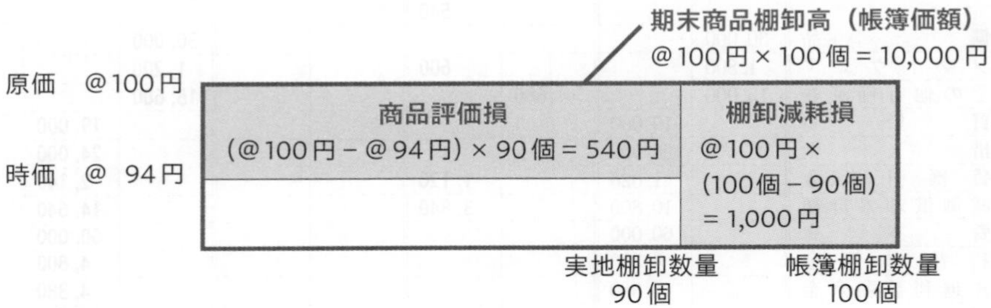

(2)貸倒引当金の設定

貸倒引当金：

甲社の売掛金；(4,000円－2,000円)×50%＝1,000円

その他の債権；(18,000円＋24,000円－4,000円)×3%＝1,140円

合　　　計；1,000円＋1,140円＝2,140円

貸倒引当金繰入：2,140円－1,020円＝1,120円

(貸倒引当金繰入)	1,120	(貸　倒　引　当　金)	1,120

(3)売買目的有価証券の評価替え

17,300円（時価）－18,000円（原価）＝△700円（評価損）

(有価証券評価損)	700	(売買目的有価証券)	700

(4)その他有価証券の評価替え

15,680円（時価）－15,000円（原価）＝680円（評価差益）

(その他有価証券)	680	(その他有価証券評価差額金)	680

(5)固定資産の減価償却

(30,000円－10,800円)×20%＝3,840円

(減　価　償　却　費)	3,840	(減価償却累計額)	3,840

(6)ソフトウェアの償却

1,800円÷3年＝600円

(ソフトウェア償却)	600	(ソ　フ　ト　ウ　ェ　ア)	600

(7)費用の前払計上

$$7{,}200円 \times \frac{10か月(\times 3年4/1 \sim \times 4年1/31)}{12か月} = 6{,}000円$$

(前払保険料)	6,000	(保　険　料)	6,000

(8)費用の未払計上

$$24{,}000円 \times 2\% \times \frac{8か月(\times 2年8/1 \sim \times 3年3/31)}{12か月} = 320円$$

(支　払　利　息)	320	(未　払　利　息)	320

解答 **66**

精　算　表

勘定科目	試算表		修正記入		損益計算書		貸借対照表	
	借方	貸方	借方	貸方	借方	貸方	借方	貸方
現金	13,950						**13,950**	
当座預金	16,120		**940**				**18,220**	
			1,160					
受取手形	7,200						**7,200**	
売掛金	6,960			**1,160**			**5,800**	
売買目的有価証券	12,280			**280**			**12,000**	
繰越商品	5,600		**6,240**	**5,600**			**5,635**	
				260				
				345				
建物	60,000		**12,600**				**72,600**	
備品	18,000						**18,000**	
建設仮勘定	12,600			**12,600**				
満期保有目的債券	15,840		**80**				**15,920**	
支払手形		8,200						**8,200**
買掛金		8,000						**8,000**
未払金		400		**940**				**1,340**
貸倒引当金		420		**100**				**520**
建物減価償却累計額		14,400		**1,940**				**16,340**
備品減価償却累計額		11,520		**1,296**				**12,816**
退職給付引当金		8,000		**2,200**				**10,200**
資本金		90,000						**90,000**
利益準備金		2,600						**2,600**
任意積立金		2,200						**2,200**
売上		222,810				**222,810**		
有価証券利息		240		**80**		**320**		
仕入	152,620		**5,600**	**6,240**	**151,980**			
給料	30,400				**30,400**			
広告宣伝費	8,460				**8,460**			
通信費	3,840		**90**		**3,930**			
保険料	3,360			**1,120**	**2,240**			
雑費	1,560				**1,560**			
	368,790	368,790						
貸倒引当金（**繰入**）			**100**		**100**			
棚卸減耗損			**260**		**260**			
商品評価損			**345**		**345**			
有価証券評価（**損**）			**280**		**280**			
減価償却費			**3,236**		**3,236**			
退職給付費用			**2,200**		**2,200**			
（**前払**）保険料			**1,120**				**1,120**	
（**未払**）通信費				**90**				**90**
当期純（**利益**）					**18,139**			**18,139**
			34,251	**34,251**	**223,130**	**223,130**	**170,445**	**170,445**

解　説

1.　修正仕訳

⑴当座預金の修正

①未取付小切手…修正仕訳不要

②未渡小切手…修正仕訳必要

（当座預金）	940	（未払金）	940

③売掛金未記帳…修正仕訳必要

（当座預金）	1,160	（売掛金）	1,160

⑵建設仮勘定の振り替え

（建物）	12,600	（建設仮勘定）	12,600

2.　決算整理仕訳

⑴貸倒引当金の設定

貸倒引当金：（7,200円［受取手形］＋6,960円－1,160円［売掛金］）×4%＝520円

貸倒引当金繰入：520円－420円＝100円

（貸倒引当金繰入）	100	（貸倒引当金）	100

⑵売上原価の算定

（仕入）	5,600	（繰越商品）	5,600
（繰越商品）	6,240	（仕入）	6,240
（棚卸減耗損）	260	（繰越商品）	260
（商品評価損）	345	（繰越商品）	345

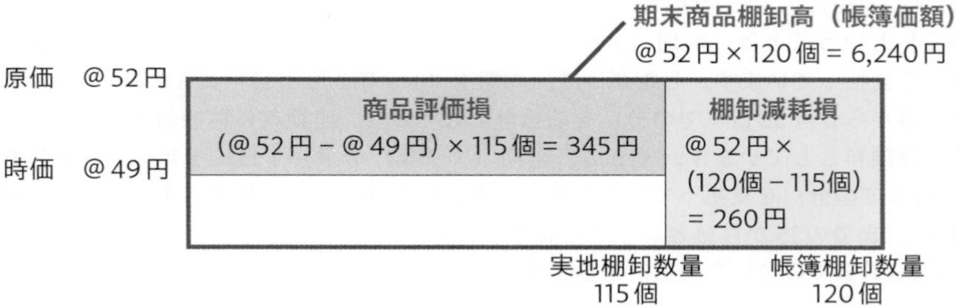

⑶有価証券の評価替え

	時価　帳簿価額	評価損益
A社株式：	（@270円－@280円）×30株＝	△300円（評価損）
B社社債：	（@97.5円－@97円）×40口＝	20円（評価益）
合　計：		△280円（評価損）

（有価証券評価損）	280	（売買目的有価証券）	280

⑷固定資産の減価償却

①建物

6,000円

既存分：$\dfrac{60{,}000円 - 60{,}000円 \times 10\%}{30年} = 1{,}800円$

新規分：12,600円÷30年＝420円（1年分）

$420円 \times \dfrac{4か月(\times 7年12/1 \sim \times 8年3/31)}{12か月} = 140円$

合　計：1,800円＋140円＝1,940円

②備品

(18,000円－11,520円)×20%＝1,296円

（減価償却費）	3,236	（建物減価償却累計額）	1,940
		（備品減価償却累計額）	1,296

⑸満期保有目的債券の評価替え

購入口数：$\dfrac{16{,}000円}{@100円} = 160口$

取得原価：@98円×160口＝15,680円

金利調整差額：16,000円－15,680円＝320円

当期償却分：$320円 \times \dfrac{1年}{4年} = 80円$

（満期保有目的債券）	80	（有価証券利息）	80

⑹退職給付引当金の設定

（退職給付費用）	2,200	（退職給付引当金）	2,200

⑺費用の前払計上

「従来の建物に対する保険料については毎年同額を7月1日に向こう1年分を支払っている」ということは、前期（×6年）の7月1日にも1年分（×7年6月30日までの分）を支払っています。したがって、前期末（×7年3月31日）に3か月分（×7年4月1日から6月30日までの分）を前払計上しており、当期首に再振替仕訳をして、当期の保険料としています。そして、当期（×7年）の7月1日に1年分（×8年6月30日までの分）を支払っているので、試算表の保険料は×7年4月1日から×8年6月30日までの15か月分ということになり、このうち3か月分（×8年4月1日から6月30日までの分）を前払計上します。

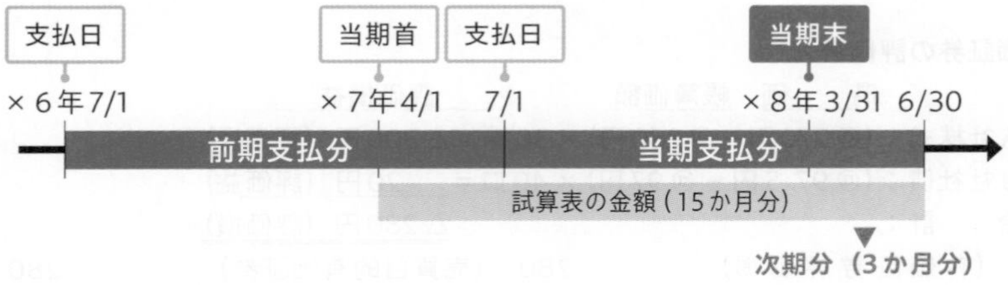

既存建物分：$(3,360円 - 960円) \times \dfrac{3か月(\times 8年4/1 \sim \times 8年6/30)}{15か月(\times 7年4/1 \sim \times 8年6/30)} = 480円$

新規建物分：$960円 \times \dfrac{8か月(\times 8年4/1 \sim \times 8年11/30)}{12か月(\times 7年12/1 \sim \times 8年11/30)} = 640円$

合　　計：480円＋640円＝1,120円

(前払保険料)	1,120	(保険料)	1,120

(8)費用の未払計上

(通信費)	90	(未払通信費)	90

解答 67

損益計算書

自×3年4月1日　至×4年3月31日　　(単位：円)

Ⅰ 売上高		(709,000)
Ⅱ 売上原価		
1 期首商品棚卸高	(73,200)	
2 当期商品仕入高	(582,000)	
合計	(655,200)	
3 期末商品棚卸高	(− 68,400)	
差引	(586,800)	
4 棚卸減耗損	(+ 1,900)	
5 商品評価損	(+ 5,250)	(593,950)
売上総利益		(115,050)
Ⅲ 販売費及び一般管理費		
1 給料	(57,600)	
2 保険料	(7,000)	
3 通信費	(14,040)	
4 貸倒引当金繰入	(630)	
5 (**減価償却費**)	(9,080)	(88,350)
営業利益		(26,700)
Ⅳ 営業外収益		
1 受取利息	(500)	
2 (**有価証券評価益**)	(2,000)	(2,500)
Ⅴ 営業外費用		
1 支払利息	(9,700)	
2 貸倒引当金繰入	(200)	(9,900)
経常利益		(19,300)
Ⅵ 特別利益		
1 (**保険差益**)		(6,900)
税引前当期純利益		(26,200)
法人税、住民税及び事業税	(10,640)	
法人税等調整額	(△160)	(10,480)
当期純利益		(15,720)

貸借対照表

×4年3月31日　　(単位：円)

資産の部			負債の部		
Ⅰ 流動資産			Ⅰ 流動負債		
1 現金預金		(**67,840**)	1 支払手形		(**29,400**)
2 受取手形	(**43,600**)		2 買掛金		(**65,660**)
3 売掛金	(**42,900**)		3 未払費用		(**500**)
計	(**86,500**)		4 未払法人税等		(**10,640**)
(**貸倒引当金**)	(**1,730**)	(**84,770**)	流動負債合計		(**106,200**)
4 有価証券		(**77,000**)	Ⅱ 固定負債		
5 商品		(**61,250**)	1 長期借入金		(**60,000**)
6 前払費用		(**960**)	固定負債合計		(**60,000**)
流動資産合計		(**291,820**)	負債合計		(**166,200**)
Ⅱ 固定資産			純資産の部		
1 備品	(**72,400**)		Ⅰ 株主資本		
(**減価償却累計額**)	(**34,680**)	(**37,720**)	1 資本金		(**100,000**)
2 投資有価証券		(**16,000**)	2 資本剰余金		
3 長期貸付金	(**10,000**)		(1) (**資本準備金**)		(**35,300**)
(**貸倒引当金**)	(**200**)	(**9,800**)	3 利益剰余金		
4 (**繰延税金資産**)		(**80**)	(1) (**利益準備金**)	(**15,000**)	
固定資産合計		(**63,600**)	(2) (**別途積立金**)	(**15,600**)	
			(3) 繰越利益剰余金	(**22,720**)	(**53,320**)
			株主資本合計		(**188,620**)
			Ⅱ 評価・換算差額等		
			1 その他有価証券評価差額金		(**600**)
			評価・換算差額等合計		(**600**)
			純資産合計		(**189,220**)
資産合計		(**355,420**)	負債及び純資産合計		(**355,420**)

解説

B/S …貸借対照表（Balance Sheet）　P/L …損益計算書（Profit & Loss Statement）

(1)当座預金の修正

①連絡未達…修正仕訳必要

(当座預金)	2,400	(受取手形)	2,400

②未渡小切手…修正仕訳必要

(当座預金)	5,760	(買掛金)	5,760

③未取付小切手…修正仕訳不要

B/S 現金預金：59,680円（試算表）+ 2,400円 + 5,760円 = 67,840円

B/S 受取手形：46,000円（試算表）− 2,400円 = 43,600円

B/S 買掛金：59,900円 + 5,760円 = 65,660円
（59,900円：試算表）

(2)売上原価の算定

(仕　　　入)	73,200	(繰　越　商　品)	73,200
(繰　越　商　品)	68,400	(仕　　　入)	68,400
(棚　卸　減　耗　損)	1,900	(繰　越　商　品)	1,900
(商　品　評　価　損)	5,250	(繰　越　商　品)	5,250
(仕　　　入)	1,900	(棚　卸　減　耗　損)	1,900
(仕　　　入)	5,250	(商　品　評　価　損)	5,250

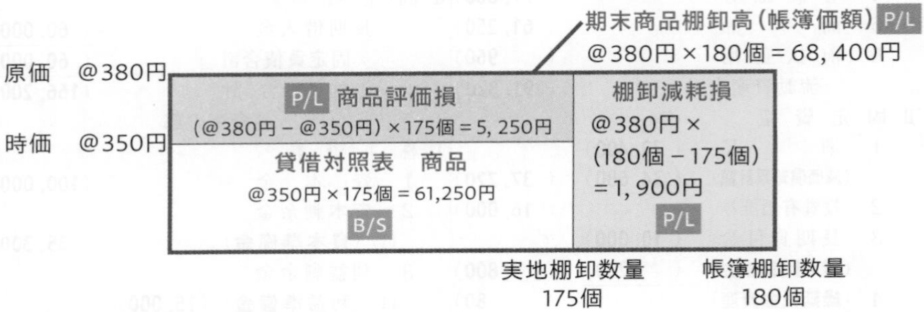

(3)貸倒引当金の設定

①売上債権（受取手形、売掛金）

B/S 貸倒引当金：(43,600円 + 42,900円) × 2％ = 1,730円
（43,600円：受取手形、42,900円：売掛金）

P/L 貸倒引当金繰入：1,730円 － 1,100円 = 630円
（貸倒引当金繰入：販売費及び一般管理費、1,100円：試算表 貸倒引当金）

(貸倒引当金繰入)	630	(貸　倒　引　当　金)	630

②営業外債権（長期貸付金）

B/S 貸倒引当金：10,000円 × 2％ = 200円

P/L 貸倒引当金繰入：200円 － 0円 = 200円
（貸倒引当金繰入：営業外費用）

(貸倒引当金繰入)	200	(貸　倒　引　当　金)	200

(4)売買目的有価証券の評価替え

(@770円 － @750円) × 100株 = 2,000円（評価益）
（@770円：時価、@750円：帳簿価額）

(売買目的有価証券)	2,000	(有価証券評価益)	2,000 P/L

B/S 有価証券：75,000円 + 2,000円 = 77,000円

(5)その他有価証券の評価

①評価差額：(@160円 − @150円) × 100株 = 1,000円（評価差益）
　　　　　　時価　　　原価

②税効果の金額：1,000円 × 40% = 400円

(その他有価証券)	1,000	(その他有価証券評価差額金)	1,000
(その他有価証券評価差額金)	400	(繰延税金負債)	400

B/S 投資有価証券：15,000円 + 1,000円 = 16,000円

B/S その他有価証券評価差額金：1,000円 − 400円 = 600円

(6)固定資産の減価償却

既存分：72,400円（試算表） − 2,400円 = 70,000円

(70,000円 − 25,600円（試算表 減価償却累計額）) × 20% = 8,880円

新規分：2,400円 × 20% × $\frac{5\text{か月（×3年11/1〜×4年3/31）}}{12\text{か月}}$ = 200円

P/L 減価償却費：8,880円 + 200円 = 9,080円

(減価償却費)	9,080	(減価償却累計額)	9,080

B/S 減価償却累計額：25,600円 + 9,080円 = 34,680円

(7)費用の前払計上

B/S (前払費用)	960	(通信費)	960

P/L 通信費：15,000円（試算表） − 960円 = 14,040円

(8)費用の未払計上

(保険料)	500	(未払費用)	500 B/S

P/L 保険料：6,500円（試算表） + 500円 = 7,000円

(9)法人税等

法人税等の課税見込額10,640円を法人税、住民税及び事業税として計上します。

P/L (法人税、住民税及び事業税)	10,640	(未払法人税等)	10,640 B/S

⑽税効果会計

貸倒引当金損金算入限度超過額（当期発生分）について、税効果会計を適用します。なお、貸借対照表上、繰延税金資産と繰延税金負債（⑸で発生）は相殺して表示します。

①貸倒引当金損金算入限度超過額に対する税効果会計

税効果の金額：(1,200円 − 800円) × 40% = 160円

会計上の仕訳：（貸倒引当金繰入）　××　（貸　倒　引　当　金）　××

損益項目

税効果の仕訳：（繰延税金資産）　160　（法人税等調整額）　160 P/L

②繰延税金資産と繰延税金負債の相殺消去

繰延税金資産：320円（試算表） + 160円（⑽①） = 480円

繰延税金負債：400円（⑸）

相殺消去：480円 − 400円 = 80円→ 繰延税金資産 B/S

⑾繰越利益剰余金

決算整理前残高試算表の繰越利益剰余金7,000円に損益計算書の当期純利益15,720円を足して期末の繰越利益剰余金を求めます。

B/S 繰越利益剰余金：7,000円（試算表） + 15,720円（当期純利益） = 22,720円

解答 68

損　益

3/31	仕入	(145,000)	3/31	売上	(200,000)
〃	給料	(40,000)	〃	有価証券利息	(800)
〃	保険料	(2,500)	〃	受取利息	(140)
〃	通信費	(1,000)			
〃	貸倒引当金繰入	(220)			
〃	減価償却費	(2,460)			
〃	ソフトウェア償却	(100)			
〃	法人税、住民税及び事業税	(4,830)			
〃	(繰越利益剰余金)	(4,830)			
		(200,940)			(200,940)

当期純利益

繰越利益剰余金

6/21	利益準備金	1,000	4/1	前期繰越	(14,600)
〃	未払配当金	10,000	3/31	(損益)	(4,830)
〃	別途積立金	600			
3/31	(次期繰越)	(7,830)			
		(19,430)			(19,430)

貸借差額

解　説

(1)建設仮勘定の振り替え

(建　物)　10,800　(建設仮勘定)　10,800

(2)売上原価の算定

(仕　入)　8,200　(繰越商品)　8,200

(繰越商品)　8,500　(仕　入)　8,500

損益勘定　仕入：145,300円（残高試算表）+ 8,200円 − 8,500円 = 145,000円

(3)貸倒引当金の設定

貸倒引当金：24,000円× 3％ = 720円

損益勘定　貸倒引当金繰入：720円 − 500円（残高試算表 貸倒引当金） = 220円

(貸倒引当金繰入)　220　(貸倒引当金)　220

(4)有価証券の評価替え

購入口数：$\frac{20{,}000円}{@100円}$ = 200口

取得原価：@95円× 200口 = 19,000円

金利調整差額：20,000円 − 19,000円 = 1,000円

当期分：1,000円× $\frac{1年}{5年}$ = 200円

（満期保有目的債券）　200　（有価証券利息）　200

損益勘定 有価証券利息：600円 + 200円 = 800円
（残高試算表）

(5)固定資産の減価償却

既存分：$\frac{80{,}000円 - 80{,}000円 \times 10\%}{30年}$ = 2,400円 （8,000円）

新店舗：10,800円 ÷ 30年 × $\frac{2か月（×3年2/1～×3年3/31）}{12か月}$ = 60円

損益勘定 減価償却費：2,400円 + 60円 = 2,460円

（減価償却費）　2,460　（減価償却累計額）　2,460

(6)ソフトウェアの償却

損益勘定 ソフトウェア償却：500円 × $\frac{1年}{5年}$ = 100円

（ソフトウェア償却）　100　（ソフトウェア）　100

(7)収益の未収計上

10,000円 × 2.4% × $\frac{7か月（×2年9/1～×3年3/31）}{12か月}$ = 140円
（残高試算表 貸付金）

（未収利息）　140　（受取利息）　140 損益勘定

(8)法人税等

損益勘定の貸借差額から税引前当期純利益を計算します。

貸方合計：200,000円 + 800円 + 140円 = 200,940円
（収益）

借方合計：145,000円 + 40,000円 + 2,500円 + 1,000円 + 220円 + 2,460円 + 100円
（費用）

= 191,280円

税引前当期純利益：200,940円 − 191,280円 = 9,660円

損益勘定 法人税、住民税及び事業税：9,660円 × 50% = 4,830円

（法人税、住民税及び事業税）　4,830　（未払法人税等）　4,830

(9)当期純利益

損益勘定 当期純利益：9,660円 − 4,830円 = 4,830円

⑽繰越利益剰余金勘定の前期繰越高

4/1の前期繰越高（？円）から6/21の剰余金の配当・処分額（1,000円＋10,000円＋600円）を差し引いた残額が3/31の金額（決算整理前残高試算表の金額：3,000円）です。

したがって、決算整理前試算表の金額に剰余金の配当・処分額を足した金額が前期繰越高ということになります。

前　期　繰　越：3,000円＋（1,000円＋10,000円＋600円）＝14,600円
（1,000円：利益準備金、10,000円：未払配当金、600円：別途積立金）

解答 69

		借方科目	金額	貸方科目	金額
(1)	本店	支店	1,000	現金	1,000
	支店	現金	1,000	本店	1,000
(2)	本店	支店	2,000	売掛金	2,000
	支店	現金	2,000	本店	2,000
(3)	本店	支店	3,000	当座預金	3,000
	支店	買掛金	3,000	本店	3,000
(4)	本店	支店	4,800	仕入	4,800
	支店	仕入	4,800	本店	4,800
(5)	本店	営業費	5,000	支店	5,000
	支店	本店	5,000	現金	5,000

解答 70

本支店合併損益計算書 （単位：円）

費用	金額	収益	金額
期首商品棚卸高	27,600	売上高	391,140*2
当期商品仕入高	309,940*1	期末商品棚卸高	28,240
営業費	64,000	受取利息	5,600
貸倒引当金繰入	1,296		
減価償却費	4,224		
支払利息	3,600		
当期純利益	14,320*3		
	424,980		424,980

＊1 180,000円＋129,940円＝309,940円
（180,000円：残高試算表　129,940円：仕入）

＊2 242,340円＋148,800円＝391,140円
（242,340円：残高試算表　148,800円：売上）

＊3 貸借差額

本支店合併貸借対照表 （単位：円）

資産	金額		負債・純資産	金額
現金預金		（26,860）	買掛金	（44,620）
売掛金	（52,320）		（未払営業費）	（1,600）
貸倒引当金	（2,616）	（49,704）	資本金	（48,000）
（未収利息）		（1,000）	繰越利益剰余金	（28,480*）
商品		（28,240）		
備品	（26,400）			
減価償却累計額	（9,504）	（16,896）		
		（122,700）		（122,700）

（未収利息）：または未収収益
（未払営業費）：または未払費用

＊ 貸借差額または14,160円＋14,320円＝28,480円
（14,160円：試算表　14,320円：当期純利益）

解説

B/S …本支店合併貸借対照表　　P/L …本支店合併損益計算書

(1)商品棚卸高

P/L 期首商品棚卸高：19,200円＋8,400円＝27,600円
（19,200円：本店　8,400円：支店）

B/S P/L 期末商品棚卸高：12,600円＋15,640円＝28,240円
（12,600円：本店　15,640円：支店）

⑵貸倒引当金の設定

B/S 貸倒引当金　本店：30,720円×5％＝1,536円
支店：21,600円×5％＝1,080円
合計：2,616円

P/L 貸倒引当金繰入　本店：1,536円－960円＝576円
支店：1,080円－360円＝720円
合計：1,296円

本店：（貸倒引当金繰入）576　（貸倒引当金）576
支店：（貸倒引当金繰入）720　（貸倒引当金）720

⑶備品の減価償却

P/L 減価償却費　本店：（19,200円－3,840円）×20％＝3,072円
支店：（7,200円－1,440円）×20％＝1,152円
合計：4,224円

B/S 減価償却累計額：3,840円＋3,072円（本店）＋1,440円＋1,152円（支店）＝9,504円

本店：（減価償却費）3,072　（減価償却累計額）3,072
支店：（減価償却費）1,152　（減価償却累計額）1,152

⑷営業費の未払計上

本店：（営業費）1,000　（未払営業費）1,000
支店：（営業費）600　（未払営業費）600

P/L 営業費：38,400円＋1,000円（本店）＋24,000円＋600円（支店）＝64,000円

B/S 未払営業費（または未払費用）：1,000円（本店）＋600円（支店）＝1,600円

⑸収益の未収計上

本店：（未収利息）800　（受取利息）800
支店：（未収利息）200　（受取利息）200

P/L 受取利息：2,800円＋800円（本店）＋1,800円＋200円（支店）＝5,600円

B/S 未収利息（または未収収益）：800円（本店）＋200円（支店）＝1,000円

解答 71

借方科目	金額	貸方科目	金額
資本金	8,000	S社株式	10,000
利益剰余金	2,000		

解答 72

(A)連結修正仕訳

借方科目	金額	貸方科目	金額
資本金	8,000	S社株式	6,000
利益剰余金	2,000	非支配株主持分	4,000*

＊　(8,000円＋2,000円)×40%＝4,000円

(B)連結貸借対照表

84,000円＋16,000円

50,000円＋6,000円

連結貸借対照表
×2年3月31日　(単位：円)

諸資産	(100,000)	諸負債	(56,000)
		資本金	(30,000)
		利益剰余金	(10,000)
		(非支配株主持分)	(4,000)
	(100,000)		(100,000)

解答 73

(A)連結修正仕訳

借方科目	金額	貸方科目	金額
資本金	8,000	S社株式	7,000
利益剰余金	2,000	非支配株主持分	4,000*1
のれん	1,000*2		

＊1　(8,000円＋2,000円)×40%＝4,000円

＊2　貸借差額

(B)連結貸借対照表

83,000円＋16,000円

50,000円＋6,000円

連結貸借対照表
×2年3月31日　(単位：円)

諸資産	(99,000)	諸負債	(56,000)
(のれん)	(1,000)	資本金	(30,000)
		利益剰余金	(10,000)
		(非支配株主持分)	(4,000)
	(100,000)		(100,000)

解答 74

※ 本問では連結株主資本等変動計算書は問われていないので、色の薄い部分は書かなくてもかまいません。

(A)連結修正仕訳

①開始仕訳

借方科目	金額	貸方科目	金額
資本金当期首残高	8,000	S社株式	7,000
利益剰余金当期首残高	2,000	非支配株主持分当期首残高	4,000*1
のれん	1,000*2		

＊1　(8,000円＋2,000円)×40%＝4,000円

＊2　貸借差額

②のれんの償却

借方科目	金額	貸方科目	金額
のれん償却	100	のれん	100*3

＊3　1,000円÷10年＝100円

③子会社の当期純損益の振り替え

借方科目	金額	貸方科目	金額
非支配株主に帰属する当期純損益	960	非支配株主持分当期変動額	960*4

＊4　2,400円×40%＝960円

④子会社の配当金の修正

借方科目	金額	貸方科目	金額
受取配当金	600*5	剰余金の配当 (または利益剰余金)	1,000
非支配株主持分当期変動額	400*6		

＊5　1,000円×60%＝600円

＊6　1,000円×40%＝400円

(B)のれん：　**900** 円*7

＊7　1,000円－100円＝900円

(C)非支配株主持分：　**4,560** 円*8

＊8　4,000円＋960円－400円＝4,560円

問題編　解答・解説

解答 **75**　※　本問では連結株主資本等変動計算書は問われていないので、色の薄い部分は書かなくてもかまいません。

(A)連結修正仕訳

①開始仕訳

借方科目	金額	貸方科目	金額
資本金当期首残高	8,000	S社株式	7,000
利益剰余金当期首残高	2,660	非支配株主持分当期首残高	4,560
のれん	900		

②のれんの償却

借方科目	金額	貸方科目	金額
のれん償却	100	のれん	100

③子会社の当期純損益の振り替え

借方科目	金額	貸方科目	金額
非支配株主に帰属する当期純損益	1,200	非支配株主持分当期変動額	1,200

④子会社の配当金の修正

借方科目	金額	貸方科目	金額
受取配当金	840	剰余金の配当 (または利益剰余金)	1,400
非支配株主持分当期変動額	560		

(B)のれん：　**800** 円

(C)非支配株主持分：　**5,200** 円

解説

連結第2年度の問題です。

(1)支配獲得日（×2年3月31日）の連結修正仕訳

(資本金)　8,000　(S社株式)　7,000
(利益剰余金)　2,000　(非支配株主持分)　4,000*1
(のれん)　1,000*2

＊1　(8,000円＋2,000円)×40%＝4,000円
＊2　貸借差額

(2)連結第1年度（×2年4月1日から×3年3月31日）の連結修正仕訳

①開始仕訳…(1)の連結修正仕訳より

(資本金当期首残高)　8,000　(S社株式)　7,000
(利益剰余金当期首残高)　2,000　(非支配株主持分当期首残高)　4,000
(のれん)　1,000

②連結修正仕訳

ⓐのれんの償却

(のれん償却)　100　(のれん)　100*1

＊1　1,000円÷10年＝100円

ⓑ子会社の当期純損益の振り替え

(非支配株主に帰属する当期純損益)	960	(非支配株主持分当期変動額)	960*2

＊2　2,400円×40%＝960円

ⓒ子会社の配当金の修正

(受取配当金)	600*3	(剰余金の配当) または「利益剰余金」	1,000
(非支配株主持分当期変動額)	400*4		

＊3　1,000円×60%＝600円

＊4　1,000円×40%＝400円

(3)連結第2年度（×3年4月1日から×4年3月31日）の連結修正仕訳

①開始仕訳…(2)の開始仕訳および連結修正仕訳より

(資本金当期首残高)	8,000	(S社株式)	7,000
(利益剰余金当期首残高)	2,660*1	(非支配株主持分当期首残高)	4,560*3
(のれん)	900*2		

＊1　2,000円＋100円（のれん償却）＋960円（非支配株主に帰属する当期純損益）＋600円（受取配当金）－1,000円（剰余金の配当）＝2,660円

＊2　1,000円－100円＝900円

＊3　4,000円（連結第1年度の期首残高）＋960円－400円（連結第1年度の変動額）＝4,560円

②連結修正仕訳

ⓐのれんの償却

(のれん償却)	100	(のれん)	100*4

＊4　1,000円÷10年＝100円

ⓑ子会社の当期純損益の振り替え

(非支配株主に帰属する当期純損益)	1,200	(非支配株主持分当期変動額)	1,200*5

＊5　3,000円×40%＝1,200円

ⓒ子会社の配当金の修正

(受取配当金)	840*6	(剰余金の配当) または「利益剰余金」	1,400
(非支配株主持分当期変動額)	560*7		

＊6　1,400円×60%＝840円

＊7　1,400円×40%＝560円

(4)連結第2年度の連結財務諸表項目

のれん：900円－100円＝800円

非支配株主持分：4,560円（当期首残高）＋1,200円－560円（当期変動額）＝5,200円

タイムテーブル

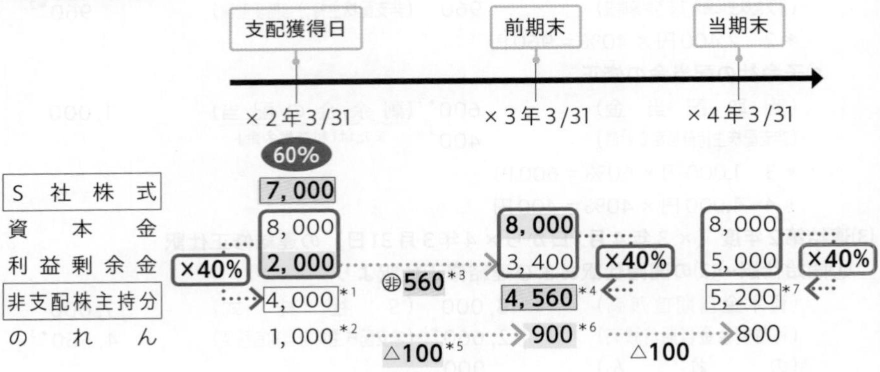

＊1　(8,000円＋2,000円)×40%＝4,000円

＊2　(7,000円＋4,000円)－(8,000円＋2,000円)＝1,000円

＊3　増加剰余金の非支配株主持分への振り替え：(3,400円－2,000円)×40%＝560円

＊4　(8,000円＋3,400円)×40%＝4,560円

＊5　のれんの償却：1,000円÷10年＝100円

＊6　1,000円－100円＝900円

＊7　(8,000円＋5,000円)×40%＝5,200円

[開始仕訳]

(資本金当期首残高)	8,000	(S 社 株 式)	7,000
(利益剰余金当期首残高)	2,660 *8	(非支配株主持分当期首残高)	4,560
(の れ ん)	900		

＊8　**2,000円**＋**560円**＋**100円**＝2,660円

解答 76

	借 方 科 目	金 額	貸 方 科 目	金 額
(1)	売 上 高	50,000	売 上 原 価	50,000
(2)	短 期 借 入 金	100,000	短 期 貸 付 金	100,000
	受 取 利 息	1,200	支 払 利 息	1,200

解答 77

※ 本問では連結株主資本等変動計算書は問われていないので、色の薄い部分は書かなくてもかまいません。

	借方科目	金額	貸方科目	金額
(1)	買掛金	50,000	売掛金	50,000
	貸倒引当金	2,500	貸倒引当金繰入	2,500
(2)	買掛金	40,000	売掛金	40,000
	貸倒引当金	2,000	貸倒引当金繰入	2,000
	非支配株主に帰属する当期純損益	800	非支配株主持分当期変動額	800

解説

連結会社間の債権にかかる貸倒引当金は修正します。

(1)親会社の貸倒引当金の修正

①債権債務の相殺消去

(買掛金)	50,000	(売掛金)	50,000

②貸倒引当金の減額修正

(貸倒引当金)	2,500	(貸倒引当金繰入)	2,500 *

＊ 50,000円×5％＝2,500円

(2)子会社の貸倒引当金の修正

①債権債務の相殺消去

(買掛金)	40,000	(売掛金)	40,000

②貸倒引当金の減額修正と非支配株主持分への按分

(貸倒引当金)	2,000	(貸倒引当金繰入)	2,000 *1
(非支配株主に帰属する当期純損益)	800	(非支配株主持分当期変動額)	800 *2

損益項目

＊1 40,000円×5％＝2,000円

＊2 2,000円×40％＝800円

解答 78

借方科目	金額	貸方科目	金額
支払手形	20,000	短期借入金 (または借入金)	20,000

解答 79

※ 本問では連結株主資本等変動計算書は問われていないので、色の薄い部分は書かなくてもかまいません。

	借方科目	金額	貸方科目	金額
(1)	売上原価	9,000	商品	9,000*1
(2)	売上原価	4,000	商品	4,000*2
	非支配株主持分当期変動額	1,600	非支配株主に帰属する当期純損益	1,600*3

＊1　30,000円×30%＝9,000円

＊2　$24,000円 \times \frac{0.2}{1.2} = 4,000円$

＊3　4,000円×40%＝1,600円

解答 80

※ 本問では連結株主資本等変動計算書は問われていないので、色の薄い部分は書かなくてもかまいません。

	借方科目	金額	貸方科目	金額
(1)	固定資産売却益	10,000	土地	10,000*1
(2)	固定資産売却益	20,000	土地	20,000*2
	非支配株主持分当期変動額	8,000	非支配株主に帰属する当期純損益	8,000*3

＊1　90,000円－80,000円＝10,000円

＊2　80,000円－60,000円＝20,000円

＊3　20,000円×40%＝8,000円

解答 **81**

〈消去・振替欄がある連結精算表〉

連　結　精　算　表　　　　(単位：円)

科目	個別財務諸表		消去・振替		連結財務諸表
	P　社	S　社	借　方	貸　方	
貸借対照表					
現金預金	25,200	35,550			**60,750**
売掛金	60,000	27,500		**25,000**	**62,500**
貸倒引当金	△1,200	△550	**500**		**△1,250**
商品	36,000	12,500		**3,000**	**45,500**
土地	20,000			**1,000**	**19,000**
建物	10,000				**10,000**
建物減価償却累計額	△3,000				**△3,000**
(**のれん**)			**1,900**	**100**	**1,800**
S社株式	20,000			**20,000**	
資産合計	167,000	75,000	**2,400**	**49,100**	**195,300**
買掛金	36,000	32,500	**25,000**		**43,500**
資本金	30,000	20,000	**20,000**		**30,000**
資本剰余金	16,000	7,000	**7,000**		**16,000**
利益剰余金	85,000	15,500	**5,500**		**89,200**
			66,700	**60,900**	
非支配株主持分			**400**	**14,400**	**16,600**
				2,600	
負債・純資産合計	167,000	75,000	**124,600**	**77,900**	**195,300**
損益計算書					
売上高	176,000	129,000	**60,000**		**245,000**
売上原価	115,000	90,000	**3,000**	**60,000**	**148,000**
貸倒引当金繰入	1,000	400		**500**	**900**
販売費及び一般管理費	42,500	33,100			**75,600**
(**のれん**) 償却			**100**		**100**
土地売却益		1,000	**1,000**		
当期純利益	17,500	6,500	**64,100**	**60,500**	**20,400**
非支配株主に帰属する当期純利益			**2,600**	**400**	**2,200**
親会社株主に帰属する当期純利益	17,500	6,500	**66,700**	**60,900**	**18,200**

〈消去・振替欄がない連結精算表〉

連結精算表 (単位：円)

科目	個別財務諸表			連結財務諸表
	P社	S社	合計	
貸借対照表				
現金預金	25,200	35,550	60,750	**60,750**
売掛金	60,000	27,500	87,500	**62,500**
貸倒引当金	△1,200	△550	△1,750	**△1,250**
商品	36,000	12,500	48,500	**45,500**
土地	20,000		20,000	**19,000**
建物	10,000		10,000	**10,000**
建物減価償却累計額	△3,000		△3,000	**△3,000**
(のれん)				**1,800**
S社株式	20,000		20,000	
資産合計	167,000	75,000	242,000	**195,300**
買掛金	36,000	32,500	68,500	**43,500**
資本金	30,000	20,000	50,000	**30,000**
資本剰余金	16,000	7,000	23,000	**16,000**
利益剰余金	85,000	15,500	100,500	**89,200***3
非支配株主持分				**16,600**
負債・純資産合計	167,000	75,000	242,000	**195,300**
損益計算書				
売上高	176,000	129,000	305,000	**245,000**
売上原価	115,000	90,000	205,000	**148,000**
貸倒引当金繰入	1,000	400	1,400	**900**
販売費及び一般管理費	42,500	33,100	75,600	**75,600**
(のれん)償却				**100**
土地売却益		1,000	1,000	
当期純利益	17,500	6,500	24,000	**20,400***1
非支配株主に帰属する当期純利益				**2,200**
親会社株主に帰属する当期純利益	17,500	6,500	24,000	**18,200***2

*1　245,000円－148,000円－900円－75,600円－100円＝20,400円

*2　20,400円－2,200円＝18,200円

*3　最後に連結貸借対照表の貸借差額で求める

解説

連結第２年度の連結精算表を作成する問題です。答案用紙には、消去・振替欄がない連結精算表もつけているので、消去・振替欄がある連結精算表に慣れたら、消去・振替欄がない連結精算表にもチャレンジしてみましょう。

各年度の連結修正仕訳をしてから、答案用紙に記入します。なお、本問では連結株主資本等変動計算書は問われていないので、色の薄い部分は書かなくてもかまいません。

(1)支配獲得日（×１年3月31日）の連結修正仕訳＜投資と資本の相殺消去＞

（資本金）	20,000	（S社株式）	20,000
（資本剰余金）	7,000	（非支配株主持分）	12,000 *1
（利益剰余金）	3,000		
（のれん）	2,000 *2		

＊１　(20,000円＋7,000円＋3,000円)×40%＝12,000円

＊２　貸借差額

(2)連結第1年度（×１年4月1日から×２年3月31日）の連結修正仕訳

①開始仕訳＜投資と資本の相殺消去＞…(1)の連結修正仕訳より

（資本金当期首残高）	20,000	（S社株式）	20,000
（資本剰余金当期首残高）	7,000	（非支配株主持分当期首残高）	12,000
（利益剰余金当期首残高）	3,000		
（のれん）	2,000		

②連結第１年度の連結修正仕訳

ⓐのれんの償却

（のれん償却）	100	（のれん）	100 *

＊　2,000円÷20年＝100円

ⓑ子会社の当期純損益の振り替え

（非支配株主に帰属する当期純損益）	2,400	（非支配株主持分当期変動額）	2,400 *

＊　6,000円×40%＝2,400円

(3)連結第2年度（×２年4月1日から×３年3月31日）の連結修正仕訳←解答の仕訳

①開始仕訳＜投資と資本の相殺消去＞…(2)の連結修正仕訳より

（資本金当期首残高）	20,000	（S社株式）	20,000
（資本剰余金当期首残高）	7,000	（非支配株主持分当期首残高）	14,400 *3
（利益剰余金当期首残高）	5,500 *1		
（のれん）	1,900 *2		

＊１　3,000円＋100円（のれん償却）＋2,400円（非支配株主に帰属する当期純損益）＝5,500円

＊２　2,000円－100円＝1,900円

＊３　12,000円（当期首残高）＋2,400円（当期変動額）＝14,400円

②連結第２年度の連結修正仕訳

ⓐのれんの償却

(のれん償却)	100	(のれん)	100*

＊　2,000円÷20年＝100円

ⓑ子会社の当期純損益の振り替え

(非支配株主に帰属する当期純損益)	2,600	(非支配株主持分当期変動額)	2,600*

＊　6,500円×40%＝2,600円

ⓒ売上高と売上原価の相殺消去

(売上高)	60,000	(売上原価)	60,000

ⓓ期末商品に含まれる未実現利益の消去（ダウンストリーム）

(売上原価)	3,000	(商品)	3,000*

＊　10,000円×30%＝3,000円

ⓔ債権債務の相殺消去

(買掛金)	25,000	(売掛金)	25,000

ⓕ貸倒引当金の減額修正

(貸倒引当金)	500*	(貸倒引当金繰入)	500

＊　25,000円×2%＝500円

ⓖ土地に含まれる未実現利益の消去（アップストリーム）

(土地売却益)	1,000*1	(土地)	1,000
(非支配株主持分当期変動額)	400*2	(非支配株主に帰属する当期純損益)	400

＊1　5,000円－4,000円＝1,000円

＊2　1,000円×40%＝400円

連結損益計算書

自×1年4月1日　至×2年3月31日　（単位：円）

Ⅰ	売上高	（ **708,000** ）
Ⅱ	売上原価	（ **518,000** ）
	売上総利益	（ **190,000** ）
Ⅲ	販売費及び一般管理費	（ **124,900** ）
	（うち、「のれん償却」額）	（ **1,200** ）
	営業利益	（ **65,100** ）
Ⅳ	営業外収益	（ **42,000** ）
Ⅴ	営業外費用	（ **36,000** ）
	当期純利益	（ **71,100** ）
	非支配株主に帰属する当期純利益	（ **14,400** ）
	親会社株主に帰属する当期純利益	（ **56,700** ）

［貸借対照表の金額］

商品	**139,600**円
のれん	**9,600**円
非支配株主持分	**48,800**円

解説

連結第2年度の連結財務諸表を作成する問題です。

各年度の連結修正仕訳をしてから、答案用紙に記入します。なお、本問では連結株主資本等変動計算書は問われていないので、色の薄い部分は書かなくてもかまいません。

(1)支配獲得日（×0年3月31日）の連結修正仕訳<投資と資本の相殺消去>

（資本金）	60,000	（S社株式）	60,000
（資本剰余金）	16,000	（非支配株主持分）	32,000*1
（利益剰余金）	4,000		
（のれん）	12,000*2		

＊1　(60,000円＋16,000円＋4,000円)×40%＝32,000円

＊2　貸借差額

⑵連結第1年度（×0年4月1日から×1年3月31日）の連結修正仕訳

①開始仕訳＜投資と資本の相殺消去＞…⑴の連結修正仕訳より

(資本金当期首残高)	60,000	(S　社　株　式)	60,000
(資本剰余金当期首残高)	16,000	(非支配株主持分当期首残高)	32,000
(利益剰余金当期首残高)	4,000		
(の　れ　ん)	12,000		

②連結第1年度の連結修正仕訳

ⓐのれんの償却

(の れ ん 償 却)	1,200	(の　れ　ん)	1,200[*1]

＊1　12,000円÷10年＝1,200円

ⓑ子会社の当期純損益の振り替え

(非支配株主に帰属する当期純損益)	6,400	(非支配株主持分当期変動額)	6,400[*2]

＊2　16,000円×40%＝6,400円

⑶連結第2年度（×1年4月1日から×2年3月31日）の連結修正仕訳

①開始仕訳＜投資と資本の相殺消去＞…⑵の連結修正仕訳より

(資本金当期首残高)	60,000	(S　社　株　式)	60,000
(資本剰余金当期首残高)	16,000	(非支配株主持分当期首残高)	38,400[*3]
(利益剰余金当期首残高)	11,600[*1]		
(の　れ　ん)	10,800[*2]		

＊1　4,000円＋1,200円（のれん償却）＋6,400円（非支配株主に帰属する当期純損益）＝11,600円

＊2　12,000円－1,200円＝10,800円

＊3　32,000円（当期首残高）＋6,400円（当期変動額）＝38,400円

②連結第2年度の連結修正仕訳

ⓐのれんの償却

(の れ ん 償 却)	1,200	(の　れ　ん)	1,200[*4]

＊4　12,000円÷10年＝1,200円

ⓑ子会社の当期純損益の振り替え

(非支配株主に帰属する当期純損益)	14,400	(非支配株主持分当期変動額)	14,400[*5]

＊5　36,000円（S社のP/L当期純利益）×40%＝14,400円

ⓒ子会社の配当金の修正

(受 取 配 当 金)	6,000[*6]	(剰 余 金 の 配 当) または「利益剰余金」	10,000
(非支配株主持分当期変動額)	4,000[*7]		

＊6　10,000円×60%＝6,000円

＊7　10,000円×40%＝4,000円

ⓓ売上高と売上原価の相殺消去

(売　上　高)	132,000	(売　上　原　価)	132,000

ⓔ期末商品に含まれる未実現利益の消去

(売　上　原　価)	2,000	(商　　　品)	2,000*8

＊8　22,000円 × $\frac{0.1}{1.1}$ = 2,000円

ⓕ債権債務の相殺消去

(買　掛　金)	15,000	(売　掛　金)	15,000

ⓖ貸倒引当金の減額修正

(貸倒引当金)	300	(貸倒引当金繰入)	300*9

＊9　15,000円 × 2％ = 300円

(4)連結財務諸表の金額

①連結損益計算書

売上高：480,000円（P社）+ 360,000円（S社）− 132,000円（(3)②ⓓ）= 708,000円

売上原価：360,000円（P社）+ 288,000円（S社）− 132,000円（(3)②ⓓ）+ 2,000円（(3)②ⓔ）= 518,000円

販売費及び一般管理費

：80,000円（P社）+ 44,000円（S社）+ 1,200円（(3)②ⓐ（のれん償却））− 300円（(3)②ⓖ（貸倒引当金繰入））= 124,900円

営業外収益：28,000円（P社）+ 20,000円（S社）− 6,000円（(3)②ⓒ（受取配当金））= 42,000円

営業外費用：24,000円（P社）+ 12,000円（S社）= 36,000円

②連結貸借対照表

商品：100,000円（P社）+ 41,600円（S社）− 2,000円（(3)②ⓔ）= 139,600円

のれん：10,800円（(3)①）− 1,200円（(3)②ⓐ）= 9,600円

非支配株主持分：38,400円（(3)①（当期首残高））+ 14,400円（(3)②ⓑ）− 4,000円（(3)②ⓒ（当期変動額））= 48,800円

タイムテーブル

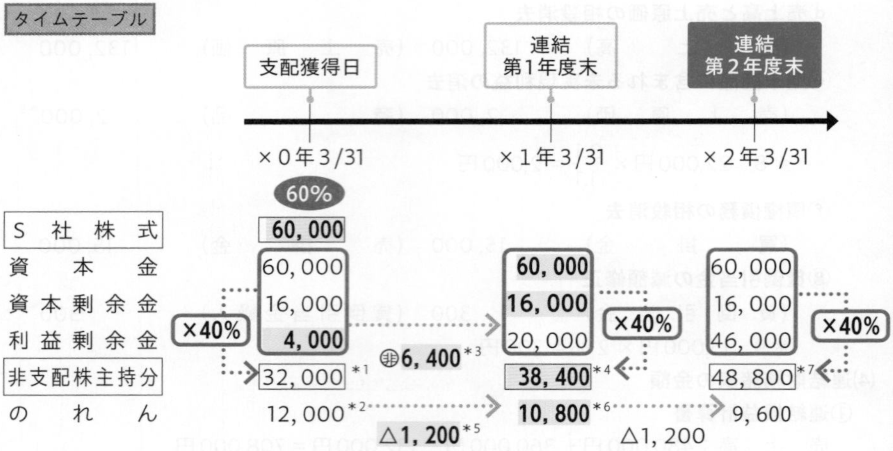

＊1　(60,000円＋16,000円＋4,000円)×40%＝32,000円

＊2　(60,000円＋32,000円)－(60,000円＋16,000円＋4,000円)＝12,000円

＊3　増加剰余金の非支配株主持分への振り替え：(20,000円－4,000円)×40%＝6,400円

＊4　(60,000円＋16,000円＋20,000円)×40%＝38,400円

＊5　のれんの償却：12,000円÷10年＝1,200円

＊6　12,000円－1,200円＝10,800円

＊7　(60,000円＋16,000円＋46,000円)×40%＝48,800円

[開始仕訳（投資と資本の相殺消去）]

(資本金当期首残高)	60,000	(S 社 株 式)	60,000
(資本剰余金当期首残高)	16,000	(非支配株主持分当期首残高)	38,400
(利益剰余金当期首残高)	11,600*8		
(の れ ん)	10,800		

＊8　**4,000円**＋**6,400円**＋**1,200円**＝11,600円

解答 83

	借方科目	金額	貸方科目	金額
(1)	材料	2,000	買掛金	2,000
(2)	仕掛品 製造間接費	1,500 500	材料	2,000
(3)	棚卸減耗損 製造間接費	100 100	材料 棚卸減耗損	100 100
(4)	賃金 仕掛品	3,000 3,000	現金 賃金	3,000 3,000
(5)	仕掛品	2,500	製造間接費	2,500
(6)	製品	7,000	仕掛品	7,000
(7)	売掛金 売上原価	10,000 6,000	売上 製品	10,000 6,000
(8)	原価差異 売上原価	200* 200	製造間接費 原価差異	200 200

* 2,500円－2,700円＝△200円（不利差異・借方差異）

解答 84

損益計算書

自×1年4月1日　至×2年3月31日　(単位：円)

Ⅰ 売上高	(296,000)
Ⅱ 売上原価	(181,800)
売上総利益	(114,200)
Ⅲ 販売費及び一般管理費	(35,800)
営業利益	(78,400)
Ⅳ 営業外費用	
1．支払利息	(100)
経常利益	(78,300)
Ⅴ 特別利益	
1．固定資産売却益	(700)
税引前当期純利益	(79,000)
法人税、住民税及び事業税	(31,600)
当期純利益	(47,400)

貸借対照表

×2年3月31日　(単位：円)

資産の部			負債の部	
Ⅰ流動資産			Ⅰ流動負債	
現金預金		(771,200)	買掛金	(79,180)
売掛金		(96,000)	未払法人税等	(31,600)
製品		(3,100)	流動負債合計	(110,780)
材料		(1,200)	Ⅱ固定負債	
仕掛品		(600)	退職給付引当金	(84,000)
貸倒引当金		(△1,920)	固定負債合計	(84,000)
流動資産合計		(870,180)	負債の部合計	(194,780)
Ⅱ固定資産			純資産の部	
建物	(120,000)		資本金	(500,000)
減価償却累計額	(36,000)	(84,000)	利益準備金	(90,000)
機械装置	(60,000)		繰越利益剰余金	(205,400)
減価償却累計額	(24,000)	(36,000)	純資産の部合計	(795,400)
固定資産合計		(120,000)		
資産合計		(990,180)	負債・純資産合計	(990,180)

解説

3月の取引の仕訳、決算整理仕訳を示すと次のとおりです。

[資料2] 3月の取引等

	借方	金額	貸方	金額
(1)	(材料)	4,000	(買掛金)	4,000
	(仕掛品)	3,000	(材料)	3,000
(2)	(賃金)	4,500	(現金) 現金預金	4,500
	(仕掛品)	4,500	(賃金)	4,500
(3)	(仕掛品)	5,300	(製造間接費)	5,300*1
	(製造間接費)	1,100	(材料)	1,100*2
	(製造間接費)	2,300	(現金) 現金預金	2,300*3

＊1　製造間接費の予定配賦額
＊2　間接材料費の実際発生額
＊3　その他の製造間接費の実際発生額

	借方	金額	貸方	金額
(4)	(製品)	18,000	(仕掛品)	18,000
	(売上原価)	15,600	(製品)	15,600
	(売掛金)	26,000	(売上)	26,000

［資料3］決算整理等

(1)（棚卸減耗損）100（材料）100*4
（製造間接費）100（棚卸減耗損）100
（売上原価）300（製品）300*5

＊4　材料帳簿残高：1,400円（残高試算表）＋4,000円－3,000円（［資料2］(1)）－1,100円（［資料2］(3)）＝1,300円

材料棚卸減耗損：1,300円－1,200円＝100円

＊5　製品帳簿残高：1,000円（残高試算表）＋18,000円－15,600円（［資料2］(4)）＝3,400円

製品棚卸減耗損：3,400円－3,100円＝300円

(2)（減価償却費）1,500（建物減価償却累計額）500
（機械装置減価償却累計額）1,000
（製造間接費）1,300*6（減価償却費）1,500
（販売費及び一般管理費）200

＊6　300円＋1,000円＝1,300円

(3)（貸倒引当金繰入）（販売費及び一般管理費）800（貸倒引当金）800*7

＊7　期末売掛金：70,000円（残高試算表）＋26,000円（［資料2］(4)）＝96,000円

貸倒引当金：96,000円×2％＝1,920円
貸倒引当金繰入：1,920円－1,120円＝800円

(4)（退職給付費用）2,000（退職給付引当金）2,000
（製造間接費）1,200（退職給付費用）2,000
（販売費及び一般管理費）800

(5)（原価差異）（製造間接費配賦差異）700（製造間接費）700*8
（売上原価）700（原価差異）（製造間接費配賦差異）700

＊8　製造間接費の予定配賦額：5,300円（［資料2］(3)）
製造間接費の実際発生額：
1,100円＋2,300円（［資料2］(3)）＋100円（［資料3］(1)）＋1,300円（［資料3］(2)）＋1,200円（［資料3］(4)）＝6,000円

原価差異：5,300円－6,000円＝△700円（不利差異・借方差異）

(6)（法人税、住民税及び事業税）31,600*9（未払法人税等）31,600

＊9　79,000円（税引前当期純利益）×40％＝31,600円

[損益計算書の金額（一部）]

(1)売　上　高：270,000円（残高試算表）+ 26,000円（[資料2](4)）= 296,000円

(2)売上原価：165,200円（残高試算表）+ 15,600円（[資料2](4)）+ 300円（[資料3](1)）+ 700円（[資料3](5)）= 181,800円

(3)販売費及び一般管理費：34,000円（残高試算表）+ 200円（[資料3](2)）+ 800円（[資料3](3)）+ 800円（[資料3](4)）= 35,800円

[貸借対照表の金額（一部）]

(1)現金預金：778,000円（残高試算表）− 4,500円（[資料2](2)）− 2,300円（[資料2](3)）= 771,200円

(2)売　掛　金：70,000円（残高試算表）+ 26,000円（[資料2](4)）= 96,000円

(3)仕　掛　品：5,800円（残高試算表）+ 3,000円（[資料2](1)）+ 4,500円（[資料2](2)）+ 5,300円（[資料2](3)）− 18,000円（[資料2](4)）= 600円

(4)貸倒引当金：96,000円（売掛金期末残高）× 2% = 1,920円

(5)建物減価償却累計額：35,500円（残高試算表）+ 500円（[資料3](2)）= 36,000円

(6)機械装置減価償却累計額：23,000円（残高試算表）+ 1,000円（[資料3](2)）= 24,000円

(7)買　掛　金：75,180円（残高試算表）+ 4,000円（[資料2](1)）= 79,180円

(8)退職給付引当金：82,000円（残高試算表）+ 2,000円（[資料3](4)）= 84,000円

(9)繰越利益剰余金：158,000円（残高試算表）+ 47,400円（損益計算書 当期純利益）= 205,400円

チェックテスト

解答・解説

解答 第1問 20点

	借方		貸方	
	記号	金額	記号	金額
1	(イ) 当座預金	4,000,000 *1	(ウ) 資本金	2,000,000 *2
			(エ) 資本準備金	2,000,000 *2
	(オ) 株式交付費	10,000	(ア) 現金	10,000
2	(ウ) リース資産	260,000	(オ) リース債務	260,000
3	(ウ) 未収入金	2,500,000	(エ) 未決算	2,300,000
			(キ) 保険差益	200,000 *3
4	(エ) 備品	1,500,000	(ウ) 未払金	1,500,000
	(ク) 固定資産圧縮損	500,000	(エ) 備品	500,000
5	(ア) 当座預金	41,200 *5	(イ) 売掛金	42,000 *4
	(カ) 為替差損益	800 *6		

＊1　@4,000円×1,000株＝4,000,000円

＊2　4,000,000円×$\frac{1}{2}$＝2,000,000円

＊3　貸借差額

＊4　400ドル×105円＝42,000円

＊5　400ドル×103円＝41,200円

＊6　貸借差額

★採点基準★
仕訳1組につき4点

解　説

1．問題文に「払込金額のうち２分の１は資本金として計上しないこととした」とあるので、払込金額のうち２分の１は**資本準備金**で処理します。また、新株発行のための費用は**株式交付費**で処理します。

2．リース取引を開始したので、**リース資産（資産）**と**リース債務（負債）**を計上します。なお、利子抜き法なので、計上価額は見積現金購入価額となります。

3．建物が焼失したときの仕訳は次のとおりです。

(建物減価償却累計額)	2,700,000*1	(建　　物)	5,000,000
(未　決　算)	2,300,000*2		

＊１　$5,000,000円 \times 0.9 \times \frac{18年}{30年} = 2,700,000円$

＊２　貸借差額

受け取る保険金額（2,500,000円）が未決算の額（2,300,000円＝建物の帳簿価額）よりも多いので、差額は**保険差益（収益）**で処理します。

4．国庫補助金を受け取ったときは、**国庫補助金受贈益（収益）**で処理します。

(当　座　預　金)	500,000	(国庫補助金受贈益)	500,000

そして、圧縮記帳を行うときは、受け取っている補助金の金額だけ**固定資産圧縮損（費用）**を計上するとともに、同額だけ固定資産の取得原価を減額します。

5．売掛金の発生時と決済時の為替相場が異なることで生じた差額は、**為替差損益**で処理します。

連結損益計算書

自×1年4月1日　至×2年3月31日　(単位：千円)

売上高	(② 310,000)
売上原価	(② 204,500)
売上総利益	(② 105,500)
販売費及び一般管理費	(② 66,300)
営業利益	(② 39,200)
営業外収益	(22,000)
営業外費用	(16,000)
当期純利益	(45,200)
非支配株主に帰属する当期純利益	(② 3,200)
親会社株主に帰属する当期純利益	(② 42,000)

[連結貸借対照表の金額]

商品	② 65,500千円
のれん	② 2,700千円
非支配株主持分	② 11,200千円

★採点基準★
●数字…配点

解説

連結第１年度の連結財務諸表を作成する問題です。各年度の連結修正仕訳をしてから、答案用紙に記入します。なお、本問では連結株主資本等変動計算書は問われていないので、連結修正仕訳の純資産項目に「当期首残高」や「当期変動額」をつけなくてもかまいません（以下、仕訳の単位は「千円」）。

⑴支配獲得日（×１年３月31日）の連結修正仕訳〈投資と資本の相殺消去〉

（資本金）	30,000	（S社株式）	35,000
（資本剰余金）	4,000	（非支配株主持分）	8,000*1
（利益剰余金）	6,000		
（のれん）	3,000*2		

＊１　（30,000千円＋4,000千円＋6,000千円）×20%＝8,000千円
＊２　貸借差額

⑵連結第１年度（×１年４月１日から×２年３月31日）の連結修正仕訳

①開始仕訳〈投資と資本の相殺消去〉…１の連結修正仕訳より

（資本金）	30,000	（S社株式）	35,000
（資本剰余金）	4,000	（非支配株主持分）	8,000
（利益剰余金）	6,000		
（のれん）	3,000		

②のれんの償却

（のれん償却） 販売費及び一般管理費	300*	（のれん）	300

＊3,000千円÷10年＝300千円

③子会社の当期純損益の振り替え

（非支配株主に帰属する当期純損益）	3,200*	（非支配株主持分）	3,200

＊16,000千円×20%＝3,200千円

④売上高と売上原価の相殺消去

（売上高）	80,000	（売上原価）	80,000

⑤期末商品に含まれる未実現利益の相殺

（売上原価）	4,500	（商品）	4,500*

＊15,000千円×30%＝4,500千円

⑶連結貸借対照表の金額

商　　品：50,000千円＋20,000千円－4,500千円＝65,500千円
の れ ん：3,000千円－300千円＝2,700千円
非支配株主持分：8,000千円＋3,200千円＝11,200千円

貸借対照表

×9年3月31日 (単位：円)

資産の部

Ⅰ流動資産		
現金預金		(1,527,000)
受取手形	774,000	
売掛金	(576,000)	
貸倒引当金	(② 55,000)	(1,295,000)
有価証券		(② 256,000)
商品		(② 198,000)
流動資産合計		(3,276,000)
Ⅱ固定資産		
建物	9,000,000	
減価償却累計額	(2,400,000)	(6,600,000)
備品	2,000,000	
減価償却累計額	(② 560,000)	(1,440,000)
投資有価証券		(348,000)
ソフトウェア		(② 30,000)
固定資産合計		(8,418,000)
資産合計		(11,694,000)

負債の部

Ⅰ流動負債		
支払手形		400,000
買掛金		(② 668,000)
短期借入金		(1,200,000)
未払費用		(② 24,000)
未払法人税等		(② 20,000)
流動負債合計		(2,312,000)
Ⅱ固定負債		
繰延税金負債		(② 16,000)
固定負債合計		(16,000)
負債合計		(2,328,000)

純 資 産 の 部

Ⅰ株 主 資 本	
資 本 金	7,500,000
利 益 準 備 金	800,000
繰 越 利 益 剰 余 金	(**1,042,000**)
株 主 資 本 合 計	(**9,342,000**)
Ⅱ 評価・換算差額等	
その他有価証券評価差額金	(② **24,000**)
評価・換算差額等合計	(**24,000**)
純 資 産 合 計	(**9,366,000**)
負 債 純 資 産 合 計	(**11,694,000**)

★採点基準★
●数字…配点

解 説

1．連絡未通知

(当 座 預 金)	144,000	(売 掛 金)	144,000

現金預金

2．外貨建取引の換算

外貨建取引で生じた資産、負債のうち、貨幣項目（現金、外貨預金、売掛金、買掛金など）については決算日の為替相場（ＣＲ）で換算替えします。そのさいに生じた差額は**為替差損益**で処理します（なお、損益計算書上では、借方の為替差損益は**為替差損**として営業外費用に表示し、貸方の為替差損益は**為替差益**として営業外収益に表示します）。

①帳簿上の金額：102,000円

②ＣＲで換算した金額：1,000ドル×100円＝100,000円

③②－①＝△2,000円（買掛金の減少）

(買 掛 金)	2,000	(為 替 差 損 益)	2,000

3．貸倒引当金の設定

貸倒引当金：甲 社；(100,000円－40,000円)×50％＝30,000円

その他；(774,000円＋720,000円－144,000円－100,000円)×２％＝25,000円
（774,000円：受取手形、720,000円－144,000円－100,000円：売掛金）

合 計；30,000円＋25,000円＝55,000円

貸倒引当金繰入：55,000円－12,000円＝43,000円

(貸倒引当金繰入)	43,000	(貸 倒 引 当 金)	43,000

4．有価証券の評価替え

	時　価		帳簿価額		評　価　損　益	
Ａ社株式（売買目的）：	256,000円	−	205,000円	=	51,000円	（評価差益）
Ｂ社株式（そ　の　他）：	348,000円	−	308,000円	=	40,000円	（評価差益）

繰延税金負債：40,000円 × 40% = 16,000円

（売買目的有価証券） 有価証券	51,000	（有価証券評価益）	51,000
（その他有価証券） 投資有価証券	40,000	（その他有価証券評価差額金）	40,000
（その他有価証券評価差額金）	16,000	（繰延税金負債）	16,000

5．売上原価の算定

貸借対照表を作成する問題なので、原価と正味売却価額のうちいずれか低い価格に実地棚卸数量を掛けて商品の金額（貸借対照表価額）を求めましょう。

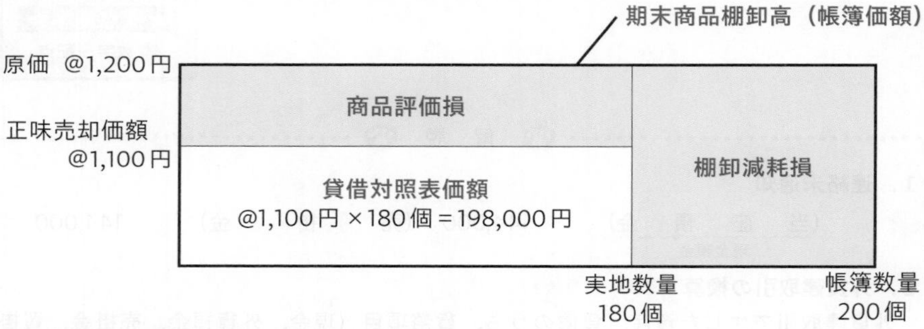

6．固定資産の減価償却

①建物

9,000,000円 ÷ 30年 = 300,000円

②備品

定額法の償却率：$\frac{1}{10年}$ = 0.1

200%定率法の償却率：0.1 × 200% = 0.2

（2,000,000円 − 200,000円）× 0.2 = 360,000円

（減価償却費）	660,000	（建物減価償却累計額）	300,000
		（備品減価償却累計額）	360,000

7．ソフトウェアの償却

前期に１年分を償却しているため、帳簿価額（40,000円）をあと４年（５年 − １年）で償却することになります。

当期の償却額：40,000円 ÷ ４年 = 10,000円

（ソフトウェア償却）	10,000	（ソフトウェア）	10,000

8．費用の未払処理

$$1{,}200{,}000円 \times 3\% \times \frac{8か月（\times 8年8/1 \sim \times 9年3/31）}{12か月} = 24{,}000円$$

（支払利息）	24,000	（未払利息） 未払費用	24,000

9．法人税等の計上

（法人税、住民税及び事業税）	28,000	（仮払法人税等）	8,000
		（未払法人税等）	20,000

10．繰越利益剰余金の計算

すべての金額を計算したあと、貸借対照表の貸借差額で計算します。

チェックテスト

解答・解説

解答 第4問 28点

(1)

	借方 記号	借方 金額	貸方 記号	貸方 金額
1	(ウ) 材料	105,000 *2	(イ) 買掛金 (ア) 現金	100,000 *1 5,000
2	(エ) 仕掛品 (キ) 製造間接費	400,000 *3 100,000 *4	(カ) 賃金・給料	500,000
3	(キ) 製造間接費	3,000	(ウ) 材料	3,000

4 (1), 4 (2), 4 (3)

＊1 @500円×200個＝100,000円

＊2 100,000円＋5,000円＝105,000円

＊3 @1,000円×400時間＝400,000円

＊4 @1,000円×100時間＝100,000円

(2)

仕掛品 (単位：千円)

借方		貸方	
月初有高	(208,500)	当月完成高	(4,389,100)
直接材料費	(2,612,000)	月末有高	(194,500)
直接労務費	4 (241,500)		
製造間接費	4 (1,521,600)		
	(4,583,600)		(4,583,600)

月次損益計算書 (単位：千円)

売上高		6,385,100
売上原価		
月初製品棚卸高	(360,000)	
当月製品製造原価	4 (4,389,100)	
小計	(4,749,100)	
月末製品棚卸高	(740,000)	(4,009,100)
売上総利益		(2,376,000)
販売費及び一般管理費		4 (848,000)
営業利益		(1,528,000)

★採点基準★

●数字…配点

解　説

(1)材料費、労務費、経費の仕訳問題

材料費、労務費、経費の仕訳問題です。

1．材料の仕入

材料を仕入れたときは、**材料（資産）**の増加で処理します。なお、引取運賃は材料の購入価額に含めて処理します。

2．賃金の消費

直接工の直接作業賃金は直接労務費なので、**仕掛品勘定**で処理します。また、直接工の間接作業賃金は間接労務費なので、**製造間接費勘定**で処理します。

3．材料棚卸減耗費の計上

材料棚卸減耗費は間接経費なので、**製造間接費勘定**で処理します。

(2)仕掛品勘定、損益計算書の作成

資料の原価から仕掛品勘定と損益計算書を完成させる問題です。

まずは原価を製造原価（材料費、労務費、経費）と販売費及び一般管理費に分類し、製造原価はさらに製造直接費と製造間接費に分類します。

●原価の分類

資料の原価を分類すると次のとおりです。

製造原価	材料費	直接材料費	1．①素材費
		間接材料費	1．②補助材料費　7．消耗工具器具備品費
	労務費	直接労務費	2．①直接工賃金
		間接労務費	2．②間接工賃金　8．工場事務員の給料
	経費	直接経費	―
		間接経費	5．工場電力料、水道料、ガス代　6．工場建物減価償却費
販売費及び一般管理費			3．本社建物減価償却費　4．販売員給料 9．その他の販売費、一般管理費

(i)材料費の計算

素　材　費：432,000千円＋2,640,000千円－460,000千円
　　　　　＝2,612,000千円（直接材料費）**→仕掛品勘定へ**

補助材料費：32,800千円＋324,800千円－34,600千円
　　　　　＝323,000千円（間接材料費）**→製造間接費勘定へ**

製造用工具など消耗工具器具備品：115,000千円（間接材料費）**→製造間接費勘定へ**

素材

月初 432,000千円	当月消費 2,612,000千円【貸借差額】
当月仕入 2,640,000千円	月末 460,000千円

補助材料

月初 32,800千円	当月消費 323,000千円【貸借差額】
当月仕入 324,800千円	月末 34,600千円

(ii)労務費の計算

直接工賃金：240,000千円＋26,500千円－25,000千円＝241,500千円（直接労務費）
→仕掛品勘定へ

間接工賃金：84,000千円＋12,400千円－12,000千円＝84,400千円（間接労務費）
→製造間接費勘定へ

工場事務員の給料：110,000千円（間接労務費）→製造間接費勘定へ

直接工賃金

当月支払 240,000千円	前月未払 25,000千円
当月未払 26,500千円	当月消費 241,500千円【貸借差額】

間接工賃金

当月支払 84,000千円	前月未払 12,000千円
当月未払 12,400千円	当月消費 84,400千円【貸借差額】

(iii)経費の計算

工場電力料、水道料、ガス代：215,200千円（間接経費）→製造間接費勘定へ
工場建物減価償却費：674,000千円（間接経費）→製造間接費勘定へ

(iv)製造間接費の計算

間接材料費：323,000千円＋115,000千円＝438,000千円
間接労務費：84,400千円＋110,000千円＝194,400千円
間接経費：215,200千円＋674,000千円＝889,200千円
} **1,521,600千円**

(v)販売費及び一般管理費の計算

本社建物減価償却費：348,000千円
販売員給料：180,000千円
その他の販売費、一般管理費：320,000千円
} **848,000千円**

解答 第5問 12点

問1　直接材料費差異

　価格差異　**248,000** 円（ **借方** ）差異❷

問2　直接労務費差異

　賃率差異　**256,000** 円（ **貸方** ）差異❷

　時間差異　**640,000** 円（ **借方** ）差異❷

問3　製造間接費差異（総差異）　**1,232,000** 円（ **借方** ）差異❷

　予算差異　**232,000** 円（ **借方** ）差異❷

　操業度差異　**280,000** 円（ **借方** ）差異❷

＊（　　）には「借方」または「貸方」を記入すること。

★採点基準★
●数字…配点

解説

標準原価計算の差異分析の問題です。
差異分析図（ボックス図）を作成すると次のとおりです。

(1)直接材料費差異の分析

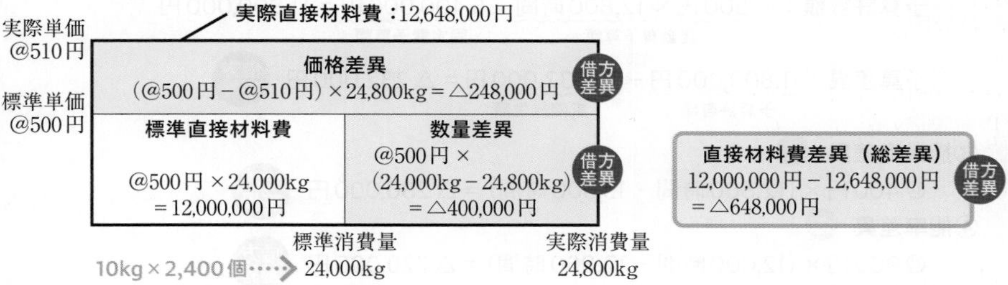

(2)直接労務費差異の分析

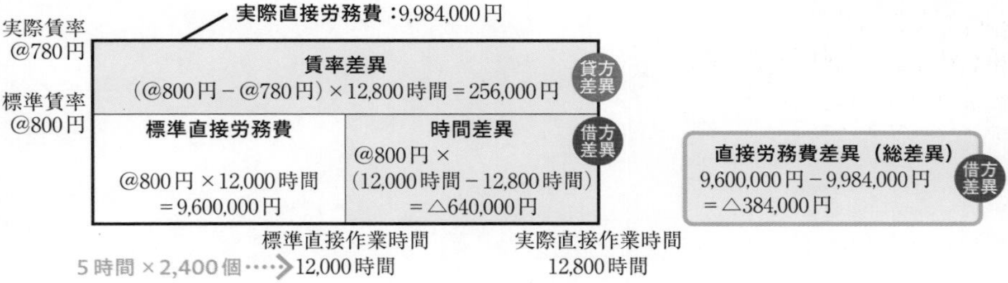

(3)製造間接費差異の分析

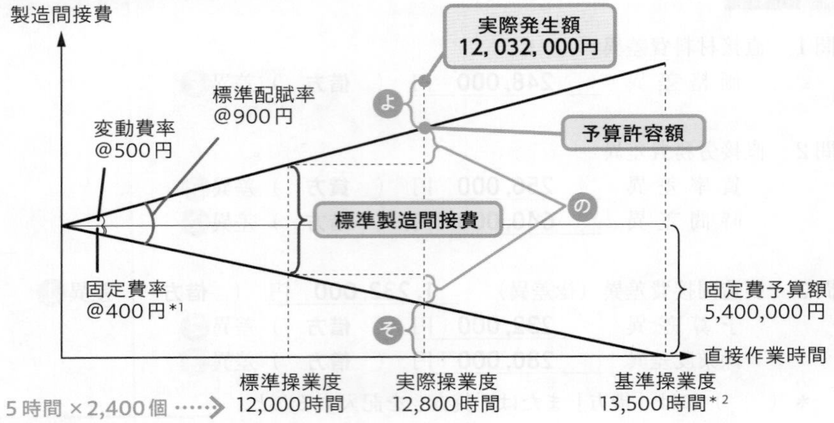

＊1　固定費率：@900円－@500円＝@400円

＊2　基準操業度（月間）：$\frac{5,400,000円}{@400円}$＝13,500時間

①製造間接費差異（総差異）

@900円×12,000時間－12,032,000円＝△1,232,000円　借方差異
（標準製造間接費）（実際発生額）

②予算差異　よ

予算許容額：@500円×12,800時間＋5,400,000円＝11,800,000円
（変動費予算額）（固定費予算額）

予算差異：11,800,000円－12,032,000円＝△232,000円　借方差異
（予算許容額）（実際発生額）

③操業度差異　そ

@400円×(12,800時間－13,500時間)＝△280,000円　借方差異

④能率差異　の

@900円×(12,000時間－12,800時間)＝△720,000円　借方差異

memo

【著　者】
滝澤ななみ（たきざわ・ななみ）
簿記、ＦＰ、宅建士など多くの資格書を執筆している。主な著書は『スッキリわかる日商簿記』１～３級（15年連続全国チェーン売上第１位※1）、『みんなが欲しかった！簿記の教科書・問題集』日商２・３級、『みんなが欲しかった！ＦＰの教科書』２・３級（10年連続売上第１位※2）、『みんなが欲しかった！ＦＰの問題集』２・３級など。
※１　紀伊國屋書店PubLine/三省堂書店/丸善ジュンク堂書店　2009年1月～2023年12月（各社調べ、50音順）
※２　紀伊國屋書店PubLine調べ　2014年1月～2023年12月

〈ホームページ〉『滝澤ななみのすすめ！』
著者が運営する簿記・ＦＰ・宅建士に関する情報サイト。
ネット試験対応の練習問題も掲載しています。
URL：https://takizawananami-susume.jp/

・装丁、本文デザイン：株式会社シンクロ

スッキリわかるシリーズ

2024年度版　スッキリわかる　日商簿記２級　商業簿記

（2007～2008年度試験対応版　2007年12月22日　初版　第1刷発行）
2024年 2 月23日　　初　版　第1刷発行
2024年 8 月13日　　　　　　第2刷発行

著　　者　滝澤ななみ
発 行 者　多田敏男
発 行 所　TAC株式会社　出版事業部
（TAC出版）
〒101-8383
東京都千代田区神田三崎町3-2-18
電 話 03（5276）9492（営業）
FAX 03（5276）9674
https://shuppan.tac-school.co.jp
イラスト　佐藤雅則
印　　刷　株式会社光邦
製　　本　東京美術紙工協業組合

ISBN 978-4-300-11002-7
N.D.C. 336

会計業界への
就職・転職支援サービス TPB

ACの100%出資子会社であるTACプロフェッションバンク（TPB）は、会計・税務分野に特化した転職エージェントです。
強された知識とご希望に合ったお仕事を一緒に探しませんか？ 相談だけでも大歓迎です！ どうぞお気軽にご利用ください。

人材コンサルタントが無料でサポート

Step1 相談受付　完全予約制です。HPからご登録いただくか、各オフィスまでお電話ください。

Step2 面談　ご経験やご希望をお聞かせください。あなたの将来について一緒に考えましょう。

Step3 情報提供　ご希望に適うお仕事があれば、その場でご紹介します。強制はいたしませんのでご安心ください。

正社員で働く

- 安定した収入を得たい
- キャリアプランについて相談したい
- 面接日程や入社時期などの調整をしてほしい
- 今就職すべきか、勉強を優先すべきか迷っている
- 職場の雰囲気など、求人票でわからない情報がほしい

TACキャリアエージェント
https://tacnavi.com/

派遣で働く

- 勉強を優先して働きたい
- 将来のために実務経験を積んでおきたい
- まずは色々な職場や職種を経験したい
- 家庭との両立を第一に考えたい
- 就業環境を確認してから正社員で働きたい

TACの経理・会計派遣
https://tacnavi.com/haken/

経験やご希望内容によってはご支援が難しい場合がございます。予めご了承ください。　※面談時間は原則お一人様30分とさせていただきます。

自分のペースでじっくりチョイス

アルバイト 正社員で働く

- 自分の好きなタイミングで就職活動をしたい
- どんな求人案件があるのか見たい
- 企業からのスカウトを待ちたい
- WEB上で応募管理をしたい

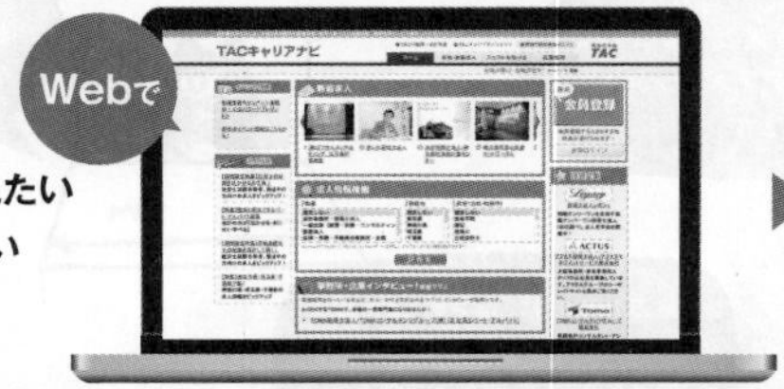

TACキャリアナビ
https://tacnavi.com/kyujin/

就職・転職・派遣就労の強制は一切いたしません。会計業界への就職・転職を希望される方への無料支援サービスです。どうぞお気軽にお問い合わせください。

TACプロフェッションバンク

■ 有料職業紹介事業 許可番号13-ユ-010678
■ 一般労働者派遣事業 許可番号（派）13-010932
■ 特定募集情報等提供事業 届出受理番号51-募-000541

東京オフィス	大阪オフィス	名古屋 登録会場
01-0051 京都千代田区神田神保町 1-103 東京パークタワー 2F EL.03-3518-6775	〒530-0013 大阪府大阪市北区茶屋町 6-20 吉田茶屋町ビル 5F TEL.06-6371-5851	〒453-0014 愛知県名古屋市中村区則武 1-1-7 NEWNO 名古屋駅西 8F TEL.0120-757-655

たいせつにしますプライバシー 10860572

TAC出版の書籍をご利用の皆様

日商簿記 3級 2級 ネット試験の受験なら

TACテストセンターの受験がおススメ！

資格の学校TACの校舎は「CBTテストセンター」を併設しており、日商簿記検定試験のネット試験をはじめ、各種CBT試験を受験することができます。

TACの校舎は公共交通機関の駅などからも近く、アクセスが非常に容易です。またテストセンター設置にあたり、「3つのコダワリ」をもち、皆さんが受験に集中できるように心掛けております。

TACのコンピューターブースなら受験に集中できます！

TACテストセンターでの受験は、日商簿記ネット試験の受験申込手続時に、TACの校舎をご選択いただくだけです。ぜひお近くのTACテストセンターをご利用ください！

3つのコダワリ

1. 明るく清潔で安心感がある会場
2. 静かで周囲が気にならないコンピューターブース
3. メモなども取りやすい余裕のデスクスペース

現在は両隣の座席を空き席とすることで、試験中もソーシャルディスタンスを確保しています。

デスクの幅は約1メートル、なにより奥行きがあるので、試験中に電卓や計算用紙、メモなどを使うシチュエーションでも楽々です。

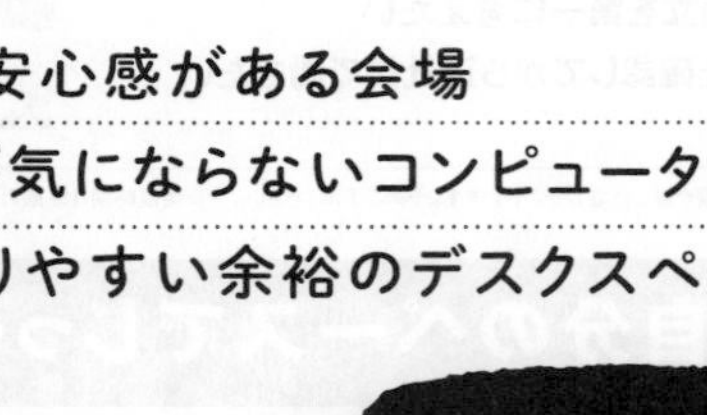

座席は長時間座っても疲れが少ない、オフィス用チェアを使用しています。

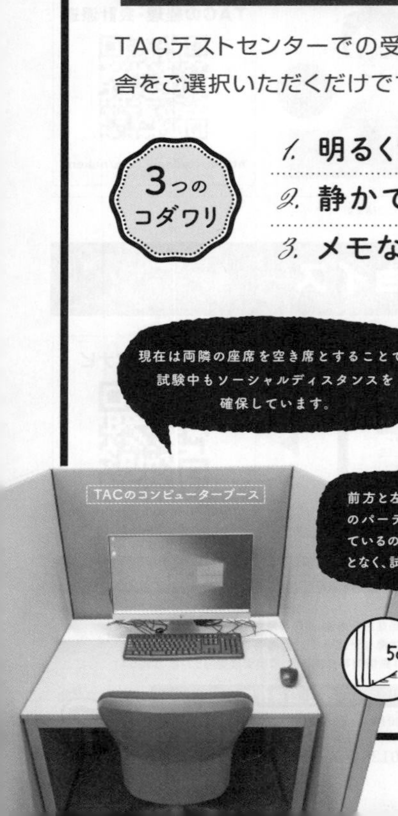
TACのコンピューターブース

前方と左右は、厚さ約5cm超のパーテーションで仕切られているので、周囲を気にすることなく、試験に集中できます。

パーテーションは床までのもので、ぐらついたりしないようしっかり固定されているので安心です。

TAC出版 書籍のご案内

TAC出版では、資格の学校TAC各講座の定評ある執筆陣による資格試験の参考書をはじめ、資格取得者の開業法や仕事術、実務書、ビジネス書、一般書などを発行しています！

TAC出版の書籍

＊一部書籍は、早稲田経営出版のブランドにて刊行しております。

資格・検定試験の受験対策書籍

- 日商簿記検定
- 建設業経理士
- 全経簿記上級
- 税　理　士
- 公認会計士
- 社会保険労務士
- 中小企業診断士
- 証券アナリスト
- ファイナンシャルプランナー(FP)
- 証券外務員
- 貸金業務取扱主任者
- 不動産鑑定士
- 宅地建物取引士
- 賃貸不動産経営管理士
- マンション管理士
- 管理業務主任者
- 司法書士
- 行政書士
- 司法試験
- 弁理士
- 公務員試験(大卒程度・高卒者)
- 情報処理試験
- 介護福祉士
- ケアマネジャー
- 電験三種　ほか

実務書・ビジネス書

- 会計実務、税法、税務、経理
- 総務、労務、人事
- ビジネススキル、マナー、就職、自己啓発
- 資格取得者の開業法、仕事術、営業術

一般書・エンタメ書

- ファッション
- エッセイ、レシピ
- スポーツ
- 旅行ガイド（おとな旅プレミアム/旅コン）

コンセプト問題集

得点力をつける!

『みんなが欲しかった! やさしすぎる解き方の本』

B5判 滝澤 ななみ 著

● 授業で解き方を教わっているような新感覚問題集。再受験にも有効。

◆3級 □2級

本試験対策問題集

本試験タイプの問題集

『合格するための本試験問題集』

(1級は過去問題集)

B5判

● 12回分（1級は14回分）の問題を収載。ていねいな「解答への道」、各問対策が充実

年２回刊行。

◆3級 □2級 ■1級

知識のヌケをなくす!

『まるっと完全予想問題集』

(1級は網羅型完全予想問題集)

A4判

● オリジナル予想問題(3級10回分、2級12回分、1級8回分)で本試験の重要出題パターンを網羅。

● 実力養成にも直前の本試験対策にも有効。

◆3級 □2級 ■1級

直前予想

『○年度試験をあてる TAC予想模試 ＋解き方テキスト ○～○月試験対応』

(1級は第○回試験をあてるTAC直前予想模試)

A4判

● TAC講師陣による4回分の予想問題で最終仕上げ。

● 2級・3級は、第1部解き方テキスト編、第2部予想模試編の2部構成。

● 年3回(1級は年2回)、各試験に向けて発行します。

◆3級 □2級 ■1級

あなたに合った合格メソッドをもう一冊!

仕訳 『究極の仕訳集』

B6変型判

● 悩む仕訳をスッキリ整理。ハンディサイズ、一問一答式で基本の仕訳を一気に覚える。

◆3級 □2級

仕訳 『究極の計算と仕訳集』

B6変型判 境 浩一朗 著

● 1級商会で覚えるべき計算と仕訳がすべてつまった1冊!

■1級 商・会

理論 『究極の会計学理論集』

B6変型判

● 会計学の理論問題を論点別に整理、手軽なサイズが便利です。

■1級 商・会、全経上級

電卓 『カンタン電卓操作術』

A5変型判 TAC電卓研究会 編

● 実践的な電卓の操作方法について、丁寧に説明します!

:ネット試験の演習ができる模擬試験プログラムつき(2級・3級)

:スマホで使える仕訳Webアプリつき(2級・3級)

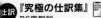

2024年2月現在 ・刊行内容、表紙等は変更することがあります ・とくに記述がある商品以外は、TAC簿記検定講座編です

書籍の正誤に関するご確認とお問合せについて

書籍の記載内容に誤りではないかと思われる箇所がございましたら、以下の手順にてご確認とお問合せをしてくださいますよう、お願い申し上げます。
なお、正誤のお問合せ以外の**書籍内容に関する解説および受験指導などは、一切行っておりません。**
そのようなお問合せにつきましては、お答えいたしかねますので、あらかじめご了承ください。

1 「Cyber Book Store」にて正誤表を確認する

TAC出版書籍販売サイト「Cyber Book Store」のトップページ内「正誤表」コーナーにて、正誤表をご確認ください。

CYBER BOOK STORE TAC出版書籍販売サイト

URL:https://bookstore.tac-school.co.jp/

2 1の正誤表がない、あるいは正誤表に該当箇所の記載がない ⇒ 下記①、②のどちらかの方法で文書にて問合せをする

★ご注意ください★

お電話でのお問合せは、お受けいたしません。
①、②のどちらの方法でも、お問合せの際には、「お名前」とともに、
「対象の書籍名(○級・第○回対策も含む)およびその版数(第○版・○○年度版など)」
「お問合せ該当箇所の頁数と行数」
「誤りと思われる記載」
「正しいとお考えになる記載とその根拠」
を明記してください。
なお、回答までに1週間前後を要する場合もございます。あらかじめご了承ください。

① ウェブページ「Cyber Book Store」内の「お問合せフォーム」より問合せをする

【お問合せフォームアドレス】

https://bookstore.tac-school.co.jp/inquiry/

② メールにより問合せをする

【メール宛先 TAC出版】

syuppan-h@tac-school.co.jp

※土日祝日はお問合せ対応をおこなっておりません。
※正誤のお問合せ対応は、該当書籍の改訂版刊行月末日までといたします。

乱丁・落丁による交換は、該当書籍の改訂版刊行月末日までといたします。なお、書籍の在庫状況等により、お受けできない場合もございます。
また、各種本試験の実施の延期、中止を理由とした本書の返品はお受けいたしません。返金もいたしかねますので、あらかじめご了承くださいますようお願い申し上げます。

TACにおける個人情報の取り扱いについて
■お預かりした個人情報は、TAC(株)で管理させていただき、お問合せへの対応、当社の記録保管にのみ利用いたします。お客様の同意なしに業務委託先以外の第三者に開示、提供することはございません(法令等により開示を求められた場合を除く)。その他、個人情報保護管理者、お預かりした個人情報の開示等及びTAC(株)への個人情報の提供の任意性については、当社ホームページ(https://www.tac-school.co.jp)をご覧いただくか、個人情報に関するお問い合わせ窓口(E-mail:privacy@tac-school.co.jp)までお問合せください。

(2022年7月現在)

この冊子には

問題編 答案用紙

チェックテスト 問題用紙・答案用紙

がとじこまれています。

別冊

ご利用方法

1 外側の色紙を残して、冊子を取り出す

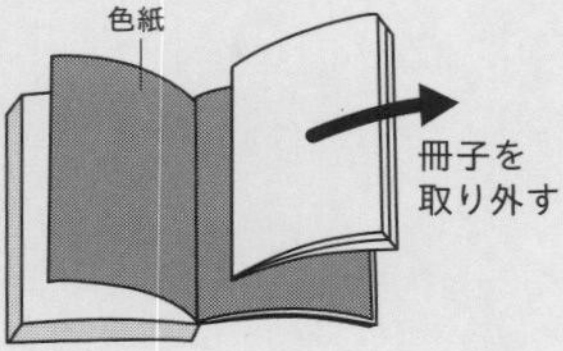

2 取り外した冊子の中央を開いて、上下２か所の針金を起こす

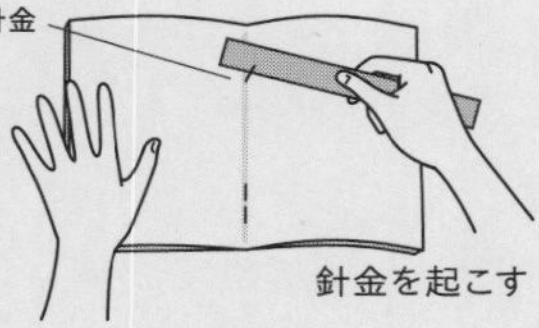

3 冊子中央のチェックテスト（紙面が横になっている部分）のみ、冊子から取り外す。

4 残った答案用紙を、針金をたおしてとじる。

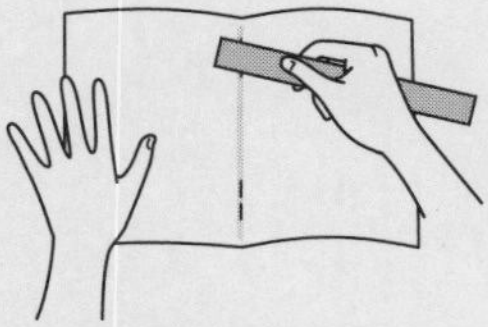

5 完成！

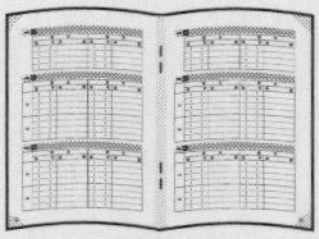

問題編（答案用紙）

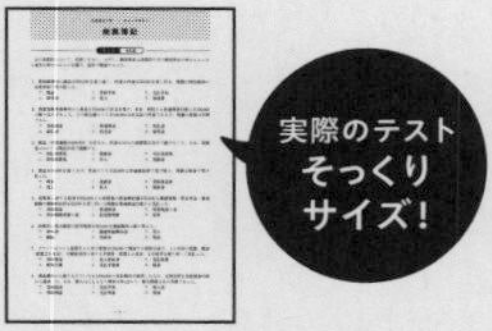

チェックテスト（問題用紙・答案用紙）

★ 取りはずし動画はこちらから！

https://bookstore.tac-school.co.jp/ski20240201/

※作業中のケガには十分お気を付けください。※取り外しの際の損傷についてのお取替えはご遠慮願います。

問 題 編

答 案 用 紙

（答案用紙あり）の問題の答案用紙です。

なお、仕訳の答案用紙が必要な方は
最終ページの仕訳シートをコピーしてご利用ください。

答案用紙はダウンロードもご利用いただけます。
TAC出版書籍販売サイト・サイバーブックストアにアクセスしてください。
https://bookstore.tac-school.co.jp/

問題 10

課税所得の金額：＿＿＿＿＿＿＿＿円

問題 15

(1) 期末帳簿棚卸高 ＿＿＿＿＿＿＿＿円
(2) 棚 卸 減 耗 損 ＿＿＿＿＿＿＿＿円
(3) 商 品 評 価 損 ＿＿＿＿＿＿＿＿円

問題 25

	借方		貸方	
	記号	金額	記号	金額
(1)	(　　)		(　　)	
(2)	(　　)		(　　)	
(3)	(　　)		(　　)	
(4)	(　　)		(　　)	
(5)	(　　)		(　　)	
(6)	(　　)		(　　)	
(7)	(　　)		(　　)	

問題 26

銀行勘定調整表（両者区分調整法）

×1年3月31日　　　　　　（単位：円）

当社の帳簿残高		（　　）	銀行の残高証明書残高		（　　）
（加算）			（加算）		
［　　］	（　　）		［　　］	（　　）	
［　　］	（　　）	（　　）	［　　］	（　　）	（　　）
（減算）			（減算）		
［　　］		（　　）	［　　］		（　　）
		（　　）			（　　）

問題 31

借方		貸方	
記号	金額	記号	金額
（　　）		（　　）	
（　　）		（　　）	
（　　）		（　　）	
（　　）		（　　）	

問題 34

借方		貸方	
記号	金額	記号	金額
（　　）		（　　）	
（　　）		（　　）	
（　　）		（　　）	
（　　）		（　　）	

問題 36

借	方	貸	方
記号	金額	記号	金額
(　　)		(　　)	
(　　)		(　　)	
(　　)		(　　)	

問題 39

借	方	貸	方
記号	金額	記号	金額
(　　)		(　　)	
(　　)		(　　)	
(　　)		(　　)	

問題 65

精算表

勘定科目	試算表		修正記入		損益計算書		貸借対照表	
	借方	貸方	借方	貸方	借方	貸方	借方	貸方
現金預金	20,020							
受取手形	18,000							
売掛金	24,000							
売買目的有価証券	18,000							
繰越商品	10,800							
備品	30,000							
ソフトウェア	1,800							
その他有価証券	15,000							
買掛金		19,000						
借入金		24,000						
貸倒引当金		1,020						
減価償却累計額		10,800						
資本金		60,000						
利益準備金		4,800						
繰越利益剰余金		4,380						
売上		126,000						
受取利息		2,700						
仕入	87,600							
給料	19,200							
保険料	7,200							
支払利息	1,080							
	252,700	252,700						
貸倒引当金繰入								
棚卸減耗損								
商品評価損								
有価証券（　　　）								
その他有価証券評価差額金								
減価償却費								
ソフトウェア（　　）								
（　　　）保険料								
（　　　）利息								
当期純（　　　）								

問題 66

精　算　表

勘定科目	試算表		修正記入		損益計算書		貸借対照表	
	借方	貸方	借方	貸方	借方	貸方	借方	貸方
現金	13,950							
当座預金	16,120							
受取手形	7,200							
売掛金	6,960							
売買目的有価証券	12,280							
繰越商品	5,600							
建物	60,000							
備品	18,000							
建設仮勘定	12,600							
満期保有目的債券	15,840							
支払手形		8,200						
買掛金		8,000						
未払金		400						
貸倒引当金		420						
建物減価償却累計額		14,400						
備品減価償却累計額		11,520						
退職給付引当金		8,000						
資本金		90,000						
利益準備金		2,600						
任意積立金		2,200						
売上		222,810						
有価証券利息		240						
仕入	152,620							
給料	30,400							
広告宣伝費	8,460							
通信費	3,840							
保険料	3,360							
雑費	1,560							
	368,790	368,790						
貸倒引当金（　　）								
棚卸減耗損								
商品評価損								
有価証券評価（　）								
減価償却費								
退職給付費用								
（　　）保険料								
（　　）通信費								
当期純（　　）								

問題 67

損益計算書

自×3年4月1日　至×4年3月31日　（単位：円）

Ⅰ 売上高		（　）
Ⅱ 売上原価		
1 期首商品棚卸高	（　）	
2 当期商品仕入高	（　）	
合計	（　）	
3 期末商品棚卸高	（　）	
差引	（　）	
4 棚卸減耗損	（　）	
5 商品評価損	（　）	（　）
売上総利益		（　）
Ⅲ 販売費及び一般管理費		
1 給料	（　）	
2 保険料	（　）	
3 通信費	（　）	
4 貸倒引当金繰入	（　）	
5 （　）	（　）	（　）
営業利益		（　）
Ⅳ 営業外収益		
1 受取利息	（　）	
2 （　）	（　）	（　）
Ⅴ 営業外費用		
1 支払利息	（　）	
2 貸倒引当金繰入	（　）	（　）
経常利益		（　）
Ⅵ 特別利益		
1 （　）		（　）
税引前当期純利益		（　）
法人税、住民税及び事業税	（　）	
法人税等調整額	（　）	（　）
当期純利益		（　）

貸借対照表

×4年3月31日　　(単位：円)

資産の部		
Ⅰ　流動資産		
1　現金預金		(　　)
2　受取手形	(　　)	
3　売掛金	(　　)	
計	(　　)	
(　　)	(　　)	(　　)
4　有価証券		(　　)
5　商品		(　　)
6　前払費用		(　　)
流動資産合計		(　　)
Ⅱ　固定資産		
1　備品	(　　)	
(　　)	(　　)	(　　)
2　投資有価証券		(　　)
3　長期貸付金	(　　)	
(　　)	(　　)	(　　)
4　(　　)		(　　)
固定資産合計		(　　)
資産合計		(　　)

負債の部		
Ⅰ　流動負債		
1　支払手形		(　　)
2　買掛金		(　　)
3　未払費用		(　　)
4　未払法人税等		(　　)
流動負債合計		(　　)
Ⅱ　固定負債		
1　長期借入金		(　　)
固定負債合計		(　　)
負債合計		(　　)
純資産の部		
Ⅰ　株主資本		
1　資本金		(　　)
2　資本剰余金		
(1) (　　)		(　　)
3　利益剰余金		
(1) (　　)	(　　)	
(2) (　　)	(　　)	
(3) 繰越利益剰余金	(　　)	(　　)
株主資本合計		(　　)
Ⅱ　評価・換算差額等		
1　その他有価証券評価差額金		(　　)
評価・換算差額等合計		(　　)
純資産合計		(　　)
負債及び純資産合計		(　　)

問題 68

損　益

3/31	仕入	(　)	3/31	売上	(　)
〃	給料	(　)	〃	有価証券利息	(　)
〃	保険料	(　)	〃	受取利息	(　)
〃	通信費	(　)			
〃	貸倒引当金繰入	(　)			
〃	減価償却費	(　)			
〃	ソフトウェア償却	(　)			
〃	法人税、住民税及び事業税	(　)			
〃	(　)	(　)			
		(　)			(　)

繰越利益剰余金

6/21	利益準備金	1,000	4/1	前期繰越	(　)
〃	未払配当金	10,000	3/31	(　)	(　)
〃	別途積立金	600			
3/31	(　)	(　)			
		(　)			(　)

問題 70

本支店合併損益計算書

(単位：円)

費用	金額	収益	金額
期首商品棚卸高		売上高	
当期商品仕入高		期末商品棚卸高	
営業費		受取利息	
貸倒引当金繰入			
減価償却費			
支払利息			
当期純利益			

本支店合併貸借対照表

(単位：円)

資産	金額		負債・純資産	金額
現金預金		(　　)	買掛金	(　　)
売掛金	(　　)		(　　)	(　　)
貸倒引当金	(　　)	(　　)	資本金	(　　)
(　　)		(　　)	繰越利益剰余金	(　　)
商品		(　　)		
備品	(　　)			
減価償却累計額	(　　)	(　　)		
		(　　)		(　　)

問題 72

(A)連結修正仕訳

借方科目	金額	貸方科目	金額

(B)連結貸借対照表

連結貸借対照表

×2年3月31日　(単位：円)

諸資産	(　)	諸負債	(　)
		資本金	(　)
		利益剰余金	(　)
		(　)	(　)
	(　)		(　)

問題 73

(A)連結修正仕訳

借方科目	金額	貸方科目	金額

(B)連結貸借対照表

連結貸借対照表

×2年3月31日　(単位：円)

諸資産	(　)	諸負債	(　)
(　)	(　)	資本金	(　)
		利益剰余金	(　)
		(　)	(　)
	(　)		(　)

付録

日商簿記

2級 商業簿記

チェックテスト

制限時間：90分

本試験と同様の形式のテスト問題です。テキストの学習が終わったら、解いて実力をチェックしておきましょう。

解答・解説は問題編のP107に収載されています。

チェックテストの解き方講義動画も配信中です。
これまでに学んだ知識を使って、どのような手順や時間配分で、本試験タイプの問題を解いていけばよいのか、講義動画を見てつかんでいきましょう。

解き方講義動画はこちらから

https://bookstore.tac-school.co.jp/ski20240201/

チェックテストの答案用紙はダウンロードもご利用いただけます。
TAC出版書籍販売サイト・サイバーブックストアにアクセスしてください。

https://bookstore.tac-school.co.jp/

商業簿記

解答・解説　問題編 p107 ～

第１問　20点

次の各取引について、仕訳しなさい。ただし、勘定科目は、各取引の下の勘定科目から最も適当と思われるものを選び、記号で解答すること。

1．増資にあたり、株式1,000株を１株あたり￥4,000で発行し、払込金は全額当座預金口座に振り込まれた。なお、払込金額のうち２分の１は資本金として計上しないこととした。また、新株発行のための費用￥10,000は現金で支払った。
　ア．現金　イ．当座預金　ウ．資本金　エ．資本準備金
　オ．株式交付費　カ．創立費

2．×１年４月１日、リース会社とコピー機のリース契約を結び、リース取引を開始した。なお、リース期間は５年、リース料は年額￥60,000（毎年３月31日に後払い）、見積現金購入価額は￥260,000である。このリース取引はファイナンス・リース取引であったため、利子抜き法により処理することにした。
　ア．現金　イ．普通預金　ウ．リース資産　エ．前払利息
　オ．リース債務　カ．支払利息

3．当期首に火災が発生し、建物（取得原価：￥5,000,000、残存価額：取得原価の10%、耐用年数：30年、当期首から18年前に取得）が焼失したため、ただちに保険会社に保険金を請求して

第2問 20点

次の資料にもとづいて、×２年３月期（×１年４月１日から×２年３月31日まで）の連結損益計算書を完成させ、答案用紙に示した連結貸借対照表の金額を記入しなさい。

［資　料］

1．P社は×1年３月31日にS社の発行済株式総数の80%を35,000千円で取得して支配を獲得し、S社を連結子会社とした。×1年３月31日のS社の純資産の部は次のとおりであった。

資　本　金　30,000千円　資本剰余金　4,000千円　利益剰余金　6,000千円

S社は支配獲得後に配当を行っておらず、またのれんは10年間にわたり定額法で償却する。

2．P社およびS社の×2年３月期の貸借対照表および損益計算書は次のとおりである。

貸　借　対　照　表

×2年３月31日　（単位：千円）

資　産	P　社	S　社	負債・純資産	P　社	S　社
諸資産	120,000	60,000	諸負債	53,000	35,000
売掛金	30,000	20,000	買掛金	20,000	14,000
商品	50,000	20,000	未払金	2,000	1,000
未収入金	5,000	1,000	資本金	110,000	30,000
土地	10,000	5,000	資本剰余金	10,000	4,000
S社株式	35,000	－	利益剰余金	55,000	22,000

第３問　20点

次の決算整理前残高試算表と決算整理事項等にもとづいて、答案用紙の貸借対照表を完成させなさい。なお、会計期間は×８年４月１日から×９年３月31日までである。

〔決算整理前残高試算表〕

決算整理前残高試算表

×9年３月31日　（単位：円）

借方金額	勘定科目	貸方金額
1,383,000	現金預金	
774,000	受取手形	
720,000	売掛金	
205,000	売買目的有価証券	
151,000	繰越商品	
8,000	仮払法人税等	
9,000,000	建物	
2,000,000	備品	
40,000	ソフトウェア	
308,000	その他有価証券	
	支払手形	400,000
	買掛金	670,000

〔決算整理事項等〕

1．得意先から売掛金￥144,000が当座預金口座に振り込まれていたが、この通知が銀行から届いていなかった。

2．買掛金のうち￥102,000は×９年２月15日にアメリカのＸＹ社から商品1,000ドルを掛けで輸入したさいに生じたものである。この買掛金の決済日は×９年５月15日で、決算日における為替相場は１ドル￥100である。

3．受取手形と売掛金の期末残高に対して以下のように貸倒引当金を設定する（差額補充法）。

(1)　甲社に対する売掛金￥100,000については、債権額から担保処分見込額￥40,000を差し引いた残額に対して50％

(2)　その他の受取手形、売掛金については、

工業簿記

解答・解説　問題編 p116 ～

第４問　28点

(1) 次の各取引について、仕訳しなさい。ただし、勘定科目は各取引の下の勘定科目から最も適当と思われるものを選び、記号で解答すること。仕訳の金額はすべて円単位とする。

1．材料200個（500円/個）を掛けで購入した。なお、当社負担の運送費5,000円を現金で支払った。

ア．現金　イ．買掛金　ウ．材料　エ．仕掛品
オ．製品　カ．賃金・給料　キ．製造間接費

2．直接工の実際直接作業時間は400時間、実際間接作業時間は100時間であった。直接工賃金の計算は１時間あたり1,000円の予定消費賃率を用いて計算している。

ア．現金　イ．買掛金　ウ．材料　エ．仕掛品
オ．製品　カ．賃金・給料　キ．製造間接費

3．材料の棚卸しを行い、材料の減耗3,000円が発見されたので、棚卸減耗費を計上する。

ア．現金　イ．買掛金　ウ．材料　エ．仕掛品
オ．製品　カ．賃金・給料　キ．製造間接費

(2) 次の資料にもとづいて、仕掛品勘定と月次損益計算書を完成させなさい。なお、製造間接費は実際配賦をしている。

〔資　料〕

1．棚卸資産（単位：千円）

	月初有高	当月仕入高	月末有高（帳簿棚卸高）[*2]
①素材[*1]	432,000	2,640,000	460,000
②補助材料	32,800	324,800	34,600
③仕掛品	208,500	—	194,500
④製品	360,000	—	740,000

＊1　消費額はすべて直接材料費である。
＊2　棚卸減耗は生じていない。

2．賃金（単位：千円）

	前月未払高	当月支払高	当月未払高
①直接工[*3]	25,000	240,000	26,500
②間接工	12,000	84,000	12,400

＊3　消費額はすべて直接労務費である。

第5問　12点

当工場では原価管理を効果的に行うために標準原価計算を採用している。次の資料にもとづいて、以下の各問に答えなさい。

問1　直接材料費差異について価格差異を求めなさい。
問2　直接労務費差異について賃率差異と時間差異を求めなさい。
問3　公式法変動予算を前提に、製造間接費差異について、総差異、予算差異、操業度差異を求めなさい。なお、操業度差異は実際操業度と基準操業度との差に固定費率を掛けて計算すること。

〔資　料〕
1．当月の生産量は2,400個である。なお、月初および月末に仕掛品はない。

2．製品1個あたりの標準原価

直接材料費	：500円/kg × 10kg/個	=	5,000円
直接労務費	：800円/時間 × 5時間/個	=	4,000円
製造間接費	：900円/時間 × 5時間/個	=	4,500円
合　計	：		13,500円

3．製造間接費変動予算
　変動費率：500円/時間　　固定費（月額）：5,400,000円

答案用紙

第１問　20点

	借方 記号	借方 金額	貸方 記号	貸方 金額
1	(　　)		(　　)	
	(　　)		(　　)	
	(　　)		(　　)	
	(　　)		(　　)	
	(　　)		(　　)	
2	(　　)		(　　)	
	(　　)		(　　)	
	(　　)		(　　)	
	(　　)		(　　)	
	(　　)		(　　)	
3	(　　)		(　　)	
	(　　)		(　　)	
	(　　)		(　　)	

第2問　20点

連結損益計算書

自×1年4月1日　至×2年3月31日　（単位：千円）

売上高	（　　　）
売上原価	（　　　）
売上総利益	（　　　）
販売費及び一般管理費	（　　　）
営業利益	（　　　）
営業外収益	（　　　）
営業外費用	（　　　）
当期純利益	（　　　）
非支配株主に帰属する当期純利益	（　　　）
親会社株主に帰属する当期純利益	（　　　）

[連結貸借対照表の金額]

商品	千円

第3問 20点

貸借対照表

×9年3月31日　　(単位：円)

資産の部

Ⅰ 流動資産		
現金預金		(　　)
受取手形	774,000	
売掛金	(　　)	
貸倒引当金	(　　)	(　　)
有価証券		(　　)
商品		(　　)
流動資産合計		(　　)
Ⅱ 固定資産		
建物	9,000,000	
減価償却累計額	(　　)	(　　)
備品	2,000,000	
減価償却累計額	(　　)	(　　)
投資有価証券		(　　)
ソフトウェア		(　　)
固定資産合計		(　　)
資産合計		(　　)

第4問 28点

(1)

	借方		貸方	
	記号	金額	記号	金額
1	(　　)		(　　)	
	(　　)		(　　)	
2	(　　)		(　　)	
	(　　)		(　　)	
3	(　　)		(　　)	
	(　　)		(　　)	

(2)

仕掛品　(単位：千円)

月初有高	(　　)	当月完成高	(　　)
直接材料費	(　　)	月末有高	(　　)
直接労務費	(　　)		
製造間接費	(　　)		
	(　　)		(　　)

第5問　12点

問1　直接材料費差異

価格差異 ＿＿＿＿＿円（　　　）差異

問2　直接労務費差異

賃率差異 ＿＿＿＿＿円（　　　）差異

時間差異 ＿＿＿＿＿円（　　　）差異

問3　製造間接費差異（総差異） ＿＿＿＿＿円（　　　）差異

予算差異 ＿＿＿＿＿円（　　　）差異

操業度差異 ＿＿＿＿＿円（　　　）差異

＊（　　）には「借方」または「貸方」を記入すること。

ア．現金　イ．普通預金　ウ．未収入金　エ．未決算
オ．建物　カ．建物減価償却累計額　キ．保険差益
ク．火災損失

4．当期首において、新潟株式会社は、備品の取得を助成するため国より交付された補助金¥500,000を受け取り、当座預金としている。本日、上記補助金と自己資金により、備品¥1,500,000を取得し、代金は今月末に支払うことにした。なお、この備品については補助金に相当する額の圧縮記帳（直接減額方式）を行った。

ア．当座預金　イ．普通預金　ウ．未払金　エ．備品
オ．固定資産売却益　カ．国庫補助金受贈益　キ．固定資産売却損
ク．固定資産圧縮損

5．茨城株式会社（決算は年1回、3月31日）は、×6年10月15日に、アメリカの得意先A社より、売掛金400ドルに対する送金があったため、銀行において円貨に換算し当座預金口座に入金した。このときの直物為替相場は1ドル103円であった。なお、当該売掛金は、×6年9月10日にA社に商品400ドル（直物為替相場は1ドル105円）を掛けで輸出した際に生じたものである。

ア．当座預金　イ．売掛金　ウ．買掛金　エ．売上
オ．仕入　カ．為替差損益

損 益 計 算 書

自×1年4月1日　至×2年3月31日　（単位：千円）

	P社	S社
売上高	240,000	150,000
売上原価	160,000	120,000
売上総利益	80,000	30,000
販売費及び一般管理費	50,000	16,000
営業利益	30,000	14,000
営業外収益	14,000	8,000
営業外費用	10,000	6,000
当期純利益	34,000	16,000

3．当年度末にＳ社が所有する商品のうちＰ社から仕入れた商品は15,000千円であった。Ｐ社からＳ社に対して販売する商品の売上総利益率は30％である。なお、当期におけるＰ社の、Ｓ社に対する商品の売上高は80,000千円であった。

	資本金	7,500,000
	利益準備金	800,000
	繰越利益剰余金	1,000,000
	売上	9,317,000
6,762,500	仕入	
1,804,500	給料	
25,000	保険料	
18,000	支払利息	
23,199,000		23,199,000

は全部純資産直入法で処理し、税効果会計を適用する。法定実効税率は40％とする。

	帳簿価額	時　価	保有目的
A社株式	¥205,000	¥256,000	売買目的
B社株式	¥308,000	¥348,000	その他

5．期末商品棚卸高は次のとおりであった。ただし、棚卸減耗損と商品評価損は売上原価の内訳項目として表示する。

帳簿棚卸高　200個　原　　価　@¥1,200
実地棚卸高　180個　正味売却価額　@¥1,100

6．建物および備品に対して次の条件で減価償却を行う。

建物：定額法、耐用年数30年、残存価額　ゼロ
備品：200％定率法、耐用年数10年、残存価額　ゼロ（償却率は各自計算）

7．ソフトウェアは前期首において自社利用のソフトウェアを購入したときに無形固定資産として計上したものであり、前期より利用可能期間５年で定額法により償却している。

8．借入金は×８年８月１日に借入期間１年、年利率３％で借り入れたもので、利息は返済時に支払うこととなっている。なお、当期分の利息の計算は月割計算による。

9．当期の法人税、住民税及び事業税として¥28,000を計上する。なお、仮払法人税等¥8,000は中間納付にかかわるものである。

6．工場建物減価償却費　674,000千円
7．製造用工具など消耗工具器具備品　115,000千円
8．工場事務員の給料　110,000千円
9．その他の販売費、一般管理費　320,000千円

直接材料費：@510円(実際消費単価)×24,800kg(実際消費量)＝12,648,000円
直接労務費：@780円(実際消費賃率)×12,800時間(実際直接作業時間)＝9,984,000円
製造間接費：12,032,000円

4	(　　)		(　　)	
	(　　)		(　　)	
	(　　)		(　　)	
	(　　)		(　　)	
	(　　)		(　　)	
5	(　　)		(　　)	
	(　　)		(　　)	
	(　　)		(　　)	
	(　　)		(　　)	
	(　　)		(　　)	

支払手形	400,000
買掛金	(　　)
短期借入金	(　　)
未払費用	(　　)
未払法人税等	(　　)
流動負債合計	(　　)
Ⅱ 固定負債	
繰延税金負債	(　　)
固定負債合計	(　　)
負債合計	(　　)
純資産の部	
Ⅰ 株主資本	
資本金	7,500,000
利益準備金	800,000
繰越利益剰余金	(　　)
株主資本合計	(　　)
Ⅱ 評価・換算差額等	
その他有価証券評価差額金	(　　)
評価・換算差額等合計	(　　)
純資産合計	(　　)
負債純資産合計	(　　)

売　上　高		[illegible]
売　上　原　価		
月初製品棚卸高	(　　　　)	
当月製品製造原価	(　　　　)	
小　計	(　　　　)	
月末製品棚卸高	(　　　　)	(　　　　)
売上総利益		(　　　　)
販売費及び一般管理費		(　　　　)
営　業　利　益		(　　　　)

問題 74

(A)連結修正仕訳

①開始仕訳

借方科目	金額	貸方科目	金額

②のれんの償却

借方科目	金額	貸方科目	金額

③子会社の当期純損益の振り替え

借方科目	金額	貸方科目	金額

④子会社の配当金の修正

借方科目	金額	貸方科目	金額

(B)のれん：＿＿＿＿＿＿円

(C)非支配株主持分：＿＿＿＿＿＿円

問題 75

(A)連結修正仕訳

①開始仕訳

借方科目	金額	貸方科目	金額

②のれんの償却

借方科目	金額	貸方科目	金額

③子会社の当期純損益の振り替え

借方科目	金額	貸方科目	金額

④子会社の配当金の修正

借方科目	金額	貸方科目	金額

(B)の　れ　ん：＿＿＿＿＿＿円

(C)非支配株主持分：＿＿＿＿＿＿円

問題 81

〈消去・振替欄がある連結精算表〉

連結精算表　(単位：円)

科目	個別財務諸表		消去・振替		連結財務諸表
	P社	S社	借方	貸方	
貸借対照表					
現金預金	25,200	35,550			
売掛金	60,000	27,500			
貸倒引当金	△1,200	△550			△
商品	36,000	12,500			
土地	20,000				
建物	10,000				
建物減価償却累計額	△3,000				△
(　　　)					
S社株式	20,000				
資産合計	167,000	75,000			
買掛金	36,000	32,500			
資本金	30,000	20,000			
資本剰余金	16,000	7,000			
利益剰余金	85,000	15,500			
非支配株主持分					
負債・純資産合計	167,000	75,000			
損益計算書					
売上高	176,000	129,000			
売上原価	115,000	90,000			
貸倒引当金繰入	1,000	400			
販売費及び一般管理費	42,500	33,100			
(　　　)償却					
土地売却益		1,000			
当期純利益	17,500	6,500			
非支配株主に帰属する当期純利益					
親会社株主に帰属する当期純利益	17,500	6,500			

〈消去・振替欄がない連結精算表〉

連結精算表 (単位：円)

科目	個別財務諸表			連結財務諸表
	P社	S社	合計	
貸借対照表				
現金預金	25,200	35,550	60,750	
売掛金	60,000	27,500	87,500	
貸倒引当金	△1,200	△550	△1,750	△
商品	36,000	12,500	48,500	
土地	20,000		20,000	
建物	10,000		10,000	
建物減価償却累計額	△3,000		△3,000	△
(　　　)				
S社株式	20,000		20,000	
資産合計	167,000	75,000	242,000	
買掛金	36,000	32,500	68,500	
資本金	30,000	20,000	50,000	
資本剰余金	16,000	7,000	23,000	
利益剰余金	85,000	15,500	100,500	
非支配株主持分				
負債・純資産合計	167,000	75,000	242,000	
損益計算書				
売上高	176,000	129,000	305,000	
売上原価	115,000	90,000	205,000	
貸倒引当金繰入	1,000	400	1,400	
販売費及び一般管理費	42,500	33,100	75,600	
(　　　)償却				
土地売却益		1,000	1,000	
当期純利益	17,500	6,500	24,000	
非支配株主に帰属する当期純利益				
親会社株主に帰属する当期純利益	17,500	6,500	24,000	

問題 82

連結損益計算書

自×1年4月1日　至×2年3月31日　　　(単位：円)

Ⅰ	売　上　高	(　　　)
Ⅱ	売 上 原 価	(　　　)
	売 上 総 利 益	(　　　)
Ⅲ	販売費及び一般管理費	(　　　)
	(うち、「のれん償却」額)	(　　　)
	営 業 利 益	(　　　)
Ⅳ	営 業 外 収 益	(　　　)
Ⅴ	営 業 外 費 用	(　　　)
	当　期　純　利　益	(　　　)
	非支配株主に帰属する当期純利益	(　　　)
	親会社株主に帰属する当期純利益	(　　　)

［貸借対照表の金額］

商　　品	円
の れ ん	円
非支配株主持分	円

問題 84

損益計算書
自×1年4月1日 至×2年3月31日 （単位：円）

Ⅰ 売上高		（　　）
Ⅱ 売上原価		（　　）
売上総利益		（　　）
Ⅲ 販売費及び一般管理費		（　　）
営業利益		（　　）
Ⅳ 営業外費用		
1. 支払利息		（　　）
経常利益		（　　）
Ⅴ 特別利益		
1. 固定資産売却益		（　　）
税引前当期純利益		（　　）
法人税、住民税及び事業税		（　　）
当期純利益		（　　）

貸借対照表

×2年3月31日　　　　　　　　　　(単位：円)

資産の部			負債の部	
Ⅰ 流動資産			Ⅰ 流動負債	
現金預金		(　　)	買掛金	(　　)
売掛金		(　　)	未払法人税等	(　　)
製品		(　　)	流動負債合計	(　　)
材料		(　　)	Ⅱ 固定負債	
仕掛品		(　　)	退職給付引当金	(　　)
貸倒引当金		(△　　)	固定負債合計	(　　)
流動資産合計		(　　)	負債の部合計	(　　)
Ⅱ 固定資産			純資産の部	
建物	(　　)		資本金	(　　)
減価償却累計額	(　　)	(　　)	利益準備金	(　　)
機械装置	(　　)		繰越利益剰余金	(　　)
減価償却累計額	(　　)	(　　)	純資産の部合計	(　　)
固定資産合計		(　　)		
資産合計		(　　)	負債・純資産合計	(　　)

≪仕訳シート≫　必要に応じてコピーしてご利用ください。

問題番号	借方科目	金額	貸方科目	金額

≪仕訳シート≫　必要に応じてコピーしてご利用ください。

問題番号	借方科目	金額	貸方科目	金額

≪仕訳シート≫　必要に応じてコピーしてご利用ください。

問題番号	借方科目	金額	貸方科目	金額

≪仕訳シート≫　必要に応じてコピーしてご利用ください。

問題番号	借方科目	金額	貸方科目	金額